आरंभिक वर्षों की शिक्षा में विविधता, विशेष आवश्यकताएँ तथा समावेशन

आरंभिक वर्षों की शिक्षा में विविधता, विशेष आवश्यकताएँ तथा समावेशन

संपादन

सोफिया दिमित्रियादी

SAGE | bhasha

Los Angeles | London | New Delhi
Singapore | Washington DC | Melbourne

Originally Published in 2015 in English by
SAGE Publications India Pvt Ltd as *Diversity, Special Needs and Inclusion in Early Years Education*

This edition published in 2018 by

SAGE | bhasha

SAGE Publications India Pvt Ltd
B1/I-1 Mohan Cooperative Industrial Area
Mathura Road, New Delhi 110 044, India
www.sagepub.in

SAGE Publications Inc
2455 Teller Road
Thousand Oaks, California 91320, USA

SAGE Publications Ltd
1 Oliver's Yard, 55 City Road
London EC1Y 1SP, United Kingdom

SAGE Publications Asia-Pacific Pte Ltd
3 Church Street
#10-04 Samsung Hub
Singapore 049483

Published by Vivek Mehra for SAGE Publications India Pvt Ltd, typeset in 12/14 pt Kokila by Diligent Typesetter India Pvt Ltd, Delhi and printed at Repro India Ltd., Mumbai.

ISBN: 978-93-528-0434-4 (PB)

Translator: Bhaswar Lochan (Translation Panacea, Pune)
SAGE Team: Syed Husain Naqvi, Vinayak Dubey

सॉतीरीस को समर्पित,
उनके सतत सहयोग एवं प्रोत्साहन के लिए...

मेरे बच्चों, जेसन और किमॉन को समर्पित,
उनके धैर्य और समझदारी के लिए...

विषय सूची

संक्षेपाक्षरों की सूची

A.B.C. — Anti-Bias Curriculum
ABI — Activity-based Instruction
ASD — Autism Spectrum Disorder
ATWS — All Third World Studies
CBA — Curriculum-based Assessment
CEC — Council for Exceptional Children
CECDE — Centre for Early Childhood Development and Education
CIE — Centre for the Educational Integration of Children and Students
CP — Community Practitioner
DCDD — Dutch Coalition on Disability and Development
DEC — Division of Early Childhood
DES — Department of Education and Science
DFA — Draft Framework for Action
DHC — Department of Health and Children
DIET — District Institutes of Education and Training
EBD — Emotional and Behaviour Disorder
ECCE — Early Childhood Care and Education
ECD — Early Childhood Development
ECE — Early Childhood Education
ECPRP — Early Childhood Policy Review Project
ECSE — Early Childhood Special Education
EGYMI — Egységes Gyógypedagógiai Módszertani Központ (Centre for a Single Methodology in Special Education)
EIT — Early Intervention Team
EPSEN — Education for Persons with Special Education Needs
EQI — Education Queensland International
ETA — Education and Training Act
EU — European Union
EYTARN — Early Years Trainers Anti-Racist Network

FETAC	Further Education and Training Awards Council
GDP	Gross Domestic Product
GERA	Global Education Research Association
GOI	Government of India
ICDS	Integrated Child Development Services
ICIDH	International Classification of Functioning, Disability and Health
ICT	Information and Communication Technology
IEDC	Integrated Education for the Disabled Children
IDP	Individual Development Plan
IEP	Individual Education Plan
IFSP	Individualised Family Services Plan
IGNOU	Indira Gandhi National Open University
KIM	Kenya Institute of Management
MCWL	My Child without Limits
MISC	Mediational Intervention for Sensitising Caregivers
MoCYS	Ministry of Children and Youth Services
MOEST	Ministry of Education Science and Technology
MoWCD	Ministry of Women and Child Development
MP	Metamorphosis Project
MUM	Multicultural Umbrella Model
NCCA	National Council for Curriculum and Assessment
NCERT	National Council of Educational Research and Training
NFQ	National Framework of Qualifications
NGO	Non-Governmental Organisation
NIMH	National Institute for the Mentally Handicapped
NPE	National Policy on Education
OECD	Organisation for Economic Cooperation and Development
OMI	Observing Mediational Interaction
PBS	Positive Behaviour Supports
PDCA	Plan–Do–Check–Act
PP	Private Practitioner
PPT	PowerPoint
PSNA	Preschool Special Needs Assistant
PWPBS	Programme-wide Positive Behaviour Support
SEN	Special Educational Needs
SES	Socioeconomic Status

SNA	Special Needs Assistants
SPSS	Statistical Package for Social Science
SSA	Sarva Shiksha Abhiyan
SQC	Student's Quality Circles
TQ	Total Quality
TQE	Total Quality in Education
TQP	Total Quality Person
UDL	Universal Design for Learning
UEE	Universalisation of Elementary Education
UN	United Nations
UNCRC	United Nations Convention on the Rights of the Child
UNESCO	United Nations Educational Scientific and Cultural Organisation
UNICEF	United Nations International Children's Emergency Fund
UNISA	University of Salerno
WCTQEE	World Council for Total Quality and Excellence in Education
WHO	World Health Organisation

भूमिका

इस पुस्तक में लेखकों ने विविधता, समावेशन एवं समानता के मामलों की चर्चा की है। चूंकि ये मुद्दे अक्सर नेपथ्य में रहते हैं, इसलिए इन पर विचार करने के लिए वे धन्यवाद के पात्र हैं। मेरा विश्वास है कि उन पर ज्यादा विचार-विमर्श सुनिश्चित करने के लिए कि पक्षपातरहित पद्धतियों को अंगीकृत करने की आवश्यकता है। यह भागीदारी, संबद्धता और सफलता के मार्ग में अवरोधों की पहचान करने तथा उन्हें दूर करने को शामिल करने वाली एक पेशेवर आवश्यकता है। बाल अधिकारों पर संयुक्त राष्ट्र सम्मेलन (1989) में भी इस दृष्टिकोण को शामिल किया गया है, जिसका अनुच्छेद 29 इस संबंध में सर्वाधिक प्रासंगिक है। यह कहता है कि, बच्चों की शिक्षा का मार्गदर्शन करने के लिए अधोलिखित बातों को ध्यान में रखा जाएगा:

1. छात्रों को अपने स्वयं के तरीके तथा अपनी क्षमता के अनुरूप विकसित होने का अवसर प्रदान करना
2. मानव अधिकारों तथा स्वतंत्रता के प्रति सम्मान का भाव उत्पन्न करने के लिए शिक्षा प्रदान करना
3. छात्रों की सांस्कृतिक पहचान, भाषा तथा मूल्यों एवं स्वयं से भिन्न संस्कृतियों के प्रति सम्मान का भाव विकसित करना
4. वयस्क के रूप में एक स्वतंत्र समाज में समझदारी, शांति, सहिष्णुता, लैंगिक समानता तथा सभी समुदायों के बीच मित्रता की भावना के साथ जिम्मेदारीपूर्वक जीवन के लिए छात्रों को तैयार करना

विकलांग व्यक्तियों के अधिकारों पर संयुक्त राष्ट्र सम्मेलन (2006) का अनुच्छेद 24 देशों के लिए विकलांग बच्चों की 'उनके समाज में अन्य लोगों के साथ समान आधार पर एक समावेशी, गुणवत्तापूर्ण, प्राथमिक तथा माध्यमिक शिक्षा तक पहुँच' को आवश्यक करता है।

हम निम्नलिखित कार्यों के द्वारा बच्चों के जीवन में बदलाव ला सकते हैं:

1. उनके भीतर समानुभूति की क्षमता को विकसित करना और उनका सशक्तिकरण करना, ताकि जब वे भेदभाव का अनुभव करें या साक्षी बनें तो वे सामना कर सकें।
2. निष्पक्षता एवं पक्षपात के प्रति उनकी समझ को विकसित करना, ताकि वे समझ सकें कि नाम से पुकारा जाना, खेलों से बाहर करना तथा अन्य लोगों से अनुचित व्यवहार

करना, मारना, धक्का देना या किसी अन्य शारीरिक प्रतिक्रिया के समान दुख तथा विषाद उत्पन्न करता है।

3. अपनी आसपास की दुनिया से सीखे गए किसी पूर्वाग्रह तथा भेदभावपूर्ण व्यवहार को भूल जाने के लिए उन्हें प्रोत्साहित करना, इसके लिए हम उन्हें स्वयं से भिन्न लोगों को सम्मान देने तथा स्वीकार करने वाले व्यक्ति के तौर पर विकसित होने में सहायता प्रदान कर सकते हैं।

यह व्यवस्था काफी बड़ी है, लेकिन यदि पाठ्यक्रम भेदभाव-विरोधी सिद्धांतों पर आधारित हो तथा संवेदनशील एवं समानुभूति रखने वाले लोग इसका अनुपालन करते हैं, तो इसकी प्राप्ति संभव है।

एक चीनी कहावत है:

लोग भूल जाएंगे जो आपने कहा था...
लोग भूल जाएंगे जो आपने किया था...
लेकिन लोग कभी नहीं भूलेंगे कि आपसे उन्हें कैसा महसूस हुआ था।

छाँह/परछाई

एक अकेली छाँह आती है।
वह एक गेंद बनाती है।
'क्या कोई खेलेगा?'
वे भाग गए,
अरे, वो तो अलग है।
'मेरे पिताजी ने ऐसी चीजों से दूर रहने को कहा है'
वह खेल के मैदान की दीवार की ओर जाता है
हर लाल ईंट से उसका नाता है
दीवार की उससे दोस्ती है।
वह अपने घुंघरालो बालों को खुजलाता है
'चला जा जहाँ से आया है तू'
दिन का गीत शुरू हो जाता है
बंद कर वह अपने कान चल पड़ता है छोड़ मैदान।

स्कूल खत्म होता है
कतार के अंत में वह है खड़ा अलग-थलग और अकेला
उसका भावविहीन चेहरा
दिन के गहरे जख्मों को छिपा लेता है बुर्के की तरह।

वह अपने आम से घर की सीढ़ियों पर चढ़ता है
   लिफ्ट खराब है
   चाभियों से खोल कर आता है वह घर के अंदर
माँ और बहन को कर अभिवादन
   बढ़ चला तेजी से वह अपने कमरे की ओर।
   छिपा कर आने श्यामल चेहरे को अपने हाथों से
   रो पड़ता है धीरे से तकिये में
   जो जानता है उसके आँसूओं को बड़ी अच्छी तरह।

– एक चौदह वर्षीय अज्ञात के द्वारा लिखित

यदि बच्चों के शिक्षक के रूप में हम उनकी संस्कृति, उनके व्यक्तित्व तथा विशिष्ट क्षमताओं को आँक सकें और समझ सकें कि कैसे सामाजिक असमानताएँ उनके जीवन को प्रभावित करती हैं एवं यदि हम वर्ग, सांस्कृतिक पृष्ठभूमि, लिंग या विशेष शैक्षिक आवश्यकताओं के संबंध में रूढ़िवादी विचारों तक सीमित न रह कर सभी बच्चों से उच्च आशाएँ रखें, तो बच्चे सक्रिय, उत्साही तथा स्वतंत्र विद्यार्थी बन सकते हैं।

Babette Brown

बैबिट ब्राउन

ब्रिटेन में नस्ल तथा विविधता मामलों की लेखिका
उन्होंने 1997 में प्रारंभिक वर्षों में प्रशिक्षक नस्ल-विरोधी नेटवर्क
पर अपने कार्य के लिए *गॉर्जियन जेरवुड* पुरस्कार प्राप्त किया है।
वर्ष 2001 से वे *चैरिटी, पर्सोना डॉल ट्रेनिंग* में समन्वयक हैं।

प्राक्कथन

शिक्षा में गुणवत्ता तथा समानता के क्षेत्र में काम करने की आंतरिक इच्छा और जुनून ने हमेशा मेरे विकल्पों के चयन को निर्देशित तथा प्रभावित किया है। आधुनिक युग में विकास के लिए निरंतर प्रयत्नशील रहना और इस संदर्भ में अकादमिक समुदाय के साथ-साथ शैक्षिक प्रक्रिया से संबद्ध सभी पक्षों (वृत्तिक, अभिभावक, विद्यालय प्रबंधन, नीति निर्माता आदि) को सूचित करना मेरी कार्यवृति की मुख्य दिलचस्पी तथा अभिरुचि बन गई थी। शिक्षा में विविधता तथा समावेशन पर पुस्तक का विचार तब पनपा जब मुझे दुनिया के लगभग सभी हिस्सों से शिक्षा के लिए प्रतिबद्ध तथा समर्पित लोगों से मिलने का सौभाग्य प्राप्त हुआ।

प्रस्तुत पुस्तक अपने कार्य क्षेत्रों में अनुभवी तथा प्रख्यात लोगों के संयुक्त बल का परिणाम है। लेखकों की विविध विशेषज्ञ पृष्ठभूमियों के साथ-साथ उनके मूल देश तथा कर्मभूमियाँ अध्यायों के वर्तमान संग्रह की सशक्त निधियाँ रही हैं। चूंकि इस पुस्तक की अभिरूचि समावेशी शिक्षा में है, अतः सिद्धांतों, मामलों, शोध परियोजनाओं, विचारों तथा वृत्तियों में हर लेखक का योगदान दुनिया के विभिन्न क्षेत्रों में शिक्षा के क्षेत्र में देखी जाने वाली तथा व्यवहार्य विविधता तथा समावेशन पर सशक्त अंतर्दृष्टि प्रदान करता है।

इस पुस्तक का सृजन करते समय हमारे दिलो-दिमाग में दृढ़ विश्वास रहा है कि शिक्षा में, विशेषकर आरंभिक वर्षों की शिक्षा में विविधता तथा समावेशन पर कार्य किया जाना चाहिए। हम महसूस करते हैं कि बच्चों की आरंभिक शिक्षा पर दिया गया बल एक मुख्य घटक है, जो इस संपादित पुस्तक को विशिष्ट बनाता है। उसी क्षण हम गौरवान्वित महसूस करते हैं कि इस पुस्तक में संकलित रचनाएँ उन देशों से प्राप्त हुई हैं जो नीतियों, कार्यव्यवहारों, कानूनों तथा संस्कृति में भिन्न हो सकते हैं, फिर भी इसका लक्ष्य समान है: व्यक्ति के लिए सम्मान को प्रोत्साहित करना।

इस पुस्तक के 10 अध्याय विषयों, प्रवृतियों, अनुभवों, प्रक्रियाओं, परिप्रेक्ष्यों के साथ-साथ प्रक्षेत्रों तथा राष्ट्रों तक पहुँचने वाली उनकी अंतः-संबंधित प्रकृति को प्रतिबिंबित करते हैं। लगभग सभी महादेशों के देशों: भारत, तुर्की, यूनान, हंगरी, आयरलैंड, संयुक्त राज्य अमेरिका, केन्या तथा न्यूजीलैंड से रचनाओं को एकत्रित किया गया है। इस परियोजना में शामिल सभी 16 योगदानकर्ता अनुभवी पेशेवर तथा शोधकर्ता हैं, जिनमें से अधिकतर ने विद्यालयों तथा उच्च शिक्षण संस्थानों में वर्षों तक शिक्षण कार्य किया है। अपने क्षेत्रों में विशेषज्ञता के उच्च अकादमिक स्तरों तक पहुँचने वाले इन उत्कृष्ट तथा सम्मानित व्यक्तियों के साथ कार्य करना गौरवपूर्ण रहा है। यह स्वीकार करते हुए कि भिन्न देशों, संस्कृतियों, भाषाओं, अकादमिक पृष्ठभूमियों तथा वृति-मार्गों एवं भिन्न व्यक्तिगत

कार्यक्रमों, समय-सारणियों, यहाँ तक कि भिन्न अवकाश अवधि वाले व्यक्तियों के साथ ऐसे उद्यम में कार्य करने का प्रयास एक बड़ी चुनौती रही है, अतः प्रस्तुत कृति इस तथ्य का एक वास्तविक उदाहरण रही है कि विविधता एक शक्ति है जो ज्ञान प्राप्त करने तथा हमारे मानसपटल के दायरे को विस्तृत करने का बेहतरीन अवसर प्रदान करती है।

सोफिया दिमित्रियादी

आभार

मेरे साथ कार्य करने एवं अपनी रचनाओं को मुझे सौंपने के लिए इस पुस्तक में शामिल सभी लेखकों के प्रति मैं हृदय से आभार प्रकट करती हूँ। मैं गौरवान्वित महसूस करती हूँ कि मुझे दुनिया के विभिन्न हिस्सों से इतने सारे उत्कृष्ट शिक्षाविदों एवं शोधकर्ताओं के साथ कार्य करने और उनसे सीखने का अवसर प्राप्त हुआ। यह एक आनंददायक तथा सृजनात्मक यात्रा रही है।

मुझपर और मेरी रचनाओं के प्रति विश्वास प्रकट करने के लिए मैं हमारे प्रकाशक *सेज* एवं इस परियोजना में संलग्न पूरे प्रकाशन दल के प्रति भी कृतज्ञता ज्ञापित करती हूँ।

जिन सभी लोगों को मैंने सुना या पढ़ा है तथा इन वर्षों में जिन्होंने मुझे प्रेरित किया है, उन सभी लोगों को मेरा धन्यवाद ज्ञापित है। मेरे द्वारा पढ़ाए गए अनेक विद्यार्थियों को तथा उनसे सीखने के लिए उन सभी के प्रति मैं वृहतरूप से आभारी हूँ।

मेरी रचना को प्रेरित करने वाले बाबेट ब्राउन को मैं विशेष रूप से धन्यवाद देती हूँ।

अंत में नैतिक समर्थन, प्रोत्साहन तथा मूल्यवान टिप्पणियों और इस यात्रा में मेरे उतार-चढ़ाव को साझा करने के लिए मेरे माता-पिता तथा मेरे परिवार को मेरा हृदय की गहराई से स्नेह तथा आभार।

सोफिया दिमित्रियादी

परिचय

सोफिया दिमित्रियादी

एक बार जब आप समावेशन के लिए प्रतिबद्ध हो जाते हैं,
तो आप बाधाओं को पार करने का तरीका खोज निकालते हैं।

केविन टेलर
प्रोफेसर, कैल पॉली (कैलिफोर्निया)

इस पुस्तक को हाथ में लिए हुए कोई सोच सकता है कि, *विविधता तथा समावेशन के मामलों को अंततः पूर्ण करने कि लिए और कितनी रचनाओं की आवश्यकता होगी?*

स्पष्ट रूप से यह कभी भी पर्याप्त नहीं हो सकता है। जब तक बच्चे तथा उनके परिवारों को असमानता तथा बहिष्करण का सामना करना पड़ेगा और जब तक अंतर्राष्ट्रीय स्तर पर हमारे ज्ञान में मौजूद त्रुटियों की पहचान नहीं की जाती है, तब तक कोई भी व्यक्ति यह दावा नहीं कर सकता कि इस संदर्भ में पर्याप्त विवेचना की गई है। यह प्रतीत होता है कि हमें अपने सूक्ष्म जगत के अवरोधों को दूर करने, अपने मनस्पटल के साथ-साथ अपने दृष्टिकोण को विस्तृत करने तथा सार्वभौमिक चिंतन एवं क्रियाशीलता के जगत में प्रवेश करने की आवश्यकता है।

प्रस्तुत संपादित संस्करण शिक्षा के पेशेवरों तथा शोधकर्ताओं, उच्च शिक्षा के छात्रों, नीति निर्माताओं, अभिभावकों, विद्यालय प्रबंधन और उसके कर्मचारी या शिक्षा में विविधता तथा समावेशन के साथ-साथ बच्चों की आरंभिक शिक्षा पर कार्य करने में विशेष रूप से दिलचस्पी रखने वाले हरेक व्यक्ति को संबोधित करता है।

इस पुस्तक की विषय-वस्तु को संकलित करते समय की परिकल्पना पूर्णतः उपरोक्त कथन के समान थी: पाठकों के समक्ष विविध सांस्कृतिक पृष्ठभूमियों से विशेषज्ञ शोधकर्ताओं के द्वारा समावेशन के अध्ययन तथा उन पर लागू किए गए मूल विचारों, दृष्टिकोण तथा वृत्ति को प्रस्तुत करना। पाठक से उसकी छोटी सी दुनिया से बाहर निकल कर संसार के विभिन्न हिस्सों से उभरने वाले ज्ञान से परिचित हो कर अपने दृष्टिकोण को विस्तृत करने की आशा की जाती है।

हालांकि ज्यादा महसूस न किया जाने वाला एक आम सच है कि हमारी दुनिया विविधतापूर्ण रही है। इसलिए विविधता हमारे समय की परिघटना नहीं है। फिर भी पिछले दशकों में सामाजिक-आर्थिक,

अकादमिक, पेशेगत, राजनीतिक या किन्हीं अन्य कारणों से लोगों का अंतर्राष्ट्रीय आवागमन सतत रूप से बढ़ रहा है। आज एक व्यक्ति की विविधता से बेहतर रूप से अवगत होने एवं उसे समझने की चुनौती के साथ-साथ व्यक्ति की खुद की पहचान को समर्थन देने तथा संरक्षित करने की भावना ने इस दिशा में अन्वेषण करने तथा कार्य करने के लिए नवीन विचारों एवं तथ्यों का पोषण किया है। शिक्षा तथा विशेषकर बालकों की आरंभिक शिक्षा के क्षेत्र में यह तथ्य विशेष रूप से दृष्टिगोचर होता है, जहाँ बच्चों की विविधताओं तथा शैक्षिक प्रणाली में उनके समावेशन के मामलों ने नई चिंताओं और चर्चाओं को जन्म दिया है। सर्वसम्मति से विविधता का मूल्य स्वीकारने तथा शिक्षा में सभी के लिए समान अवसर प्रदान करने की बात पर दुनिया के अनेक हिस्सों अभी भी अनेक कदम उठाए जाने हैं।

विविधता को सुलझाई जाने वाली एक समस्या के स्थान पर सभी की शिक्षा में सहयोग की शक्ति तथा एक समृद्ध संसाधन के रूप में देखना, लोगों के लिए अच्छी शुरुआत होगी (*बूथ एवं अन्य, 2000*)। लेकिन ऐसा करने के लिए लोगों को सर्वप्रथम अपनी धारणाओं, पूर्वाग्रहों, संघर्षों तथा असफलताओं का समाधान करने की आवश्यकता है (मैकक्रैकन, 1993)।

अपनी *रेसपेक्ट फॉर डाइवर्सिटी: एन इंटरनेशनल ओवरव्यू*, के 40वें पृष्ठ पर मैकनॉटन (2006) विविधता के चार भिन्न प्रकारों: 'सामाजिक तथा नस्लीय विविधता', 'विकासात्मक विविधता', 'लैंगिक विविधता' तथा 'सामाजिक-आर्थिक विविधता' की पहचान करती हैं। उसी क्षण वह चार प्रमुख विचारधाराओं का वर्णन करती हैं, जो छोटे बच्चों में विविधता का सम्मान करने के मूल्य को सृजित करने के संबंध में शैक्षिक नीतियों तथा वृत्तियों के मूल दर्शन को स्थापित करती हैं। इन विचारधाराओं की पहचान 'अहस्तक्षेप की विचारधारा', 'विशेष प्रावधान की विचारधारा', 'सांस्कृतिक समझ की विचारधारा' 'समान अवसरों की विचारधारा' तथा 'भेदभाव-विरोधी विचारधारा' के रूप में की गई थी। हालांकि, विविधता के ये प्रतिबिंब प्रासंगिक अंतर्राष्ट्रीय साहित्य में विद्यमान अनेक विचारधाराओं की ओर इशारा भर करते हैं।

समावेशन तथा समावेशी शिक्षा के लिए एक भाषा को विकसित करने पर बूथ एवं अन्य (2000, पृ 13) स्पष्ट रूप से इंगित करते हैं कि 'यह विशेष आवश्यकता शिक्षा का एक और नाम नहीं है', जबकि बाद के संस्करण में बूथ जोड़ते हैं कि 'यह सभी छात्रों के लिए सीखने तथा भागीदारी में वृद्धि की कभी खत्म न होने वाली *प्रक्रिया* है। यह एक आदर्श है जिसकी विचारधाराएँ अभिलाषा कर सकती हैं, लेकिन जिस तक कभी पहुँचा नहीं जा सकता है' (बूथ और ऐन्स्को, 2002, पृ 3, मूल में इसपर ज़ोर दिया गया है)।

जैसा कि उपयुक्त रूप से इंगित किया गया है कि, शिक्षा में समावेशन निस्संदेह स्थान का विषय नहीं है। इसका अर्थ यह है कि, यदि बच्चे समान स्थान साझा करते हैं, तो इसका मतलब यह नहीं है कि उन सभी को अनिवार्यतः सम्मिलित किया गया है (नटब्राउन, क्लॉ और एथर्टन, 2013)।

बच्चों को गुणवत्तायुक्त शिक्षा प्रदान करने के लिए अपने ज्ञान तथा कौशल का सकारात्मक रूप से उपयोग करने वाले सुशिक्षित एवं प्रशिक्षित शिक्षकों के अभाव में अनेक समावेशी नीतियाँ, तरीके एवं परियोजनाएँ अपर्याप्त साबित हो सकती हैं। दूसरे शब्दों में इसका अर्थ है, वास्तविक

समावेशन अधूरा रह जाता है। एक बच्चे के लिए विद्यालय के आंतरिक तथा बाह्य परिवेश में सभी लोगों के साथ-साथ सभी विचारों, विश्वासों, सिद्धांतों तथा कार्यव्यवहारों की समावेशन प्रक्रिया में एक महत्वपूर्ण भूमिका है। परिणामस्वरूप, समावेशी शिक्षा एक समावेशी समाज में पेचीदे ढंग से जुड़ी होती है। निस्संदेह, एक ऐसे संबंध से एक समाज उनकी भिन्नताओं पर बिना ध्यान दिए उसके सभी सदस्यों की शक्तियों, कौशलों तथा प्रतिभाओं का दोहन कर सिर्फ लाभान्वित हो सकता है और परिणामतः विकास संभव होता है (थॉमस एवं वॉघन, 2004)।

यह सुझाव दिया जाता है कि, बालकों की शिक्षा में वैश्विक निर्गमों को 'स्थानीय संस्कृतियों, मूल्यों तथा आदर्शों में सन्निहित तथा बाह्य शक्तियों से प्रभावित प्रक्रियाओं से प्राप्त किया जाता है और प्राप्त किया जा सकता है' (Papatheodorou & Moyles, 2012, p. 5)।

इस प्रकार, ऊपर की सभी बातों को मस्तिष्क में रखते हुए विविध पाठों को एक साथ लाकर इस संपादित संस्करण का निर्माण किया है, और संपादिका को आशा है कि यह पाठकों के मस्तिष्कों उद्वेलित करेगा तथा दुनिया के विभिन्न हिस्सों में शिक्षा में विविधता तथा समावेशन को कैसे देखा जाता है, उन पर किस प्रकार शोध होते हैं, उसके तरीके क्या हैं, कैसे लागू किया जाता है तथा उनकी क्रियाविधि क्या है, इन प्रश्नों के संबंध में उनकी अभिरूचियों जागृत कर देगा। इसके अतिरिक्त, उच्च शिक्षा तथा आरंभिक वर्षों की सेवाओं एवं विद्यालयों, दोनों में संपादिका के दैनंदिन कार्य समावेशी शिक्षा में विचार, तथा मतों एवं प्रक्रियाओं के प्रतिबिंबन तथा अंवेषण के लिए सतत विपुल अवसर प्रदान करते रहे हैं, चाहे वे बच्चों की सेवागत आवश्यकताओं या विश्वविद्यालय के छात्र की बौद्धिक खोजों या अनुसंधानों से व्युत्पन्न हुए हों। इन अवसरों ने इस पुस्तक के सृजन के विचार को और भी परवान चढ़ा दिया।

इस बिंदु पर इस पुस्तक के आधार को बनाने वाली सैद्धांतिक स्थितियों तथा मूल सिद्धांतों को स्पष्ट रूप से रेखांकित करना समुचित होगा।

इस तरह, आपके पास मौजूद इस पुस्तक में हम शिक्षा में 'विविधता' को भिन्नता की पहचान करने एवं उसका मूल्यांकन करने की विधा मानते हुए इसके व्यापकतम परिप्रेक्ष्य पर विचार करेंगे। इसके साथ-साथ हम उन सिद्धांतों तथा प्रक्रियाओं के सृजन का वकालत करते हैं, जो शिक्षा प्रक्रिया में संलग्न बच्चों, वृत्तिकों (पेशवरों), अभिभावकों तथा समुदाय एवं इस परिवेश में मौजूद सभी वयस्कों के लाभ के लिए इस विविधता का सम्मान करता है तथा उन्हें अंगीकृत करता है। जहाँ तक 'समावेशन' का संबंध है, हम इसकी पहचान अर्ली चाइल्डहुड फोरम (2003) की स्थिति से करते हैं, जिसके अनुसार: 'समावेशन भागीदारी तथा संबद्धता पर अवरोधों की पहचान करने, उसे समझने तथा उन्हें दूर करने की प्रक्रिया है।' इस प्रकार, इस पुस्तक का पाठक विकलांगता पर कुछ अध्याय; विशेष शैक्षिक आवश्यकताओं, भाषा सीखने के मामले, एक समावेशी ढाँचे के अंतर्गत व्यक्तिगत, सामाजिक, नैतिक एवं भावनात्मक विकास; तथा सामाजिक एवं लैंगिक मामलों एवं अन्य विषयों के अध्ययन में सक्षम होगा।

हम विश्वास करते हैं कि समावेशी शिक्षा एवं गुणवत्तापूर्ण शिक्षा सहगामिनी है। सबसे महत्वपूर्ण बात यह है कि, शिक्षा में विविधता तथा समावेशन के मामलों को यथाशीघ्र संबोधित करने के

विचार का हम दृढ़ता से समर्थन करते हैं। किसी व्यक्ति की बाल्यकाल अवस्था, जो जन्म से लेकर आठ वर्ष की अवस्था तक होती है, विविधता के मूल्यांकन तथा समावेशन के प्रोत्साहन हेतु कार्य करने की महत्वपूर्ण अवधि है। छोटे शिशु अपने चारों ओर के सभी संदेशों को ग्रहण करते हैं तथा बाल्यावस्था से ही उनसे प्रभावित होते हैं। अतः छोटे बच्चों के साथ काम करने वाले तथा उन्हें शिक्षा प्रदान करने वाले सभी लोगों के लिए इससे अवगत रहना तथा बच्चों में भिन्नताओं के प्रति सकारात्मक नजरिया विकसित करने में सक्षम बनाने वाले तरीकों एवं क्रियाव्यवहारों को अंगीकृत करना महत्वपूर्ण है। एक-दूसरे को विशिष्ट रूप से देखने तथा एक-दूसरे में समानता एवं भिन्नता का सम्मान करने की भावना को प्रोत्साहन देना गुणवत्तापूर्ण शिक्षा की ओर एक एक बड़ा कदम है।

इन कारणों से हम मानते हैं कि, आरंभिक वर्षों की शिक्षा विविधता का महत्व समझने तथा बच्चों एवं वयस्कों के साथ सभी के समावेशन को प्रोत्साहन देने में प्रमुख भूमिका निभाती है। आरंभिक वर्षों की शिक्षा के क्षेत्र में कार्य करने वाले लोगों के पास बच्चों में स्वयं-सिद्धांतों को विकसित करने, महत्वपूर्ण विचारों को विकसित करने तथा किसी बुरे व्यवहार को नहीं सीखने में सहायता करने का अवसर होता है। वहीं दूसरी तरफ, विविधता तथा समावेशन के प्रति अपने विश्वासों एवं नजरियों को स्वीकार करने तथा उनकी कक्षाओं में सभी बच्चों की आवश्यकताओं की पूर्ति के लिए सकारात्मक क्रियाव्यवहारों को अंगीकृत करने के लिए आरंभिक शिक्षा में संलग्न सभी व्यक्तियों को रणनीतियों से परिचित कराया जाना चाहिए तथा उन्हें आवश्यक साधन उपलब्ध कराया जाना चाहिए। चूंकि आरंभिक वर्षों के वृत्तिक (पेशेवर) छोटे बच्चों को कल के समाज में रहने के लिए तैयार कर रहे हैं; इसलिए भविष्य में बेहतर नागरिकता के लिए उनकी भूमिका बहुत महत्वपूर्ण है।

यह पुस्तक विभिन्न देशों में मामलों के अध्ययनों के साथ-साथ सैद्धांतिक ढाँचों, मॉडलों, तरीकों तथा परियोजनाओं को प्रस्तुत करती है। अनुभव के अंतर्राष्ट्रीय स्तर पर समावेशी शिक्षा के परिप्रेक्ष्यों को समझने में इस पुस्तक के प्रत्येक अध्याय का अपना विशिष्ट योगदान है। हालांकि, इस विश्वास के साथ अध्ययन करने पर कि उनके अन्वेषण के दौरान हर मामले में एक प्रकार की सूचना प्राप्त होती है, पाठक इन अध्यायों को अपनी इच्छानुसार किसी भी क्रम में पढ़ सकता है, लेकिन अध्ययन के एक ज्यादा बेहतर संयोजन हेतु इस पुस्तक को विषयगत रूप से खंडों में विभाजित किया गया है।

सर्वप्रथम, खंड 1 में *शोध, अध्ययन* तथा *परियोजनाएँ* शामिल हैं।

खंड 1 के प्रथम अध्याय का शीर्षक 'आयरिश परिप्रेक्ष्य में विशेष शैक्षिक आवश्यकताएँ तथा आरंभिक बाल्यावस्था वृत्तिक' है और मैरी मोलोनी एवं यूशारिया मैककार्थी इस अध्याय के योगदानकर्ता हैं। यह अध्याय एसईएन (स्पेशल एजुकेशनल नीड—विशेष शैक्षिक आवश्यकता) वाले बच्चों के समावेशन कार्यक्रम के क्रियान्वयन के दौरान, आयरलैंड के ईसीई (अर्ली चाइल्डहुड एजुकेशन—आरंभिक बाल्यावस्था शिक्षा) में समावेशन की अवधारणा तथा एसईएन वाले बच्चों एवं 14 वर्ष की आयु तक के बच्चों को प्रारंभिक शिक्षा उपलब्ध कराने में शामिल लोगों के अनुभवों को संबद्ध करते हुए समावेशन के सिद्धांत का अवलोकन करता है। इसे लेखकों के द्वारा तीन अंतः-संबंधित सिद्धांतों: आरंभिक वृत्तिकों की समावेशन की समझ तथा अनुभव, समावेशन के अनुभव

वाले बच्चे तथा बाल्यकाल में एसईएन वाले बच्चों के समावेशन हेतु की जाने वाली कार्रवाई के लिए रूपरेखा के प्रभाव के अन्वेषण हेतु एक राष्ट्रव्यापी शोध अध्ययन से लिया गया है।

इसी खंड में मैरी वांगेची कामुन्यू के द्वारा लिखित दूसरे अध्याय का शीर्षक 'केन्या में भाषा संबंधी मामले एवं प्राग्विद्यालय (प्री-स्कूल) शिक्षा: विविधता, चुनौतियों तथा उपचारों पर विचार' है। यह अध्याय केन्या में ईसीडी (अर्ली चाइल्डहुड डेवलपमेंट—आरंभिक बाल्यावस्था विकास) प्रावधानों के उल्लेखनीय उपलब्धियों की चर्चा करता है। केन्या में ईसीडी 0 से 5 वर्ष तक के बच्चों के सर्वांगीण विकास से संबद्ध है, जिसमें इस बात की व्याख्या की गई है कि कैसे आज केन्या में प्रचलित ईटीए, ईसीडी शिक्षा को सम्मिलित नहीं करती है तथा अनेक प्राग्विद्यालय शिक्षकों के द्वारा छोटे बच्चों को उनकी मातृभाषा के स्थान पर अंग्रेजी में शिक्षा प्रदान करने के कारण समस्याएँ उत्पन्न हो रही हैं। इस अध्याय में एक महत्वपूर्ण अध्ययन को प्रस्तुत किया गया है, जो भाषा की समस्याओं तथा केन्या के प्राग्विद्यालयों में समग्र शैक्षिक उपलब्धियों को प्रभावित करने वाले वृत्तियों का गंभीरता से परीक्षण करता है। इस अध्ययन में नारोक काउंटी के नारोक उत्तरी विधानसभा में किए गए एक सर्वेक्षण डिजाइन का उपयोग किया है और इस अध्ययन के आंकड़े अगले विचार-विमर्शों तथा कार्रवाइयों हेतु दिलचस्प विषयों की ओर ध्यान आकृष्ट करते हैं।

खंड 1 का अंतिम अध्याय (अध्याय 3) हयाल कोक्शल की रचना 'आईसीटी परियोजना के माध्यम से प्राग्विद्यालय (प्री-स्कूल) छात्रों को नवाचारी प्रशिक्षण: तुर्की के मामले का अध्ययन' है। यह अध्याय तुर्की में अंतर्राष्ट्रीय आईसीटी (इंफॉर्मेशन एंड कम्युनिकेशन टेक्नोलॉजी—सूचना व संचार तकनीक) परियोजना का विस्तार से वर्णन करता है। लेखक के अनुसार 'अंतर्राष्ट्रीय आईसीटी सीगल परियोजना©' की सार्थकता इसकी आयु परास में सन्निहित है। किंडरगार्टन छात्रों से प्रारंभ कर तथा स्नातक तथा स्नातकोत्तर छात्रों को सम्मिलित करते हुए सभी आयु समूहों के लिए यह परियोजना खुली हुई है तथा इसका लक्ष्य नवाचारी, समकालीन तथा पात्र व्यक्तियों को प्रशिक्षित करना है। इस अध्याय में इस परियोजना की मुख्य विशेषताओं को भी स्पष्ट रूप से उल्लिखित किया गया है, तथा लेखिका वर्णन करती हैं कि इस परियोजना के माध्यम से 'मनुष्यों के प्रति सम्मान', 'सांस्कृतिक संवेदनशीलता' तथा 'सहिष्णुता' के संबंध में छात्र-शिक्षक हलकों के बीच जागरूकता कैसे बनाई जाती है तथा इसमें संलग्न सभी पक्षों के लिए कौन-से लाभ विद्यमान हैं।

तत्पश्चात खंड 2 में तीन और अध्याय हैं, जहाँ *विभिन्न उपागमों एवं विधियों* को प्रस्तुत किया गया और उनका अन्वेषण किया गया है।

इस खंड के पहले अध्याय (अध्याय 4) का शीर्षक 'पर्सोना डॉल के माध्यम से आरंभिक वर्षों में समावेशी शिक्षा: ग्रीस का एक मामला' है एवं इसकी रचना सोफिया दिमित्रियादी ने की है। इस अध्याय में व्यक्तित्व वाली गुड़ियों के मार्ग को प्रस्तुत किया गया है जो कि कक्षा में विविधता को अंगीकृत करता है तथा समावेशन का समर्थन करता है। बच्चों के अनुकूल तथा खतरे से रहित इस उपकरण को संयुक्त राज्य अमेरिका, ब्रिटेन तथा अन्य बहु-सांस्कृतिक देशों में सफलतापूर्वक लागू किया गया है। यूनान में आरंभिक वर्षों की शिक्षा पर लेखिका के देश भर में किए गए शोध के एक हिस्से को एक अध्ययन के रूप में प्रस्तुत किया गया है।

इस अध्याय में पर्सोना डॉल (व्यक्तित्व वाली गुड़ियों) के उपयोग पर आरंभिक वर्षों की शिक्षा के शिक्षकों के प्रशिक्षण तथा अपनी कक्षा में इस तरीके को लागू करने संबंधी अध्ययन के साथ-साथ उनके निर्गमों का वर्णन किया गया है।

अध्याय 5 में डोरोथी आर. हॉवी 'समावेशी शिक्षा के लिए प्रभावी शिक्षणशास्त्र: मध्यस्थता के द्वारा शिक्षण अनुभव की भूमिका' में अभिभावकों के द्वारा अपने शिशुओं की शिक्षा में विविधता तथा समावेशन के लिए प्रभावी शिक्षण शास्त्र के रूप में एक समुचित सांस्कृतिक तरीके से प्रारंभिक मध्यस्थता के महत्व का अन्वेषण करती हैं। यह अध्याय सशक्त सैद्धांतिक निहितों पर आधारित ऐसी मध्यस्थताओं के लिए अंतर्राष्ट्रीय रूप से उपयोग किए जानेवाले तरीकों की रूपरेखा खींचता है तथा इस तरीके से संबंधित व्यापक-प्रक्षेत्र के शोधों पर चर्चा करता है। इस अध्याय में साझा की गई जानकारियाँ आरंभिक शिक्षा में विविधता तथा समावेशन पर पाठक के ज्ञान को सार्थक रूप से समृद्ध करती हैं।

खंड 2 के अंतिम अध्याय 'प्राग्विद्यालय (प्री-स्कूल) के बच्चों को नैतिक मूल्यों की शिक्षा' शीर्षक वाले अध्याय 6 में ग्यूल्शिन आल्प्योजि में प्राग्विद्यालय के बच्चों को उपयोगी शिक्षा प्रदान करने की एक विधि का वर्णन करती हैं। वह इसका वर्णन करती हैं कि, विद्यालय में छोटे बच्चों को नैतिक मूल्यों सिखाने का प्रयास करना क्यों आवश्यक है। वह घरेलू वातावरण की भूमिका भी चर्चा करती हैं तथा बताती हैं कि अभिभावक एवं बच्चों का एक-दूसरे के साथ बिताया गया सीमित समय इस प्रक्रिया को कैसे प्रभावित करता है। लेखिका ने प्राग्विद्यालय के बच्चों में शिक्षण मूल्यों पर तुर्की भाषा में एक पुस्तक लिखी है तथा वह ईमानदारी, सम्मान, उत्तरदायित्व, साहस, निष्पक्षता, मित्रता, अच्छाई, शांति तथा चयन करने में समर्थ होने जैसे मूल्यों की पहचान सार्वभौमिक मूल्य की तरह करती हैं। आरंभिक शैशव के विशेषज्ञों के एक समूह ने बच्चों की आयु तथा उनके लिए सर्वाधिक उपयुक्त मूल्यों पर विचार कर इनका चयन किया था।

अगला खंड तृतीय खंड है, जिसमें *शैक्षिक रूपरेखाएं, पाठ्यक्रम* तथा *मॉडल* हैं।

अध्याय 7 'हंगरी में समावेशी शिक्षा का सिद्धांत तथा प्रयोग' में एगनेस एन. टॉथ, हंगरी में शिक्षा प्रणाली तथा इसकी परंपराओं पर चर्चा करते हैं और मध्य-पूर्व यूरोप के इस देश में समावेशी शिक्षा के साथ-साथ समावेशन के प्रति शिक्षकों के नजरिये का विस्तारपूर्वक वर्णन करते हैं। सैद्धांतिक विषयों पर चर्चा के पश्चात एक शोध प्रस्तुत किया गया है जिसका लक्ष्य यह सत्यापन करना कि, इन वर्षों में समावेशन के प्रति क्या मुख्यधारा के शिक्षकों के नजरिए में परिवर्तन आया है; अन्वेषन करना कि वे इन दिनों समावेशन के संबंध में क्या सोचते हैं; समावेशन के प्रति शिक्षकों का कैसा नजरिया है तथा क्या उनके विद्यालयों में समावेशी शिक्षा के संबंध में यह नजरिए सकारात्मक अथवा नकारात्मक है। शोध के लिए नमूने हंगरी के पश्चिमी ट्रांसडानुबियन प्रक्षेत्र के तीन भिन्न काउंटियों के 10 विद्यालयों से लिए गए हैं और साझा की गई प्राप्तियाँ पाठकों को मूल्यवान सूचनाएँ प्रदान करती हैं।

ज्ञॉन बैप्टीस्ट क्यूलिएन, गैब्रिएला एम. थेइस तथा वेरॉनिका आर. क्यूलिएन के द्वारा लिखा गया 'बहु-सांस्कृतिक छतरीनुमा मॉडल: सफल समावेशन के लिए छह C (सी)' शीर्षक वाला अध्याय 8 तृतीय खंड का अंतिम अध्याय है। यह अध्याय विविधता, अंतः-सांस्कृतिक सीमाओं तथा शिक्षा पर

लेखकों के अनुभवों तथा परिचर्चाओं का परिणाम है। यह प्रारंभ में बहुसांस्कृतिक शिक्षा के परिप्रेक्ष्य में कुशल समावेशन को लागू करने के लिए शिक्षा प्रदाताओं तथा नीति निर्माताओं को सहायता करने के लिए एक अंतः-विषयी मॉडल, एमयूएम, का वर्णन करता है। इस अध्याय का प्रयोजन कार्य नहीं कर रहे प्रयोगों पर चर्चा करना नहीं, बल्कि शिक्षा को विविधतापूर्ण समाज और अंततः समुदाय के साथ जोड़ने के लिए मामले के एक अध्ययन – मेटामोर्फोसिस परियोजना®- सैद्धांतिक रूपरेखा का अनुप्रयोग, छह सी – की चर्चा करना है। छह सी हैं – कम्यूनिकेशन (संचार), कल्चर्स (संस्कृतियाँ), कनेक्शंस (संपर्क), कंपैरिजंस (तुलनाएँ), कम्यूनिटिज (समुदाय) और अंत में कोलैबोरेशन (सहयोग), जो समावेशन के संदर्भ में विद्यमान सैद्धांतिक रूपरेखा में एक और आयाम जोड़ने तथा इसे परिष्कृत करने के लिए लेखकों के द्वारा जोड़ा गया एक महत्वपूर्ण घटक है।

अंत में *साहित्य के समीक्षागत प्रमाण* तथा *विचारों* पर विषयगत रूप से व्यवस्थित खंड चतुर्थ है जिसमें दो और अध्याय हैं।

पुस्तक के 'बच्चों के समावेशन हेतु अंतः विकलांगता उपागम' शीर्षक वाले नौवें अध्याय में अमिताव मिश्रा और मौसमी भौमिक ने योगदान दिया है। यह अध्याय आरंभिक वर्षों की शिक्षा तथा समावेशन पर भारतीय अनुभवों को प्रस्तुत करता है तथा अंतर्राष्ट्रीय गतिविधियों से इनकी तुलनाएँ करता है। यह आरंभिक बाल्यावस्था की पहचान, विकास तथा उन्नति की नाजुक अवस्था के रूप करता है क्योंकि इस अवधि के दौरान के अनुभव किसी व्यक्ति की पूरी जिंदगी भर के परिणामों को प्रभावित कर सकते हैं। अंतर्राष्ट्रीय पाठकों के लिए उपयोगी तथा महत्वपूर्ण सूचनाएँ प्रदान करने के लिए भारत में आरंभिक वर्षों की शिक्षा में समावेशन की स्थिति से संबंधित तथा लेखकों में से एक के द्वारा किए गए एक महत्वपूर्ण अध्ययन को महत्वपूर्ण शोध अध्ययनों के साथ प्रस्तुत किया गया है। आरंभिक वर्षों की शिक्षा में समावेशन के साथ-साथ आरंभिक वर्षों के शैक्षिक पाठ्यक्रम में अंगीकरण संबंधी सलाहों पर परिचर्चा की गई है। अंत में, लेखकों ने एक समावेशी आरंभिक वर्षों की शिक्षा में अंतः-विकलांगता मार्ग के महत्व को उल्लेखित किया है तथा व्यापक रूप से विश्लेषित किया है।

अंतिम लेकिन कम महत्वपूर्ण नहीं, अध्याय 'भारत में विकलांगता से ग्रस्त छोटे बच्चे: आरंभिक बाल्यावस्था शिक्षाप्रदाताओं के लिए अनिवार्य दक्षताएँ' है। अजय दास, अन्नामारिया जेरोम-राजा तथा सुषमा शर्मा ने इस पुस्तक के अध्याय 10 को लिखा है। यह अध्याय विकलांग बच्चों की शिक्षा पर भारत सरकार के द्वारा लिए गए नीतिगत तथा कार्यक्रम संबंधी पहलों से संबंधित पृष्ठभूमियों की सूचना से प्रारंभ होता है। यह अध्याय ईसीई (अर्ली चाइल्डहुड एजुकेशन) शिक्षकों पर केंद्रित है। भारतीय तथा अंतर्राष्ट्रीय साहित्य के माध्यम से साहित्य की समीक्षा के द्वारा उनके व्यवहारों तथा विकलांगता से ग्रसित बच्चों के समावेशन में इसके महत्व का परीक्षण किया गया है। अंत में, विशेष आवश्यकताओं वाले छोटे बच्चों के साथ कार्य करने में सफल होने हेतु इन शिक्षकों के लिए आवश्यक कुशलताओं तथा क्षमताओं के संबंध में अनुशंसाएँ की गई हैं।

इस पुस्तक के अंत में इस पुस्तक की विषय-वस्तु का संक्षिप्त अवलोकन किया गया है, जिसके माध्यम से पाठक इन अध्यायों के सारगर्भित विचारों तथा भविष्य के लिए कुछ निर्णायक विचारों को प्राप्त कर सकते हैं।

इस संस्करण के लेखकों की ओर से हम यह विश्वास प्रकट करते हैं कि, इस पुस्तक के पाठक ज्ञान की इस बहुमूल्य निधि से अपना ज्ञानवर्धन करने और उसे प्रतिबिंबित करने में समर्थ होंगे। अंततः, हमें पूरी उम्मीद है और हम आशा करते हैं कि, इस परियोजना में संलग्न हमारे बेहतरीन अनुभव हमारे पाठकों के लिए भी समान रूप से लाभप्रद सिद्ध होंगे।

संदर्भ

Booth, T. & Ainscow, M. (2002). Index for inclusion: Developing learning and participation in schools. In M. Vaughan (Ed.), *CSIE and EENET*. Retrieved from http://www.csie.org.uk/resources/translations/IndexEnglish.pdf (accessed 8 August 2013).

Booth, T., Ainscow, M., Black-Hawkins, K., Vaughan, M. & Shaw, L. (2000). *Index for inclusion: Developing learning and participation in schools*. Bristol: Centre for Studies in Inclusive Education Ltd.

Early Childhood Forum. (2003). *Inclusion: Position statement.* Retrieved from http://www.ncb.org.uk/media/216977/ecf_inclusion_leaflet.pdf

McCracken, J. B. (1993). *Valuing diversity: The primary years*. Washington, D.C.: NAEYC.

McNaughton, G. M. (2006). *Respect for diversity: An international overview*. Working Paper No. 40. The Hague: Bernard Van Leer Foundation.

Nutbrown, C., Clough, P. & Atherton, F. (2013). *Inclusion in the early years* (2nd ed.). London: SAGE.

Papatheodorou, T. & Moyles, J. (Eds). (2012). *Cross-cultural perspectives on early childhood*. London: SAGE.

Thomas, G. & Vaughan, M. (2004). *Inclusive education: Readings and reflections*. G. Thomas & C. O'Hanlon (Series Eds). Maidenhead, Berkshire: Open University Press.

खंड I

शोध, अध्ययन तथा परियोजनाएँ

1

आयरिश परिप्रेक्ष्य में विशेष शैक्षिक आवश्यकताएँ तथा आरंभिक बाल्यावस्था वृत्तिक

मैरी मोलोनी तथा यूशारिया मैक्कार्थी

आयरलैंड में एसईएन (विशेष शैक्षिक आवश्यकता) वाले बच्चों के समावेशन के लिए कार्रवाई हेतु मसौदे की संरचना (डीएफए) को लागू करने के दौरान 14 संस्थापनाओं में विशेष आवश्यकताओं (एसईएन) वाले बच्चों तथा आरंभिक बाल्यावस्था वृत्तिकों[1] (पेशेवरों) के अनुभवों को संलग्न कर यह अध्याय आरंभिक बाल्यावस्था देखभाल तथा शिक्षा (ईसीसीई) में समावेशन की अवधारणा पर विचार करता है। इस अध्याय को तीन अंतः-संबद्ध अवधारणाओं का अन्वेषण करने हेतु किए गए एक राष्ट्रीय शोध अध्ययन (मोलोनी एवं मैक्कार्थी, 2010) से संरेखित किया गया है:

1. आरंभिक बाल्यावस्था वृत्तिकों की समावेशन की समझ तथा अनुभव
2. एसईएन वाले बच्चों के समावेशन के अनुभव
3. समावेशी वृत्ति (व्यवसाय) पर 'आरंभिक बाल्यावस्था संस्थापनाओं में एसईएन वाले बच्चों के समावेशन हेतु की जाने वाली कार्रवाई' का प्रभाव

राष्ट्रीय तथा अंतर्राष्ट्रीय नीतियों के आधार पर सृजित यह अध्याय आइरिश ईसीसीई परिप्रेक्ष्य में समावेशन की ओर ऐतिहासिक प्रक्षेप पथ का अन्वेषण करता है। यह अध्याय वृत्ति के संदर्भ में

[1] आयरलैंड में ईसीसीई संस्थापनाओं में बच्चों के साथ काम कर रहे कर्मियों का उल्लेख आमतौर पर वृत्तिक के रूप में किया जाता है।

समावेशन पर चर्चा करता है तथा अभिभावकों, बच्चों एवं वृत्तिकों से जुड़े मामलों और चुनौतियों पर रोशनी डालता है। तत्पश्चात, इस अध्याय में ईसीसीई संस्थापनाओं में एसईएन वाले बच्चों के समावेशन हेतु एक डीएफए को लागू किए जाने तथा उनकी प्राप्तियों को प्रस्तुत किया गया है। काउंटी क्लेयर, नॉर्थ टिपरेरी, काउंटी केरी तथा लिमरिक सिटी सहित मंस्टर एवं देश की 14 संस्थापनाओं में इनका मूल्यांकन तथा सबसे पहले प्रयोग किया गया था। इसके पश्चात विशेष रूप से सैम (3½वर्ष) तथा मैथ्यू (2½ वर्ष) की कहानियाँ हैं, जिससे हमें समावेशी कार्यप्रणाली को विकसित करते समय अनुशीलकर्ताओं के द्वारा सामना की गई परेशानियों तथा डीएफए को लागू किए जाने पर उनके नज़रिये में हुए परिवर्तनों पर पूरी जानकारी मिलती है।

संयुक्त राष्ट्र शैक्षिक वैज्ञानिक तथा सांस्कृतिक संगठन (यूनेस्को, 2005) के अनुसार, समावेशन 'छात्रों की विविधता पर सकारात्मक रूप से प्रत्युत्तर देने तथा व्यक्तिगत विभिन्नताओं को समस्या के स्थान पर सीखने को समृद्ध बनाने के अवसरों के रूप में देखने का एक गतिशील मार्ग है' (पृ 12)। इस प्रकार इन संस्थापनाओं में बच्चे की भागीदारी के स्तर के निर्धारण में नज़रिया, मूल्य तथा आशाएँ मुख्य घटक हो सकते हैं। परिणामस्वरूप, एक बच्चे में असीम संभावनाओं को चित्रित करने वाली यूनेस्को (2005) की परिभाषा, वृत्तिकों से अपने नज़रिये, मूल्यों तथा आशाओं के साथ-साथ एसईएन वाले बच्चों के साथ कार्य करने और उनके समावेशन के दौरान तरीकों को प्रतिबिंबित करने का आह्वान करती है।

घर, प्राग्विद्यालय (प्री-स्कूल) तथा विद्यालय जैसे व्यक्तिगत परिप्रेक्ष्यों में अभिभावकों, शिक्षाप्रदाताओं तथा विस्तृत समाज के एसईएन वाले बच्चों के साथ कार्य करने और उनके समावेशन के तरीके इस बात पर निर्भर हैं कि, वे इस विविधता को समस्या मानते हैं या फिर इसे अवसर के तौर पर देखते हैं। यह आरंभिक बाल्यावस्था में विशेषकर महत्त्वपूर्ण है, क्योंकि बच्चों के अनुभवों का उनके जीवन की बाद की अवस्थाओं के विकास पर काफी प्रभाव पड़ता है (फॉक्स, लेविट एवं नेल्सन, 2010; शॉन्कॉफ एवं फिलिप्स, 2000)। वस्तुतः, संयुक्त राष्ट्र अंतर्राष्ट्रीय शिशु आपातकालीन निधि (यूनीसेफ, 2001) तर्क देती है कि 'इस नाज़ुक अवधि के दौरान बच्चों की ओर से चयनित विकल्प तथा की गई कार्रवाइयाँ न केवल बच्चे के विकास, बल्कि देश के विकास को भी प्रभवित करती हैं' (पृ 14)। अतएव, सभी बच्चों की विविध क्षमताओं और आवश्यकताओं के अनुरूप प्रत्युत्तरदायी एवं समर्थनकारी तथा समुचित संसाधनयुक्त ईसीसीई अधोसंरचना को स्थापित करना सरकारों की सामुदायिक और नैतिक ज़िम्मेदारी है।

अंतर्राष्ट्रीय तथा राष्ट्रीय नीति संदर्भ

आयरलैंड में समावेशन की ओर यात्रा 1992 में उसके द्वारा बाल अधिकारों पर संयुक्त राष्ट्र सम्मेलन (यूएनसीआरसी, 1989) की पुष्टि तथा सालामान्का वक्तव्य एवं एसईएन पर कार्रवाई की रूपरेखा (यूनेस्को, 1994), जैसी बड़ी विधायिक कार्रवाइयों से बहुत ज्यादा प्रभावित रही है।

यूएनसीआरसी किसी भी आधार पर बिना किसी भेदभाव के शिक्षा प्राप्त करने के सभी बच्चों के अधिकारों को सुनिश्चित करते हुए समावेशन के लिए अधिकार-आधारित मार्ग प्रदान करता है, जबकि सालामान्का विश्व वक्तव्य तथा कार्रवाई की रूपरेखा अनुसार 'समावेशी झुकाव वाले मुख्यधारा के विद्यालय, भेदभाव का मुकाबला करने, सौहार्द्रपूर्ण एवं समावेशी समाज का निर्माण करने के साथ-साथ सभी के लिए शिक्षा को सुनिश्चित करने के सर्वाधिक प्रभावी माध्यम हैं (अनुच्छेद 2)। तदनुरूप, 'मानव गरिमा तथा मानव अधिकारों का आनंद उठाने एवं क्रियान्वयन के लिए समावेशन तथा भागीदारी अनिवार्य' हैं। हालांकि, ऐतिहासिक रूप से एसईएन वाले बच्चों को अक्सर छिपाया जाता रहता था (एलूर, 2002; ग्रिफिन एवं शेल्विन, 2011), आज यूएनसीआरसी ने शिक्षा और समाज में उनकी भागीदारी की वैधानिक अनिवार्यता को सुनिश्चित किया है। उनकी ज़रूरतें और अधिकार शैक्षिक नीति के केंद्र में हैं तथा वे ईसीसीई संस्थापनाओं, विद्यालयों और वृहतर समुदाय में अपनी भागीदारी के माध्यम से उतरोत्तर दृष्टिगोचर हो रहे हैं।

आयरलैंड में समावेशन

आयरलैंड औपचारिक शिक्षा में एसईएन वाले बच्चों के हितों के लिए काफी समय से अग्रसर रहा है। वस्तुतः, विशेष शिक्षा के प्रथम निरीक्षक की नियुक्ति 1959 में हुई थी। तदुपरांत, ऐतिहासिक नीतियों में, आयरलैंड में एसईएन की प्रथम वैधानिक परिभाषा देने वाला शिक्षा का कानून, 1998, छह वर्ष की आयु पूर्ण होने पर प्राथमिक विद्यालय में बच्चों के नामांकन को आवश्यक करने वाला शिक्षा कल्याण कानून, 2000 तथा एसईएन वाले बच्चों की शिक्षा के लिए संवैधानिक रूपरेखा प्रदान करने वाला विशेष शिक्षा आवश्यकताओं वाले व्यक्तियों के लिए शिक्षा (ईपीएसईएन) कानून, 2004 शामिल है। ईपीएसईएन कानून औपाचारिक शिक्षा में एसईएन वाले बच्चों की शिक्षा के लिए मूल्यांकन, विशेष आवश्यकता सहायकों (एसएनए—स्पेशल नीड्स अस्सिटेंट्स), व्यक्तिगत शिक्षा योजनाओं तथा संसाधनों की व्यवस्था करता है।

ईसीसीई प्रक्षेत्र में एक पूर्णतः भिन्न तस्वीर उभरती है, जिसमें 'एक स्पष्ट रूप से वर्णित तथा संचारित समावेशन नीति' नहीं है (मोलोनी एवं मैक्कार्थी, 2010, पृ 144)। हालांकि, 1992 में यूएनसीआरसी की पुष्टिकरण के द्वारा आयरलैंड आजीवन शिक्षण की रूपरेखा के अंदर सभी बच्चों के लिए गुणवत्तापूर्ण शिक्षा की व्यवस्था हेतु प्रतिबद्ध है।

यूएनसीआरसी ने आरंभिक बाल्यावस्था देखभाल तथा शिक्षा पर श्वेत पत्र- *रेडी टू लर्न* (डीईएस, 1999); बच्चों पर राष्ट्रीय रणनीति: *ओवर चिल्ड्रेन देयर लाइव्स* (डीएचसी, 2000); संशोधित बालक देखभाल (प्राग्विद्यालय सेवा) नियमन[2] (डीएचसी, 2006); राष्ट्रीय गुणवत्ता संरचना: *सियोल्टा* (सीईसीडीई, 2006); आरंभिक बाल्यावस्था पाठ्यक्रम संरचना: *एय्स्टर* (एनसीसीए, 2009ए) तथा

[2] आयरिश सरकार द्वारा लागू की गई संवैधानिक नीति को प्रदर्शित करती है।

ईसीसीई योजना में निःशुल्क प्राग्विद्यालय (प्री-स्कूल) वर्ष (बालक तथा युवा मामलों का विभाग) के साथ-साथ समावेशन को ईसीसीई प्रावधान के मूल में रखने वाली नीतिगत पहलों के व्यापक प्रक्षेत्र के विकास को प्रोत्साहित किया। कुल मिला कर ईसीसीई नीति, बच्चे की उभर रही तथा विद्यमान क्षमताओं का समर्थन करने के लिए अभिभावकों, परिवारों के साथ-साथ कार्य रही संस्थापनाओं के द्वारा निभायी गई महत्त्वपूर्ण भूमिका को समुचित मान्यता प्रदान करते हुए बच्चों की देखभाल तथा शिक्षा की पारिस्थितिक तरीके पर आधारित है।

एक आयरिश ईसीसीई परिप्रेक्ष्य में समावेशी वृत्ति को आकार देना

ईसीसीई (अर्ली चाइल्डहुड केयर एंड एजुकेशन—आरंभिक बाल्यावस्था देखभाल व शिक्षा) पर श्वेत पत्र- *रेडी टू लर्न* (डीईएस, 1999) - छह वर्ष तक ईसीसीई के विकास तथा व्यवस्थापन हेतु एक व्यापक रणनीति को तय करता है। यह 'वंचित तथा विशेष आवश्यकता वाले व्यक्तियों के लक्षित समूहों पर विशेष ध्यान केंद्रित करता है (उपरोक्त, पृ 45) तथा एसईएन वाले बच्चों के समावेशन का प्रभावी तरीके से समर्थन करने के लिए आवश्यक समर्थन की बहुलता पर रोशनी डालता है; यह छोटे समूहों तथा व्यक्तियों के निर्देशों के परिप्रेक्ष्य में अत्यधिक कुशल एवं ध्यानपूर्वक प्रशिक्षित कर्मियों द्वारा प्रदान की गई उच्च गुणवत्तायुक्त, सघन तथा स्पष्ट रूप से अभिव्यक्त योजना है, जिसे व्यक्तिगत रूप से चिह्नित आवश्यकताओं को विशिष्ट रूप से संबोधित करने के लिए तैयार किया गया है' (उपरोक्त, पृ 48)।

ईसीसीई को एक प्रारंभिक हस्तक्षेप के रूप में देखा जा सकता है, जहाँ 'विशेष आवश्यकताओं की शिक्षा में प्रशिक्षित आरंभिक बाल्यावस्था के शिक्षक' (उपरोक्त), एसईएन वाले बच्चों से सामंजन में परिवारों के सहयोग तथा अपने बच्चों की क्षमता को विकसित करने के लिए आवश्यक कौशल प्राप्त करने में अभिभावकों की सहायता कर सकते हैं (उपरोक्त)।

एसईएन वाले बच्चों की पहचान करने तथा मूल्यांकन करने में *रेडी टू लर्न*, ईसीसीई वृत्तिकों के साथ अनुशंसाओं एवं अंतर्दृष्टियों को साझा करने वाली बहुविषयी समूहों के लाभों पर रोशनी डालती है। ऐसे साझाकरणों को 'विकलांगता के शिकार छात्रों के लिए प्राग्विद्यालय (प्री-स्कूल) तथा विद्यालयों में शैक्षिक योजनाओं को विकसित करने में तात्कालिक दृष्टि से महत्त्वपूर्ण' माना जाता है (डीईएस, 1999, पृ 85)। यह पाठ्यक्रम, कार्यप्रणाली, शिक्षा योजनाओं तथा पात्रताओं एवं प्रशिक्षण की आवश्यकता को वर्णित करता है। मूल संदेश यह है कि, समावेशन संयोग से नहीं होता है। इसका तात्पर्य यह नहीं है कि, 'बच्चों को अनियोजित एवं अल्प संसाधनों वाली परिस्थिति में शामिल कर लिया जाए (बार्टन, 2002, पृ 174); बल्कि यह विचारपूर्वक निर्मित वातावरण में, समुचित रूप से प्रशिक्षित वृत्तिकों के सहयोग तथा संसाधनों के व्यवस्थापन द्वारा निर्मित होता है।

यूएनसीआरसी से व्यापक रूप से आहृत तथा *रेडी टू लर्न* के आधार पर निर्मित राष्ट्रीय बालक रणनीति: *आवर चिल्ड्रेन देयर लाइव्स* (डीएचसी, 2000) बच्चों के लिए तीन राष्ट्रीय लक्ष्यों का प्रस्ताव देती है: बच्चों की बातें सुनी जाएँगी, उनके जीवन को ज्यादा बेहतर तरीके से समझा जाएगा

और वे गुणवत्तापूर्ण सहायताएँ तथा सेवाएँ प्राप्त करेंगे। श्वेत पत्र (डीईएस, 1999) के मुख्य विषय को प्रतिबिंबित करते हुए यह रणनीति एक 'पूर्ण बालक' के संदर्भ के माध्यम से बच्चों के लिए चिह्नित सर्वांगीण आवश्यकताओं को पूरा करने के लिए हेतु ईसीसीई की क्षमता की पहचान करती है, जो इसे बच्चों के जन्म से विद्यमान सीखने तथा विकास करने की जन्मजात क्षमता का प्रारंभिक बिंदु मानती है (डीएचसी, 2000, पृ 51)।

पारिस्थितिक परिप्रेक्ष्य में बाल्यावस्था को परिवार से ले कर 'उनके अधिकारों के अंतिम गारंटी प्रदाता' के रूप में कार्य करने वाले राज्य तक व्याप्त गतिशील संबंधों के एक जटिल समूह के रूप में देखा जाता है (उपरोक्त, पृ 68)। श्वेत पत्र (डीईएस, 1999) के जैसी यह रणनीति वृत्तिकों (पेशेवरों) तथा बच्चों के साथ कार्य कर रहे अन्यों के लिए संदर्भित प्रशिक्षण दिए जाने के साथ-साथ स्वैच्छिक तथा संवैधानिक प्रक्षेत्रों में कार्य कर रहे कर्मचारियों के बीच बेहतर समन्वयन का समर्थन करने के लिए विभिन्न एजेंसियों के बीच प्रशिक्षण को भी बढ़ावा देने पर बल देती है।

राष्ट्रीय बालक नीति: *सियोल्टा* के परिणामस्वरूप क्रमशः राष्ट्रीय गुणवत्ता रूपरेखा (सीईसीडीई, 2006) तथा *ऐयस्टर*: आरंभिक बाल्यावस्था पाठ्यक्रम की रूपरेखा (एनसीसीए, 2009ए) नामक दो मौलिक घोषणाएँ हुई। दोनों सद्य:जात से लेकर छह वर्ष के बच्चों से संबंधित हैं। *सियोल्टा* शिक्षण तथा विकास सहित ईसीसीई में गुणवत्ता के सभी पक्षों पर ध्यान केंद्रित करता है, जबकि *ऐयस्टर* वृत्तिकों को समुचित रूप से चुनौतीपूर्ण, सकारात्मक तथा आनंददायक शैक्षिक अनुभवों को प्रदान करने में सहायता करता है (एनसीसीए, 2009 बी)। प्रत्येक रूपरेखा राष्ट्रीय स्तर पर गुणवत्ता के व्यवस्थापन के प्रोत्साहन तथा अभिवृद्धि में एक भूमिका निभाता है, और इस तरीके से वे एक दूसरे के अनुपूरक एवं सहयोगकर्ता की भूमिका निभाते हैं' (उपरोक्त, पृ 5) तथा दोनों कई सर्वनिष्ठ सिद्धान्तों पर आश्रित हैं एवं साझा करते हैं। समानता तथा विविधता के सिद्धांत, समावेशन के सिद्धांतों की चर्चा में विशेषकर प्रासंगिक हैं। आयरलैंड के बच्चों के इष्टतम विकास के समर्थन हेतु समावेशन को सर्वाधिक महत्त्वपूर्ण पूर्वापेक्षा के तौर पर देखा जा सकता है:

> यह आवश्यक करती है कि, प्रत्येक बच्चे की व्यक्तिगत आवश्यकताओं तथा क्षमताओं को जन्म से लेकर उसकी विशिष्ट संभावना के पूरे होने तक पहचानी जाए तथा उनका समर्थन किया जाए। इसका अर्थ है कि, सभी बच्चों की आरंभिक वर्षों की सेवाओं तक समान आधार पर पहुँच एवं भागीदारी हो तथा उन्हें समान रूप से लाभान्वित होने का अवसर मिले (सीईसीडीई, 2006, उपयोगकर्ता नियम-पुस्तिका, पृ 7)।

समावेशन एक शैक्षिक संस्थापना में नियोजन या पहुँच से अधिक मायने रखता है। प्रभावशाली अभ्यास का अर्थ है कि बच्चों में लगाव की भावना है, साथ ही वे संस्थापना की सभी गतिविधियों में पूरी तरह से भाग लेते हैं तथा वे अपने समकक्षों की तरह सभी क्षेत्रों में विकास से लाभान्वित होते हैं।

ऐयस्टर चार विषयों: स्वास्थ्य, पहचान तथा लगाव, संचार और अन्वेषण तथा विचार, के माध्यम से बच्चों की शिक्षा और विकास की रूपरेखा खींचता है। यह बच्चों की दूसरों के साथ अंतःक्रिया तथा ईसीसीई संस्थापनाओं में उन्हें सीखने के लिए दी गई अवसरों के द्वारा आकार में आई शिक्षणप्रवृतियों से संबद्ध है। एसईएन परिप्रेक्ष्य में एक बच्चे के साथ कार्य कर रहे सभी लोगों के बीच संबंध की गुणवत्ता,

सहक्रियाशील प्रक्रिया का निर्माण करने वाले गुणवत्तायुक्त आरंभिक हस्तक्षेप/देखभाल (इंटरवेंशन) की ओर ले जाती है: जो विशिष्ट तत्वों, अभिभावकों, देखभालकर्ताओं, शिक्षकों तथा चिकित्सकों के विशिष्ट गुणों का पारस्परिक रूप से लाभप्रद संयोजन है (केडरमैन, 2006, पृ 71)। तदनुरूप, छोटे बच्चों की देखभाल तथा शिक्षा से संबद्ध सभी व्यक्तियों के बीच परस्पर संबंध, उस बच्चे के सर्वश्रेष्ठ हितों को आगे बढ़ाने के लिए अनिवार्य हैं (सीईसीडीई, 2006; एनसीसीए, 2009ए)।

सियोल्टा तथा *ऐयस्टर* दोनों 'अवलोकन, योजना, कार्रवाई तथा मूल्यांकन' के चक्रों में वृत्तिक के संलग्न होने की आवश्यकता पर बल देते हैं (सीईसीडीई, 2006, उपयोगकर्ता नियम-पुस्तिका, पृ 57)। वे प्रारंभिक मूल्यांकन के माध्यम से बच्चों की आरंभिक शिक्षा तथा विकास पर ध्यान केंद्रित करते हैं, जो एसईएन वाले बच्चों के लिए विशेषकर महत्त्वपूर्ण है। डंफी (2008) ने सलाह दी कि, मूल्यांकन में न केवल बच्चों की प्रवृतियों, व्यवहारों तथा मूल्यवर्धन पर, बल्कि उनके कौशल, ज्ञान तथा समझ पर भी ध्यान केंद्रित किया जाना चाहिए। यह दैनिक गतिविधियों, कार्यों तथा कार्यक्रम के एक हिस्से के रूप में होना चाहिए (सीईसीडीई, 2006; एनसीसीए, 2009ए)। समावेशन के संदर्भ में, मूल्याकंन दोहरे प्रायोजनों को पूरा करता है: यह बच्चों की शिक्षा एवं विकास को प्रदर्शित करता है तथा मनोयोग और विशिष्ट सहयोगों से संभावित लाभ पाने वाले पहलुओं की पहचान करता है (डंफी, 2008; मोलोनी एवं मैक्कार्थी, 2010)। यह 'बच्चों, वातावरण तथा विकलांगता से संबंधित अंतःक्रिया का मूल्यांकन' करने में सहायता करता है (जेनिंग्स, 2005, पृ 93) तथा विकास और शिक्षा को सहायता प्रदान करने के लिए वृत्तिकों को रणनीति बनाने में समर्थ करने हेतु बच्चे की क्षमताओं, अभिरुचियों तथा आवश्यकताओं की एक बेहतर समझ के लिए आधार का निर्माण करता है।

वृत्ति संदर्भ

सरसरी निगाहों से निरीक्षण करने पर हम पाते हैं कि, आयरलैंड में बच्चों की आवश्यकताओं तथा अधिकारों से संबंधित ईसीसीई नीतियों का एक समृद्ध चित्रपट की तरह है। यह एसईएन वाले बच्चों के साथ कार्य करने के पारिस्थितिक मार्ग को बनाए रखता है और एसईएन वाले एक बच्चे के परिवार की सहायता और समर्थन तथा बहु-विषयी दलों तथा वृत्तिकों के बीच सहयोग; अंतर किए गए पाठ्यक्रम तथा सहयोगी वातावरण (सीईसीडीई, 2006; डीईसी, 1999; एनसीसीए, 2009ए) जैसे महत्त्वपूर्ण तथा सह-संबंधित घटकों से संबद्ध है। (केडरमैन, 2006; मैकगॉ, केरी एंड वेयर, 2005; साइल्वा, मेल्हुइश, साम्मन्स, सिराज-ब्लाचफोर्ड एंड टागार्ट, 2004) राष्ट्रीय तथा अंतर्राष्ट्रीय शोधकार्यों के संगत ईसीसीई नीतियाँ उच्च प्रशिक्षित वृत्तिकों तथा छात्रों के परिणामों के बीच घनिष्ठ संबंधों को अग्रतर बनाए रखती हैं।

फिर क्यों एसईएन वाले बच्चों के लिए ईसीसीई नीतियों की गुणवत्ता पर तत्काल ध्यान देने की आवश्यकता होती है (केडरमैन, 2006; मैकगॉ एवं अन्य 2005 मोलोनी एवं मैक्कार्थी, 2010)? इसका एक कारण हो सकता है कि, *सियोल्टा* तथा *ऐयस्टर* को लागू नहीं किया गया है और वृत्तिक

की इच्छा पर उनका अनुपालन बहुत ज्यादा निर्भर करता है। ईसीसीई के प्रावधान को प्रशासित करने वाली एकमात्र वैधानिक नीति, शिशु देखभाल (प्राग्विद्यालय सेवाएँ) नियमन, 2006 'उसके अभिभावकों के सहयोग तथा यदि आवश्यक हो, तो अन्य प्रासंगिक सेवाओं की सलाह के द्वारा प्रत्येक बच्चे की आवश्यकताओं को पूरी करने के लिए समुचित कार्रवाई सुनिश्चित करवाने में सक्रिय होने' की जिम्मेदारी वृत्तिकों पर डालती है (डीएचसी, 2006, पृ 36)। देखभाल तथा शिक्षा के सर्वोच्च संभव मानों की माँग करते हुए, ये नियमन सिर्फ यह आवश्यक करते हैं कि 'प्राग्विद्यालय (प्री-स्कूल) संस्थापनाओं में बच्चों के साथ समुचित तथा सक्षम वयस्कों की एक पर्याप्त संख्या हर समय कर रही है' (उपरोक्त, पृ 37)। न्यूनतम 50% वृत्तिकों के पास बच्चों की देखभाल तथा विकास करने लायक पात्रता होने की अनुशंसा की जाती है। इस संदर्भ में, आइरिश शोधकर्ता (केडरमैन, 2006; मैकगॉ एवं अन्य 2005 मोलोनी एवं मैक्कार्थी, 2010) एसईएन वाले बच्चों के साथ कार्य करने वाले वृत्तिकों के लिए समुचित प्रशिक्षण के उल्लेखनीय अभाव की ओर सतत रूप से इंगित करते हैं।

दिलचस्प रूप से, 2010 में लागू की गई ईसीसीई योजना में स्वैच्छिक निःशुल्क प्राग्विद्यालय वर्ष आवश्यक करता है कि, बच्चों के साथ सीधे कार्य कर रहा प्राग्विद्यालय नेतृत्व शिशु देखभाल/आरंभिक शिक्षा में *नेशनल रूपरेखा ऑफ क्वालिफिकेशंस* (एनएफक्यू) के फर्दर *एजुकेशन एंड ट्रेनिंग अवार्ड्स कॉन्सिल* (एफईटीएसी)[3] के न्यूनतम स्तर 5 को अवश्य उत्तीर्ण हो। हर वर्ष के 1 सितम्बर को तीन वर्ष तीन महीने से लेकर चार वर्ष छह महीने तक के शिशुओं के प्राथमिक विद्यालय के प्रारंभ होने से पूर्व के वर्ष में समुचित कार्यक्रम आधारित गतिविधियों के प्राग्विद्यालय (प्री-स्कूल) में प्रवेश हेतु डिजाइन की गई यह योजना, गुणवत्तापूर्ण ईसीसीई तथा प्रशिक्षित वृत्तिकों के बीच सीधा संपर्क स्थापित करती है।

प्रक्षेत्रों में प्रशिक्षण की कुल मिला कर चिंतापूर्वक ढंग से कमी ने प्रतिभागी संस्थापनाओं के वृत्तिकों के द्वारा सितम्बर 2012 तक न्यूनतम पात्रता प्राप्त करना सुनिश्चित करवाने के लिए एक अंतरिम उपाय को लागू करने के लिए मजबूर कर दिया। इसके अतिरिक्त चिंता की यह बात भी है कि ये प्रशिक्षण आवश्यकताएँ सिर्फ 3 वर्ष 3 महीने के बच्चों के साथ कार्य करने वाले वृत्तिकों के लिए ही हैं। अंततः, ईसीसीई संस्थापनाओं में आने वाले छोटे शिशुओं की आवश्यकताओं तथा अधिकारों की अनदेखी कर दी जाती है।

स्पष्ट रूप से ईसीसीई संस्थापनाओं में ईसीसीई नीति की स्वैच्छिक प्रकृति (मोलोनी, 2011), अनिवार्य प्रशिक्षण आवश्यकता का अभाव (मोलोनी, 2010, 2011), अपर्याप्त संसाधन (मोलोनी एवं मैक्कार्थी 2010) जैसे बच्चों के अनुभवों को महत्त्वपूर्ण रूप से प्रभावित करने वाले तत्वों का परास, वृत्ति को दुर्बल बना देता है। संसाधनों के अभाव में सिर्फ नीति ही बच्चों के अधिकारों की गारंटी देने वाली नहीं होती है, 'राष्ट्रीय विचारधाराओं तथा जमीन पर उन्हें लागू करने की व्यवहारिकता के बीच एक मेल के अभाव के कारण संस्थापनाओं के लघु वातावरण के अंदर दूषित हो रही बृहदाकार

[3] 2003 में स्थापित एनएफक्यू 10 स्तरों की एक प्रणाली है। यह कहीं से भी प्राप्त ज्ञान, कौशल, सक्षमता के मानकों पर आधारित है तथा सभी प्रकार की शिक्षा के लिए प्रमाणों को सन्निहित करती है। इस रूपरेखा में राज्य परीक्षा आयोग के द्वारा दी गई विद्यालय पात्रताएँ, एफईटीएसी के द्वारा प्रदत्त अग्रतर शिक्षा तथा प्रशिक्षण पात्रता, *हाइयर एजुकेशन एंड ट्रेनिंग अवार्ड्स काउन्सिल* द्वारा प्रदत्त उच्च शिक्षा तथा प्रशिक्षण पात्रता *डब्लिन इंस्टिच्यूट ऑफ टेक्नोलॉजी,* दूसरे तकनीकी संस्थान तथा विश्वविद्यालय, सभी शामिल हैं।

जोखिम से संबद्ध नीतियाँ' (मोलोनी, 2011, पृ 17)। इस पृष्ठभूमि में आयरलैंड में आरंभिक बाल्यावस्था संस्थापनाओं में एसईएन वाले बच्चों के समावेशन के लिए डीएफए विकसित किया गया।

अध्ययन का उद्देश्य और कार्यप्रणाली

इस अध्ययन का प्रयोजन, ईसीसीई संस्थापनाओं में एसईएन वाले सद्य:जात शिशुओं से लेकर 4 वर्ष की आयु तक के बच्चों के समावेशन हेतु कार्रवाई का एक रूपरेखा विकसित करना, उनका डिजाइन तथा ईसीसीई संस्थापनाओं के परास में डीएफए के प्रसार पर आधारित पर हस्तक्षेप/देखभाल सेवाओं (इंटरवेंशन) को लागू करना और वृत्तिकों व विशेष आवश्यकताएँ सहायक कर्मचारियों, अभिभावकों तथा बच्चों के परिप्रेक्ष्य में संस्थापनाओं के अंदर डीएफए के प्रभाव का मूल्यांकन करना था।

इसमें दो विशिष्ट शोध चरण शामिल थे और मुख्यतः शिशु अवलोकन, केंद्रित समूहों तथा अभिभावकों का साक्षात्कार; एसईएन वाले बच्चों के साथ सीधे काम कर रहे वृत्तिक; प्राग्विद्यालय (प्री-स्कूल) एसएनए (पीएसएनए—प्री-स्कूल स्पेशल नीड्स अस्सिटेंट्स यानी प्राग्विद्यालय विशेष आवश्यकता सहायक), राष्ट्रीय विकलांगता एजेंसियाँ तथा स्थानीय एवं राष्ट्रीय स्तरों पर विभिन्न सहायक सेवाएँ जैसी संस्थाओं से आँकड़ों के संग्रहण की रणनीतियों पर आधारित था। प्रथम चरण में समावेशन का गहराई से अन्वेषण तथा वृत्तिक की समझ, संस्थापनाओं के अंदर बच्चों के अनुभवों तथा सहायताओं एवं संसाधनों की उपलब्धता का परीक्षण किया गया। प्रथम चरण से सूचना प्राप्त कर तथा *सियोल्टा* तथा*ऐयस्टर* के द्वारा निर्देशित होकर, एक डीएफए को विकसित किया गया। क्लेयर, केरी, उत्तरी टीपररी काउंटियों एवं लिमरिक सिटी व काउंटी की 14 ईसीसीई संस्थापनाओं में इस डीएफए का परीक्षण तथा मूल्यांकन किया गया। इस चरण में, एसईएन वाले बच्चों के साथ सीधे काम कर रहे 43 वृत्तिक, (प्रथम चरण में खुद से चयनित), 11 पीएसएनए तथा एसईएन वाले बच्चों के 10 अभिभावकों ने भागीदारी की। निम्नलिखित अनुभाग प्रथम चरण की प्राप्तियों का संक्षिप्त रूपरेखा प्रस्तुत करता है, जो द्वितीय चरण में डीएफए के परीक्षण के दौरान वृत्ति में परिवर्तनों के लिए संदर्भ प्रदान करता है।

प्रथम चरण: प्राप्त परिणामों का संक्षिप्त विवरण

प्रथम चरण का अति-महत्त्वपूर्ण परिणाम यह है कि, वृत्तिक एसईएन वाले बच्चों को शामिल करना चाह रहे थे और वे सर्वाधिक हितकारी होना चाह रहे थे, परंतु समावेशन तथा उसके क्रियान्वयन में इसके प्रभावों की उनकी समझ सीमित थी। यह स्पष्ट था कि एसईएन वाले बच्चों का एक संस्थापना में सिर्फ नियोजन का स्वतः परिणाम अर्थपूर्ण समावेशन में नहीं होता है। तालिका 1.1 में प्रथम चरण के प्राप्त परिणामों का संक्षिप्त विवरण प्रस्तुत किया गया है।

तालिका 1.1

शोध प्राप्तियों का सारांश-प्रथम चरण

विषय-वस्तु	*प्राप्ति*	*टिप्पणी*	*परिणाम*
वृत्तिक (पेशेवर) की समावेशन की समझ	समावेशन का अर्थ क्या है, उस संबंध में अनिश्चितता	वृत्तिकों ने पूछा: 'समावेशन क्या है? क्या यह एक कमरे के वातावरण में शारीरिक रूप से उपस्थित है या क्या वह एक संस्थापना में है, जहाँ वह किसी के साथ आमने-सामने है?'	अपनी विविध शैक्षिक आवश्यकताओं को पूरा करने के लिए संस्थापना के द्वारा एसईएन वाले बच्चों के अनुकूल होने के स्थान पर एसईएन वाले बच्चों से संस्थापना के अनुकूल हो जाने की आशा की जाती है।
एसईएन वाले एक बच्चे के अभिभावकों की समुचित सेवा तक पहुँच	वाक् एवं श्रवण –चिकित्सा, पेशेवर चिकित्सा, फिजियोथेरेपी तथा मनोविज्ञानियों व आरंभिक हस्तक्षेप विशेषज्ञों की सहायता तक सीमित पहुँच	सहायताएँ तथा संसाधन भौगोलिक स्थिति से निर्धारित होती हैं	देखभाल (इंटरवेंशन) सेवाएँ ईसीसीई संस्थापनाओं से स्वतंत्र कार्य करती हैं; अभिभावक पर वृत्तिकों को सूचना देने की मुख्य जिम्मेदारी इस उम्मीद में है कि वे संस्थापना में बच्चों के लिए हस्तक्षेप सेवाओं द्वारा विकसित किसी कार्यक्रम के अनुपालन करेंगे।
एसईएन वाले बच्चों के लिए प्राग्विद्यालय - एसएनए (पीएसएनए) की नियुक्ति	पीएसएनए की नियुक्ति एक अंतरिम आधार पर थी; पीएसएनए की भूमिका की परिभाषा का अभाव	समन्वयित, विस्तृत, सार्वभौमिक सहायता तंत्र का अभाव	विभिन्न एजेंसियों की ओर से एक ही बच्चे पर दो से तीन पीएसएनए की नियुक्ति; बच्चों के बीच पीएसएनए का साझाकरण; पीएसएनए घंटों तथा बच्चों की उपस्थिति की घंटों का मेल नहीं खाना
भौतिक वातावरण	एसईएन वाले बच्चों पर भौतिक वातावरण के प्रभाव के संबंध में वृत्तिकों सीमित जागरुकता थी	कुछ उदाहरणों में शैक्षिक वातावरण भीड़ाभाड़, शोरगुल वाला (नेपथ्य में रेडियो बज रहे थे) तथा अति-संवेदनशील था	बच्चे बच्चों की संख्या तथा शोर के स्तर से व्यथित हो रहे थे
बच्चों के साथ सभी संलग्न लोगों के बीच संचार	बहु स्तरों पर सीमित संचार	एसईएन वाले बच्चों के संबंध में अभिभावकों से सूचना साझा करने के संबंध में अनिश्चित थे; वृत्तिकों, पीएसएनए तथा अन्य पेशेवरों के बीच संचार में अंतराल	वृत्तिक, पीएसएनए तथा सहायक सेवाएँ सभी अलग-थलग कार्य कर रहे हैं; अभिभावक सुनिश्चित नहीं हैं कि उनका बच्चा संस्थापना में क्या कर रहा है; संस्थापना में सीमित दल कार्य

(तालिका 1.1 जारी)

(तालिका 1.1 जारी)

विषय-वस्तु	*प्राप्ति*	*टिप्पणी*	*परिणाम*
बच्चों के साथ संचार	शाब्दिक संचार पर प्रभुत्वपूर्ण ध्यान	वृत्तिक संचार के वैकल्पिक स्वरूपों से अनभिज्ञ हैं	वाक् तथा भाषागत विलंबता से ग्रस्त कुछ बच्चे संस्थापना में पूरी तरह से भागीदारी में निशक्त तथा अक्षम थे।
बच्चों की आवश्यकताओं का औपचारिक मूल्यांकन	विभिन्न स्वास्थ्य सेवा कार्यकारी प्रक्षेत्रों में मूल्यांकन तथा समर्थन के विभिन्न मॉडलों का उपयोग	कुछ क्षेत्रों में मूल्यांकन का परिणाम एक आरंभिक इंटरवेंशन दल (ईआईटी) के द्वारा व्यक्तिगत विकास योजना (आईडीपी) के विकास में हुआ जो उनके अभिभावकों को उनके बच्चों के लिए दिया गया था। इस आईडीपी को वृत्तिकों के साथ साझा किया अथवा नहीं नहीं किया गया है।	आईडीपी/ईआईटी सहयोग के अभाव में वृत्तिक अनिश्चित थे कि एसईएन वाले बच्चों के लिए योजना कैसे बनाई जाए; समुचित हस्तक्षेप सेवाओं से आईडीपी प्राप्त करने में विलंब; पीएसएनए पूरे वर्ष में एक आईडीपी के बिना रहे, कुछ मामलों में आईडीपी समीक्षाएँ बहुत लंबी अवधि तक लंबित रहीं; पीएसएनए नहीं जानते थे कि बच्चे के जारी विकास में कैसे सहयोग किया जाए।
बच्चों की आवश्यकताओं का प्रारंभिक मूल्यांकन	संस्थापनाओं के अंदर बच्चों के अवलोकन एक सीमित आधार पर किए गए	हालांकि, वृत्तिक अवलोकन की आवश्यकता से अवगत थे, लेकिन कैसे और क्या अवलोकित किया जाए या अवलोकनों के आंकड़ों को कैसे उपयोग किया जाए, अनेक इसके संबंध में अनिश्चित थे।	वृत्तिक एसईएन वाले बच्चे का उत्तरदायित्व पीएसएनए को सौंपने को प्रवृत्त थे।
बच्चों के शिक्षण के लिए योजना निर्माण	संस्थापनाओं के बीच उल्लेखनीय विचरण के साथ योजना असंगत थी	वृत्तिकों ने स्वीकार किया कि बच्चों की विशेष आवश्यकताओं के लिए योजना निर्माण चुनौतीपूर्ण हो सकता है।	वृत्तिक तथा पीएसएनए ने बच्चों के शिक्षण में सहयोग के लिए प्रभावी ढंग से योजना निर्माण में आमतौर पर संघर्ष किया।

स्रोत: लेखिका के प्राथमिक शोध आंकड़े।

समावेशन की खराब समझ, अनेक स्तरों पर सीमित तथा अक्सर अप्रभावी संचार, अनुचित वातावरण, सीमित मूल्यांकन तथा योजना, पाठ्यक्रम का अभाव तथा दुर्बल पेशेवर विकास के कारण समावेशन का समर्थन करने वाले वृत्तिकों के प्रयासों में बाधा उत्पन्न हो रही थी। परिणामस्वरूप, डीएफए समावेशी वृत्ति के केंद्र में माने जाने वाले पाँच मूल तत्वों पर आधारित हो गया (यथा सीईसीडीई, 2006; डीईएस, 1999; मैकगॉ एवं अन्य, 2005; एनसीसीए, 2009ए):

1. पेशेवर विकास
2. संचार
3. वातावरण
4. शिक्षा का मूल्यांकन
5. पाठ्यक्रम/कार्यक्रम का मूल्यांकन

द्वितीय चरण: डीएफए को लागू करना

अक्टूबर 2009 में प्रशिक्षण वर्कशॉप की एक शृंखला में वृत्तिक तथा पीएसएनए को डीएफए के प्रभावी उपयोग से परिचित तथा उससे संबंधित सलाह दी गई। वृत्तिकों को डीएफए के प्रत्येक क्षेत्र से एक कार्रवाई की पहचान करने के लिए कहा गया: संचार; वातावरण; शिक्षण का मूल्यांकन तथा पाठ्यक्रम/कार्यक्रम का मूल्यांकन। 27 अक्टूबर 2009 से 29 जनवरी 2010 के बीच डीएफए को प्रारंभ करने के दौरान इन कार्रवाइयों को प्राथमिकता देनी थी। उन्हें प्रत्येक सप्ताह के अंत में एक परावर्तक अभ्यास कार्य को पूरा करने के लिए भी कहा गया। इस प्रकार, प्रतिभागियों को अपने विचारों की व्याख्या करने और प्रतिनिधित्व करने के साथ-साथ एसईएन वाले बच्चों तथा उनके अभिभावकों के विचारों की व्याख्या करने और प्रतिनिधित्व करने में मदद की गई थी। डीएफए के अनुपालन में सहयोग के लिए संसाधनों (प्रतिदर्शक जर्नल तथा घरेलू/संस्थापना के लिए अभ्यास पुस्तिकाएँ) को वितरित किया गया। 14 संस्थापनाओं में से प्रत्येक ने एक वृत्तिक को प्रति विचारात्मक पत्रिका को पूरा करने के लिए नामांकित किया। इस प्रकार हर एक संस्थापना से इससे संबंधित कुल 14 पूर्ण विचारात्मक पत्रिकाओं को जमा किया गया।

द्वितीय चरण की प्राप्तियाँ

समावेशन एक पारिस्थितिक दृष्टिकोण पर आधारित है, जहाँ अभिभावक, वृत्तिक (पेशेवर), पीएसएनए तथा देखभाल करने वाली सेवाएँ बच्चों के शिक्षण एवं विकास में सहयोग करने के लिए साथ-साथ कार्य करते हैं। जैसे कि पूर्व में बताया गया है, प्रथम चरण की प्राप्तियों ने अनेक स्तरों पर अप्रभावी

संचार को उल्लेखित किया था। डीएफए को प्रारंभ करने के दौरान, वृत्तिकों तथा अभिभावकों, वृत्तिकों तथा पीएसएनए, वृत्तिकों तथा सहयोगियों के बीच संचार में उल्लेखनीय रूप से वृद्धि हुई, और इसके बाद बच्चों के साथ संवाद में पूरी तरह से बदलाव आ गया।

अभिभावकों के साथ संवाद

सभी 14 संस्थापनाओं ने अभिभावकों के साथ संवाद में अभिवृद्धि की इच्छा की। छह संस्थापनाओं ने अभिभावकों के साथ बन रही दोस्ती, बच्चे की पसंद तथा नापसंद, बच्चों की व्याकुलता/खुशी, के साथ-साथ विशिष्ट कौशलों को विकसित करने या बढ़ाने से संबंधित प्रगति के विवरण एवं इसी प्रकार की अन्य सूचनाएँ साझा करने हेतु घरेलू/संस्थापना के स्तर पर अभ्यास पुस्तिका का उपयोग किया। घरेलू/संस्थापना के लिए अभ्यास पुस्तिका के उद्धरण, साझा की गई सूचना की प्रकृति तथा कार्यक्षेत्र का एक नमूना प्रदान करते हैं। पहले उद्धरण में, हैरी (3½ वर्ष) अपने माता-पिता से बातचीत करता है; दूसरे में वृत्तिक मैथ्यू (2½ वर्ष) की ओर से लिखते हैं।

> उद्धरण 1: सामुदायिक संस्थापना (1)
> नमस्ते माँ, नमस्ते पापा, आज मेरा बेहतरीन दिन गुजरा। मैंने चित्र बनाया; मैंने इसे स्ट्रा को हिलाकर बनाया और सुसन ने मेरे हाथ को रंग दिया और इसे एक कागज पर रख दिया। मारिया ने हम्प्टी डम्पटी गाना गाया और वो कुर्सी से फर्श पर गिर गई। मुझे मारिया पर हँसी आई; मुझे बहुत आनंद आया।
>
> उद्धरण 2: सामुदायिक संस्थापना (2)
> आज, मैथ्यू ने कीड़ाघर में कीड़ों को हिलते हिए देखा। उसने कीड़ों की ओर इशारा करने के लिए अपने हाथों को जोड़ लिया और उन्हें हिलाते हुए एवं 'कीड़ा' कहना चाहा। उसने एक लंबे कागज पर रंग से उभारने के लिए अपनी तर्जनी का उपयोग किया। उसने अपने हाथ को लुसी को दिखाया तथा अपने जुड़े हाथों का उपयोग कर उसके साथ कीड़ों के संबंध में बातचीत की।

हालांकि, छह संस्थापनाओं ने घरेलू/संस्थापना के लिए अभ्यास पुस्तिका का उपयोग किया, सिर्फ तीन अभिभावकों ने इस तरीके से सूचना साझा की। अभिभावकों के निम्नांकित प्रति-उत्तर प्रदर्शित करते हैं कि, कैसे हैरी के अभिभावकों ने वृत्तिकों से सूचना ग्रहण की ताकि सूचना के रूप में उसकी आवाज को घरेलू/संस्थापना के लिए अभ्यास पुस्तिका के माध्यम से साझा किया जा सके।

> अभिभावकों का प्रति-उत्तर
> सभी को अभिवादन, विद्यालय के बाद मैं नाना तथा दादा के घर गया; फिर मैं अपने खिलौना भालू के साथ सोने गया। जब मैं जागा तो मुझे मेरे नाना तथा दादा और चाचा साइमन के साथ बहुत मजा आया। मैं चाचा साइमन के साथ लिख रहा था और चित्र बना रहा था, फिर मैंने नाना और दादा का एक चित्र बनाया। उसके बाद मैंने पिताजी को उनके जन्मदिन का कार्ड दिया, जो उन्हें बहुत पसंद आया।

घरेलू/संस्थापना के लिए अभ्यास पुस्तिका की प्रभावशीलता की पुष्टि करते हुए, अभिभावक प्रतिक्रिया 4 कहती है:

> वे विद्यालय तथा घरेलू समन्वयन के लिए एक अभ्यास पुस्तिका का उपयोग कर रहे हैं और वे स्क्रैपबुक रख रहे हैं, ताकि हम उसकी प्रगति देख सकें। हम जानते हैं कि अब वह बेहतर प्रदर्शन कर रहा है।

चार संस्थापनाओं ने अभिभावकों के साथ प्रगति सम्मेलन की एक प्रणाली भी स्थापित की। विचारात्मक पत्रिका (देखें तालिका 1.2) खुलासा करती है कि, इन सम्मेलनों ने कैसे बच्चे की माता को अपनी भावनाओं को व्यक्त करने और उसके लिए अपनी उम्मीदों तथा आशाओं पर चर्चा करने के लिए सुरक्षित वातावरण उपलब्ध कराया। यह प्रदर्शित करता है कि, संस्थापना में बच्चे के साथ कार्य कर रहे सभी व्यक्तियों ने घर तथा संस्थापना, दोनों जगह उस बच्चे के जारी विकास में सहयोग करने की एक साझा समझ विकसित कर ली है। इस बच्चे को विभिन्न एजेंसियों के द्वारा नियुक्त तीन भिन्न पीएसएनए का समर्थन प्राप्त था और इनमें से प्रत्येक संस्थापना में अलग-अलग दिन आते थे। यह पत्रिका एक पीएसएनए के साथ संलग्न होने में वृत्तिक के संघर्ष तथा इसके कारण उनके बीच के प्रभावित संबंध पर रोशनी डालती है।

पीएसएनए के साथ संचार

द्वितीय चरण के दौरान वृत्तिकों तथा पीएसएनए (प्री-स्कूल स्पेशल नीड्स असिस्टेंट्स यानी प्राग्विद्यालय विशेष आवश्यकता सहायक) के बीच खराब संचार एक चुनौती बनी रही, परंतु इस चरण के परिणाम यह दर्शाते हैं कि इस दिशा में कुछ प्रगति अवश्य हुई थी। उदाहरण के लिए, एक संस्थापना ने पीएसएनए के साथ बच्चे के संबंध में 'सलाह तथा जानकारी साझा करने' के लिए हर हफ्ते एक 'विशिष्ट समय' रख दिया था, जिसका परिणाम 'एक बेहतर समझ [जहाँ पीएसएनए जानते हैं] कि हमारी क्या आशा है और हम भी जानते हैं कि हमें क्या आशा करनी चाहिए। हर कोई जानता है कि वे कहाँ पर हैं'। महत्त्वपूर्ण रूप से, 'हम अब एक दल के रूप में ज्यादा बेहतर कार्य करते हैं' (*प्राइवेट प्रैक्टिशनर (पीपी)* 5: विचारात्मक पत्रिका)। हालांकि, पीएसएनए के साथ कार्य करने के अनुभव प्रभावशाली तरीके से सकारात्मक रहे थे, इसके बावजूद दो संस्थापनाओं को दिक्कतों का सामना करना पड़ा। उदाहरण के लिए सामुदायिक संस्थापना (3) में पीएसएनए, एसईएन वाले बच्चों पर 'संपूर्ण नियंत्रण कर लेते हैं', जिसका संस्थापना के अंदर उसकी प्रगति पर बाधित कर दिया। वृत्तिक की कुंठा 5वें हफ्ते में स्पष्ट थी:

> मुझे पीएसएनए को उस पर तरस खाने और स्वयं के लिए खोज करने से रोकने से बचाने के तरीकों की खोज करने में वास्तव में दिक्कत हो रही है। वह अन्य वयस्कों तथा बच्चों के साथ रुचिकर

तालिका 1.2

सामुदायिक संस्थापना (1) के द्वारा पूर्ण की गई विचारात्मक पत्रिका

	संचार के क्षेत्र में डीएफए की ओर से की गई कार्रवाइयों का वर्णन करें	*किस चीज ने अच्छा कार्य किया*	*आपका सामना किन चुनौतियों से हुआ*	*समावेशी वृत्ति के प्रभाव*
प्रथम सप्ताह	कक्षा के नेतृत्वकर्ता के रूप में मैं एसएनए से ज्यादा संवाद कर रहा हूँ। बच्चे की माँ *बिग मैक* तथा पत्रिका के माध्यम से संवाद कर रही हैं	मैं महसूस करता हूँ कि अब सभी एक साथ कार्य कर रहे हैं, डीएफए पढ़ कर हम सब एक ही भजनावली से गा रहे हैं	कक्षा के बाहर मिलने के लिए हर किसी को साथ लाने का प्रयास करना; ऐसा करने के लिए समय निकालने का प्रयास करना	बच्चे के साथ ज्यादा संवाद करना – उसे बहुत से विकल्प दे कर तथा यह नहीं मान कर कि वो क्या चाहता है, वापस संवाद करने देना
द्वितीय सप्ताह	गुरूवार को पीएसएनए के साथ मुलाकात की योजना बनी	मुझे लगा कि बच्चे को ज्यादा लाभ होगा यदि सभी उसके साथ ज्यादा संवाद करें और मैं इससे रूबरू मुलाकात में हुआ	एक पीएसएनए मुलाकात के परिणामों को देखने के लिए फिर से नहीं शामिल हुए	हमारी सेवा के दौरान बच्चे की माँ बच्चे के लिए क्या चाहती हैं - यह जानने के लिए बच्चे की माँ से मुलाकात की योजना बनाई
तृतीय सप्ताह	बच्चे की माँ से मुलाकात यह जानने के लिए हुई कि, वह बच्चे के लिए क्या चाहती हैं,	कक्षा में बच्चे की माता, पीएसएनए तथा कर्मचारियों के मध्य संवाद –अब हम सभी जानते हैं कि बच्चे की माँ क्या चाहती हैं	पीएसएनए	इस संचार से हम उन सभी गतिविधियों को अंगीकृत करेंगे ताकि बच्चा हमेशा शामिल रहे।
पांचवां सप्ताह	बच्चे की माता के साथ एक अन्य मुलाकात तय हुई	बच्चे की माता के साथ एक लंबी मुलाकात- बहुत सी जानकारियाँ साझा हुईं	बच्चे की माता ने विस्तार से वार्ता की; वह रोने लगी। बच्चे की माता, पीएसएनए, प्रबंधक और मैं - हम सभी रोने लगे।	हम जो कर रहे हैं, उससे बच्चे की माता प्रसन्न हैं। कभी-कभी एक दैनिक कार्यक्रम को अंगीकृत करना बहुत कठिन होता है।
छठा सप्ताह	अभिभावकों हेतु कैरोल सेवा के लिए बच्चे की माता से संवाद किया गया	मैं बच्चे की माँ से मुलाकात की बात से घबराया हुआ था, क्योंकि वह तय नहीं कर पा रही थी कि इससे उसके बच्चे को परेशानी होगी अथवा नहीं	बच्चे की माता से इसके संबंध में वार्ता। वह हर विवरण चाहती थीं; सभी गानों को घर पर भेजा जाए	हमने टेपरिकॉर्डरों में गाने टेप किए ताकि वे और उनका बच्चा परिचित हो जाए

(तालिका 1.2 जारी)

(तालिका 1.2 जारी)

	संचार के क्षेत्र में डीएफए की ओर से की गई कार्रवाइयों का वर्णन करें	*किस चीज ने अच्छा कार्य किया*	*आपका सामना किन चुनौतियों से हुआ*	*समावेशी वृत्ति के प्रभाव*
नवां सप्ताह	बच्चा अपने नजरों का उपयोग कर बेहतर ढंग से संवाद कर रहा है। बच्चे की माँ को क्रिसमस पर दिये गए काम को जारी रखने के लिए कहा गया।	बच्चे से वार्ता; उससे पूछते हुए; 'हाँ' के लिए आँखें ऊपर, नहीं के लिए नीचे। हम समझते हैं कि उसे अब ज्यादा समझा जाता है।	बच्चे की माँ ने हमें सूचना दी कि सहायक एजेंसी नहीं सोचती है कि वह मुख्यधारा विद्यालय के लिए सक्षम होगा	क्या वह उस विद्यालय में जा पाएगा, जहाँ उसके माता-पिता उसे भेजना चाहते हैं (समावेशी वृत्ति)?
ग्यारहवाँ सप्ताह	बच्चे की माता फोन से पूछती हैं कि, उसे पुस्तिका में क्या करने की आवश्यकता है	बच्चे की माँ हमारे आसपास बहुत निश्चिंत प्रतीत होती है	मैं [बच्चे] के एक पीएसएनए से संवाद करने में मुश्किल महसूस कर रहा हूँ। मैंने बहुत बार प्रयास किया है।	मैं दिक्कत महसूस किया यह पीएसएनए एक दिन उन्हें तथा बच्चे को शामिल करने के लिए आ गई। ऐसा लगता है कि वह इसके लिए उपयुक्त नहीं हैं

बारहवाँ सप्ताह
एजेंसी [विकलांगता एजेंसी] तथा बच्चे की माता के बीच संवाद हमारे लिए बहुत अच्छा है। बच्चे की माता के साथ संवाद करने के बाद हमें पता चला कि, बच्चे में कितनी प्रगति हुई है, साथ ही बच्चे की माँ को हमसे और अपने बच्चे से क्या उम्मीदें हैं। दल साथ-साथ अच्छा काम कर रहा है; कर्मचारीगण तथा पीएसएनए सभी बच्चे और उसके परिवार के लिए समान चीजें चाहते हैं। इस बीच अनेक चुनौतियाँ हैं। हमारी संस्थापना तथा कक्षा में कार्यप्रणाली में पीएसएनए के लिए संचार पुस्तिका में अपने विचारों को रखने के लिए आप सभी का धन्यवाद। मैंने परिवार, बाहरी एजेंसियों और पीएसएनए के साथ संचार के महत्त्व के बारे में काफी कुछ सीखा है।

स्रोत: लेखिका के प्राथमिक शोध आंकड़े

> परिदृश्यों में हस्तक्षेप कर उसे बर्बाद करने में प्रवृत्त रहती हैं। ऐसी परिस्थिति कर्मचारियों में कुंठा उत्पन्न कर रही है, जो समस्या को पहचानते हैं लेकिन खुद को मजबूर पाते हैं। (सामुदायिक वृत्तिक [सीपी]3: विचारात्मक पत्रिका)।

हालांकि, आमतौर पर वृत्तिक विश्वास करते थे कि डीएफए

> ... ने सभी कर्मचारियों को इस बात से अवगत होने में सहायता की, कि हम क्या करने का प्रयास कर रहे थे और उसके बाद हम पूरे मनोयोग से काम करने लगे। यह न केवल विशेष आवश्यकताओं, बल्कि हमारे दैनिक कार्यक्रम में व्याप्त है और एक-दूसरे के साथ अपने दैनिक कार्यक्रम पर चर्चा हेतु समय निकालने का प्रयास कर रहे हैं। (पीपी 6 के साथ साक्षात्कार)

सहयोगियों के साथ संवाद

14 संस्थापनाओं में से हर एक ने द्वितीय चरण के प्रारंभ होने से पूर्व डीएफए के संबंध में बताने तथा सभी की भागीदार को सुनिश्चित करने के लिए कर्मचारियों की बैठक का आयोजन किया गया (इसने संस्थापना को वास्तविक ध्यान केंद्रित करवाया)। न केवल विशेष आवश्यकताओं वाले बच्चों, बल्कि सभी बच्चों के लिए किए जाने वाले हमारे कार्यों में सुधार हेतु साथ मिल कर कार्य करने पर हमने चर्चा की (सीपी 6: विचारात्मक पत्रिका)। जहाँ तक पीएसएनए के शामिल होने की बात है, वृत्तिकों नें सहयोगियों को प्रेरित करने के प्रयास में दिक्कतों का सामना किया: 'हर किसी को शामिल करना मुश्किल था। कुछ ने डीएफए को अपनाया तथा पूरी तरह से संलग्न हो गए; वहीं कुछ बिल्कुल ही संलग्न नहीं हुए' (पीपी4: विचारात्मक पत्रिका)। परंतु कर्मचारीगण डीएफए के लिए तथा बच्चों के साथ किए जाने वाले हमारे संवाद और कार्य में सुधार के लिए शत-प्रतिशत प्रतिबद्ध थे', इसके लाभ 'व्यापक' थे (सीपी 1 के साथ साक्षात्कार): 'अब हम सभी एक ही पृष्ठ पर हैं। हम बच्चे से क्या पाना चाहते हैं, यह हमें पता है और हम उसे उसके लक्ष्यों तक पहुँचने में मदद करने के लिए साथ में काम करते हैं। वास्तव में यह सामूहिक प्रयास है और यह हम सभी के लिए ज्यादा आसान है' (पीपी 2 के साथ साक्षात्कार)।

बच्चों की एक आवाज है और वह सुनी जाती है

इसके बावजूद कि 21.73% बच्चों (N=36) में बोलने और बातचीत करने में विलंब देखा गया, वृत्तिक नहीं जानते थे कि विकास के इस पहलू का पक्षसमर्थन या मार्गदर्शन किस प्रकार किया जाए। परिणामस्वरूप, शाब्दिक संवाद में मुख्य ध्यान रैपिड फायर प्रश्नों तथा बहुत सारे निर्देशों पर था। प्रायोगिक अध्ययन के परिणामस्वरूप वृत्तिकों ने एसईएन वाले बच्चों के साथ 'संवाद करने में' ज्यादा अवगत होने का दावा किया। पीपी3 ने प्रभावशाली ढंग से वर्णन किया कि, उसने बिना प्रमाण के यह स्वीकार किया कि, बच्चे ने मेरी बात को अच्छी तरह समझ लिया है, परंतु मेरे मन में यह विचार कभी नहीं आया कि संभवतः बच्चे ने मेरी बातों को समझा नहीं हो। इसी तरह पीपी5 ने वर्णन किया कि, इस प्रायोगिक अध्ययन के पहले हम बच्चों का सिर्फ आधा ही ध्यान रख रहे थे; हमारे पास उन्हें जानने, उनके साथ संवाद करने का समय नहीं था।'

छह संस्थापनाओं ने बोलने और बातचीत करने में विलंब वाले बच्चों के साथ संवाद को प्रोत्साहित तथा समर्थन करने के लिए चित्र सारणियाँ बनाईं। वे 'विकल्प देने' 'अगला क्या होगा उसका वर्णन करने,' अपने को अभिव्यक्त करने के दूसरे तरीकों', 'अन्य बच्चों तथा कर्मियों को वार्तालाप के दूसरे तरीकों को देखने देने' के अभ्यस्त थे (विचारात्मक पत्रिकाओं के सारांश)। महत्त्वपूर्ण रूप से, चित्र सारणी 'कर्मचारियों, पीएसएनए तथा अन्य बच्चों सभी की मदद करती है' (सीपी5: विचारात्मक पत्रिका)।

दस संस्थापनाओं ने अपने समूह के आकार में बदलाव कर दिया, ताकि एसईएन वाले बच्चे, 20 बच्चों के विशाल समूह में होने के स्थान पर चार से छह बच्चों के समूह में रहें। समावेशन पर इस रणनीति का उल्लेखनीय प्रभाव पड़ा। बच्चे एक 'सुरक्षित वातावरण में विशिष्ट बच्चों के साथ मित्रता करने में सक्षम हुए' जहाँ वे बच्चों की बड़ी संख्या से अभिभूत नहीं हुए और उनकी 'आवाज सुनी गई' (पीपी 4 के साथ साक्षात्कार)। तीन संस्थापनाओं में वृत्तिकों ने स्वीकार किया कि, एसईएन वाले बच्चे कक्षा में बच्चों की संख्या और शोर से भयभीत हो सकते हैं (पीपी 4 के साथ साक्षात्कार)। छोटे समूहों में उनकी भागीदारी के द्वारा, एसईएन वाले बच्चों ने 'एक ज्यादा बड़े समूह के समय, जैसे कि, गोल घेरे के चक्कर काटना तथा बाहर खेले जाने वाले खेलों में ज्यादा अच्छे से भागीदारी करने का कौशल और विश्वास' अर्जित कर लिया (सीपी 6: विचारात्मक पत्रिका)। छोटे समूह आकार के प्रभाव तथा अपने पुत्र के अनुभव पर पड़े प्रभाव पर टिप्पणी करते हुए अभिभावक प्रत्युत्तर 6 सूचित करता है कि 'कोलिन पर इसका काफी अच्छा असर हुआ है: उसकी बोली में सुधार हुआ है, वह छोटे-छोटे दोस्त बना रहा है तथा वह ज्यादा मुस्कुराते हुए खुश लग रहा है। हम उसमें आए बदलाव से प्रसन्न है... ऐसा प्रतीत होता है कि अब वह सामना करने में सक्षम है।'

पाँच संस्थापनाओं ने एसईएन वाले बच्चों के लिए एक मुख्य कर्मी को नियुक्त किया। एक मुख्य कर्मी के नियुक्ति के पश्चात 'कभी किसी के साथ नहीं बोलने वाला या क्रियाव्यवहार करने वाला' सैम एक 'बदला हुआ बच्चा' था। अब जब वह प्राग्विद्यालय (प्री-स्कूल) में आता है तो वह हमारे गले लगता है और बच्चों तथा हमारी ओर देख कर मुस्कुराता है। उसने बुधवार को 'हैलो' भी कहा। यह एक बड़ी उपलब्धि थी' (पीपी 4: विचारात्मक पत्रिका)। चूंकि उन्होंने सैम को ज्यादा सकारात्मक रूप से तथा उसकी विशेष आवश्यकताओं के स्थान पर उसकी संभावनाओं को देखा, इसलिए वृत्तिकों ने वर्णन किया कि कैसे 'उन्हें अब काफी उम्मीद है तथा हम उसे ज्यादा शब्दों को कहने, जारी रहने तथा अपनी संभावना तक पहुँचने के लिए प्रोत्साहित करते हैं (पीपी 4: विचारात्मक पत्रिका)।

उपरोक्त रणनीतियों के अतिरिक्त वृत्तिकों ने बच्चों के साथ संवाद को निम्नांकित तरीकों से बढ़ाना चाहा:

1. इस कार्यक्रम के दौरान बच्चों से बात करने की एक विशिष्ट तथा ज्यादा धीमी विधि
2. बच्चे का ध्यान खींचने के लिए अब उसके स्तर तक उतरना
3. उसके साथ संवाद करने के दौरान आँख से संपर्क बनाना
4. जब मैं उसके साथ बात कर रहा हूँ, तो उसके उत्तर के लिए रूकना तथा इंतजार करना। मैं ऐसा करना पहले नहीं जानता था और हमेशा बहुत से प्रश्न पूछता या सिर्फ बोलते रहता। यह मेरे दिमाग में कभी नहीं आया कि उसने जवाब नहीं दिया.. मैंने कभी ध्यान नहीं दिया।

इसी तरह पीपी3 ने माना कि डीएफए के साथ संलग्न होने के पूर्व, बच्चे को नहीं शामिल किया गया था, '*पहले हम मानते थे कि वह उन चीजों को करना चाहता है, जिसे हमने तय किया था....*'

बच्चों तथा अभिभावक के अनुभवों पर वर्धित संवाद का प्रभाव अभिभावक के प्रति-उत्तरों से स्पष्ट दृष्टिगोचर था।

> अब कक्ष में ज्यादा सूचक पत्र लगाए गए हैं... ज्यादा मुलाकातें/संवाद। कर्मचारी हमारे बच्चे की आवश्यकताओं से ज्यादा अवगत हैं, उनके पास निश्चित लक्ष्य हैं। वह क्या कर रहा है इसके संबंध में हमें ज्यादा फीडबैक प्राप्त होता है... वे देखने में इस्तेमाल की जाने वाली सहायक सामग्रियों का अधिकाधिक उपयोग कर रहे हैं तथा गानों एवं कविताओं में ज्यादा संकेतों का उपयोग कर रहे हैं। (अभिभावक का प्रति-उत्तर 5)।

अवलोकन

सभी 14 संस्थापनाओं में अवलोकनकर्ताओं ने द्वितीय चरण में बच्चे का अवलोकन किया। हम सैम की कहानी लेते हैं, जिसे 'बहुत कम क्षमता' वाले के रूप में देखा जाता था तथा जहाँ 'हस्तक्षेप दल, स्वर तथा भाषा से संबंधित लोग और हम सभी, उसकी माँ के समक्ष एक नकारात्मक तस्वीर उभारते थे' (पीपी 4 के साथ साक्षात्कार)। इस तथ्य के बावजूद कि, सैम प्रायोगिक अध्ययन से पूर्व संस्थापना में 12 महीने से था, लेकिन वृत्तिक 'उसके संबंध में वास्तक में बहुत ज्यादा' नहीं जानते थे (और) यदि हमें उसके लिए कार्यक्रम की योजना बनानी होती, तो वे नहीं जानते कि कहाँ से शुरुआत करनी है' (पीपी 4: सहायतार्थ यात्रा, नवम्बर 2009)। पूरे द्वितीय चरण में, सैम की शक्तियों की रूपरेखा खींचने, और उसकी क्षमता पर ध्यान केंद्रित करने के लिए मुख्य कार्यकर्ता ने सिर्फ सैम का अवलोकन किया। अवलोकन ए सैम की क्षमता पर अंतर्दृष्टि प्रदान करता है।

जैसे-जैसे मुख्य कार्यकर्ता अवलोकन करने तथा अपनी सह-वृत्तिकों के साथ साझा करने में ज्यादा समर्थ हो गई, हर कोई सैम को एक 'ज्यादा सकारात्मक तरीके' से देखने तथा 'आश्चर्य' प्रकट करने लगा कि वह 'इतना कुछ कर सकता है'। पहले उसका वर्णन 'सिर्फ एक चीज से दूसरे चीज की ओर भाग जाने वाले खुशहाल छोटे बच्चे के रूप में किया जाता था.... वह किसी चीज पर बहुत कम ध्यान केंद्रित करता प्रतीत होता था' (पीपी 4: क्षेत्र भ्रमण, जनवरी 2010)। सैम पर दोष लगाया जाना स्पष्ट रूप से इंगित करता है कि, संस्थापना के अंदर उसके समावेशन का समर्थन करने में अपनी भूमिकाओं से वृत्तिक अनिभिज्ञ थे।

वृत्तिकों का यह विश्वास एक बड़ी चिंता का कारण था कि, सैम 'बोल नहीं सकता है' तथा अपनी जिम्मेदारियों से पीछे हटते हुए, 'वह बात करने का कोई प्रयास नहीं करता है'(पीपी 4: क्षेत्र भ्रमण, जनवरी 2010); और इस प्रकार उनका 'अश्चर्यचकित होना [कि वह] इतना चालाक है' (मुख्य कार्यकर्ता, फरवरी 2010)... हम विश्वास नहीं कर सकते थे कि वह इतनी चीजें करने में समर्थ है। उसके दिमाग में बहुत सी चीजें चल रही हैं (पीपी 4: समर्थन भ्रमण, फरवरी 2010)। सर्वाधिक महत्त्वपूर्ण

मुख्य कार्यकर्ता अवलोकन ए, 13 नवम्बर, 2009

मेज पर की जाने वाली गतिविधि

सैम मेज पर अपने पीएसएनए के साथ ईंटों के साथ खेल रहा है। वह ईंटों को एक दूसरे के ऊपर रख रहा है।[4] मेज पर एक दूसरा छात्र भी है। सैम ईंटों को साथ लगाने के लिए जोड़-तोड़ कर रहा है। वह इस गतिविधि में बहुत अच्छा है। ध्यान का स्तर बहुत अच्छा है। वह सुनिश्चित करता है कि, हिस्से ठीक से साथ बैठें। सैम और पीएसएनए (प्री-स्कूल स्पेशल नीड्स असिस्टेंट्स) ईंटों को सजाने के लिए अपनी-आपनी बारी का उपयोग करते हैं। एक समय में एक ईंट। पीएसएनए टेबल छोड़ देता है। सैम ईंटों को सजाना जारी रखता है। वह टेबल पर सभी ईंटों को एकत्रित करता है। वह अपने ईंटों को बाहर खींचने का प्रयास करता है। वह बहुत हठी है। जब वह उन्हें अलग नहीं कर पाता है तो वह निराश हो जाता है। सैम उठ जाता है और कक्षा में एक दूसरे बच्चे के पास मदद माँगने जाता है। वह बच्चा उसकी मदद करने में असमर्थ है। सैम मेरे (वृत्तिक) के पास आता है। मैं उसे उन्हें अलग करने में मदद करता हूँ। सैम खुशी से चिल्लाते हुए 'अरे वाह' कहता है तथा अपनी मेज पर लौट जाता है।

बात यह है कि, अब सैम को 'बहुत कम क्षमता' वाले बच्चे के रूप में नहीं देखा जाता है; बल्कि 'उसमें काफी संभावनाएँ हैं' (पीपी 4: सहायतार्थ यात्रा, फरवरी 2010)। सोचने तथा अभिभावकों के साथ काम करने के तरीके में एक बदलाव को इंगित करते हुए वृत्तिक ने 'जो अवलोकन किया उसे हम [सैम की] माँ के साथ साझा करने के लिए व्यग्र थे... बदलाव में कुछ सकारात्मक सुनना उनके लिए बहुत शानदार होगा' (पीपी 4)।

पाठ्यक्रम

निस्संदेह, डीएफए का यह पहलू वृत्तिकों के लिए सबसे ज्यादा चुनौतीपूर्ण है। विचारात्मक पत्रिकाएँ पाठ्यक्रम की योजना बनाने तथा इनके अनुपालन से जुड़ी हुई चुनौतियों के साक्ष्य हैं। नौ पत्रिकाओं ने सूचना दी कि 'पाठ्यक्रम के सभी क्षेत्रों में बच्चे को शामिल किया गया है।' इन संस्थापनाओं में विकास में सहयोग करने वाली गतिविधियों को वर्धित या समावेशित करने वाली संपूर्ण योजना के अभाव में, बच्चों को असंबद्ध गतिविधियों (उदाहरणार्थ, पानी के खेल, अंगुलियों से चित्रकारी, बुलबुले बनाना) की एक शृंखला उपलब्ध कराई जा रही थी। इसके विपरीत, अन्य पाँच संस्थापनाओं ने पाठ्यक्रम के लिए डीएफए के दिशानिर्देशों के अनुरूप प्रयास किया।

[4] क्षेत्र भ्रमणों के दौरान दी गई सलाह ने मुख्य कार्यकर्ता को अवलोकन का अर्थ समझने में समर्थ बना दिया।

समावेशी अनुकूलन का विकास

यहाँ पर मैथ्यू की कहानी को लेते हैं। डीएफए में पाठ्यक्रम को विकसित करने के लिए दिशानिर्देशों पर विचार करते हुए वृत्तिकों ने अनेक मूल उद्देश्य तय किए, जो निम्नानुसार हैं:

1. मैथ्यू की रुचियों से प्रारंभ करना
2. संस्थापना के संपूर्ण पाठ्यक्रम में इन अभिरुचियों को सृजित करना तथा शामिल करना
3. मैथ्यू के स्वर तथा भाषा विकास में सहयोग करना
4. मैथ्यू के सामाजिक विकास मे सहयोग करना
5. मैथ्यू को स्वावलंबी होने के लिए प्रोत्साहित करना और इस दिशा में सहयोग करना

अवलोकनों के साथ-साथ, वृत्तिकों ने बहुत सी गतिविधियाँ करते हुए मैथ्यू की तस्वीरें खींची। पाठ्यक्रम में मैथ्यू की संलग्नता को प्रलेखित करने के लिए इन तस्वीरों को न केवल उपयोग किया गया, बल्कि इनका उपयोग उसकी रुचियों के निर्माण में भी किया गया। इसलिए जब वृत्तिकों को 'एक तितली दिखी' तो इसकी तस्वीर खींची गई, जब एक मेढक मिलने आया तो, इसकी तस्वीर खींची गई (सीपी 4 के साथ साक्षात्कार)। मैथ्यू के लिए चित्र पुस्तिकाओं की एक शृंखला बनाने हेतु इन तस्वीरों को एकत्रित किया गया। 'वह इस प्रदर्शनी को दिखाया जाना तथा बच्चों एवं चित्रों को देखना और उनके संबंध में बातें करना पसंद करता है। वह अक्सर चित्र पुस्तिकाओं को देखने के लिए वापस आता है (सीपी 4 के साथ साक्षात्कार)। इस पुस्तिका ने मैथ्यू को गतिविधियों के साथ चित्रों को संबद्ध करने में सशक्त बना दिया, उसने 'जानवरों तथा पक्षियों का नाम सीखा.. वह दूसरे बच्चों को चित्रों में देखता था और कक्षा में उनकी ओर इंगित करता था; इसलिए उसने सीख लिया कि वे कौन थे और कभी-कभी उसके साथ पुस्तिकाओं को देखने के लिए साथ में भी बैठते थे' (सीपी 4 के साथ साक्षात्कार)। चूंकि ये पुस्तिकाएँ आसानी से उपलब्ध तथा पहुँच में थी, इसलिए मैथ्यू दोस्ती करने, अपनी उभरती हुई भाषा तथा अपने भीतर स्वावलंबन की भावना को विकसित करने में समर्थ हो गया। चतुर्थ सप्ताह में, वृत्तिकों ने संस्थापना में *नेचर बॉक्स* को लाकर 'प्राकृतिक दुनिया की उसकी जानकारी में वृद्धि की।' हालांकि ये गतिविधियाँ मैथ्यू के विकास में सहयोग करने के लिए की गई थी, लेकिन इससे 'सभी बच्चे, कर्मचारी; हर किसी को फायदा हुआ... यह हम सभी के लिए एक बेहतरीन और लाभप्रद अनुभव था' (सीपी 4: क्षेत्र का अंतिम भ्रमण, मार्च 2010)।

चर्चा तथा निष्कर्ष

अपनी कार्यप्रणाली को परिवर्तित करने में वृत्तिकों तथा पीएसएनए को समर्थ बनाते हुए भागीदार संस्थापनाओं के अंदर समावेशी वृत्ति पर किये गए इस प्रायोगिक अध्ययन का व्यापक प्रभाव

पड़ा। वृत्तिकों ने इस प्रायोगिक अध्ययन के माध्यम से 'मैं कर सकता हूँ' की भावना का अनुभव किया, जिसने एसईएन वाले बच्चों के प्रति उनके नज़रिये तथा बच्चों की विविध क्षमताओं का प्रत्युत्तर देने के सामर्थ्य पर सकारात्मक प्रभाव डाला। यह चिंतन में एक वास्तविक परिवर्तन था, जिसने वृत्तिकों को बच्चों की सीखने की आवश्यकताओं के प्रति सकारात्मक रूप से कार्रवाई करने में सक्षम बनाया और उन्होंने एसईएन वाले बच्चों के साथ-साथ सभी बच्चों के लिए व्यक्तिगत विभिन्नताओं को समस्या मानने के बजाय शिक्षण के स्तर को बेहतर बनाने के अवसर के तौर पर देखा (यूनेस्को, 2005)।

आज, एसईएन वाले बच्चों के साथ-साथ अन्य बच्चे घर, प्राग्विद्यालय (प्री-स्कूल), विद्यालय तथा बड़े समुदाय में साथ खेलते हैं, बड़े होते हैं और सीखते हैं। यह पिछले क्रियाव्यवहार से एक परिवर्तन को प्रदर्शित करता है, जहाँ एसईएन वाले बच्चे अपने समकक्षों से अलग-थलग रहते थे। यह बच्चे की शिक्षा तथा विकास को प्रोत्साहन और समर्थन देने वाले सामाजिक मूल्यों की भी पहचान करता है तथा हर बच्चे एवं परिवार के लिए लगाव की भावना का सृजन करता है। हालांकि, जैसा कि उल्लेख किया गया है कि समावेशन एक शैक्षिक संस्थापना में नियोजन या उस तक पहुँच से अधिक मायने रखता है। यह अध्ययन, समावेशन हेतु तैयार होने के लिए संस्थापना की आवश्यकता के अनुभवजन्य साक्ष्य उपलब्ध कराता है। डीएफए को प्रारंभिक तौर पर लागू करके वृत्तिकों ने संस्थापनाओं के अंदर बच्चों के अनुभवों की गुणवत्ता को वर्धित करने के अंतिम लक्ष्य को प्राप्त कर लिया। इस प्रकार, उनके जीवन को ज्यादा बेहतर समझते हुए और गुणवत्तापूर्ण सहयोग तथा सेवाएँ देते हुए बच्चों को एक आवाज प्रदान किया (डीएचसी, 2000)। मार्च 2010 में अंतिम कार्यशालाओं के दौरान वृत्तिकों ने दावा किया कि, उन्हें सफलता आंरभिक कार्यशालाओं के साथ-साथ प्रायोगिक अध्ययन के दौरान जारी सलाह तथा दी गई सहायता से प्राप्त हुई। वृत्तिकों ने यह भी दावा किया कि डीएफए, जिसे वे अपनी 'बाइबिल' बताते थे, ने उन्हें बिना किसी हस्तक्षेप के अपने वृत्तियों को लागू करने तथा सकारात्मक परिवर्तन लाने में अहम् योगदान दिया। निस्संदेह, मौजूदा समर्थन के साथ लक्षित पेशेवर विकास के मॉडल ने वृत्तिकों को जमीनी स्तर पर कुछ महत्त्वपूर्ण व्यवहारों को परिवर्तित करने में सक्षम बनाया। यह बदलाव शिक्षण के माहौल को व्यवस्थित करने के अलावा बच्चों, माता-पिता, सहकर्मियों और अन्य पेशेवरों के साथ संवाद को बेहतर बनाने, संस्थापना की दैनिक गतिविधियों में बच्चों की भागीदारी के अवलोकन एवं विवेचना तथा इसके परिणामस्वरूप उनके शिक्षण और विकास हेतु उचित रीति से योजना निर्माण से संबंधित था। पेशेवर विकास के महत्त्व को अतिरंजित नहीं किया जा सकता है। इस प्रकार, पेशेवर विकास समावेशी वृत्ति के सभी पहलुओं - संचार, शिक्षण वातावरण, शिक्षण तथा पाठ्यक्रम मूल्यांकन की सूचना देता है। अंततः, पेशेवर विकास आरंभिक वर्षों में समावेशी प्रावधान तथा वृत्ति को ले जाने वाला इंजन है (मोलोनी एवं मैक्कार्थी, पृ 132)। समावेशी वृत्ति को अंगीकृत कर तथा अनुभव-आधारित रणनीतियों को लागू कर, ईसीसीई वृत्तिक 'बच्चे' न कि 'आवश्यकता' को 'देखने' में समर्थ हो गए। इस प्रकार उन्हें एसईएन वाले छोटे बच्चों हेतु निर्गमों को अधिकतम करने की संभावना को देखा। जब हम बच्चे को देखने, उसकी भिन्न क्षमताओं को वास्तव में सुनने एवं समझने, तथा उनके सीखने और विकास में अपनी भूमिका को अपने

कार्यव्यवहार में प्रदर्शित करने के लिए समय लेते हैं, तो हमें महसूस होता है कि वृत्तिकों के रूप में विश्वास तथा उत्तरदायित्व हमारे भीतर मौजूद है। इस अध्ययन के पश्चात, आरंभिक वर्षों के लिए समावेशी देखभाल तथा शिक्षा में एक व्यापक रूप से मान्यता प्राप्त प्रमाणपत्र के साथ कार्रवाई की रूपरेखा तैयार की गई। इस प्रशिक्षण का प्रारंभ लिमरिक में सितम्बर 2012 में हुआ। इससे अलग-अलग नज़रिये में सकारात्मक बदलाव आने, समावेशन की प्रक्रिया को आकार देने तथा अंततः संस्थापनाओं के अंदर बच्चों के अनुभवों को बेहतर बनाने की उम्मीद की जाती है, जो बच्चों हेतु परिणामों में सुधार की ओर ले जाएगा।

संदर्भ

Alur, M. (2002). Status of disabled people in India: Policy and inclusion. *Exceptionality Education Canada, 12*(2 & 3), 137–167.

Barton, L. (2002). Inclusive education and the management of change in Britain. *Exceptionality Education Canada, 12*(2 & 3), 169–185.

Cederman, K. (2006). *North Tipperary Early Intervention Service—Synergy: An exploration of high quality early intervention for children with special needs in diverse early childhood care and education settings*. Dublin: CECDE.

Centre for Early Childhood Development and Education (CECDE). (2006). *Síolta, the national quality framework for early childhood education*. Dublin: CECDE.

Department of Children and Youth Affairs. (2010). *Free pre-school year in early childhood care and education*. Retrieved from www.dcya.gov.ie (accessed 23 September 2013)

Department of Education and Science (DES). (1998). *Education Act*. Dublin: The Stationery Office.

———. (1999). *Ready to learn: The white paper on early childhood education*. Dublin: The Stationery Office.

Department of Health and Children (DHC). (2000). *National children's strategy: Our children their lives*. Dublin: The Stationery Office.

———. (2006). *Childcare (pre-school services) (Amendment No. 2) Regulation, 2006*. Dublin: The Stationery Office.

Dunphy, E. (2008). *Supporting early learning and development through formative assessment: A research paper*. Commissioned by the National Council and Curriculum and Assessment. Retrieved from www.ncca.ie (accessed 23 September 2013).

Fox, S. E., Levitt, P. & Nelson, C. A. (2010). How the timing and quality of early experiences influence the development of brain architecture. *Child Development, 81*(1), 28–40.

Griffin, S. & Shevlin, M. (2011). *Responding to special educational needs: An Irish perspective*. Dublin: Gill & Macmillan.

Jennings, J. (2005). Inclusion matters. In L. Abbott & A. Langston (Eds), *Birth to three matters* (pp. 89–104). Maidenhead, UK: McGraw-Hill/Open University Press.

McGough, A., Carey, S. & Ware, J. (2005). *Early years provision for children from birth to six years with special needs in two geographical areas in Ireland*. Dublin: CECDE.

Moloney, M. (2010). Professional identity in early childhood care and education: Perspectives of pre-school and infant teachers. *Irish Educational Studies, 29*(2), 167–187.

Moloney, M. (2011). From vision to practice: Are children at the centre or clinging on at the periphery of practice within early childhood care and education provision? *New Zealand Research in ECCE Journal, 14*, 3–22.

Moloney, M. & McCarthy, E. (2010). *Development of a framework for action for the inclusion of children with special educational needs in early childhood care and education settings*. Research study commissioned by the Department of Education and Skills, Ireland. Limerick, Ireland: Curriculum Development Unit, Mary Immaculate College. Retrieved from www.cdu.mic.ul.ie (accessed 23 September 2013).

National Council for Curriculum and Assessment (NCCA). (2009a). *Aistear: The early childhood curriculum framework*. Dublin: NCCA. Retrieved from www.ncca.ie (accessed 23 September 2013)

———. (2009b). Aistear: the Early Childhood Curriculum Framework and Síolta, The National Quality Framework for Early Childhood Education. *Audit: Similarities and differences*. Retrieved from www.ncca.ie (accessed 24 July 2014)

Shonkoff, J. & Phillips, D. (2000). *From neurons to neighbourhoods: The science of early childhood development*. Washington, D.C.: National Academic Press.

Sylva, K., Melhuish, E., Sammons, P., Siraj-Blatchford, I. & Taggart, B. (2004). *The effective provision of pre-school education: The final report*. London: Department for Education and Skills/Sure Start Publications and the Institute of Education.

United Nations Convention on the Rights of the Child (UNCRC). (1989). *Convention on the rights of the child, 20 November* 1989. United Nations Treaty Series, Vol. 1577. Retrieved from http://www.refworld.org/docid/3ae6b38f0.html (accessed 24 July 2014).

———. (2001). *Understanding and responding to children's needs in inclusive classrooms: A guide for teachers*. Paris: UNESCO.

———. (2005). *Guidelines for inclusion: Ensuring access for all*. Paris: UNESCO.

United Nations Educational, Scientific and Cultural Organisation. (1994). *The Salamanca statement and framework for action on special needs education.*

Retrieved from http://www.unesco.org/education/pdf/SALAMA_E.PDF (accessed 14 September 2014).

———. (2005). *Guidelines for inclusion: Ensuring access to education for all.* Retrieved from http://unesdoc.unesco.org/images/00140224e.pdf (accessed 17 September 2014).

United Nations International Children's Emergency Fund (UNICEF). (2001). *The state of the world's children 2001*. Retrieved from www.unicef.org (accessed 23 September 2013)

2

केन्या में भाषा संबंधी मामले एवं प्राग्विद्यालय (प्री-स्कूल) शिक्षा: विविधता, चुनौतियों तथा उपचारों पर विचार

मैरी वांगेची कामुन्यू

केन्या आरंभिक शिक्षा कार्यक्रम को निर्धारित करने वाला एकमात्र अफ्रीकी देश है, और इस पहल ने इसके नागरिकों पर महत्त्वपूर्ण असर डाला है। आर्थिक विकास के समान स्तरों वाले अन्य देशों की तुलना में केन्या ने आरंभिक बाल्यावस्था विकास (ईसीडी) प्रावधान में उल्लेखनीय उपलब्धियाँ प्राप्त की हैं (एमओईएसटी, 2005)। केन्या में शिक्षा विज्ञान तथा तकनीक मंत्रालय के सानिध्य में ईसीडी, 0+ से 5+ वर्ष आयु के बच्चों के समग्र विकास से संबद्ध है (उपरोक्त)। वर्तमान शिक्षा तथा प्रशिक्षण कानून में ईसीडी शामिल नहीं है; ईसीडी के एमओईएसटी के प्रावधान को निर्देशित करने वाला एकमात्र रूपरेखा साझेदारी नीति है (उपरोक्त)। बच्चों को प्राग्विद्यालय (प्री-स्कूल) शिक्षा प्रदान करने के लिए निर्देशात्मक रणनीति, अंतर्राष्ट्रीय स्तर पर तथा केन्या में आरंभिक बाल्यावस्था पाठ्यक्रम में मातृभाषा या उस क्षेत्र की भाषा के उपयोग पर जोर देती है। यह महत्त्वपूर्ण है क्योंकि छोटे बच्चे अपनी मातृभाषा या उनके घरेलू वातावरण में बोली जाने वाली भाषा में प्रवीण होने के बाद विद्यालय में आते हैं। आरंभिक शिक्षण में भाषा महत्त्वपूर्ण कारक है, क्योंकि प्रारंभिक स्तर के शिक्षण से भविष्य के शैक्षिक विकास की आधारशिला तैयार होती है।

परंतु अध्ययनों से यह पता चलता है कि, अंग्रेजी छोटे बच्चों की प्रथम भाषा नहीं है और इसके बावजूद प्राग्विद्यालय के अधिकतर शिक्षक छोटे शिशुओं को अंग्रेजी में शिक्षा प्रदान करते हैं। जब बच्चे विद्यालय की भाषा नहीं बोलते हैं, तो उन्हें प्रगति करने में संघर्ष करना पड़ सकता है, या वे विद्यालय छोड़ सकते हैं। वे विद्यालय का सामना करना ज्यादा मुश्किल पाते हैं, क्योंकि घर के बाहर उन्हें दूसरी भाषाओं का अक्सर कम सामना करना पड़ता है। अनेक ईसीडी केंद्र शिक्षा तथा

अंकगणितीय कौशल पर इतना बल देते हैं कि वे ईसीडी केंद्रों के स्थान पर अनिवार्यतः 'आरंभिक प्राथमिक शिक्षा' केंद्र के रूप में परिणत हो जाते हैं (म्वांगी, 2011)। भाषा के उपयोग के महत्त्व पर बहुत अधिक जोर नहीं दिया जा सकता है, फिर भी ऐसे अनेक प्राग्विद्यालय (प्री-स्कूल) छात्र भाषा विकारों के साथ विद्यालय में प्रवेश करते हैं, जिनका या तो पूरी तरह से निदान ही नहीं किया गया है या ईसीडी केंद्रों पर पर्याप्त सुप्रशिक्षित भाषा रोग-विज्ञानियों के अभाव के कारण गलत निदान हुआ है। एक बच्चे की संपूर्ण शैक्षिक उपलब्धि भाषा की कुशलता में निहित होती है और भाषा में किसी भी प्रकार की समस्या से बच्चे के समग्र शैक्षिक नतीजों पर बुरा प्रभाव पड़ता है। इस अध्ययन का उद्देश्य केन्या में प्राग्विद्यालय में कुल शैक्षिक उपलब्धियों को प्रभावित करने वाले भाषाई समस्याओं तथा वृत्तियों का गंभीरता से परीक्षण करना है।

क्रियाविधि

इस अध्ययन में नारोक काउंटी के नारोक उत्तरी क्षेत्र के एक सर्वेक्षण डिजाइन का उपयोग किया गया है। इसने 158 लक्षित ईसीडी केंद्रों से 20 प्राग्विद्यालयों (प्री-स्कूल) का नमूना लिया है। मुख्य वर्णनात्मक विधि के तौर पर आवृत्तियों तथा प्रतिशत की गणना का प्रयोग किया गया। बीस शिक्षकों ने कक्षा में भाषा उपयोग की अवलोकन तालिकाओं के साथ संयुक्त संरचित साक्षात्कारों का प्रति-उत्तर दिया। सामाजिक विज्ञान के लिए सांख्यिकीय पैकेज (एसपीएसएस) का उपयोग आँकड़ों के विश्लेषण के लिए किया गया।

प्राप्तियाँ

केन्या में प्राग्विद्यालयों (प्री-स्कूल) की भूमिका

इस अध्ययन ने दुनिया के अन्य समुदायों की तरह केन्या के समाज में प्राग्विद्यालयों द्वारा निर्वहन की जाने वाली भूमिका को स्थापित करने का प्रयास किया। इसका उद्देश्य इस बात का परीक्षण करना था कि, भाषा ने किस प्रकार ऐसी भूमिकाओं के निर्वहन में मार्गदर्शन किया है। 85% प्रति-उत्तरदाताओं ने खुलासा किया कि, कुछ उदाहरणों में प्राग्विद्यालय घरेलू देखभाल के विकल्प के रूप में कार्य करते हैं तथा सेवित बच्चों के स्वास्थ्य की रक्षा, पोषण को प्रोत्साहित करने तथा आनंददायक अनुभवों को प्रदान करने पर ध्यान केंद्रित करते हैं। इसके अतिरिक्त, उन्होंने सूचना दी कि अन्य मामलों में प्राग्विद्यालयों का डिजाइन पारस्परिक कौशलों को विकसित करने तथा एक समकक्ष समूह का सदस्य

बनने में बच्चों की मदद करता है। अन्य स्थितियों में भी समूह देखभाल को 'प्राग्विद्यालय' के रूप में देखा जाता है, जहाँ संज्ञानात्मक विकास, भाषा तथा आरंभिक शैक्षिक कौशलों को प्रोत्साहित करने वाले 'पाठ्यक्रम' में गतिविधियाँ आयोजित की गई थी। इन विचारों को एक सूत्र में पिरोने वाली एक प्रमुख अवधारणा यह थी कि, भाषा पारस्परिक कौशल के विकास, खेल की गतिविधियों तथा अंकगणितीय कौशल, गायन, मौखिक अभ्यास तथा अन्य कार्यों में प्रदर्शित संज्ञानात्मक विकास में अति महत्त्वपूर्ण कारक है।

प्राग्विद्यालयों में भाषा योजना

लक्षित जनसंख्या में सर्वाधिक महत्त्वपूर्ण बात यह थी कि, नारोक उत्तरी क्षेत्र *का स्वरूप विश्ववादी था।* बच्चे विविध धार्मिक पृष्ठभूमियों से आते थे, अतः प्राग्विद्यालयों के शिक्षकों को ऐसी परिस्थितियों में शिक्षा प्रदान करने की भाषा का अवश्यतः चयन करना चाहिए। साठ प्रतिशत प्रत्युत्तरदाताओं ने इंगित किया कि, उनकी योजना बच्चों के द्विभाषी या बहुभाषी होने या इन कौशलों का विकास किए जाने के कारण अक्सर जटिल हो जाती थी। विशेषकर अंतर्जातीय विवाह वाले परिवारों से संबद्ध बच्चों में यह पाया गया कि, कुछ बच्चों को औपचारिक शिक्षा की शुरुआत में एक नई भाषा सीखने की जरूरत का सामना करना पड़ा। एक अन्य मुख्य मुद्दा था कि, अवलोकित 20 शिक्षकों में से सिर्फ 12 उस क्षेत्र में बोली जाने वाली तीन प्रमुख भाषाओं: मा, गिकुयू तथा एकेगुसी को बोल पाते थे। यह मुद्दा हमें उस क्षेत्र की सबसे प्रमुख भाषा स्वाहिली की ओर वापस ले जाता है, जो केन्या की आधिकारिक तथा राष्ट्रीय भाषा है। अफसोसजनक बात यह है कि, 90% प्रत्युत्तरदाताओं ने सूचित किया कि अधिकतर बच्चे स्वाहिली बोलने में सक्षम नहीं हैं तथा अन्य इसे सीखने की प्रक्रिया में हैं। अतएव, केन्या में प्राग्विद्यालयों में भाषा की योजना चुनौतियों तथा बाधाओं से ग्रस्त है, जिन्हें वास्तविक शैक्षिक परिणामों के लिए भी दूर करने की जरूरत है। इसे सभी के लिए अनुकूल भाषागत तथा शैक्षिक विकल्पों को तैयार कर बच्चों तथा उनके शिक्षकों की बहुभाषीय वास्तविकताओं को समानुकूलित करना चाहिए।

अध्ययन के दौरान यह देखा गया कि, कुछ बच्चे भाषा की समस्या के कारण अच्छी तरह से भागीदारी नहीं कर रहे थे। साक्षात्कार किए गए 20 शिक्षकों में से 65% ने कहा कि उन्हें ईसीडी केंद्रों में शिक्षण के लिए औपचारिक प्रशिक्षण नहीं प्राप्त हुआ है। अतः उन्होंने सूचना दी कि उन्हें नहीं ज्ञात है कि एक सामान्य भाषा विकास कैसा प्रतीत होता है। इसका अर्थ है कि, वे भाषा विकारों का निदान नहीं कर सकते हैं या हस्तक्षेप के उपायों की अनुशंसा नहीं कर सकते हैं। उन्होंने यह सूचना भी दी कि वे नहीं जान सकते थे कि कौन से बच्चे धीमा या विपथित विकास प्रदर्शित कर रहे हैं और उन्हें किसी विशेष सहायता की जरूरत पड़ सकती है। यह इस जानकारी के आलोक में है कि, उन्होंने माना कि बच्चों के लिए इष्टतम भाषा विकास सुनिश्चित करने के लिए वे वातावरण नहीं बना सकते

थे। यह परेशान कर देने वाला परिदृश्य सिद्ध करता है कि, शिक्षकों का बहुमत बच्चों को प्रशिक्षित करने के लिए असंगत है और ईसीडी शिक्षकों को नियुक्त करने से पहले केन्या सरकार के द्वारा उन्हें प्रशिक्षित करने की नितांत आवश्यकता है।

प्राग्विद्यालय शिक्षण में भाषा के उपयोग की रणनीतियाँ

कासारनी मंडल, नैरोबी राज्य, केन्या में अंग्रेजी के शिक्षण में प्राग्विद्यालयों के शिक्षकों द्वारा मौखिक निर्देशात्मक रणनीतियों के उपयोग पर म्वांगी (2011) द्वारा किए गए शोध में पाया कि, प्राग्विद्यालयों के शिक्षकों द्वारा अधिकतम उपयोग की गई निर्देशात्मक रणनीतियों में निर्देश देना, प्रश्न पूछना, कोड में बदलाव तथा शब्दों एवं वाक्यों की पुनरावृत्ति को शामिल किया गया था। अंग्रेजी में शिक्षण प्रदान करते समय निर्देशात्मक रणनीति के तौर पर बच्चों के द्वारा उच्चारण, विवरण देने, वास्तविक वस्तुओं से शब्दों को प्रतिस्थापित करने, उदाहरण देने, तथा अर्थों की परस्पर तुलना करने, इत्यादि को शामिल किया गया था।

इस अध्ययन में प्रत्युत्तरदाताओं से पूछा गया कि, बच्चों को पढ़ाते समय वे किन भाषायी रणनीतियों का उपयोग करते हैं। 85% ने खुलासा किया कि, परस्पर संवाद का तरीका बेहद प्रभावशाली है, जिसमें शिक्षक बच्चे को तय करने देते हैं कि किस चीज पर बातचीत की जाए, वे उस विषय का विस्तार करते हैं, बच्चे के अर्थ को समझने के लिए कड़ी मेहनत करते हैं, नई गतिविधियों पर सलाह देते हैं, साथ ही बच्चों की वाक्य रचना की शुद्धता पर ध्यान देने के बजाय बच्चे के कथन के भाव पर ज्यादा ध्यान दिया जाता है। बच्चों के भाषाई विकास की दृष्टि से इन रणनीतियों को अधिक व्यवहार्य माना गया; लेकिन भाषा संबंधी अक्षमता का सामना कर रहे बच्चों को भाषा सीखने हेतु प्रेरित करने के लिए इसके गहन उपयोग की आवश्यकता होती है। एक इष्टतम भाषा शिक्षक की छवि वह होगी जो स्पष्ट रूप से उपदेशात्मक या निर्देशात्मक भूमिका के स्थान पर संवादात्मक भागीदार की भूमिका अपनाता है।

साक्षात्कार किए गए सभी प्रत्युत्तरदाताओं से प्राप्त एक सामान्य तथ्य यह था कि, बच्चों की मानसिक परिपक्वता को दिमाग में रख कर भाषाई गतिविधियों की योजना बनाई जानी चाहिए। भाषा की शिक्षा छोटे बच्चों के लिए सर्वाधिक उपयोगी तभी होती है, जब इसे उनकी अपनी गतिविधियों तथा अभिव्यक्ति के उनके प्रयासों के संदर्भ में प्रस्तुत किया जाए। 78% प्रति-उत्तरदाताओं ने अवलोकित किया कि जैसे-जैसे बच्चे बड़े होते जाते हैं, वे भाषा सीखने के लिए भाषा का उपयोग कर सकते हैं; एक अर्थपूर्ण संदर्भ में उन्हें अब हर नए भाषा कौशल का सामना करने की आवश्यकता नहीं थी। इसके अतिरिक्त, वे प्रायोजनपूर्वक सीखने, स्पष्ट निर्देशों का पालन करने एवं लाभान्वित होने तथा मॉडलों का सीखने के स्रोतों के रूप में उपयोग करने में क्रमशः समर्थ हो जाते हैं।

62% प्रत्युत्तरदाताओं ने यह भी जोड़ा कि विविध जटिल विषयों के संबंध में बातचीत, एक समृद्ध शब्दावली का निर्माण, बातचीत के संबंध में बात, शब्दों के अर्थों पर चर्चा करना, बच्चों को

स्वयं व्याख्या करने तथा अपनी सोच को न्यायसंगत ठहराने की चुनौती देते देना, उच्चतर मानकों को स्थापित करना तथा त्रुटियों को स्पष्ट रूप से ठीक करना 4-, 5- तथा 6- वर्ष के बच्चों के भाषागत विकास के लिए महत्त्वपूर्ण है।

इस बात पर भी ध्यान दिया गया कि, कुछ शिक्षक भाषागत विकास की रणनीति के रूप में प्रदर्शन को प्राथमिकता देते हैं। इस मामले में 4–6 वर्ष की आयु परास के बच्चों द्वारा पढ़ने, वयस्कों के साथ पुस्तकों को देखने के अनुभव, अक्षरों, पेंसिलों तथा कागजों के अनुभव और वयस्क शिक्षा गतिविधियों से उत्पन्न विशिष्ट भाषा-संबंधी शैक्षिक कौशल को सीखने की आशा की जाती है। परंतु 55% प्रत्युत्तरदाता महसूस करते थे कि, जिन बच्चों ने भाषा सीख ली थी, सिर्फ उन्हें ही इस रणनीति से लाभ प्राप्त हुआ। प्रदर्शन को निम्न भाषा कुशलता वाले बच्चों में कुंठा उत्पन्न करने वाले कारक के रूप में देखा गया। ऐसे तरीकों का उपयोग करने से पहले शिक्षकों के लिए बच्चों की भाषाई आवश्यकताओं को जानने की जरूरत थी।

समूह देखभाल संस्थापनाओं के संबंध में एक अध्ययन से यह पता चला है कि, दिवस देखभाल केंद्रों का भाषायी वातावरण की समानता का नामांकित बच्चों के भाषागत विकास पर व्यापक प्रभाव पड़ता है (मैक्कार्थी, 1994)। देखभालकर्ताओं के साथ अभिव्यक्त शाब्दिक अंतःक्रिया का बच्चे के भाषागत विकास पर विशिष्ट प्रभाव पड़ता है। बच्चे की भाषा का स्तर देखभालकर्ताओं के साथ वार्तालाप प्रारंभ करने के अवसरों से संबद्ध है तथा समकक्षों के साथ-साथ वार्तालाप प्रारंभ करने की संख्या से ऋणात्मक रूप से संबद्ध है। उदाहरण के लिए, घर तथा विद्यालय में बच्चों के वार्तालाप की तुलना करने वाले अवलोकन अध्ययन से यह पता चलता है कि, घर का माहौल अपेक्षाकृत समृद्ध होता है। इस अध्ययन के कारणों में से एक यह जानना है कि, कैसे हम विद्यालयों में अवसरों को बढ़ा तथा अधिकतम कर सकते हैं जहाँ बच्चे भाषा का उपयोग घरेलू वातवरण जैसे अच्छे तरीके से करें।

इंग्लैंड में एक ऐसा तुलनात्मक अध्ययन किया गया था (टिजार्ड, 1981; टिजार्ड एवं ह्यूज्स, 1984)। शोधकर्ताओं ने पाया कि, एक औसत छात्र एक अभिभावक के साथ प्रति इकाई समय में एक नर्सरी विद्यालय में देखभालकर्ता के साथ किए गए वार्तालाप का लगभग तीन गुना ज्यादा वार्तालाप करता है तथा घरेलू वार्तालाप कई वयस्क/बच्चे के लिए दोगुने समय तक जारी रहता है। टिजार्ड टिप्पणी करते हुए कहते हैं कि, बच्चों तथा अभिभावकों के बीच एक संक्षिप्त वार्ता बच्चों के द्वारा माँग करने के लिए पर्याप्त हो सकती है, जिसे माना जा सकता है या नकार दिया जा सकता है। इन वार्ताओं के माध्यम से बच्चों को प्रोत्साहित किया जा सकता है, सलाहें दी जा सकती हैं, सूचना या आदेश दिए जा सकते हैं या प्रश्नों के उत्तर दिए जा सकते हैं।

इस अध्ययन में साक्षात्कार किए गए शिक्षकों में से 70% ने खुलासा किया कि, अनेक अवसरों का सृजन करने वाले भाषा-समृद्ध वातावरणों निर्माण का एक तरीका अभिरूचि रखने वाले के साथ परस्पर वार्ता करना था तथा बच्चों की भाषागत विकास के लिए प्रत्युत्तरदाता बच्चे आवश्यक थे। इस रणनीति के माध्यम से बच्चों ने समकक्षों के साथ खेलने, वार्तालाप करने, सौदेबाजी तथा बहस करने के महत्त्वपूर्ण नियमों को सीखा। शिक्षकों ने पूर्व-चेतावनी दी कि, आत्मसम्मान एवं आत्मविश्वास रखने वाले बच्चों को शिक्षक के साथ वार्तालाप करने में कम आत्म-विश्वासी बच्चों की तुलना में

ज्यादा उच्चश्रेणी पर रखा जाता है। पुनः, अगर कभी किसी गहरे अर्थ को समझने में ज्यादा समय व्यतीत करना पड़े तो शिक्षक को सकारात्मक बातचीत के माध्यम से बच्चों को प्रोत्साहित करने की आवश्यकता होती है।

प्राग्विद्यालय वर्षों में भाषा तथा संज्ञानत्मकता बहुत नजदीक से संबद्ध होते हैं। यह देखा गया कि बच्चों के भाषागत विकास को प्रेरित करने के लिए शिक्षक अनेक प्रकार की गतिविधियों में सम्मिलित रहे। साक्षात्कार किए गए 65% शिक्षकों ने सूचना दी कि, बच्चों की भाषा को प्रेरित करने की गतिविधि में उनकी शब्दावली को समृद्ध करना शामिल था। इसमें वस्तुओं और जानवरों को दर्शाने वाले विवरणपट का उपयोग शामिल था, जिसके नीचे उनके नाम लिखे गए थे। इसके अतिरिक्त, शब्दावली को बेहतर तरीके से आत्मसात करने में सक्षम बनाने के लिए भाषा आधारित खेल तथा नए शब्दों के साथ उच्चारणों का भी नियमित तौर पर उपयोग किया गया था।

वस्तुएँ कैसे कार्य करती हैं, जैसे खाना पकाना, कपड़े धोना, इन सामान्य घरेलू काम के संबंध में बच्चों को समझाना भाषा के उपयोग के मार्गदर्शन की एक अन्य महत्त्वपूर्ण गतिविधि है। इन गतिविधियों में बच्चों को काम के उन नए शब्दों को बताया जाता है, जिन्हें वे पहले नहीं जानते थे। भाषा सीखने के अन्य पहलूओं में अंकों के संबंध में, मौसम के संबंध में, वस्तुएँ कैसे बढ़ती हैं, दुनिया के दूसरे हिस्सों में लोग कैसे रहते हैं तथा दर्जनों अन्य विषयों पर ज्ञान अर्जित करना शामिल है।

इसके अतिरिक्त, विद्यालय के लिए बच्चों को तैयार करने वाले प्राग्विद्यालय (प्री-स्कूल) कार्यक्रमों, जिनमें पठन तथा लेखन केंद्रीय गतिविधियाँ होती हैं, में शिक्षा-पूर्व गतिविधियों को प्रेरित करने के तरीकों की योजना बनाने की आवश्यकता होती है। साक्षात्कार किए गए सभी शिक्षकों ने उल्लेख किया कि, 4–6 वर्ष की आयु सीमा के बच्चे लिखने-पढ़ने की स्थिति में ज्यादा थे, लेकिन यह इस पर निर्भर करता था कि इस संबंध में पहले उनकी स्थिति कितनी अच्छी थी। शिक्षकों ने विशिष्ट ध्वनियों के उच्चारण से संबंधित समस्याओं पर अधिक ध्यान दिया, विशेषकर यदि ऐसी ध्वनियाँ बच्चे की मातृभाषा में व्यर्थ हों।

मैक्कार्थी (1994) बताते हैं कि. हालांकि 3 वर्ष के बच्चों को औपचारिक रूप से पढ़ना सीखने की आवश्यकता नहीं होती है, लेकिन वे अक्षरों तथा ध्वनियों के अर्थ के संबंध में, अपने नाम जैसे महत्त्वपूर्ण शब्दों को लिखने, लेखन के विविध प्रयोजनों को समझने तथा पुस्तकों और उनमें दी गई कहानियों के संबंध में अपनी प्राग्विद्यालय गतिविधियों के माध्यम से बहुत कुछ सीख सकते हैं। इस प्रकार की पृष्ठभूमि में औपचारिक पठन निर्देश प्रारंभ करने वाले बच्चों को अन्य स्वरूपों या शिक्षण के उपयोगों से कम परिचय वाले बच्चों की तुलना में बढ़त प्राप्त रहती है।

प्राग्विद्यालय शैक्षिक अनुभव को समृद्ध करने के मार्ग

इस अध्ययन में यह स्थापित किया गया कि, कैसे शिक्षक बच्चों में शैक्षिक अनुभवों को समृद्ध कर रहे हैं। 80% शिक्षकों ने कहा कि, बच्चों को लिखित भाषा की लिपि को समझने के लिए प्रोत्साहित

करना एक तरीका है। इसमें शिक्षक के बोल कर पढ़ने पर बच्चों द्वारा उनका अनुसरण करना शामिल है। इसमें पुस्तकों में दिए गए शब्दों या सामाजिक वातावरण में चिह्नों के संबंध में बच्चों से प्रश्न करना भी शामिल है। तत्पश्चात बच्चों को अपने संबंध में- चाहे उनकी अपनी आविष्कृत भाषा में ही हो- लिखने के लिए कहा गया। ऐसा इसलिए था कि यह लिखित भाषा चिह्नों पर उनका ध्यान केंद्रित करने तथा मौखिक भाषा को प्रस्तुत करने के लिए उन्हें संयोजित करने पर बल देती है।

प्राग्विद्यालय (प्री-स्कूल) भाषा के विकास को प्रोत्साहित करने का एक और तरीका, पाठ्य के अर्थ को समझने के लिए प्रोत्साहित करना है। 69% शिक्षकों ने कहा कि, वे पढ़े जाने वाले पाठ्य के संबंध में बच्चों के बीच परिचर्चाओं को अक्सर प्रोत्साहित करते हैं। इसने बच्चों को भौतिक परस्पर संदर्भ से शब्दों के अर्थ को व्युत्पन्न करने में सक्षम बना दिया। वेल्स (1985) जोड़ते हैं कि, पुस्तकों में दैनिक वार्तालाप की तुलना में अक्सर ज्यादा विचरित शब्दावली और वाक्-संरचना होती है तथा यह एक वर्धित लाभ है।

प्राग्विद्यालय छात्रों के द्वारा भाषा के उपयोग को प्रोत्साहित करने का तीसरा तरीका पढ़ने तथा लिखने की क्रियविधि की सराहना करना है। 54% शिक्षकों ने स्वीकार किया कि, पढ़ाया जाना बच्चों को पढ़ने के लिए एक प्रोत्साहन है तथा लोगों को लिखते हुए देखना बच्चों को यह समझने में सहायता करती है कि उनके समुदाय में लेखन एक उपयोगी गतिविधि है। जबकि पढ़ने, समझ तथा सराहना के ये लाभ सभी बच्चों के लिए महत्त्वपूर्ण हैं। 70% लोगों ने सूचित किया कि विद्यालयों में ये विशेषकर महत्त्वपूर्ण हो सकते हैं क्योंकि अधिकतर बच्चों के पास घर में देखने के लिए पुस्तकें तथा लिखने के लिए वस्तुएँ नहीं थी। उन्होंने यह भी जोड़ा कि ऐसे तरीके उन मामलों में ज्यादा प्रभावी साबित हुए जहाँ बच्चे विद्यालयों के बाहर वयस्कों को शैक्षिक गतिविधियों में संलग्न नहीं देखते थे। इन शैक्षिक अनुभवों के साथ जुड़े लाभों में से एक था कि, इसने बच्चों के प्राग्विद्यालयों से निकलने के बाद प्राथमिक विद्यालयों में उनकी असफलता की जोखिम को कम कर दिया। शैक्षिक अनुभव के प्रभावी विकास के लिए शैक्षिक संसाधनों की उपलब्धता सर्वोपरि होती है। हमें ऐसी वस्तुओं के प्रकार, गुणवत्ता तथा मात्रा की जाँच करने की आवश्यकता होती है।

भाषा विकास के लिए संसाधन

भाषा समृद्ध वातावरणों के निर्माण के लिए संसाधनों की आवश्यकता होती है- विशेषकर शिक्षकों और/या बच्चों के पढ़ने के लिए तथा पढ़े-लिखे या पढ़ने-लिखने के इच्छुक देखभालकर्ताओं के लिए प्राग्विद्यालयों में उपयोग की जाने वाली भाषा में पुस्तकें। केन्या में सरकार ने अपने बच्चों के लिए निःशुल्क प्राथमिक शिक्षा उपलब्ध कराई है, लेकिन इसमें ईसीडी शामिल नहीं है। प्रारंभ में एमओईएसटी, ईसीडी शिक्षकों को पाठ्यक्रम पुस्तक तथा *वॉल चार्ट* उपलब्ध कराया करती थी। लाभ प्राप्त करने वाले अधिकतम शहरी ईसीडी केंद्र हुआ करते थे, जबकि ग्रामीण केंद्रों को इसका लाभ नहीं प्राप्त होता था। साक्षात्कार किए गए 65% शिक्षकों ने बताया कि अब एमओईएसटी, ईसीडी

केंद्रों को कोई भी शैक्षिक वस्तु नहीं उपलब्ध कराती है। आमतौर पर ईसीडी प्रमुख ऐसे पदार्थों को खरीदने के लिए धन जुटाने हेतु अभिभावकों के पास जाते हैं। हालांकि, ऐसे पदार्थ वहनीय मूल्य पर मिलते हैं, लेकिन अधिकतर अभिभावकों का सोचना है कि निःशुल्क शिक्षा ईसीडी सहित सभी शिक्षण केंद्रों का ध्यान रखती है और इसलिए वे सहायता प्रदान करने के अनिच्छुक रहते हैं। अंत में, ईसीडी शिक्षकों को अपर्याप्त संसाधनों के साथ अक्सर स्थानीय सर्वश्रेष्ठ हलों को खोजने तथा उनमें सुधार कर काम करने के लिए छोड़ दिया जाता है।

प्राग्विद्यालयों में देखी गई भाषाई दिक्कतें

साक्षात्कार देने वाले सभी शिक्षकों ने बताया कि उन्होंने भाषाई विकास में बड़ी बाधा के रूप में काम करने वाले बच्चों की अनेक भाषाई समस्याओं का अवलोकन किया है। स्वर रूपांतरण की समस्या इनमें शामिल थी, जैसे बच्चे की आवाज काफी तेज या काफी मधुर हो सकती है। यह देखा गया कि, कुछ बच्चे अन्य बच्चों द्वारा कही गई बातों को ठीक से नहीं सुन पाते थे। अन्य बच्चों ने निर्देशों को समझने, दुहराने तथा पालन करने में समस्या प्रदर्शित की। कुछ अन्य बच्चों के पास बहुत सीमित शब्दावली थी। यह पाया गया कि, कुछ बच्चे धीरे-धीरे या बिना वाक्पटुता के हकलाते हुए या वाक्यों को बिना पूर्ण किए बोलते थे। अन्य भाषाई समस्याओं में परिचित लोगों या वस्तुओं का नाम लेने, या परिचित शब्दों को पुनः याद करने में में कठिनाई, परिचित कहानियों को दोहराने या फिर से सुनाने में में कठिनाई तथा किसी विषय पर बातचीत करने में समस्या, इत्यादि शामिल थीं।

प्राग्विद्यालय कार्यक्रमों में समावेशी वृत्तियों द्वारा सामना की जाने वाली चुनौतियाँ

कार्यक्रम की प्रभावोत्पादकता

समावेशी प्रभावोत्पादकता पर महत्त्वपूर्ण शोध साहित्य प्रदर्शित करते हैं कि, समावेशी संस्थापनाओं में प्रदान की गई सेवाओं से बच्चों को विशिष्ट क्षमता के साथ-साथ व्यापक सामाजिक एवं संवादमूलक कौशल में लाभ मिला है (गुराल्निक एवं ग्रूम, 1988)। समावेशन की दिशा में आरंभिक प्रयास यह दर्शाते हैं कि, केवल बच्चों के समावेशन से सकारात्मक परिणामों की प्राप्ति संभव नहीं है। इसके स्थान पर होने वाले लाभ उन्हें प्रदान किए जाने वाले योजनाबद्ध प्रयासों पर निर्भर करते हैं (लामोरी एवं ब्रिकर, 1993)। देखभाल सेवाओं (इंटरवेंशन) की योजनाओं एवं नियोजन के निकृष्टतम स्तर को केन्या में प्राग्विद्यालय कार्यक्रम में समावेशी नियोजनों के समक्ष सबसे बड़ी चुनौती माना जाता है। साक्षात्कार

देने वाले 69% शिक्षकों ने कहा कि प्राग्विद्यालय कार्यक्रमों में गुणवत्ता, विश्वसनीयता तथा मानकों का अभाव था, क्योंकि इसे सरकार द्वारा नहीं तैयार किया गया है। बच्चों के लिए विभिन्न प्रकार के समावेशी कार्यक्रमों की प्रभावशीलता, उदाहरण के लिए बातचीत करने में असक्षम बच्चों के लिए बोली और भाषा से संबंधित मध्यस्थता कार्यक्रम, बिना निदान के या पूरी तरह से ठीक किए बिना जारी रह सकते हैं। इसने प्राग्विद्यालयों में वांछित परिणामों को प्राप्त करने में चुनौतियाँ प्रस्तुत कर दी हैं।

इसी प्रकार, भाषा विकारों पर बच्चों में शब्द-सूची का अभाव देखा गया और प्रत्येक प्रकरण के लिए अपनाई गई मध्यस्थता युक्तियाँ ऐसी समस्याओं की निगरानी में बाधक साबित हुई। साक्षात्कार देने वाले 70% शिक्षकों ने सूचित किया कि, ईसीडी पाठ्यक्रम पर उनका प्रशिक्षण बच्चों में संवाद विकारों के नैदानिक अध्ययनों के संबंध में बहुत ज्यादा नहीं बताता है। अतः, वे विभिन्न विकारों में अंतर करने या उनके लिए देखबाल सेवाओं के उपायों में सुसज्जित नहीं थे। ऐसे मामलों को संभालने में उनके प्रयास, परीक्षण एवं त्रुटि विधि पर निर्भर करते थे जो भाषाई दिक्कतों को संभालने का एक बहुत ही अप्रभावी तरीका था; वस्तुतः माना जाता था कि ऐसे अपरिष्कृत उपाय बच्चों की सीखने की समस्याओं को ज्यादा खराब कर सकते हैं। यह भी बताया गया कि प्राग्विद्यालयों (प्रीस्कूल) में एक भी भाषा चिकित्सक नहीं आया था। नारोक जिला अस्पताल में कार्यरत एकमात्र भाषा चिकित्सक हमेशा उपलब्ध नहीं रहता था, क्योंकि अनेक स्थानीय लोग गरीब हैं और वे उपचार का खर्च नहीं उठा सकते हैं।

लागत-प्रभावशीलता तथा प्रशासनिक मुद्दे

समावेशी मॉडलों के लिए प्रशासनिक समर्थन या प्रतिरोध वित्तपोषण तथा समावेशी कुशलता के प्रति धारणा पर निर्भर करता है (सैलिसबरी एवं चैम्बर्स, 1994)। इस अध्ययन में यह पाया गया कि केन्या की सरकार प्राग्विद्यालयों का वित्तपोषण नहीं करती है। वित्तपोषण अभिभावकों तथा समुदाय पर छोड़ दिया जाता है। 78% प्रत्युत्तरदाताओं ने टिप्पणी की कि, इस त्रुटि ने प्राग्विद्यालयों में सामान्य शिक्षण में शैक्षिक पदार्थों तथा शिक्षण संसाधनों के साथ-साथ शिक्षकों के लिए वित्तपोषण का अभाव, जैसी बाधाओं का निर्माण कर दिया। वित्तपोषण की सीमाएँ समावेशी संस्थापनाओं में स्वर, भाषा तथा श्रवण सेवाओं को प्रदान करने की लागत को प्रभावित करती हैं।

कर्मचारियों की पात्रताएँ

समावेशी वृत्ति, कर्मचारियों के लिए वैकल्पिक भूमिकाओं, उत्तरदायित्वों तथा पात्रताओं को आवश्यक कर देते हैं। समावेशी कार्यक्रमों में संचार विकारों से ग्रसित बच्चों तथा युवाओं को सेवा प्रदान करते समय स्वर-भाषा चिकित्सक, सामान्य तथा विशेष शिक्षाप्रदाता, विभिन्न संबंधित सेवा कर्मी तथा परिवार के सदस्य सहयोगी भूमिकाओं को साझा करने में संलग्न होंगे। इस मॉडल

में कर्मियों की पात्रताओं तथा तैयारी के संबंध में चिंताएँ उत्पन्न हो सकती हैं (कैम्पबेल, स्ट्रेमेल-कैम्पबेल, एवं रोजर्स-वारेन, 1985)। इसके संबंध में 78% प्रत्युत्तरदाताओं ने देखा कि, ईसीडी पाठ्यक्रम में कमजोर आधार तथा प्रशिक्षण के कारण ईसीडी शिक्षक प्राथमिक समस्या के रूप में स्वर, भाषा या श्रवण बाधाओं से ग्रसित बच्चों के लिए कार्यक्रमों को विकसित करने, निगरानी करने तथा लागू करने में असक्षम थे।

सभी छात्रों पर प्रभाव

समावेशी वृत्तियों को लागू करने में एक चिंता कक्षा के निर्देशात्मक वातावरण पर विकलांगता से ग्रसित बच्चों का प्रभाव है। एक विश्वास है कि, विशेष आवश्यकताओं वाला एक छात्र अनुदेशन से लाभान्वित होने वाले गैर-विकलांग समकक्षों की क्षमता को प्रभावित कर सकता है (शार्प, यॉर्क एवं नाइट, 1994)। ईसीडी केंद्रों में आवश्यक संसाधनों के अभाव के कारण 72% प्रत्युत्तरदाताओं ने कहा कि, उन्हें सामान्य शिक्षा में विकलांगता से ग्रसित बच्चों के समायोजन के साथ-साथ अन्य छात्रों की शिक्षा पर विकलांगता से ग्रसित बच्चों के प्रभाव को नियंत्रित करने में मुश्किलों का सामना करना पड़ा। प्रिज़ॉन्ट (1995) ने सलाह दी कि, विभिन्न समावेशी अनुभवों के लिए योजना बनाते समय वातावरण, गतिविधियों तथा बाल अंतःक्रियाओं, सभी में सुधारों पर विचार करना चाहिए। सभी छात्रों पर समावेशी वृत्तियों के प्रभाव का मूल्यांकन करने के लिए अतिरिक्त शोध करने की आवश्यकता है।

निष्कर्ष

6 वर्ष तक के बच्चों के विकास की कार्यसूची में भाषा का प्रमुख स्थान है। आमतौर पर इस अवधि तक की उपलब्धियों में, अपने समकक्षों तथा वयस्कों के सामाजिक बातचीत में भागीदारी में सक्षम होने के लिए अपनी मातृभाषा पर नियंत्रण प्राप्त करना, कहानियों को कहने तथा समझने के लिए संसाधन उपलब्ध कराना, दिलचस्प परिघटनाओं की व्याख्या करना और समझना तथा समस्याओं को सुलझाने में भाषा का उपयोग करना, शामिल है (प्रिज़ॉन्ट, 1995)।

इस अवधि में भाषाई विकास के परिणामस्वरूप उन क्षमताओं का विकास होता है, जो आरंभिक विद्यालयी वर्षों में साक्षरता की प्राप्ति में योगदान करेंगे। पहले पाँच वर्षों की विकास की कार्यसूची में भाषाई उपलब्धि पर अधिक बल दिए जाने के बावजूद, छोटे बच्चों के लिए अनुकूल परिवेश की योजना बनाते समय भाषाई मुद्दों को शायद ही कभी प्रमुखता से स्थान दिया जाता है।

प्राग्विद्यालय (प्री-स्कूल) अवधि (चाहे ये कार्यक्रम औपचारिक तथा कक्षा-आधारित हैं या ज्यादा अनौपचारिक, समुदाय या घर-आधारित) के दौरान जब देखभाल और विकास को बढ़ावा देने के

लिए कार्यक्रम तैयार किये जाते हैं, तब भाषाई परिवेश का इष्टतम अनुकूलन सिर्फ उन्ही मामलों में मुद्दा बन जाता है, जहाँ जटिल भाषाई स्थितियाँ इसे उल्लेखित करती है (एमओईएसटी, 2003)। उदाहरण के लिए, विभिन्न भाषाएँ बोलने वाले लोगों और देखभालकर्ताओं वाले बहुभाषी समाजों अथवा प्राग्विद्यालय शिक्षकों द्वारा बच्चों की मातृभाषा से भिन्न भाषा के उपयोग की संभावना वाले समुदायों में, प्राग्विद्यालयों के लिए किसी प्रकार की भाषा योजना बनाई जा सकती है।

हम तर्क देंगे कि, हर छोटे बच्चे के लिए, विशेषकर समूह देखभाल संस्थापनाओं में, चाहे वे एकल-भाषी या बहुभाषी हो, भाषाई वातावरण की गुणवत्ता पर ध्यान दिए जाने की आवश्यकता है।

अपनी बातों को अभिव्यक्त करने के लिए बच्चों की ओर से किए गए प्रयासों पर प्रत्युत्तर देने में शिक्षकों की निरंतर असफलता (चाहे यह अरूचि के कारण हो, चाहे ज्यादा वयस्क-केंद्रित गतिविधियों के कारण हो ता चाहे वयस्कों तथा बच्चे की साझी भाषा न होने के कारण हो) एक अन्य भाषाई बाधा है। इसी प्रकार, एक उपयोगी तथा मान्य संचार प्रणाली के रूप में बच्चे की मातृभाषा को मान देने में शिक्षकों की ओर से असफलता भी बच्चे के भाषाई विकास के लिए जोखिम उत्पन्न करती है। शर्मीले प्रतीत होने वाले, समूह गतिविधियों में शामिल होने में कम अभिरुचि रखने वाले, कम उत्तर देने वाले, या कम सक्षम सहित सभी बच्चों पर ध्यान देने की आवश्यकता को पहचानने में शिक्षकों की ओर से असफलता, बच्चों के परिवेश की गुणवत्ता को और भी घटा देती है (वेल्स, 1985)।

अकादमिक कौशलों (अक्षर, संख्याएँ, रंग, पदार्थों को याद कर दोहराना) को सिखाने के लिए एक सशक्त योजनाबद्ध बल उन ऊर्जाओं को अवशोषित कर सकता है, जिसे वास्तविक संचारी क्रियाकलापों तथा भाषा को समृद्ध कराने वाले संवादों में लगाया जा सकता था। मौखिक शब्दावली को निर्मित करने वाले तथा साक्षरता के लिए तैयार करने वाले बातचीत के संदर्भ को प्रदान कराने वाली समुचित पुस्तकों तथा वस्तुओं का अभाव, उस बच्चे के लिए भाषाई परिवेश के मूल्य को इसी तरह ह्रासित कर सकता है।

अनुशंसाएँ

यह सुनिश्चित करने की आवश्यकता है कि, सभी छात्रों को सर्वाधिक अनुकूल संस्थापनाओं में सहायता उपलब्ध करायी जाए और शिक्षित किया जाए, ताकि उनकी भाषा तथा विकास संबंधी आवश्यकताएँ पूरी हो जाएँ। सभी छात्रों के लिए अनुकूलतम सम्मानजनक परिवेश के निर्माण को ध्यान में रखते हुए, शिक्षकों एवं प्रशासकों को संचार संबंधी समस्याओं के समाधान हेतु प्रतिवर्ष प्रशिक्षण दिया जाना चाहिए। शिक्षकों तथा प्रशासकों को भाषाई आवश्यकताओं तथा हस्तक्षेप या देखभाल (इंटरवेंशन) के उपायों पर आवधिक प्रशिक्षण प्राप्त करना चाहिए।

ईसीडी सिद्धांतों को स्वीकार कर लिया गया है, लेकिन केन्या के विशेष संदर्भ में सिद्धांतों को लागू करने के लिए कार्य-योजनाओं तथा रणनीतियों के अधिकाधिक विस्तार की आवश्यकता है।

बच्चों की संचार आवश्यकताओं हेतु प्राथमिकता तथा चरणों को तय करने वाली रणनीतियों के आधार पर एक ठोस नीतिगत रूपरेखा की तुरंत आवश्यकता है।

एक नीतिगत रूपरेखा तय करने के लिए, कुछ सैद्धांतिक तथा पारिभाषिक शब्दावली संबंधी स्पष्टीकरणों की आवश्यकता है। सर्वाधिक महत्त्वपूर्ण बात यह है कि, शिक्षकों, देखभालकर्ताओं तथा अभिभावकों के प्रशिक्षण के साथ-साथ प्रशिक्षण, निरीक्षण, निगरानी तथा मूल्यांकन प्रणालियों को विकसित करने के प्रयासों के पहले निरीक्षण और निगरानी के लिए अधिक स्पष्ट एवं तर्कसंगत प्रावधानों को लागू किए जाने की आवश्यकता है।

अभिभावकों से सहायक संसाधनों को जुटाने तथा ईसीडी केंद्रों को ध्वस्त होने से बचाने के लिए, ईसीडी शिक्षकों को न्यूनतम सरकारी सहायता पहुँचाना अनिवार्य है। अंत में, नीति अनुपालन को सुनिश्चित करने के लिए प्रासंगिक कानूनों का मसौदा तैयार करने के प्रयासों पर अवश्य ध्यान दिया जाना चाहिए।

संदर्भ

Campbell, C. R., Stremel-Campbell, K. & Rogers-Warren, A. (1985). Programming teacher support for functional language. In S. Warren & A. Rogers-Warren (Eds), *Teaching functional language* (pp. 309–339). Austin, Texas: Pro-Ed.

Guralnick, M. J. & Groom, J. M. (1988). Peer interactions in mainstreamed and specialized classrooms. *Exceptional children*. Bloomington, Indiana: Phi Delta Kappa.

Lamorey, S. & Bricker, D. (1993). Integrated programs: Effects on young children and their parents. In C. Peck, S. Odom & D. Bricker (Eds), *Integrating young children with disabilities into community programs* (pp. 249–270). Baltimore, Maryland: Paul Brookes.

McCarthy, M. (1994). Inclusion and the law: Recent judicial developments (Research bulletin No. 13). Bloomington, Indiana: Phi Delta Kappa.

Ministry of Education Science and Technology (MOEST). (2005). *Background report of Kenya for the UNESCO/OECD Early Childhood Policy Review Project*. Government of Kenya.

Mwangi, M. W. (2011). *Pre-school teachers' use of oral instructional strategies in teaching English: A study in Kasarani division, Nairobi province, Kenya.* Retrieved from http://ir-library.ku.ac.ke/etd/handle/123456789/1821 (accessed 22 November 2012).

Prizant, B. (1995). *Issues and strategies in providing inclusive learning experiences for children with language and social communicative challenges* (Unpublished thesis). Emerson College, Boston, Massachusetts.

Salisbury, C. & Chambers, A. (1994). Instructional costs of inclusive schooling. *Journal of the Association for Persons with Severe Handicaps*, *19*(3), 215–222.

Sharpe, M. N., York, J. L. & Knight, J. (1994). Effects of inclusion on the academic performance of classmates without disabilities: A preliminary study. *Remedial and Special Education*. Cambridge: Harvard University Press.

Tizard, B. (1981). Language at home and at school. In C. B. Cazden (Ed.), *Language in early childhood education*. Washington, D.C.: National Association for the Education of Young Children.

Tizard, B. & Hughes, M. (1984). *Young children learning*. Cambridge: Harvard University Press.

Wells, G. (1985). Preschool literacy-related activities and success in school. In D. R. Olson, N. Torrance & A. Hildyard (Eds), *Language, literacy and learning* (pp. 229–255). New York: Cambridge University Press.

3

आईसीटी परियोजना के माध्यम से प्राग्विद्यालय (प्री-स्कूल) छात्रों को नवाचारी प्रशिक्षण: तुर्की के मामले का अध्ययन

हयाल कोक्शल

हम सूचना, तकनीक एवं संचार के युग में रहते हैं। दुनिया में तकनीक के उपयोग से न केवल संचार या कारोबार के तरीके बदल गए हैं, बल्कि शिक्षा भी बदल गई है। सूचना एवं संचार तकनीक (आईसीटी) आने वाली कई पीढ़ियों की उन्नति में एक महत्त्वपूर्ण भूमिका निभाती है। स्वतः स्फूर्त और/या प्राप्त ज्ञान के विस्तार, सृजनात्मक चिंतन, दूसरे लोगों के साथ साझाकरण तथा सहयोग में इसकी सार्थक भूमिका है।

यूरेशियन एंड तुर्किश सेंटर फॉर स्कूल ऑफ क्वालिटी की निदेशिका के रूप में लेखिका ने, विश्व के भावी नेता माने जाने वाले विभिन्न स्तरों के विद्यालयी छात्रों के बीच ऐसी समझ स्थापित करने के लिए मार्ग बनाने का लक्ष्य रखा है।

इस परियोजना का लक्ष्य, तकनीक के माध्यम से सहयोग सिखाना तथा इस प्रकार भविष्य के योग्य नागरिकों को प्रशिक्षित कर मानवता की सेवा करना निर्धारित किया गया था (एनल्स एवं कोक्शल, 2011)। यह मानवता के सभी रंगों को समाहित करते हुए सभी देशों के लिए खुली है। इस परियोजना के माध्यम से छात्रों द्वारा एक प्रायोगिक कार्य को पूरा करने में वैज्ञानिक तरीकों को शामिल करने तथा विभिन्न संस्कृतियों के बीच की विविधता के साथ-साथ पर्यावरण को अच्छी तरह जानने एवं इसके प्रति संवेदनशील होने के महत्त्व को समझने की आशा की जाती है। दूसरे शब्दों में, परियोजना के प्रत्येक चरण में छात्र समय के साथ प्रभावी तरीके से कार्य करते हुए, सुसृजित पदों को सुरक्षित रखते हुए तथा हर प्रभावी अध्ययन की विशेषता माने जाने वाले नैतिक नियमों का पालन करते हुए, सृजनात्मक तथा मौलिक होने के महत्त्व को समझने के लिए प्रेरित किए जाते हैं।

इस अध्याय में 'आईसीटी सीगल्स परियोजना' तथा 2006 में इस्तांबुल में 5 वर्ष के बच्चों द्वारा किए गए एक नमूना अध्ययन का पाठकों के समक्ष चरण-दर-चरण वर्णन किया जाएगा तथा इसके आगे से इसे सिर्फ 'परियोजना' कहा जाएगा।

परियोजना की मुख्य विशेषताएँ

यह परियोजना '©अंतर्राष्ट्रीय आईसीटी सीगल्स परियोजना' कहलाती है तथा इसकी तीन मुख्य विशेषताएँ: विविधता, समावेशन तथा सहयोग हैं। हालाँकि, विविधता तथा समावेशन शब्दों को पृथक करने की प्रवृत्ति होती है, जैसे कि विविधता शब्द का उपयोग हमारे चारों ओर की संस्कृति से संबंधित मुद्दों को संबोधित करने के लिए किया जाता है, जबकि समावेशन की विवेचना विशेष आवश्यकताओं तथा विकलांगता से ग्रसित बच्चों को शामिल करने के रूप में की जाती है। यह परियोजना समस्त सांस्कृतिक पृष्ठभूमियों से सभी समूहों को साथ शामिल कर उन दो सिद्धांतों को साथ जोड़ती है (ब्रूस 2006)।

इसे सभी स्वयंसेवक दलों के लिए डिजाइन किया गया है, जिसे दुनिया के सभी देशों के प्राग्विद्यालयों से लेकर विश्वविद्यालयों के छात्रों की गुणवत्ता मंडलियाँ (एसक्यूसी—स्टूडेंट्स क्वालिटी सर्किल्स) कहा जाता है। दूसरे शब्दों में, यह किंडरगार्टन से महाविद्यालय तक सभी आयु समूहों को, प्रतिभावान तथा विकलांगों सभी को गले से लगाते हुए समाहित करता है। यह बहुरूपता की वास्तविक विविधता तथा समृद्धि को प्रतिबिंबित करता है (पिमेंटेल, 2006)।

एसक्यूसी, सहभागितापूर्ण दृष्टिकोण के माध्यम से अपनी समस्याओं को सुलझाने हेतु कार्य करने वालों छात्रों का एक दल है (एनल्स एवं कोक्शल, 2011; कोक्शल 2004, 2012)। यह दल में कार्य कर रहे सदस्यों में नेतृत्व की गुणवत्ता एवं विशेषताओं को विकसित करने में सहायता करती है (शैपगेन, 2006; पृ 63; कोक्शल, 2006बी)। शिक्षक तथा अभिभावक सहयोगी निकायों की भूमिका निभा सकते हैं। एसक्यूसी गतिविधियों में सक्रिय रूप से कार्य कर रहे छात्र आत्म-विश्वास, आत्म-अनुशासन, परस्पर एवं सार्वजनिक संबंध कौशल, सहानुभूति, सामाजिक उत्तरदायित्व, समय प्रबंधन कौशल, वैज्ञानिक तथा विश्लेषणात्मक कौशल, संचार कौशल, सृजनात्मकता तथा एक व्यापक दृष्टि के साथ एक दल सदस्य की कार्य-आदतों, की तरह नेतृत्व के अनेक गुणों, कौशल एवं आदतों को विकसित करते हैं (शैपगेन, 2006)।

इसके अतिरिक्त, अपने सन्निकट वातावरण में आईसीटी से घिरे हुए बच्चों के लिए आईसीटी का उपयोग छोटे बच्चों को सकारात्मक रूप से प्रभावित करता है और उनका परिचय एक छोटी उम्र से अति-विकसित तकनीक से होता है।

परस्पर प्रभाव डालने वाले व्हाइट-बोर्ड, इलेक्ट्रॉनिक खिलौने तथा खेल, मोबाइल फोन, कैमरा, वॉकी-टॉकी, रिमोट कंट्रोल वाले खिलौने और यहाँ तक कि कंप्यूटर जैसी नई तकनीकें उनके जीवन

को सहायता प्रदान करती हैं, प्रभावित करती हैं तथा आकार देती हैं। आईसीटी के बारे में तथा उसके साथ सीखने वाले हर उम्र के बच्चे लाभ प्राप्त करते हैं (मेहरोत्रा, 2012)।

एक स्वस्थ तथा फलदायी विश्व में रहने के लिए योग्य पीढ़ियों को प्रशिक्षित करने की आवश्यकता है। बोंस्टिंगल (1992) के अनुसार, शिक्षा के इस नए परिप्रेक्ष्य में छात्रों को परिवारों एवं स्कूलों द्वारा प्रदान की गई ऐसी शैक्षिक प्रक्रियाओं में शामिल होना चाहिए, जिसके माध्यम से छात्र सीखने की अपनी क्षमता, रुझान और अभिरुचि और में निरंतर सुधार लाने हेतु आवश्यक शौर्य हासिल कर सकें। इस परियोजना का मुख्य प्रयोजन, सभी आयु समूहों के लिए सीखने की क्षमता को विस्तृत करने हेतु नए तरीकों तथा मार्गों को विकसित करना है। इसे प्राप्त करने के सर्वश्रेष्ठ तरीकों में से एक, उनके आसपास के लोगों के समर्थन से युवाओं के लिए कुछ परियोजनाओं को डिजाइन तथा विकसित करना है। जैसा कि ऊपर उल्लेख किया गया है, 20वीं सदी के चौथे चरण से तकनीक के इस युग में तकनीक का उपयोग अवश्य एक महत्त्वपूर्ण घटक होना चाहिए।

बच्चे अलग-अलग तरीकों से सीखते हैं, उनकी शैलियाँ भिन्न-भिन्न हैं और वे अनुभव के विभिन्न पृष्ठभूमियों में विकसित होते हैं। कक्षाएँ व्यक्तिगत भिन्नताओं के व्यापक परास वाले बच्चों के समूहों को क्रमिक रूप से समाहित करती हैं। जिन क्षमताओं को उन्हें नियमित कक्षाओं में प्रदर्शित करने की अनुमति होती है, उसकी तुलना में ये भिन्नताएँ क्षमताओं के ज्यादा विस्तृत परास को समाहित करती हैं। उम्र का पहलू एक अन्य महत्त्वपूर्ण विषय है। कम उम्र में बच्चे जितने अधिक नए विचारों एवं तकनीकों से अवगत होते हैं, उनके सृजनात्मक एवं सफल होने की संभावना उतनी ही अधिक होती है। अतः, शिक्षा प्रदाताओं एवं अभिभावकों का प्रमुख उद्देश्य नए रास्तों को खोलना तथा भविष्य के इन नेताओं के लिए आवश्यक वातावरण का उपलब्ध कराना है। अली (2011) के अनुसार आज के किंडरगार्टन छात्र 2068 ई में सेवानिवृत हो रहे होंगे।

हमें यह स्पष्ट नहीं है कि, पाँच वर्ष बाद विश्व का स्वरूप क्या होगा, जो 60 वर्ष की तुलना में बहुत कम है, इसलिए उस दुनिया में जीने के लिए छात्रों को तैयार करना बहुत महत्त्वपूर्ण है। अनेक विद्यालय छात्रों के लिए चुनौतीपूर्ण क्षेत्र उपलब्ध कराने के लिए विकल्प की तलाश कर रहे हैं, और इस प्रकार एक अग्रणी संस्थान के रूप में अभिभावकों, छात्रों तथा स्वयं को भी संतुष्ट करने का प्रयत्न कर रहे हैं।

युवाओं के लिए इस प्रकार के अवसर उपलब्ध कराने के लिए परियोजना प्रबंधन सर्वश्रेष्ठ मार्गों में से है। परियोजना डिजाइन के माध्यम से छात्र अपनी उत्तरदायित्वों के साथ-साथ अपने भविष्य के संबंध में जागरूकता विकसित करते हैं; वे रोजगार-आधारित परियोजनाओं को करने के लिए कौशल विकसित करते हैं तथा 'परियोजना प्रबंधन' के मुख्य सिद्धांतों को सीखते एवं लागू करते हैं (कोक्शल एवं मेयर, 2003)। इस प्रकार के अध्ययन के माध्यम से छात्र कई ज्वलंत समस्याओं जैसे कि, भूमंडलीय तापन, भुखमरी, गरीबी, स्वास्थ्य के मामले तथा अन्य पर्यावरणीय एवं सामाजिक मुद्दों पर कार्य करते हैं।

संपूर्ण गुणवत्तायुक्त व्यक्तित्व (टीक्यूपी) प्रशिक्षण पर परियोजना का सार केंद्रित है तथा 'बच्चों को कम आयु में ही आकृष्ट करने' का प्रयास करता है। यह ज्ञात है कि, आरंभिक देखभाल (इंटरवेंशन)

कार्यक्रम तथा परियोजनाएँ बच्चों के संज्ञानात्मक विकास एवं सामूहिक कार्य की भावना का समर्थन कर बच्चों को विद्यालय के लिए तैयार करने में सहायता करते हैं। यह माना जाता है कि, विद्यालय के प्रति उत्सुकता से बच्चों में विद्यालय को अंगीकृत करने की भावना पैदा होगी और उनकी उपस्थिति पर सकारात्मक प्रभाव पड़ेगा। जैसा कि ऊपर उल्लेख किया गया है कि, सभी प्रकार की शैक्षिक प्रक्रियाओं के लिए 'आयु' एक महत्त्वपूर्ण मापदंड है। एक 'परियोजना-आधारित मार्ग' छोटे बच्चों को मूल्यवान शैक्षिक अनुभव प्रदान करता है। इसे आसानी से तथा सटीकता से अंगीकृत किया जाता है। इसका कारण क्रियविधि में निहित है। आरंभिक वर्षों में बच्चे 'परियोजना प्रबंधन' को एक खेल के रूप में देखते हैं, और इस प्रकार का अनुपालन किसी शैक्षिक सीखने की प्रक्रिया के अंत में फलदायी परिणाम देता है (कोक्शल, 2006ए)।

जैसा कि सर्वविदित है कि, बाल्यावस्था वह अवस्था है जब विकास तथा सीखने की प्रक्रिया सर्वाधिक तीव्र होती है और इस अवधि में प्राप्त अनुभव आगामी वर्षों के लिए एक आधार का निर्माण करते हैं। अतएव, नवाचारी परियोजनाओं में भागीदारी के लिए बच्चे के बाद के वर्षों तक इंतजार करने के स्थान पर उसे बहुत आरंभिक वर्षों से किंडरगार्टन जैसी एक परियोजना का हिस्सा बनना, उसके लिए ज्यादा लाभकारी हो सकता है। विकास के उन क्षेत्रों में, जिन्हें छह वर्ष की अवस्था तक पा लेने की आशा की जाती है, सहयोग हेतु आगामी विद्यालय वर्षों का इंतजार करने से काफी विलंब हो जाता है और इससे उनके सामान्य विकास में रुकावट आ सकती है, जिनकी क्षतिपूर्ति असंभव है। इस क्षेत्र में परिणामों ने दिखाया है कि, बच्चों के परियोजना में शामिल होने से उनके संज्ञानात्मक विकास में मदद मिलती है, और वे विद्यालय के लिए तथा आगे की पढ़ाई के लिए तैयार हो जाते हैं (कर्तोल, 2007)। आधुनिक शोधकर्ताओं ने दिखाया है कि, 3 से 10 वर्ष के बीच के वर्ष बच्चे के शारीरिक, भावनात्मक विकास के लिए सबसे ज्यादा महत्त्वपूर्ण हैं। इस अवस्था में बच्चे को सहयोग के माध्यम से सीखने से परिचित कराना चाहिए। इस आयु में मनोरंजक गतिविधियाँ महत्त्व पाने लगती हैं। बच्चे को जीवन की समुचित आदतें तथा जीवन के अच्छे तरीके के साथ-साथ परवर्ती समय में सामुदायिक जीवन में मुख्य भूमिका निभाने वाली आदतों के सृजन हेतु निर्देशित करना बुद्धिमत्तापूर्ण है। यह महसूस किया जाता है कि, बाल्यावस्था के परवर्ती दिनों में उभरने वाली अधिकतर मानसिक और भावनात्मक समस्याओं का स्रोत प्राग्विद्यालय अवधि में बच्चों का अपसमायोजन है (सिन्हा, 2005)। अतएव, परियोजनाओं के माध्यम से छात्रों को सशक्त करना, शांति तथा उत्पादकता प्राप्त करने के लिए एक महत्त्वपूर्ण कुंजी है।

परियोजना के संबंध में विस्तृत सूचना

निम्नलिखित भाग में, अंतर्राष्ट्रीय आईसीटी सीगल्स परियोजना' की विषय-वस्तु तथा इसके विभिन्न चरणों के संबंध में ज्यादा विवरणों को साझा किया जाएगा।

इतिहास

1999 में राष्ट्रीय शिक्षा मंत्रालय ने 70,000 तुर्की विद्यालयों में शिक्षा में संपूर्ण गुणवत्ता प्रबंधन अभियान (टीक्यूई) को प्रारंभ किया। शैक्षिक वातावरणों में उस दर्शन तथा उसके वृत्तियों को विस्तृत करने के उद्देश्य से 22 जनवरी को जॉन जे बोस्टिंग्ल तथा लेखिका के द्वारा *द टर्किश सेंटर फॉर स्कूल्स ऑफ क्वालिटी* की स्थापना की गई। केंद्र की निदेशिका के रूप में लेखिका ने तुर्की स्कूल के बच्चों तथा शिक्षकों को संपूर्ण गुणवत्ता (टीक्यू) दर्शन, इसके उपकरणों तथा क्रियाविधियों को पढ़ाने के लिए 2002 में एक आईसीटी परियोजना को डिजाइन करने का निर्णय लिया। इस परियोजना की अवधि एक अकादमिक वर्ष निर्धारित की गई और इसके परिणामों को देश के हर शहर तथा नगर के हर विद्यालय तक पहुँचने के लिए इंटरनेट के माध्यम साझा किया जाना था।

चूंकि इस्तांबुल तथा बोस्पोरस का एक महत्त्वपूर्ण चिह्न 'सीगल्स' है, अतः इस परियोजना का नाम 'आईसीटी सीगल्स परियोजना' रखा गया। प्रतिद्वंदिता के शत्रुपूर्ण भावनाओं को विकसित करने के स्थान पर सहयोग, साझाकरण तथा देखभाल पर ध्यान केंद्रित करना सामूहिक कार्य का महत्त्वपूर्ण घटक है। चूंकि इस परियोजना का लक्ष्य टीक्यूई के अनुप्रयोग पक्ष का शिक्षण करना था, इसने इसके दर्शन, अर्थात् सतत सुधार का भी अनुपालन किया है। प्रत्येक वर्ष परियोजना में सुधार के लिए सभी भागीदार अपने विचारों को साझा करते हैं जिसके आधार पर आवश्यक सुधार किए जाते हैं।

इन सुधारों का एक उदाहरण विद्यालयी दलों के निर्देशन से संबंधित है: परियोजना के प्राथमिक वर्षों में 'आमने-सामने' मॉडल का उपयोग किया गया और विद्यालयों के सम्मेलन कक्षों में 'परियोजना प्रबंधन की क्रियाविधि' तथा 'वेब पेज डिजाइन' शिक्षण के लिए सेमिनार आयोजित किए गए। परंतु, पिछले पाँच वर्षों में साइबर दुनिया में हर कुछ साझा हुआ है। प्रशिक्षण का एक फोल्डर ईमेल के माध्यम से भेजा जाता है या हर दल को डाक सेवा के माध्यम से एक प्रशिक्षण सीडी भेजी जाती है। यदि जरूरत पड़ती है, तो मार्गदर्शन के लिए विद्यालयों में जाया जाता है।

एक अन्य बदलाव विभिन्न समूहों के समावेशन के संबंध में था। उदाहरण के लिए, गैर-सरकारी समूहों को 2005 में, किंडरगार्टन दल को 2006 में, अंतर्राष्ट्रीय दल को 2007 में तथा विकलांग प्रतिभागियों को 2008 में शामिल किया गया।

एक अन्य बदलाव मूल्यांकन ग्रेड के संबंध में था। पिछले कुछ वर्षों में समकक्ष मूल्यांकन की महत्ता बढ़ गई है। आरंभिक वर्षों में यह 30% थी, लेकिन अब यह 60% है।

नौ वर्षों के अंदर 300 परियोजनाओं को सफलतापूर्वक को अंतिम रूप दिया गया। 2003 में छह, 2004 में पाँच, 2005 में चौबीस, 2006 में इकतीस, 2007 में तिरानबे, 2008 में बत्तीस, 2009 में उन्नीस, 2010 में बीस, 2011 में तेरह, तथा 2012 में बीस परियोजना को संचालित किया गया। हर दल में आठ छात्र तथा दो शिक्षक हैं; दूसरे शब्दों में लगभग 3000 लोग प्रशिक्षित तथा परियोजना से प्रभावित हुए। उन्होंने एक परियोजना के प्रबंधन में विश्लेषणात्मक कौशल के उपयोग को जाना।

यदि यह माना जाए कि उनके अभिभावक तथा अन्य लोग भी प्रभावित हुए, तो स्पष्ट रूप से समझ में आता है कि यह परियोजना कितनी प्रभावशाली है।

विषय

इस परियोजना के माध्यम से छात्र-शिक्षक मंडलियों (दलों) के बीच 'मनुष्य के प्रति सम्मान', 'सांस्कृतिक संवेदनशीलता' तथा 'सहिष्णुता' के संबंध में जागरूकता बनाई जाएगी। अध्ययन किए गए समस्याप्रद क्षेत्रों (विषयों) के संबंध मे एक ऐतिहासिक परिप्रेक्ष्य प्राप्त कर, दल भावना को अंगीकृत कर, प्रभावी तरीके से गुणवत्ता उपकरणों का उपयोग कर, तकनीकी तथा वातावरण की साक्षरता में सुधार कर, समय तथा संघर्ष का प्रबंधन कर, नैतिकता पर ध्यान केंद्रित कर- विशेष कर अन्य लोगों के कॉपीराइटों का सम्मान कर तथा संचार एवं समस्या सुलझाने की कुशलता अन्य लाभ माने जाते हैं। इस परियोजना के माध्यम से, छात्रों के साथ-साथ अग्रणी शिक्षक 'दिमाग, शरीर तथा आत्मा' की भूख मिटाने की आवश्यकता को एक सकारात्मक तरीक समझते हैं। युवा पीढ़ियाँ इस पर विचार किए बिना कि उन्होंने क्या अध्ययन किया है, वे ज्यादा सृजनात्मक, उत्पादक तथा परीक्षा करने के लिए प्रेरित होती हैं। प्रतिभागी अपने परियोजनाओं में बहुत असाधारण तरीके से परिणामों को साझा करने के महत्त्व के इस सकारात्मक नजरिये को विकसित करते हैं। इन विचारों के उपयोग के द्वारा वे 'जोनाथन लिविंगस्टोन सीगल्स' की तरह न केवल राष्ट्रीय बल्कि अंतर्राष्ट्रीय मंचों पर भी सभी सीमाओं की ओर तथा उससे आगे की उड़ान भरते हैं।

क्रियाविधि

परियोजना मंडलियाँ के अध्ययन, गुणवत्तापूर्ण उपकरणों तथा 'एसक्यूसी' तर्क का पालन करते हुए पीडीसीए की धारणा (योजना बनाएँ-करें जाँचे- करें) पर आधारित थी। वे आईसीटी का उपयोग एक इष्टतम स्तर पर करते हैं। नौ-वर्षों के अनुभव के बाद सिद्ध हुआ कि, यह परियोजना छोटे बच्चों के चरित्र निर्माण में योगदान कर छात्रों में ज्ञान तथा कौशल को जोड़ती है। वे जीवनपर्यंत शिक्षा प्राप्त करते हैं तथा उसमें सुधार करते हैं। इस बात पर ध्यान देना बेहद महत्त्वपूर्ण है कि, इन परिणामों को न केवल राष्ट्रीय स्तर पर बल्कि अंतर्राष्ट्रीय स्तर के मंचों पर अनुमोदित किया जाता है (कोक्शल, 2009 ए)। उदाहरण के लिए, परियोजना का समर्थन भारत में 25 देशों द्वारा स्थापित *वर्ल्ड कंट्री फॉर टोटल क्वालिटी एंड एक्सेलेंस इन एजुकेशन* (डब्ल्यूसीटीक्यूईई) द्वारा किया गया था। पूरी दुनिया भर से एसक्यूसी प्राप्त करना सुखद है।

मुख्य चरण

समन्वयक तथा स्वैच्छिक विद्यालय प्रशासन के बीच पंजीकरण प्रक्रियाओं के पूरा होने के बाद, परियोजना मंडली (दल) के लिए पावर प्वाइंट (पीपीटी) साझाकरण के माध्यम से आवश्यक प्रशिक्षण कार्यक्रम तथा साइबर दुनिया में स्काइप के माध्यम से टेलीकॉन्फ्रेंसिंग सत्र भी आयोजित किए जाते हैं।

परियोजना के चरणों के संबंध में विस्तृत सूचना प्राप्त करने के बाद दल के सभी सदस्य तथा अग्रणी शिक्षक परियोजना की अपनी यात्रा प्रारंभ करते हैं। जैसा कि उल्लिखित किया गया है परियोजनाएँ पीडीसीए की धारणा पर अवश्य आधारित होनी चाहिए। आवश्यक प्रशिक्षणों को प्राप्त करने के पश्चात दल निम्नांकित कदम उठाते हैं:

1. वे स्वयंसेवक अभिभावकों तथा छात्रों सहित मंडली के सभी सदस्यों की सहभागिता से समस्या के क्षेत्र में परियोजना के विषय का चयन करते हैं।
2. वे समस्या के संबंध में एक विस्तृत शोध (साहित्य सर्वेक्षण) करते हैं।
3. वे विचार-मंथन, इशिकावा रेखाचित्र, आव्यूह, परेटो, आदि गुणवत्ता उपकरणों का उपयोग कर 'कार्यक्रम की रणनीति' तैयार करते हैं।
4. वे समस्या के प्रमुख एवं मूल कारणों के निर्धारण के बाद समस्या को सुलझाने के लिए कुछ रणनीतियों, तरीकों को खोजते तथा तय करते हैं।
5. वे आँकड़ा संग्रहण उपकरणों को तैयार करते हैं।
6. फिर, अनुपालन चरण प्रारंभ होता है। वे समस्या से संबंधित आँकड़ों का संग्रहण एवं विश्लेषण करते हैं। ऐसा करने के लिए वे सर्वेक्षण, साक्षात्कार या अवलोकन उपकरणों का उपयोग करते हैं।
7. वे अपनी समस्या का हल प्राप्त करने के लिए इन रणनीतियों को लागू करते हैं।
8. इस बीच, वे उन योजनाबद्ध गतिविधियों में पूरे समुदाय को शामिल करने का प्रयास करते हैं। इस प्रकार वे समस्या के संबंध में जागरूकता फैलाते हैं।
9. अंत में वे अनुपालन चरण के परिणामस्वरूप लाए गए परिवर्तन की सफलता दर को मापते हैं।
10. वे विभिन्न तकनीकी विधियों जैसे कि, वेबपृष्ठ डिजाइन या पीपीटी के माध्यम से सभी परिणामों को समाज के साथ साझा करते हैं।

जैसा कि पहले इंगित किया गया था, यह क्रियाविधि पीडीसीए की धारणा कहलाती है: दूसरे शब्दों में, वे पहले ही योजना बनाते हैं, समस्या सुलझाने वाले उपकरणों का उपयोग करते हैं, परिणामों की जाँच करते हैं और आवश्यक सुधारों के बाद आईसीटी के माध्यम से हलों की अनुशंसा सार्वजनिक करते हैं।

मूल्यांकन प्रक्रिया

आईसीटी सीगल्स परियोजनाओं का मूल्यांकन तीन चरणों में किया जाता है:

1. प्राथमिक चरण

यह सामान्य समन्वयक के द्वारा परियोजना चरणों की समग्र रूप से की जाने वाली सामान्य जाँच है। सिर्फ उन्हीं के अनुमोदन के पश्चात दल के सदस्य सभी अनुमोदित परियोजनाओं का समकक्ष मूल्यांकन प्रारंभ करते हैं। इस चरण में निम्नलिखित मापदंडों को विचार के लिए अंगीकृत किया जाता है:

क. समय-सीमा को मानना (समय प्रबंधन)
ख. परियोजना चरणों के दौरान सामान्य नियमों का अनुपालन
ग. नियमों के अनुसार परियोजना के परिणामों को डिजाइन करना तथा साझा करना
घ. सभी दस्तावेजों तथा सीडी को संपूर्ण तथा समयबद्ध तरीके से वितरित करना

2. समकक्ष मूल्यांकन के चरण

विभिन्न देशों के विभिन्न विद्यालयों के सभी दलों/मंडलियों की अन्य परियोजनाओं (इसके अलावा) तक पहुँच होगी। संपूर्ण अंक प्रक्रिया में उनके अंक 60% होंगे। मंडली के सदस्यों से विभिन्न देशों में निवास कर रहे अन्य सदस्यों के साथ पत्राचार करने की आशा की जाती है। एक ही विद्यालय की मंडलियों के सदस्य, अपने विद्यालय के साथी सदस्यों तक नहीं पहँच सकते हैं। परियोजना के वेबपृष्ठ के माध्यम से साझा किए गए एक मूल्यांकन पत्र में निम्नलिखित मापदंड होते हैं। दल के सदस्य अपने शिक्षकों के नेतृत्व में साथ आ जाते हैं और निम्नलिखित विषयों के आधार पर सभी दलों का मूल्यांकन करते हैं:

क. परियोजना के विषय की पहचान अवश्यतः लोकतांत्रिक तरीके से होनी चाहिए तथा मुख्य समस्या सुपरिभाषित होनी चाहिए।
ख. समस्या क्षेत्र के साहित्य सर्वेक्षण को अवश्य इंटरनेट तथा पुस्तकालय के संसाधनों के माध्यम से किया जाना चाहिए। सभी सदस्यों को मुख्य विषय को सटीकता से समझना चाहिए।
ग. विचार-विमर्श, *फिशबोन*, आव्यूह रेखाचित्र जैसे विभिन्न गुणवत्ता उपकरणों के माध्यम से मुख्य एवं मूल कारणों का आँकड़ा विश्लेषण तथा निर्धारण किया जाना चाहिए।

घ. सदस्यों द्वारा तय की गई रणनीतियाँ और समाधान निश्चित तौर पर स्पष्ट एवं प्रभावी होने चाहिए।

ङ. अनुपालन के पश्चात हुए बदलावों को रणनीतिक योजना में स्पष्ट रूप से अभिव्यक्त किया जाना चाहिए। उनका मूल्यांकन अवश्य किया जाना चाहिए तथा सुधार/परिवर्तन दरों को प्रतिशतों में अवश्य बताया जाना चाहिए।

च. परियोजना के परिणामों सुस्पष्ट किया जाना चाहिए। परियोजना डायरी वेबपृष्ठ पर विद्यमान है।

छ. वेब पृष्ठ डिजाइनों में सभी आवश्यक विशेषताएँ तथा खंड अवश्य होने चाहिए (आसानी से पहुँच, प्रतीक चिह्न, लिंक, संपर्क, मंडली सदस्य....)

ज. वेब पृष्ठ में वेब भ्रमणकर्ताओं को मार्ग दिखाने के लिए मातृभाषा तथा अंग्रेजी, दोनों भाषाओं में पीपीटी प्रस्तुतियाँ होनी चाहिए।

झ. समस्या क्षेत्र में सलाहकार/विशेषज्ञ का उल्लेख, वेब पृष्ठ पर सम्मान के साथ किया जाना चाहिए।

ञ. सभी उद्धरणों को सटीकता से दिया जाना चाहिए।

3. निर्णायक समिति मूल्यांकन के चरण

ऊपर दिए गए मापदंडों के आधार पर विभिन्न देशों से निर्णायक मंडल के सम्मानित सदस्य, सभी परियोजनाओं का मूल्यांकन करेंगे। यह कुल मूल्यांकन का 40% होता है। परियोजनाओं का मूल्यांकन करते समय निर्णायक मंडल के सदस्यों से निम्नलिखित मापदंडों का उपयोग करने के लिए कहा जाता है:

क. पीडीसीए की धारणा तथा गुणवत्ता उपकरणों सहित एसक्यूसी क्रियाविधि का सही प्रयोग

ख. छात्र के स्तर पर औचित्य

ग. सृजनात्मकता तथा प्रमाणिकता

घ. वैज्ञानिक दृष्टिकोण

ङ. समूह में कार्य करने की भावना

आयु समूह

जैसा कि पहले व्यक्त किया गया है, यह पारियोजना सभी आयु समूह के लिए खुली हुई है। परंतु, मूल्यांकन चरण के लिए समूहों का गठन निम्नलिखित तरीके से किया गया है:

1. प्राग्विद्यालय (प्री-स्कूल) शिक्षा/किंडरगार्टन मंडलियाँ/दल
2. प्राथमिक विद्यालय मंडलियाँ (1–8 वीं कक्षा)
3. उच्च विद्यालय मंडलियाँ (1–8 वीं कक्षा)
4. विश्वविद्यालय मंडलियाँ (पूर्वस्नातक, स्नातक, स्नातकोत्तर)
5. गैर-सरकारी संगठनों (एनजीओ) द्वारा समर्थित मंडलियाँ (सभी आयु समह)
6. कारोबारी दुनिया द्वारा समर्थित मंडलियाँ (सभी आयु समूह)
7. विकलांग मंडलियाँ (सभी आयु समूह)
8. प्रतिभावान छात्रों का समूह (सभी आयु समूह)

मूल्यांकन चरण के दौरान विद्यालय के प्रकार कोई अंतर नहीं उत्पन्न करते हैं, अर्थात सरकारी या निजी विद्यालयों से संबंध रखने वाली मंडलियों के बीच कोई अंतर नहीं है। उनका मूल्यांकन समान समूह में किया जाता है। परंतु, छोटे तथा वयस्कों के लिए भिन्न मापदंड हैं। यह विकलांग मंडलियों के लिए भी मान्य है।

पुरस्कार

पूरी प्रक्रिया को सफलतापूर्वक पूरा करने वाली हर परियोजना मंडली एक 'विजेता' है। हालाँकि, मूल्यांकन अवधि के पश्चात उन्हें विभिन्न उपाधियों जैसे कि, 'सर्वाधिक सृजनशील मंडली' या 'परियोजना का सर्वश्रेष्ठ नेतृत्वकर्ता उच्च विद्यालय' आदि से भी नवाजा जाता है।

इस परियोजना में कोई वित्तीय पुरस्कार नहीं है। इस परियोजना को पूरा करने वाले एक वैज्ञानिक, परियोजना के संचालन का तरीका, समय एवं मतभेदों के प्रबंधन का तरीका, गुणवत्ता उपकरणों तथा पीडीसीए की धारणा को लागू करने तथा सहयोगपूर्ण रीति से तकनीक के उपयोग की विधि को सफलतापूर्वक सीखते हैं। इसका पुरस्कार क्रियाविधि का अंगीकरण तथा प्रेस संवाद, सोशल मीडिया एवं परियोजना के वेबपृष्ठ पर उद्घोषणा के माध्यम से राष्ट्रीय और अंतर्राष्ट्रीय स्तर पर पहचान प्राप्त करना है।

आईसीटी सीगल्स परियोजना के तहत प्राग्विद्यालय (प्री-स्कूल) शिक्षा का एक नमूना

इस अनुभाग में पाठकों के साथ प्राग्विद्यालय शिक्षा आईसीटी सीगल्स परियोजना को साझा किया जाएगा। इस परियोजना का अध्ययन एक निजी विद्यालय के छात्रों के द्वारा 2006 में अंतर्राष्ट्रीय आईसीटी सीगल्स परियोजना के अधीन किया गया था।

सामान्य जानकारी

अपने शिक्षकों के निर्देशन में इस्तांबुल के एक स्थानीय विद्यालय के पाँच वर्ष के सात छात्रों ने नवम्बर 2005 में इस परियोजना में भागीदारी की थी। इस समूह में चार बालक तथा तीन बालिकाएँ थीं। दो वर्ग शिक्षकों तथा एक आईटी शिक्षक ने दल का मार्गदर्शन किया। दल ने स्वयं का नाम 'ग्रीन डॉट सर्कल' रखा।

वे 2005–2006 के अकादमिक वर्ष में वर्ग की कक्षा के दौरान अपने परियोजना घंटों में बीच हर बुधवार और शुक्रवार को मिलते थे। यह परियोजना, समन्वयक को पीपीटी प्रस्तुति के अतिरिक्त मुद्रित स्वरूप में समर्पित की गई। इसके परिणाम जून 2006 में प्रस्तुत किए गए तथा आईसीटी सीगल्स परियोजना पुरस्कार समारोह सितम्बर 2006 में बोगाजिसी विश्वविद्यालय के अल्बर्ट लॉग हॉल में आयोजित किया गया। वहाँ पर उनकी परियोजना की प्रस्तुति का संक्षेप श्रोताओं के समक्ष अंग्रेजी में प्रस्तुत किया गया। लेखिका ग्रीन डॉट सर्कल में शामिल सभी छात्रों तथा उनके अभिभावकों, उनके शिक्षकों तथा विद्यालय प्रबंधन को धन्यवाद ज्ञापित करती हैं, जिन्होंने परियोजना तथा प्रस्तुति चरणों के दौरान समर्थन किया तथा बहुत ज्यादा योगदान किया।

विषय-वस्तु

ग्रीन डॉट सर्कल ने पहले अपनी समस्याओं को खोजने के लिए विचार-मंथन किया तथा पर्यावरणीय मुद्दों पर एक विषय की पहचान की। परियोजना का शीर्षक था: 'अपशिष्टों के पुनर्चक्रण तथा निस्तारण में हमारा योगदान।' दल के सदस्यों ने परियोजना की पूर्व-आवश्यकता के तौर पर एक प्रतीक चिह्न बनाया तथा उन्होंने अपना नारा रखा: 'पुनःचक्रित वस्तुओं की यात्रा।'

इस परियोजना का लक्ष्य था: विद्यालय के अंदर पुनर्चक्रण के प्रति जागरूकता का निर्माण तथा आप्राप्य अपशिष्टों के सुरक्षित निस्तारण के तरीके।

उन्होंने अपने उद्देश्यों को सूचीबद्ध किया:

1. तुर्की में पुनर्चक्रण प्रणाली के अर्थ तथा चरणों को समझना।
2. विद्यालयों तथा इनके आसपास के समाज में जागरूकता निर्माण।

चूंकि परियोजना पीडीसीए की धारणा पर आधारित है, अतः अग्रणी शिक्षकों ने परियोजना को 'योजना' से प्रारंभ किया। उन्होंने अन्य चरणों को निम्नलिखित रूप में तय किया:

1. परियोजना के विषय से संबंधित गतिविधियाँ
2. प्रक्रियाएँ तथा गतिविधियाँ
3. परियोजना का मूल्यांकन

अग्रणी शिक्षकों ने परियोजना के विषय को प्राग्विद्यालय (प्री-स्कूल) कार्यक्रम की एक इकाई से जोड़ने का भी निर्णय किया। इस प्रकार, वे अपने दल के सदस्यों को अपने अध्ययन के लिए ज्यादा समय प्रदान करते तथा कक्षा के अन्य छात्र परियोजना में हो रही गतिविधियों के संबंध में अवगत रहते थे। ग्रीन डॉट सर्कल ने पहले अपनी समस्याओं को खोजने के लिए विचार-मंथन किया तथा अपने पर्यावरण से जुड़ी समस्याओं के कुछ हल प्राप्त करने के लिए 'पुनर्चक्रण' की पहचान विषय के रूप में की। शिक्षकों ने परियोजना के विषय को 'विश्व में जीवन एवं समरसता' नाम की इकाई के रूप में पाठ्यक्रम में शामिल कर लिया। इस इकाई का मुख्य विचार पुनर्चक्रण, अपशिष्ट पदार्थों तथा प्राकृतिक संसाधनों का ज्यादा प्रभावी तरीके से उपयोग करने के संबंध में सीखना था। एक विस्तृत साहित्य सर्वेक्षण के पश्चात उन्होंने अपने विद्यालय में की जाने वाली संभावित गतिविधियों के संबंध में विचार-मंथन किया।

उन्होंने पुनःचक्रित की जाने वाली वस्तुओं का नाम जानने तथा पुनर्चक्रण प्रणालियों एवं पुनर्चक्रण से संबंधित नागरिक गतिविधियों के संबंध में जानने के लिए इकाई कार्रवाई योजना बनाई।

उन्होंने भविष्य में की जाने वाली गतिविधियों की सूची बनाई:

1. पुनर्चक्रण के संबंध में 'मनस्पटल का मानचित्रण'
2. अपशिष्ट पदार्थों, वस्तुओं को एकत्रित करना तथा उनका वर्गीकरण
3. सभी संग्रहित पदार्थों को रखने के लिए एक कंटेनर का निर्माण
4. पुनर्चक्रण के चिह्न तथा कार्ड एवं उनके अर्थों को समझना
5. उन कार्डों के साथ खेलना
6. विद्यालय परिसर में 'पर्यावरण परियोजना' को आयोजित करना
7. सभी सदस्यों के लिए शोध कार्य
8. आईसीटी सीगल्स परियोजना तथा भविष्य की योजना के संदर्भ में विद्यालय से जुड़े लोगों को सूचित करना।

गतिविधियाँ

1. प्रथम चरण 'मनस्पटल का मानचित्रण' था। इस विषय पर मंथन के पश्चात निम्नांकित विचार उत्पन्न हुए: 'हम किन वस्तुओं का पुनर्चक्रण कर सकते हैं?' उत्तर इस प्रकार थे: कार्डबोर्ड तथा कागज, दूध का डिब्बा (इससे खिलौना घर बनाया जा सकता है), कागज तथा गोंद, नैपकिन, टूटा हुआ शीशा, प्लास्टिक तथा चमड़ा, सूत; स्वेटर उधेड़ने के बाद इसे फिर से बुना गया; तथा कंबल, चमड़े के जूते एवं वृक्ष।
2. फिर, वर्ष के दौरान निम्नांकित गतिविधियों को किया गया:

   क. परियोजना के लिए विशेष स्थान तैयार करना। इसमें एक परियोजना कैलेंडर, परियोजना पर कार्य करने के लिए एक निजी कंप्यूटर, एक खेल का कोना, एक गणित का कोना था

ख. तुर्की तथा अंग्रेजी में बुलेटिन बोर्डों का निर्माण
ग. क्षेत्र का भ्रमण
घ. कागज की पुनर्चक्रण यात्रा को प्रदर्शित करने के लिए कुछ चित्रकारी
ङ. अपशिष्ट पदार्थों के साथ कार्य करना
च. परियोजना के विषय संबंधित सभी वस्तुओं के साथ सहयोग
छ. एक सर्वेक्षण की तैयारी
ज. प्रयोग (पदार्थों को दफनाना, दिन तथा रात खेल, ज्वालामुखी खेल)
झ. विद्यालय की रसोई की गतिविधियाँ

3. उन्होंने क्या सीखा है, इसकी जाँच के लिए अंतिम मूल्यांकन में मनस्पटल मानचित्रण अभ्यास शामिल था। इसमें उनकी पीपीटी प्रस्तुतियाँ, पोर्टफोलियो तथा विवेचना शामिल थे। उनकी विवेचना को देखने के लिहाज से मनस्पटल मानचित्रण काफी दिलचस्प था:

सदस्य 1: मैंने सीखा कि ठोस कचरे को कचरे की टोकरी में नहीं फेंका जाना चाहिए। यदि हम ऐसा करते हैं, तो पुनर्चक्रण की प्रक्रिया संभव नहीं होगी।

सदस्य 2: यह जानना दिलचस्प था कि, काँच सिलिका से बना होता है और इसमें हवा भरी होती है। यदि हमने पुनर्चक्रण नहीं किया होता तो दुनिया ज्यादा प्रदूषित होती।

सदस्य 3: मैंने सीखा है कि, पुनर्चक्रण के लिए भेजे जाने से पहले हमें सफेद काँच को सफेद काँच के डिब्बे में तथा रंगीन काँच को रंगीन काँच के डिब्बे में रखना चाहिए। और हमें अपने आसपास किसी पदार्थ को व्यर्थ नहीं करना चाहिए।

सदस्य 4: मैंने पुनर्चक्रण के चिह्नों के अर्थों को जाना है। यदि हम पुनर्चक्रण नहीं करते हैं, तो मनुष्यों तथा जानवरों के अधिकार सीमित होते जाते हैं और चारों तरफ पूरी भयावह दुर्गंध फैल जाएगी।

सदस्य 5: यदि टेट्रा पैक बॉक्स पुनःचक्रित किए जाते हैं तो, वे रसोई में उपयोग में आते हैं। यह कितना दिलचस्प है न!

सदस्य 6: हमने देखा कि काँच की कार्यशाला में काँच के मनके कैसे बनते हैं।

सदस्य 7: पुनर्चक्रण के लिए हमें ठोस अपशिष्ट को अन्य अपशिष्ट से अलग करना चाहिए। अन्यथा, हर चीज व्यर्थ है।

अंतिम मूल्यांकन ने परियोजना के निर्गमों को प्रदर्शित किया। इस संदर्भ में उनके शब्द निम्नानुसार हैं:

- पुनर्चक्रण हमारे देश में एक बड़ी समस्या है।
- पुनर्चक्रण धन के अपव्यय को रोकने के लिए आवश्यक है।
- यदि हम पुनर्चक्रण नहीं करते हैं, तो हम उन्हे प्रकृति में बरबाद करते हैं।
- दुनिया प्रदूषित हो रही है।
- हम अपने प्राकृतिक संसाधनों को बरबाद कर रहे हैं।
- इस समस्या का एक अन्य परिणाम अपक्षरण है।

- भ्रमण करते समय घास गंदी प्रतीत होती है।
- पर्यावरण के प्रदूषण के कारण दुर्घटनाएँ होती हैं। उदाहरण के लिए, आपका पाँव केले के छिलके पर पड़ सकता है और आप फिसल सकते हैं।
- हमें अपने अपशिष्ट को अलग-अलग अपशिष्ट पदार्थों के लिए उपयुक्त डिब्बे में अवश्य फेंकना चाहिए।
- यह देश अतीत में कचरे से आच्छादित था।

4. बच्चों ने समस्या के समाधान को भी साझा किया:
   - हमारे पास अलग-अलग अपशिष्ट पदार्थों के लिए उपयुक्त टोकरी अवश्य होनी चाहिए।
   - अपशिष्ट पदार्थों के डिब्बे को अपार्टमेंट के नजदीक रखना चाहिए।
   - यदि नगरपालिका ज्यादा मेहनत करे, तो हमें ज्यादा स्वच्छ वातावरण प्राप्त होगा।
   - हमें पुनर्चक्रण के चिह्नों वाली बैटरियों का अवश्यतः उपयोग करना चाहिए।
   - हमें अक्सर हर जगह पुनर्चक्रण के चिह्न वाले बक्से नहीं प्राप्त हो सकते हैं।
   - हमारे लोग ध्यान नहीं देते हैं।
   - बहुत वृद्ध लोग इसके संबंध में नहीं जानते हैं; हमें उनके पास जा कर उन्हें सिखाना चाहिए।
   - प्रकृति को नष्ट होने से बचाने के लिए हमें पुनर्चक्रण करना चाहिए।
   - सभी नगरपालिकाओं में पुनर्चक्रण केंद्र होने चाहिए।
   - अपशिष्ट पदार्थों को भिन्न-भिन्न बक्सों में रखने के लिए अस्पताल बहुत महत्त्वपूर्ण स्थान हैं।
   - नगरपालिकाओं को अपशिष्ट बक्सों के विभिन्न प्रकारों को हर जगह रखना चाहिए। इस प्रकार, हम अपने कचरे को तदनुरूप फेंक सकते हैं।

परियोजना के पूरे होने के बाद उन्होंने अपने शिक्षकों के साथ अपनी पीपीटी बनाई और प्रतिभागियों के प्रश्नों का उत्तर देने के लिए अपने ई-मेल पतों को भी जोड़ा। उन्होंने अपने परियोजनाओं की प्रस्तुति दी तथा श्रोताओं के साथ अपने अनुभवों को साझा किया। उन्हें 'प्राग्विद्यालय शिक्षा स्तर पर परियोजना के सर्वश्रेष्ठ नेतृत्वकर्ता' के रूप में पुरस्कृत किया गया। वे प्रकाश तथा ऊर्जा के साथ चमक रहे छोटे तारों की तरह थे। सात महीने की परियोजना यात्रा ने विश्व के भावी नेताओं के अनुभव को समृद्ध किया।

अंतिम शब्द

बच्चों के साथ छह महीने के सहयोग तथा अंतिम प्रस्तुतियों के अवलोकन से प्राप्त निष्कर्षों के आधार पर हमने यह समझा कि 'आरंभिक बाल्यावस्था शिक्षा परियोजनाओं' का न केवल भागीदारी कर रहे बच्चों के संज्ञान पर, बल्कि उनके भावात्मक तथा मानसिक विकास पर भी

प्रभाव पड़ा (बारेल, 2003; बोंस्टिंग्ल, 1992; शैपगैन, 2006; कोबरिन, 20054, कोक्शल, 2007; मेहरोत्रा, 201)। इन निष्कर्षों ने अति प्रारंभिक अवस्था से बच्चों को परियोजनाओं में संलग्न करने के महत्त्व को प्रदर्शित किया।

यदि आरंभिक बाल्यावस्था हेतु शैक्षिक कार्यक्रम को प्रतिकूल परिस्थितियों में जीवनयापन कर रहे बच्चों के लिए आरंभ किया जाता है, तो प्राग्विद्यालय (प्री-स्कूल) के छात्रों का ऐसी परियोजनाओं में समावेशन ज्यादा प्रभावी हो सकता है। इस बिंदु को अवश्य ध्यान में रखना चाहिए, क्योंकि वातावरण की परिस्थितियाँ बच्चों के विकास को, विशेषकर आरंभिक वर्षों में, प्रभावित करती हैं। जैसा कि अनेक अध्ययनों में अभिव्यक्त किया गया है, इस प्रकार के समर्थन बच्चों को विद्यालय के लिए ज्यादा तैयार बनाने, ज्यादा तेजी से अंगीकृत करने तथा विद्यालय में ज्यादा सफल होने में सहायता करते हैं।

इस कारण से प्राग्विद्यालय (प्री-स्कूल) शिक्षा की अनदेखी अवश्यतः नहीं की जानी चाहिए तथा वैकल्पिक आरंभिक बाल्यावस्था पाठों एवं परियोजनाओं के पाठ्यक्रम में वैज्ञानिक दृष्टिकोण समाहित किया जाना चाहिए। इसके अतिरिक्त, आईसीटी का उपयोग बच्चों में ज्यादा उत्साह तथा दिलचस्पी जगा सकता है। शैक्षिक संस्थानों में ऐसी विविधता का प्रावधान सांस्कृतिक विभिन्नताओं के लिए सहिष्णुता के प्रारंभिक स्तर का सृजन करेगा। यह शांतिपूर्ण तथा सहयोगी विश्व का मूल तत्व है।

संदर्भ

Ali, W. S. (2011, 22–24 October). Values and skills through child-friendly quality education. *Proceedings of the Seventh National Convention on Students' Quality Circles* (7th NCSQC'11), Shuvatara School, Nepal (pp. 28–29). Lalitpur: QUEST-Nepal.

Barell, J. (2003). *Developing more curious minds*. Alexandria, Virginia: ASCD.

Bonstingl, J. J. (1992). *Schools of quality*. Alexandria, Virginia: ASCD.

Bruce, T. (Ed.). (2006). Diversity & inclusion. *Early childhood: A guide for students* (pp. 127–130). New York: SAGE.

Chapagain, R. D. (2006). *Guide to students' quality circles*. Kathmandu: QUEST.

Ennals, R. & Köksal, H. (2011, June). Creating collaborative advantage through students' quality circles. *Proceedings of IAMB 2011 Conference*, Istanbul.

Kartal, H. (2007). The effect of mother–child education program. *Elementary Education Online*, *6*(2), 234–248.

Kobrin, D. (2004). *In there with the kids*. Alexandria, Virginia: ASCD.

Köksal, H. (2004). *Eğitimde Güç Birliği için İmece Halkaları* (*SQCs for the unity of power in education*). Istanbul: Academy Publishing.

———. (2006a). *Bir demet etkinlik* (*A bunch of in-class activities*). Istanbul: Paymaş Printing.

———. (2006b). *Projects of the year 2006*. Retrieved from http://bilisimcimartilar.com/english/projects/2006-projects/

———. (2007). *İçimdeki Çocukla Sürekli Öğrenen Ben* (*Me: Life-long learner with the child within*). Istanbul: Prisma Printing.

———. (2009a). Hugging all the nations through TQE. In A. Baykal & H. Köksal (Eds), *The international convention book on students' İmece circles* (pp. 115–118). Istanbul: Visual Art Center.

———. (2009b, 2–5 December). Using technology to support future critical thinkers and problem solvers (TQPs). *Proceedings of 12th ICSQCC at City Montessori School, Lucknow, India*. Lucknow, India: City Montessori School.

———. (2012). SQCs in Turkey as 'imece circles'. In R. Ennals & D. Hutchins (Eds), *AI & Society*. doi: 10.1007/s00146-012-0380-8

Köksal, H. & Meyer, A. (2003, 15–18 June). A project-based activity for the world's cultural heritage. Paper presented at the UNESCO Conference on Intercultural Education, University of Jyvaskyla, Finland.

Mehrotra, D. (2012). *Implementing six sigma in education towards TQM in academics*. New Delhi: S. Chand.

Pimentel, R. (2006). Using ICT to support children's development and learning. In T. Bruce (Ed.), *Early childhood: A guide for students* (pp. 21, 24). New York: SAGE.

Sinha, D. K. (2005, 2–5 December). Empowering students through the renewal of primary school curriculum and evaluation procedure. *Proceedings of the eighth ICSQCC at City Montessori School, Lucknow, India*.

खंड II

उपागम तथा विधियाँ

4
पर्सोना डॉल के माध्यम से आरंभिक वर्षों में समावेशी शिक्षा: ग्रीस का एक मामला

सोफिया दिमित्रियादी

शिक्षा में समान अवसर पर सभी छात्रों का अधिकार है, जिसका अर्थ है कि सभी छात्रों के पास अपने सामर्थ्य के अनुसार कार्य करने एवं शैक्षिक प्रणाली में समाविष्ट होने का अवसर उपलब्ध होना चाहिए। समावेशन में अपने व्यापकतम अर्थ में न केवल बाध्यता एवं विशेष आवश्यकताओं वाले, बल्कि बाह्य दवाबों के प्रति सुग्राह्य बच्चों तथा छात्रों, सभी लोगों की विविधता की अभिस्वीकृति समाहित है। विविधता से जुड़ी समस्याओं के समाधान एवं आरंभिक वर्षों की शिक्षा में समावेशन के लिए कार्य करने का तात्पर्य नीतियों तथा वृत्तियों की प्रक्रिया के माध्यम से बच्चों एवं वृत्तिकों[1] – दोनों को दी जाने वाली शिक्षा में सुधार से है। इसका प्राथमिक लक्ष्य शिक्षण प्रक्रिया में बच्चों की भागीदारी को बढ़ा कर सभी के लिए प्रभावी विद्यालयी शिक्षा उपलब्ध कराना है।

इस अध्याय में विविधता के मामलों को देखने वाला तथा शिक्षा में समावेशन को प्रोत्साहित करने वाला एक नवाचारी तथा प्रभावी शैक्षिक उपकरण को समाज में ऐसे लोगों के समक्ष प्रस्तुत किया जाएगा, जो उनसे परिचित नहीं हैं। इसके अतिरिक्त ग्रीस में हुए एक शोध अध्ययन को संक्षेप में प्रस्तुत किया जाएगा। यह शिक्षण माध्यम छोटे बच्चों द्वारा विविधता को आत्मसात करने के लिए एक सुरक्षित मंच प्रदान करता है, जिसे पर्सोना डॉल के नाम से जाना जाता है।

[1] 'वृत्तिक' शब्द आरंभिक वर्षों के संस्थापनाओं के प्रकार पर बिना विचार किए, शैक्षिक संस्थाओं एवं 5 वर्ष से कम आयु के बच्चों की देखभाल में शामिल प्रत्येक पेशेवर को संदर्भित करने के लिए किया जाता है।

पर्सोना डॉल का इतिहास

पर्सोना डॉल (हिन्दी अर्थ-व्यक्तित्व वाली गुड़िया) मूलतः बहु-सांस्कृतिक देश अमेरिका में 1950 के दशक में अस्तित्व में आई। कैलिफॉर्निया में एक नर्सरी शिक्षिकां *के टॉस* तथा उनकी सहयोगी रूथ ने अपनी कक्षाओं में पूर्वाग्रह तथा भेदभाव से निपटने के लिए पर्सोना डॉल की अवधारणा प्रस्तुत की (एटीन, वेर्केस्ट, केरेम एवं मेकैर, 2008; नटब्राउन, 2002)। उस समय, नस्लीय अल्पसंख्यकों या अन्य विविध पृष्ठभूमियों वाले परिवारों के बच्चों के जीवन को प्रतिबिंबित करने वाले बहुत ही कम संसाधन थे (*सेंटर फॉर एजुकेशन फॉर रेसियल एजुकेशन इन स्कॉटलैंड,* 2004), तो इन दो साधन-संपन्न शिक्षिकाओं ने कार्रवाई करने तथा संसाधनों की इस असमानता के संबंध में कुछ करने का निर्णय किया। अतएव, उन्होंने अपनी कक्षा के परिवेश में बच्चों की शारीरिक संरचनाओं तथा त्वचा के रंगों को प्रदर्शित का प्रयास करते हुए कार्ड पर कुछ गुड़ियों का निर्माण किया। शिक्षकों ने गुड़ियों को कपड़े पहनाए तथा उन्हें विशिष्ट व्यक्तित्व प्रदान करते हुए उनके जीवन एवं जीवनशैलियों पर धीरे-धीरे कहानियाँ विकसित कीं। प्रत्येक गुड़िया की एक विशिष्ट पारिवारिक पृष्ठभूमि, एक विशिष्ट सांस्कृतिक पृष्ठभूमि, एक जीवनशैली, पसंद एवं नापसंद, पसंदीदा खाना, पुस्तकें, टीवी कार्यक्रम, सर्वश्रेष्ठ दोस्त आदि थे। फिर शिक्षिकाएँ बच्चों को वे कहानियाँ सुनाती थीं जिसे गुड़िया ने उन्हें 'सुनाया' था (टॉस, 1987)। के टॉस के पूर्वाग्रह-विरोधी पाठ्यक्रम कार्यदल (ए.बी.सी. कार्यदल) के सदस्य बनने के बाद कार्टून गुड़िया बाद में असली गुड़ियों में परिवर्तित हो गई। इस कार्यदल ने पूर्वाग्रह-विरोधी पाठ्यक्रम के नाम से विख्यात भेदभाव तथा पूर्वाग्रह के विरोधी संपूर्ण दर्शन तथा कक्षा वृत्तियों को विकसित किया था (डर्मन-स्पार्क्स, 1989)। इन गुड़ियों को डाइवर्सिटी डॉल या एंटी-बाएस पर्सोना डॉल कहा जाता था (*सेंटर फॉर इक्वलिटी एंड इनोवेशन इन अर्ली चाइल्ड हुड,* 2012)।

पर्सोना डॉल के दृष्टिकोण ने धीरे-धीरे प्रणालीगत व्यवस्था का रूप ग्रहण कर लिया और 1990 के दशक के अंत तक नवाचारी तथा प्रबुद्ध शिक्षाप्रदाता, अपने अमेरिकी सहयोगियों का यह कार्य आस्ट्रेलिया तथा यूरोप में लगभग एक ही साथ ले गए (गैन एवं वान केउलेन, 1997; मैकनॉटन, 1999; मैकनॉटन एवं विलियम्स, 1998)।

हालांकि, ब्रिटेन तथा दक्षिण अफ्रीका से अपनी यात्रा प्रारंभ करने वाली पर्सोना डॉल को भेदभाव के कारण होने वाले अपवर्जन से निपटने के गैर-भयसूचक एवं प्रभावी तरीके के रूप में अंतर्राष्ट्रीय स्तर पर मान्यता मिली, जिसका श्रेय 1963 में ब्रिटेन की राजनीतिक शरणार्थी और दक्षिण अफ्रीकी नर्सरी विद्यालय की एक प्रेरित एवं समर्पित शिक्षिका बाबेट ब्राउन के प्रयासों को जाता है (ब्राउन, 1998, 2001, 2008; पर्सोना डॉल ट्रेनिंग 2012)। आरंभिक वर्षों के लिए प्रशिक्षक नस्ल-विरोधी नेटवर्क (*ईट्रान*) के संस्थापिका के रूप में बाबेट ब्राउन ने छोटे बच्चे के प्रशिक्षण तथा उस परिवेश में रहने वाले वयस्कों के द्वारा पूर्वाग्रहों को दूर करने, अपवर्जन और भेदभावपूर्ण व्यवहार को चुनौती देने के साथ-साथ आरंभिक वर्षों की संस्थापनाओं एवं विद्यालयों में समावेशी वृत्तियों तथा नीतियों के अनुपालन को प्रेरित करने में इन गुड़ियों के सामर्थ्य को उजागर करने के लिए कड़ी मेहनत की (पर्सोना डॉल ट्रेनिंग, तिथि अज्ञात)। उस वक्त से, ब्राउन पर्सोना डॉल पर पुस्तकें लिख रहीं हैं, गुड़ियों को बनाने तथा उपयोग पर सत्र आयोजित कर रही हैं और अंततः, पर्सोना डॉल के उपयोग की

प्रभावशीलता पर प्रासंगिक शोध करने के लिए अन्य लेखकों तथा शोधकर्ताओं को निरंतर प्रेरित कर रही हैं (ब्राउन, 2008 में उद्धृत, कुक, एटिन एवं अन्य, 2008; आइरिश, 2009; कोंस्टांटोनी, 2009; ब्राउन, 2008 में उद्धृत मैक क्लेमेंटनट, नटब्राउन, 2006, स्मिथ, 2005, 2006ए, 2006बी)। 2000 में बाबेट ने ब्रिटेन में एक पंजीकृत धर्मार्थ संस्था, पर्सोना *डॉल ट्रेनिंग* की स्थापना की जो पर्सोना डॉल के उपयोग पर वृत्तिकों की मदद करती है एवं उन्हें प्रशिक्षित करती है (माइकलबर्ग, 2012; पर्सोना डॉल ट्रेनिंग, तिथि अज्ञात)।

ग्रीस में पर्सोना डॉल के बारे में लोगों को ज्यादा जानकारी नहीं है। इस अध्याय की लेखिका, ग्रीस की राजधानी एथेंस के आसपास में प्राग्विद्यालय (प्री-स्कूल) संस्थापनाओं की एक बड़ी संख्या के साथ 15 वर्षों से कार्य तथा सहयोग कर रही हैं और आरंभिक वर्षों की शिक्षा में समानता तथा समावेशन के मुद्दों पर शोध कर रही हैं। इस अवधि में उन्होंने किसी शिक्षक के द्वारा पर्सोना डॉल के प्रयोग का कोई प्रमाण नहीं पाया। कोई भी इस तथ्य की पुष्टि प्रासंगिक ग्रीक शब्दावली की अनुपस्थिति से कर सकता है। इसके अतिरिक्त, इसके लिए एक सम्मेलन में प्रस्तुति (विट्सू एवं एगेट्सडु, 2008) या स्नातक तथा स्नातकोत्तर शोध प्रयासों (डेलिगियानी, कोलारा एवं मिशाली, 2012; लिलियाऊ, 2011) तक सीमित व्यक्तिगत प्रयासों को आसानी से देखा जा सकता है।

पर्सोना डॉल क्या है?

पर्सोना डॉल का ठीक वही अर्थ है, जो उनके शब्दों का अर्थ है: अर्थात विशिष्ट व्यक्तित्व वाली गुड़ियाएँ (पागेट, 2005)। वे आम गुड़ियों के तरह नहीं हैं: वे सांकेतिक खेलों या घर के कोनों में उपयोग की जाने वाली नाटकीय खेल वाली गुड़ियाएँ नहीं हैं, तथा लगभग निश्चित रूप से वे कठपुतलियाँ नहीं हैं (बिसन, 2001; ब्राउन, 2008; टॉस, 1987)। ये वे 'लोग' हैं, जो शिक्षकों के कानों में 'फुसफुसा' कर उनसे 'बातें' करते हैं (पर्सोना डॉल ट्रेनिंग, 2011)।

पर्सोना डॉल के उपयोग के संबंध में सबसे ख़ास बात यह है कि, यह बच्चों के बजाय शिक्षक की गुड़िया है (ब्राउन 2001; पर्सोना डॉल ट्रेनिंग, तिथि अज्ञात)।

पर्सोना डॉल की बनावट सामान्य लड़के और लड़कियों की तरह होती है, जिनकी ऊँचाई लगभग 70 सेमी तक होती है (देखें चित्र 4.1)। किसी भी परिवेश के बच्चों की तरह पर्सोना डॉल भी मोटी, पतली, छोटी तथा लंबी होती हैं। उनकी त्वचा के भिन्न रंग-रूप होते हैं (विभिन्न रंगों के वस्त्रों के माध्यम से प्रतिबिंबित किया जाता है), उनके बाल अलग-अलग लंबाई तथा बनावट के होते हैं (यथा छोटे, काले, घुंघराले बाल; लंबे, सीधे, दो समूहों में बंटे हुए हल्के नारंगी रंग के बाल आदि)। उनकी चेहरे की विशेषताओं (आँख, नाक तथा मुँह का आकार एवं रंग) का भी नस्लीय रूप से समुचित ध्यान रखा जाता है। गुड़ियों के कपड़े किसी भी परिवेश के बच्चों की तरह ही होते हैं (ब्राउन, 2001): वे जींस, टी-शर्ट, अच्छे कपड़े, ट्राउजर, स्वेटर आदि के साथ-साथ *सलवार-कमीज* (विशेषकर ढीले ट्राउजर तथा लंबे शर्टों वाला एशियन महिलाओं के द्वारा पहने जाने वाले सूट का एक प्रकार), साड़ी, *रूमाल*, हिजाब, पगड़ी आदि पहनते हैं।

चित्र 4.1

पर्सोना डॉल

स्रोत: व्यक्तिगत अभिलेख; सोफिया दिमित्रियादी द्वारा ली गई तस्वीर

गुड़ियों के द्वारा विविधता तथा समावेशन के मामलों को प्रोत्साहित करने तथा जागरूकता एवं समझ को बढ़ाने के साथ-साथ समानताओं एवं भिन्नताओं को समझने के लिए, कुछ गुड़ियों द्वारा विभिन्न कमियों को प्रदर्शित करना महत्वपूर्ण है। उदाहरण के लिए, गुड़ियाएँ चश्में पहन सकती हैं या यदि वे दृष्टिहीन हों तो वे एक सफेद छड़ी या एक मार्गदर्शी कुत्ता भी रख सकती हैं। उनके पास सुनने की मशीन, व्हीलचेयर या यहाँ तक कि बैसाखियाँ भी हो सकती हैं (ब्राउन, 2001)। विद्यालयों में इन गुड़ियों की आपूर्ति करने वाले कुछ ही आपूर्तिकर्ता हैं, लेकिन इन गुड़ियों को बनाना सीखने के इच्छुक वृत्तिकों के लिए प्रशिक्षण सत्र भी आयोजित किए जाते हैं।

पर्सोना डॉल उपागम

इस बात का पहले भी उल्लेख किया जा चुका है कि, पर्सोना डॉल का किसी संस्थापना में हर बच्चे की तरह अपना खुद का व्यक्तित्व होता है। इसका अर्थ यह है कि, एक माता और एक पिता, या सिर्फ एक अभिभावक या एक दत्तक परिवार या सिर्फ दादा-दादी/नाना-नानी के साथ रह रही गुड़ियों

की एक विशेष पारिवारिक पृष्ठभूमि होती है। उनके भाई-बहन भी हो सकते हैं और नहीं भी। उनके विशेष नाम, उनके रहने के स्थान, मूल निवास हो सकते हैं और वे एक या ज्यादा भाषाएँ बोल सकती हैं। उनकी अपनी पसंद तथा नापसंद हो सकती है। उनके पसंदीदा भोजन के साथ-साथ कुछ खाने की ऐसी वस्तुएँ भी हो सकती हैं, जिन्हें वे बिल्कुल नहीं खाती हैं। वे कुछ चीजों में अच्छी हैं तथा कुछ चीजों में उतनी अच्छी नहीं हैं (बिसन, 2001, ब्राउन, 1998, 2001, 2008; एनब्लिन एवं हैंकिज, 2003; व्हिटनी, 1999)।

पर्सोना डॉल उपागम, वास्तव में कहानी एवं चर्चा के माध्यम से विविधता तथा समावेशन के संबंध में परस्पर रूप से सक्रियता से सीखने के लिए छोटे बच्चों तथा (उनके साथ कार्य कर रहे वयस्कों) को संलग्न करने का हानिरहित, नवाचारी तथा प्रभावी तरीका है (स्मिथ, 2006ए)। गुड़ियाएँ तथा उनकी कहानियाँ, अपवर्जन एवं भेदभाव को समाहित करने वाले मूल्यों, जड़ता तथा पूर्वाग्रहों को चुनौती देती हैं। जैसा कि 'पर्सोना डॉल इन एक्शन' नामक सहायक पुस्तक (पर्सोना डॉल ट्रेनिंग, तिथि अज्ञात) में कहा गया है: 'वृत्तिक बच्चों को यह समझाने के लिए पर्सोना डॉल का इस्तेमाल करते हैं कि, शब्द एवं क्रियाएँ हानिकारक हो सकती हैं, और उनके द्वारा सहानुभूति को बढ़ावा देने एवं बच्चों को भेदभाव तथा अन्याय का सामना कर रहे लोगों के समर्थन के लिए प्रेरित करने के लिए इनकी सहायता ली जाती है (पृ3)।' इस तथ्य के प्रमाण में स्मिथ (2006ए) वर्णन करते हैं कि, पर्सोना डॉल मनो-सामाजिक दृष्टि से भी सहायक होती हैं, तथा समावेशन एवं विविधता, विकलांगता, लिंग, नस्ल तथा अज्ञात लोगों के प्रति भय (जेनोफोबिया), सामाजिक वर्ग, स्वास्थ्य, संस्कृति तथा विश्वास जैसे मानव-अधिकार विषयों पर भी कार्य करती हैं। इसी तरह ब्राउन (2002) सूचित करती हैं कि, इन गुड़ियों के माध्यम से बच्चे श्रेष्ठता या हीनता की भावना महसूस किए बिना अपने समूह में स्वयं तथा दूसरे बच्चों के बीच भिन्नता एवं समानताओं की सराहना करना सीखते हैं।

आरंभिक वर्षों में क्यों?

पारिवारिक वातावरण के बाहर बच्चों का पहला सामाजिक समूह होने के कारण, आरंभिक वर्ष की संस्थापनाओं को बच्चों द्वारा आत्मसात किये गए किसी भी प्रकार के गलत एवं अनुचित संदेश के साथ-साथ रूढ़िवादी व्यवहारों को दूर करने के लिए उपयुक्त स्थान माना जाता है (दिमित्रियादी; 1997, 2011)। प्राग्विद्यालय (प्री-स्कूल) वर्षों में बच्चे अपनी खुद की पहचान विकसित करते हैं तथा अपने परिवेश में रहने वाले अन्य लोगों के प्रति अपने विचार विकसित करते हैं। घर, विद्यालय तथा अपने परिवेश से प्राप्त सभी अनुभव उनकी सकारात्मक या नकारात्मक स्व-अवधारणा के साथ-साथ अपने से भिन्न लोगों के प्रति उनकी तस्वीर बनाने में सहायता करते हैं (लिंडन, 1998)।

अनुसंधानों से यह पता चलता है कि, दो से पाँच वर्ष की आयु के छोटे बच्चों में विशिष्ट विचार तथा अन्य लोगों एवं स्वयं के संबंध में छवियाँ पहले ही विकसित हो सकती हैं, जो रूढ़िवादी एवं भेदभावपूर्ण दृष्टिकोण का खुलासा करते हैं। वे न केवल भिन्नताओं की पहचान करते हैं, बल्कि वे उन मूल्यों को भी आत्मसात करते हैं, जिनमें भिन्नताएँ सकारात्मक तथा शक्ति से संबद्ध हैं, और

जो नकारात्मक तथा 'हीनता' एवं पृथकता से संबद्ध हैं (डेमैन-स्पार्क्स, 1989; मिल्नर, 1983)। दैनिक विद्यालयी वृत्ति इस शोध प्रमाण का समर्थन करता प्रतीत होता है (दिमित्रियादी, 2001; दिमित्रियादी एवं स्टामौलू, 2009)।

उसी क्षण, छोटे बच्चे यह भी ध्यान देते हैं कि अभिभावक तथा शिक्षक भिन्नताओं के प्रति कैसे कार्य करते हैं और उनके संबंध में कौन से विचार मूल्यवान हैं। विविधता तथा भेदभाव के मुद्दों पर वयस्कों के नज़रिए, बच्चों में अपने से भिन्न लोगों के प्रति सकारात्मक या नकारात्मक विचार को महत्त्वपूर्ण रूप से प्रभावित करेंगे (न्युगेबॉर, 1992)।

इन आँकड़ों को ध्यान में रखने के बाद, पर्सोना डॉल एक बेहतरीन शैक्षिक उपकरण प्रदान करती प्रतीत होती हैं, जिसे छोटे बच्चों तथा अपने वातावरण में वयस्कों के लिए पक्षपात-रहित शिक्षा के प्रारंभ बिंदु के रूप में उपयोग किया जा सकता है।

प्रयोग में पर्सोना डॉल

पर्सोना डॉल हमारे समाज की विविधता का प्रतिनिधित्व करती हैं। उनका उपयोग 18 महीने की अवस्था तक के छोटे शिशुओं के आरंभिक वर्ष संस्थापनाओं में किया जाता है (एटिन एवं अन्य, 2008)। उनका उपयोग विशेषकर उनके व्यक्तिगत, सामाजिक तथा भावनात्मक विकास को सुदृढ़ करने के लिए और पीड़ित होने तथा धमकाए जाने वाले मामलों में बहुत ज्यादा सफलता के साथ प्राथमिक विद्यालय की पहली कक्षाओं में जाने वाले छोटे बच्चों के लिए भी किया जा सकता है। हालांकि तीन से छह वर्षों के बच्चों के लिए गुड़ियों के उपयोग पर सबसे ज्यादा बल दिया जा रहा है (ब्राउन, 2001, 2008; पेजेट, 2005; पर्सोना डॉल ट्रेनिंग, रिस्पेक्ट मी, तिथि अज्ञात)।

पर्सोना डॉल बच्चों से उनके विद्यालयों में सामूहिक गतिविधि के दौरान मिलने 'आती' हैं और वृत्तिक की गोद में बैठ कर वे बच्चों के साथ अपने अच्छे एवं बुरे अनुभवों को साझा करती हैं। बच्चों को सबसे पहले एक गुड्डे से परिचित कराने की सलाह दी जाती है, ताकि कक्षा में लड़कों की अभिरुचि भी समान रूप से जागे, क्योंकि अधिकांश बच्चे ऐसा मानते हैं कि गुड़िया सिर्फ लड़कियों के लिए होती हैं। वृत्तिकों को गुड़ियों के उपयोग के संबंध में अनुभवी पेशेवरों के द्वारा पूर्व-प्रशिक्षित तथा उसके पश्चात गुड़ियों के साथ सशक्त जुड़ाव विकसित करने की आवश्यकता होती है। वृत्तिक गुड़ियों के व्यक्तित्व अर्थात उनकी व्यक्तिगत व्यक्तित्व तथा पृष्ठभूमि को बनाने के लिए छोटे समूहों में कार्य करते हुए इस जुड़ाव को विकसित कर सकते हैं। वृत्तिक गुड़ियों की कहानियों तथा व्यक्तिगत पृष्ठभूमियों पर सहमत हो जाते हैं और कक्षा में वास्तविक बच्चों कहानियों की तरह उनमें भी कोई बदलाव नहीं होता है। इस प्रक्रिया के माध्यम से वृत्तिकों को विविधता तथा समावेशन पर उनके विश्वासों से अवगत होने, उन्हें नए परिप्रेक्ष्यों में रखने के साथ-साथ आसपास की दुनिया को समझने में उनके बौद्धिक स्तर को विस्तृत करने का अवसर प्राप्त होता है। बच्चों में किसी संभावित भ्रम को दूर करने, उन्हें गुड़ियों के साथ जुड़ने में मदद करने तथा कहानियों एवं उनके प्रभाव को और भी

ज्यादा शक्तिशाली बनाने के लिए इस विशेष सूचना को गुड़ियों की व्यक्तिगत कहानियों के साथ संस्थापना में सभी वयस्कों (और संभवतः बच्चों के अभिभावकों के लिए भी) की पहुँच वाली एक विशिष्ट डायरी में रखे जाने की अनुशंसा की जाती है। जिस प्रकार बच्चों को प्रतिदिन नए-नए अनुभव होते हैं, ठीक उसी प्रकार हर गुड़िया की व्यक्तिगत पृष्ठभूमि में नए-नए अनुभवों को शामिल किया जा सकता है और उनकी व्यक्तिगत डायरी में नए तथ्य जोड़े जा सकते हैं। फिर भी, हर गुड़िया की जीवन की कहानी में हमेशा एक समावेशी तथा विभाजनकारी रूपरेखा के अंदर एक संगतता रखना तथा उसकी पहचान बनाए रखना महत्वपूर्ण है (ब्राउन, 2001, 2008; पर्सोना डॉल ट्रेनिंग, तिथि अज्ञात; टॉस, 1987, व्हिटनी, 1999)।

यह प्रदर्शित करते हुए कि गुड़ियाएँ बोल रही हैं, वृत्तिकों को मजाकिया आवाजें नहीं निकालनी चाहिए। इसके विपरीत, गुड़ियों के द्वारा बच्चों के साथ अपनी कहानियों को साझा करने का माध्यम बनते हुए वृत्तिकों को अपनी वास्तविक आवाज का उपयोग करना चाहिए। कई मौकों पर, गुड़ियाएँ एक बच्चे के प्रश्न का उत्तर देने के लिए वृत्तिक के कान में 'फुसफुसाती' हैं।

कहानी कहने की शक्ति के साथ बच्चे:

- तेजी से गुड़ियों को वास्तविक मानने लगते हैं; उन्हें अपने दोस्तों के रूप में सोचते हैं (हालांकि वे जानते हैं कि वे गुड़ियाएँ हैं)
- गुड़ियों की कहानियों को सुनते हैं तथा गंभीरता से सोचते हैं
- महसूस करते हैं कि, ऐसे अन्य बच्चे भी हैं जिन्होंने उन परिस्थितियों का अनुभव किया है और आहत हुए हैं या बहिष्कृत हुए हैं, जैसा उनके साथ अतीत में हुआ है
- गुड़ियों से प्रश्न पूछकर उनके साथ सक्रिय सहभागिता का प्रदर्शन करते हैं अथवा उन्हें अपनी असुविधाजनक परिस्थितियों के बारे में बताते हैं
- अपने विचारों, नज़रिये और भावनाओं को व्यक्त करते हैं
- गुड़ियों की समस्याओं के समाधान का प्रयास करते हैं

बानोन के अनुसार (2011, पृ 3) के अनुसार पर्सोना डॉल निम्नलिखित बातों को प्रोत्साहित करती हैं:

- वाचन तथा श्रवण कौशल
- सामुदायिक एकजुटता तथा नागरिकता
- विविधता के प्रति सहानुभूति तथा उसकी सराहना
- भेदभाव-विरोधी वृत्ति तथा समान अवसर

पर्सोना डॉल के द्वारा कहानी सुनाते समय वृत्तिक मार्गदर्शक की तरह कार्य करते हैं। वे बच्चों को परिचित अथवा अपरिचित विषयों पर गुड़ियों से जुड़ी कहानियाँ सुनाते हैं। ये कहानियाँ विशेषकर कक्षा में वयस्कों की अवलोकन के रूप में होती हैं। आदर्श रूप से, किसी गुड़िया का पहली बार परिचय करते समय वृत्तिक (विद्यालय में अन्य वृत्तिकों के साथ सहयोग में बनाई गई विशेष डायरी

से ली गई) उसका नाम, आयु, पारिवारिक पृष्ठभूमि तथा 'निवास स्थान' जैसी मूल सूचनाओं को बच्चों के साथ साझा करते हैं। 'व्यक्ति' के पहले बार विद्यालय आने पर बच्चों को इस नए 'व्यक्ति' का स्वागत करने तथा सहज महसूस कराने के लिए कहना एक अच्छा विचार है। उसके बाद गुड़िया बच्चों के साथ एक छोटी, 'सुखद' कहानी साझा कर सकती है, क्योंकि कक्षा में पहली बार आने पर दुखी तथा समस्याप्रद स्थितियों के संबंध में बताने से बचना बुद्धिमत्तापूर्ण है (बिसन, 2001; ब्राउन, 2001, 2008; मिशेलबर्ग, 2012; पर्सोना डॉल ट्रेनिंग, 2011)। इसका उद्देश्य बच्चों को गुड़िया से परिचित करवाना तथा उसका दोस्त बनवाना है। चूंकि छोटी आयु के कुछ बच्चे लंबी कहानियों को नहीं सुन पाते हैं तथा लंबे समय तक एकाग्रता नहीं बनाए रख सकते हैं, इसलिए पहली कहानियों को सरल तथा छोटी रखना चाहिए, जो पाँच मिनट से ज्यादा लंबी न हो (ब्राउन, 2001)।

उसी गुड़िया के दूसरी बार आने पर उसके जीवन के बारे में कुछ ज्यादा सूचना समाहित होगी। इससे बच्चे अपने 'मित्र' को ज्यादा बेहतर तरीके से समझने में सक्षम होंगे। एक बार बच्चों का गुड़िया के व्यक्तित्व के साथ लगाव विकसित हो जाने के बाद, विद्यालय परिवर्तन, भाई-बहन के आने, चश्मा लगने जैसे बच्चों के वर्तमान अनुभवों पर आधारित एक अन्य छोटी कहानी विकसित करने तथा साझा करने का एकदम सही समय होता है। विस्तृत उत्तर वाले प्रश्नों को पूछ कर वृत्तिकों को बच्चों को अपनी भावनाओं तथा सोच को अभिव्यक्त करने के लिए प्रोत्साहित करना चाहिए। फिर भी वृत्तिक को अपने खुद के विचारों को थोपने का प्रयास नहीं करना चाहिए, बल्कि उसे एक परिचर्चा शुरू करवानी चाहिए तथा बच्चों को सक्रिय रूप से भागीदारी के लिए प्रोत्साहित करना चाहिए (ब्राउन, 2001; व्हिटनी, 1999)।

तीसरा आगमन महत्वपूर्ण है। बच्चे अब गुड़िया के साथ जुड़ चुके हैं, जिसे वे अपना मित्र मानते हैं। वे अपने दोस्त की जिंदगी के बारे में बहुत कुछ जानते हैं तथा उनमें से अधिकतर ने स्वयं को या गुड़िया से साथ उत्पन्न परिस्थितियों से जोड़ लिया है। अब वह समय है कि बच्चों के समक्ष एक बाध्यता के कारण चिढ़ाने, विकलांगता के कारण किसी खेल से बाहर करना, नाम लेकर पुकारना, धमकाना, नस्लवाद, सांस्कृतिक बहिष्करण आदि जैसी असहज, अन्यायपूर्ण तथा बहिष्कार वाली स्थिति के गुड़िया के अनुभव वाली एक 'गहरी' कहानी प्रस्तुत की जाए (बिसन, 2001)। वृत्तिक उस कहानी को कहते हैं, जिसे गुड़िया साझा करने आई है, और मार्गदर्शक के रूप में विस्तृत प्रश्नों को पूछ कर सक्रिय भागीदारी को प्रारंभ करते हैं। यह भागीदारी गुड़िया की अन्यायपूर्ण परिस्थिति के प्रति बच्चों में सहानुभूति विकसित करती है, उन्हें अपनी भावनाओं को शब्दों में पिरोने में समर्थ बनाती है, उन्हें एक-दूसरे को बिना टोके एक-दूसरे को ध्यानपूर्वक सुनने के लिए प्रेरित करती है, गुड़िया को क्या हुआ है, उसके संबंध में बात करने की बहुत-से अवसर देती है, उनकी गहन सोच को मजबूत करती है और अंत में उन्हें व्यवहारिक तथा वास्तविक समाधान की सलाह देने के लिए प्रेरित करती है (पर्सोना डॉल ट्रेनिंग, 2011)।

कहानी के अंतिम समस्या का समाधान अवश्य होना चाहिए (एटिन एवं अन्य, 2008)। एक सरल तथा जल्दी खत्म होने वाली कहानी के माध्यम से बच्चों के द्वारा विचारों के योगदान तथा संभव हलों को शामिल किया जाता है, जिसे गुड़िया बच्चों से साझा करने के लिए तथा उसकी मदद के लिए धन्यवाद कहने हेतु दुबारा आ सकती है। बच्चों को इस बात के प्रति आश्वस्त महसूस

करना चाहिए कि, उनकी सहायता प्राप्त करने तथा सलाह लेने के बाद गुड़िया अब ज्यादा खुश है। इसके बाद बच्चे गुड़िया को स्पर्श करने एवं महसूस करने की इच्छा व्यक्त कर सकते हैं। वृत्तिक सत्र के अंत में बच्चों को गोल घेरे में गुड़िया के आसपास आने की अनुमति दे सकते हैं। इस प्रकार वे उन्हें गुड़िया को गले लगाने, सीने से लगाने या सिर्फ गुड़िया का अभिवादन करने की अनुमति दे सकते हैं। हालाँकि, वे बच्चों को याद दिलाते रह सकते हैं कि उनकी दोस्त को किसी के द्वारा उसके बाल को खींचना या कपड़े उतारना पसंद नहीं है (ब्राउन, 2001)। इस संक्षिप्त समाप्ति समारोह के बाद गुड़िया कक्षा से बाहर चली जाती है।

ग्रीस का एक मामला

इस बात का पहले भी उल्लेख किया जा चुका है कि, ग्रीस में आरंभिक वर्षों में तथा प्राथमिक शिक्षा में लोगों को पर्सोना डॉल के बारे में ज्यादा जानकारी नहीं थी। इस तथ्य को पुष्ट करने के लिए पर्याप्त प्रमाण दिए जा सकते हैं, जैसे कि इसका अस्तित्व मौजूद नहीं है, साथ ही विविधता-आधारित किसी विशिष्ट रूपरेखा तथा/या आरंभिक वर्षों की शिक्षा के समावेशी रूपरेखा एवं देश के आरंभिक वर्षों की शिक्षण संस्थापनाओं के सभी प्रकारों में इसे अंगीकृत नहीं किया गया है (दिमित्रियादी, 2001; दिमित्रियादी एवं स्टामौलू, 2009; दिमित्रियादी, 1997, 2011; दिमित्रियादी, पापादकी एवं माक्रोग्किका, 2010)।

अतएव, आरंभिक वर्षों की शिक्षा में विविधता के क्षेत्र तथा समावेशी वृत्तियों पर लेखिका के शोध के साथ-साथ आरंभिक वर्षों की शिक्षा में कार्य करने के एक दशक से ज्यादा के पश्चात अति सरल तथा बच्चों के अनुकूल, परंतु अत्यंत सशक्त शैक्षिक उपकरण के अन्वेषण तथा अनुपालन का विचार एक अनिवार्य चुनौती बन गई।

परिणामस्वरूप वर्ष 2000 के आरंभ में, इस तरीके से लेखिका के प्रथम परिचय के बाद लेखिका ने ग्रीक नर्सरियों के वृत्तिकों तथा अन्य प्राग्विद्यालय (प्री-स्कूल) संस्थापनाओं का परिचय पर्सोना डॉल से करवाया। इसके अतिरिक्त, उन्होंने उनकी कक्षाओं में इस तरीके के अनुपालन पर निगरानी रखी और इसके प्रभाव एवं संभावनाओं का अन्वेषण भी किया। इसकी दृष्टि तथा लक्ष्य हमेशा वृत्तिकों तथा उनकी संस्थापनाओं के द्वारा विविधता को जिम्मेदारीपूर्वक स्वीकार करने एवं सभी संबद्ध पक्षों के लिए समावेशी वातावरण को प्रदान करने में सक्षम बनाना है।

लेखिका ने आरंभिक वर्षों के शिक्षण केंद्रों की एक बड़ी संख्या का एक विशाल सहयोगात्मक नेटवर्क स्थापित किया है। उन्होंने इसे प्रतिवर्ष 160 से अधिक विद्यालयों के अध्येता शिक्षकों की निगरानी और पर्यवेक्षण की अकादमिक जिम्मेदारी के माध्यम से विकसित किया है। मौजूदा प्रकरण उपरोक्त संस्थापनाओं में लागू की गई विविधता तथा पर्सोना डॉल उपागम पर उनकी शोध परियोजना का एक भाग है।

स्पष्ट रूप से पर्सोना डॉल उपागम को विद्यालय में पदानुक्रम तथा कार्यानुभव के आधार पर आरंभिक वर्षों के वृत्तिकों (शिक्षक, सहायक शिक्षक, नर्सरी की नर्स, अध्येता शिक्षक, आदि) के

लिए लागू किया गया। फिर भी इस अध्याय में शोधकार्य के प्रतिदर्श एवं उसके निर्गम को प्रस्तुत करने के लिए चुना गया है। इस कार्य को आरंभिक वर्षों के छह शिक्षकों के एक नमूने समूह के साथ किया गया है। उस समय ये सभी शिक्षक पाँच वर्षों से ज्यादा अवधि से तीन से छह वर्ष की आयु के बाल-समूहों के साथ कार्यरत थे।

कार्यप्रणाली की समस्याएँ

क्लॉ एवं नटब्राउन (2002) के अनुसार, शोधकर्ता के द्वारा चुनी जाने वाली क्रियाविधि, वास्तव में उनके शोधकार्य की संरचना, सिद्धांतों तथा मूल्यों के साथ-साथ उसके दर्शन तथा विचारधारा का परिणाम है। शोधकर्ता के मूल्यों एवं सिद्धांतों में जितनी ज्यादा विविधता होगी, उसके शोधकार्य में उतनी ज्यादा क्रियाविधि समाहित होंगी (रॉबर्ट्स-होम्स, 2006)। इस दृष्टिकोण से हमने 'बालक-केंद्रित क्रियाविधि' (ढालबर्ग, मॉस एवं पेंस, 1999; जेम्स एवं प्राउट, 1990; मैकनॉटन, रॉफल एवं सिराज-ब्लाचफॉर्ड, 2004) के साथ-साथ 'पूर्वाग्रह-विरोधी/समावेशन क्रियाविधि' (जैकबसन, 2003; लिंडन, 1998; मलोरी एवं न्यू 1994; मैकक्रैकेन, 1993; मिलम, 2002; न्यूगबॉउर, 1992; पूह, 1996; सिराज-ब्लाचफॉर्ड, 1995; सिराज-ब्लाचफॉर्ड एवं क्लार्क, 2000; सिराज-ब्लाचफॉर्ड जे. एवं सिराज-ब्लाचफॉर्ड आई, 2002) को अंगीकृत किया।

जहाँ तक नमूना लेने की बात है, प्रतिभागियों के यादृच्छिक चुनाव के बजाय वृत्तिकों के व्यक्तिगत संपर्क के आधार पर 'चुना' गया, जो इस परियोजना में शामिल होना चाहते थे। ऐसा शोध में वास्तविक तौर पर शामिल होने से पूर्व दीर्घावधि प्रशिक्षण की आवश्यकता के कारण किया गया। इस प्रकार का नमूनाकरण, जहाँ प्रतिभागियों का चयन पहुँच तथा उपलब्धता की आसानी के अनुसार किया जाता है, पूरी तरह से वैध तथा स्वीकार्य है। ऐसा विशेषकर एकल शोधकर्ता के द्वारा छोटे स्तर के अध्ययन में किया जाता है, हालांकि प्राप्तियाँ सिर्फ नमूने तक सीमित होती हैं (दिमित्रोपोलोस, 2001; सिराज-ब्लाचफॉर्ड आई एवं सिराज-ब्लाचफॉर्ड जे, 2004)। शोध क्रियाविधि में इस प्रकार के नमूने के चयन को 'प्रायोजनपूर्वक नमूनाकरण' (डेस्कोम्बे, 2003; रॉबर्ट्स-होम्स, 2006, पृ 143), 'सुविधापूर्ण नमूना' (बेल, 1993, पृ 83) या 'विचारित नमूना' (दिमित्रोपोलोस, 2001, पृ 60) कहा जाता है।

वहीं दूसरी तरफ, 'त्रिकोणीय मापन' की शोधक्रियाविधि को भी लागू किया गया, ताकि शोध परियोजना को मान्यता प्राप्त हो जाए तथा निर्गम ज्यादा विश्वसनीय बन जाएँ (ह्यूजस, 2004)। त्रिकोणीय मापन के माध्यम से विभिन्न शोध विधियों का उपयोग कर प्रमाणों के कम-से-कम तीन (हकर, 2001) विभिन्न स्रोतों की तुलना तथा उनका संयोजन किया जाता है (कोहेन, मैनियन एवं मॉरिसन, 2000)। इस प्रकार भिन्न दृष्टिकोण प्राप्त होता है (रॉबर्ट्स-होम्स, 2006)। हमारे मामले में 'द्वितीयक शोध विधियों' (साहित्य सर्वेक्षण, दस्तावेज, रिपोर्ट, इंटरनेट आदि) के साथ-साथ 'प्राथमिक शोध विधियों' (साक्षात्कार, प्रश्नावली, अवलोकन) का उपयोग किया गया था (हकर, 2001)।

एक गुणात्मक शोध परियोजना होने के कारण, इसके डिजाइन का सबसे ज्यादा उपयोग किये जाने वाले पत्रक 'मामले का अध्ययन' का उपयोग किया गया (एडवर्ड्स, 2004)। अंत में, शोध के दौरान बच्चों की भागीदारी और उनकी सुरक्षा, सम्मिलित लोगों की विविधता के प्रति जागरूकता और सम्मान, उपयोग की जाने वाली भाषा के पूर्वाग्रह से बचाव, विडियोटेप, आदि के माध्यम से दस्तावेजीकरण के लिए सूचित सहमति आदि 'नैतिक मामलों' पर समुचित ध्यान देने का पूरा प्रयास किया गया (कोडे, 2004; हकर, 2001; रॉबर्ट्स-होम्स, 2006)।

पर्सोना डॉल पर प्रशिक्षण

शिक्षा में विविधता और समावेशन तथा इन विषयों में व्यक्तिव गुड़ियों द्वारा निभाई जाने वाली भूमिका पर हमारी शोध अभिरुचि तथा परियोजनाओं को डर्मन-स्पार्क्स (1989) और बाद में परवर्ती नब्बे के दशक में *आई* (पूर्व में *ईट्रान* के नाम से ज्ञात) के सदस्य बनने के उपरांत, बाबेट ब्राउन तथा पर्सोना डॉल प्रशिक्षण संगठन के कार्य ने बहुत ज्यादा प्रभावित किया है। अतएव, यह स्पष्ट हो जाता है कि आरंभिक वर्षों की शिक्षा में पर्सोना डॉल के उपकरण को लागू करने के दौरान हमारा कार्य तथा कार्यशैली, दोनों पर्सोना डॉल के प्रशिक्षण के संसाधनों से व्युत्पन्न हैं। इसे हमने एक दशक से ज्यादा अवधि के दौरान एकत्रित किया है, जिसमें पुस्तकें, प्रशिक्षण सामग्रियाँ, विडियो, सीडी-रोम, सहायक सामग्रियाँ तथा पर्सोना डॉल की एक छोटी संख्या शामिल है।

यह परियोजना छोटे समूहों मे चयनित आरंभिक वर्षों के शिक्षकों के साथ प्रारंभ हुई। सभी के लिए एक सुविधापूर्ण मुलाकातों की शृंखला को आयोजित करने में समस्याओं के कारण, इसकी शुरुआत पूरी तरह से वांछित तरीके से नहीं हो पाई। परंतु विद्यालय के बाहर इस परियोजना के लिए समय निकालने में दिक्कतों के बावजूद, सभी शिक्षक समान तथा सशक्त रूप से एक समावेशी क्रियाव्यवहार हेतु कार्य करने के लिए प्रतिबद्ध थे।

सर्वप्रथम, इस परियोजना में भागीदारी करने वाले आरंभिक वर्ष के शिक्षक विभिन्न दल अभ्यासों के माध्यम से अपने विचारों, भावनाओं, विश्वासों तथा नजरियों का अन्वेषण करने में संलग्न थे। इस प्रक्रिया में अन्य चीजों के अतिरिक्त, पुरस्कार-विजेता टेलीविजन कार्यक्रम '*द आई ऑफ द स्टॉर्म*' (पीटर्स, 1970) शामिल था, जिसमें अमेरिका में तीसरी कक्षा की एक शिक्षिका, जेन एलियट के द्वारा अपनी कक्षा में अपने विद्यार्थियों के अन्यायपूर्ण बहिष्करण के संबंध में किए गए एक स्तब्धकारी प्रयोग को दस्तावेजित किया गया था (पीटर्स, 1987)। इसमें 'इन सेफ हैंड्स' संसाधन तथा प्रशिक्षण सामग्री (सेव दी चिल्ड्रेन एंड रिफ्यूजी कॉन्सिल, 2001)' से विडियो के देखना तथा अभ्यास करना, 'सेलेब्रेटिंग डाइवर्सिटी: इनक्लूशन इन प्रैक्टिस' विडियो तथा सहायक पुस्तक के साथ-साथ 'पर्सोना डॉल इन एक्शन' प्रशिक्षण सामग्री (पर्सोना डॉल ट्रेनिंग, तिथि अज्ञात) भी शामिल थी। इन गतिविधियों में पूर्वाग्रह तथा बहिष्करण आदि को चुनौती देने वाले 'एक दूसरे को जानने से संबंधित खेल', विचार-मंथन, वर्कशीट आदि शामिल थे। इसमें

'पर्सोना डॉल इन एक्शन' सहायक पुस्तक (मुद्रित पृष्ठ 13–20) से लिए गए कुछ संकेतात्मक अभ्यास कार्य भी शामिल थे:

'मैं कौन हूँ?' (पृ 13)

प्रत्येक प्रतिभागी अपने नाम के पहले अक्षर से शुरू होने वाले एक विशेषण को जोड़ कर अपना परिचय देता/देती है, उदाहरण के लिए पहली छात्रा कहती है, 'शर्मीली स्टिफनी' (उनका नाम); दूसरी छात्रा कहती है, 'शर्मीली स्टिफनी और मजाकिया फियोना' (उनका नाम); अगला छात्र कहता है, 'शर्मीली स्टिफनी, मजाकिया फियोना और ज़िद्दी पीटर' और यह सिलसिला जारी रहता है।

'मैं किस स्थान से संबंध रखता हूँ' (पृ 17)

सभी प्रतिभागी बताते हैं कि, उनके देश में किन समूहों से भेदभाव किया जाता है। बताए गए समूहों को एक सूची में लिख लिया जाता है। तब, हर प्रतिभागी कुछ मिनट यह सोचने तथा निर्णय करने में व्यतीत करता है कि, कौन सा समूह उनसे सबसे ज्यादा मिलता-जुलता है। यदि उसी समूह से मिलने वाले अन्य प्रतिभागी हैं, तो वे एक साथ कार्य करते हैं और निम्नलिखित प्रश्नों पर विचार करते हैं:

- इस समूह में होने के संबंध में वे क्या पसंद करते हैं और क्या पसंद नहीं करते हैं?
- जिस समूह के वे हैं, उसके संबंध में वे किन चुटकुलों तथा नकारात्मक टिप्पणियों को सुनना पसंद नहीं करते हैं?
- मीडिया उनके समूह को कैसे प्रस्तुत करता है?
- एक समूह के रूप में वे दूसरों से किस प्रकार के व्यवहार की अपेक्षा करते हैं?

'शारीरिक अक्षमताओं को दूर करना' (पृ 19)

प्रतिभागी अपने कार्यस्थलों के संबंध में सोचते हैं तथा विचार करते हैं कि, क्या विकलांगता से ग्रस्त बच्चों तथा वयस्कों की पहुँच इमारत के सभी क्षेत्रों तक है, क्या वे सभी सुविधाओं का उपयोग करने तथा सभी गतिविधियों में भाग लेने में समर्थ हैं।

विशेषकर इस अंतिम अभ्यास के लिए यह आश्चर्यचकित करने वाला था कि, इस परियोजना में भाग लेने वाले शिक्षकों ने महसूस किया कि उनकी संस्थापना में न केवल विकलांगों के लिए बल्कि बच्चागाड़ी वाले अभिभावकों की पहुँच में भी बाधाएँ थी।

इन सत्रों के बाद, शिक्षकों ने समूहों में कार्य किया तथा,

- विविधता एवं भेदभाव के विचारों को चुनौती दी
- पूर्वाग्रह तथा बहिष्करण के अपने अनुभवों को साझा किया
- अपने मूल्यों तथा दृष्टिकोण का मूल्यांकन किया
- अपनी खुद की रूढ़िवादिता के प्रति ज्यादा जागरुक हो गए
- अपनी कक्षा के लिए एक नए, वर्धित दर्शन तथा अपनी संस्थापना में एक समावेशी नीति एवं वृत्ति के लिए सहमत हो गए
- इन समस्याओं के निपटान के तरीकों का अन्वेषण किया

गुड़िया के व्यक्तित्व का सृजन

शिक्षकों को खरीदी हुई गुड़िया देने के बाद, उन्हें अपनी पसंद के अनुसार गुड़िया से जुड़ने तथा उसके व्यक्तित्व के सृजन के लिए प्रोत्साहित किया गया। उन्होंने हर गुड़िया की पृष्ठभूमि बनाने के लिए विचारों एवं मतों का आदान-प्रदान किया तथा रूढ़िवादिता से बचने के लिए तथा सटीक और पूर्वाग्रह-रहित व्यक्तित्व के सृजन के लिए (बच्चों के अभिभावकों तथा दोस्तों से सूचना प्राप्त कर प्रासंगिक सामग्रियों को पढ़ कर, इंटरनेट में खोज कर, आदि) अनेक तरीकों से प्रयास किया गया। शिक्षकों ने अपनी गुड़िया के व्यक्तित्व का सृजन किया (और अपनी कक्षा में इसका प्रयोग करते हुए उन्होंने गुड़िया की जिंदगी से संबंधित ज्यादा विवरणों को जोड़ा) और उस सूचना पर डायरियाँ बना कर रखी, जिसे उनकी संस्थापना में सभी वयस्क देख सकें। इस प्रकार बच्चों के साथ साझा की गई कहानियों में अनुरूपता एवं निरंतरता को सुनिश्चित किया गया।

गुड़िया को 'व्यक्ति' में परिवर्तित करने के लिए विचारित किए गए कुछ इस प्रकार प्रश्न थे:

- गुड़िया का नाम क्या है?
- गुड़िया कितनी साल की है?
- गुड़िया की पारिवारिक पृष्ठभूमि क्या है (क्या उसके परिवार में भाई/बहन, माता, पिता, दादा-दादी, नाना-नानी तथा अन्य सदस्य हैं, और उनके नाम क्या हैं)?
- गुड़िया कहाँ रहती है (फ्लैट, घर, बोट-हाउस, तंबू, आदि)?
- गुड़िया के कौन से सदस्य उसके साथ रहते हैं?
- गुड़िया के अभिभावक क्या काम करते हैं?
- गुड़िया को खाने में क्या पसंद और नापसंद है?
- गुड़िया का पसंदीदा खेल कौन से हैं?
- गुड़िया के पसंदीदा टीवी कार्यक्रम, गाने, कलाकार ... कौन हैं?
- विद्यालय के किस कार्यक्रम को गुड़िया सबसे ज्यादा पसंद करती हैं और किसे नहीं?
- क्या कोई ऐसी चीजें हैं, जिनमें गुड़िया वास्तव में अच्छी हैं तथा अन्य कुछ जिनमें वह अच्छी नहीं है और वे क्या हैं? गुड़िया कुछ विशेष कार्य क्यों नहीं कर सकती हैं (शारीरिक विशेषता, विकलांगता, अस्थायी बाध्यता, आदि के कारण)?

गुड़िया कक्षा में प्रवेश करती है

शिक्षकों द्वारा प्रत्येक गुड़िया के व्यक्तित्व तथा ऐतिहासिक पृष्ठभूमि को बनाते समय के सामूहिक सत्रों के दौरान, उस नए 'व्यक्ति' के साथ जुड़ने के लिए उन्हें अनेक अवसर प्रदान किए गए। उनके पास अपनी गुड़िया को घर ले जाने और उसके लिए नए कपड़े खरीदने या बनाने का भी

अवसर था (ताकि गुड़िया कक्षा में हर समय एक ही तरह के कपड़े पहनकर न आए)। इस प्रकार, शिक्षक अपनी गुड़िया को जान पाए और अपनी कक्षा में बच्चों से परिचय कराते समय ज्यादा आत्मविश्वास में रहे।

जब शिक्षकों ने कक्षा के समय बच्चों का परिचय अपनी गुड़ियाओं से करवाया, तो उन्होंने बच्चों से कहा कि उनकी आयु का एक बच्चा दूसरे विद्यालय से उनसे मिलने आया है। सभी छह शिक्षकों ने गुड़िया को एक 'विशेष कुर्सी' (ब्राउन, 2001, पृ 22) प्रदान करने के स्थान पर उसे अपनी गोद में बैठाने को प्राथमिकता दी। इस प्रकार वे गुड़िया पर एक ज्यादा बेहतर नियंत्रण रखने में सक्षम रहे। यह मुलाकात बहुत लंबी नहीं रही, क्योंकि इसका प्राथमिक लक्ष्य गुड़िया की आदतों, पसंद तथा नापसंद, आदि के संबंध में थोड़ी-बहुत जानकारी दे कर उसका बच्चों के साथ एक प्राथमिक संबंध स्थापित करना था। अतः, इस बार कोई कहानी नहीं सुनाई गई; बल्कि शिक्षक के माध्यम से गुड़िया के प्रश्नों को पूछ कर बच्चों को नए 'मित्र' के साथ समान आधार की पहचान करने के लिए प्रेरित किया गया। गुड़िया ने शिक्षक के कान में 'धीरे से कुछ कहा' और फिर शिक्षक ने बच्चों से कहा: 'दिमित्री[2] जानना चाहता है कि क्या आप बाहर के खेल भी पसंद करते हैं...'। उसके बाद बच्चे बारी-बारी से बताने लगे।

गुड़िया के कक्षा के बाहर जाने के समय सभी शिक्षक सतर्क थे: वह एक 'वास्तविक' बच्चे की तरह बाहर गई। इसका अर्थ यह है कि उन्होंने बच्चों के सामने गुड़िया को कभी बैग में नहीं डाला और न ही उन्होंने बच्चों को कभी यह नहीं देखने दिया कि गुड़िया को अलमारी में रखा जाता है।

दिमित्री के साथ यह हुआ...

यह इस परियोजना में भागीदारी करने वाले शिक्षकों में से एक ने इस नमूना कहानी को बनाया तथा चार वर्ष के बच्चों की अपनी कक्षा में उसे साझा किया:

दिमित्री जब अंतिम बार मिलने आया था, तो वह बहुत खुश था। क्या आपको याद है कि वह अपने माता-पिता तथा छोटी बहन के साथ नाव से एक छोटे से द्वीप पर छुट्टी मनाने गया था? उन्होंने वहाँ पर बेहतरीन समय बिताया, उन्होंने रेत में खुबसूरत किले बनाए, उन्होंने तैराकी की और पानी के कुछ खेलों को भी आजमाया! क्या आपको याद है कि दिमित्री ने क्या बताया था कि उसने सबसे बड़ा किला बनाया था?

[बच्चों के जवाब]

लेकिन आज दिमित्री बहुत उदास महसूस कर रहा है। क्या आप बता सकते हैं कि कब कोई उदास होता है?

[बच्चों के जवाब]

[2] इस पाठ में सभी पर्सोना डॉल के नाम एवं व्यक्तित्व काल्पनिक हैं और कक्षा के वास्तविक बच्चों के साथ इनका कोई संबंध नहीं है।

हाँ, यह बिल्कुल सही बात है! वह दूसरों के साथ खेलना पसंद नहीं करता है, उसका चेहरा अलग दिखता है और वह बहुत ज्यादा बोलना नहीं चाहता है। क्या आप मुझे बताना चाहेंगे कि दिमित्री को किस बात ने दुखी किया है?

[बच्चों के जवाब]

अच्छा, कल वह हमेशा की तरह विद्यालय गया। वह दिन के अपने सबसे बेहतरीन समय, अर्थात, बाहर खेलने के लिए इंतजार न कर सका! जब वह अपने विद्यालय के बगीचे में दौड़ता है, पेड़ों पर चढ़ता है और छोटे पहाड़ियों से फिसलता है, तो वह बहुत उत्साहित महसूस करता है! वह अपने दोस्तों को रेत के बक्से में किला बनाकर दिखाना चाहता था! लेकिन जब वह बच्चों के एक समूह के पास खेलने के लिए गया, तो उन्होंने कहा कि वे उसे अपने खेल में शामिल नहीं करना चाहते हैं, क्योंकि वह चश्मा पहनता है। उन्होंने उसे कहा कि ऐसे मोटे चश्मे वाले बच्चे तेज नहीं दौड़ सकते हैं और गतिविधियों में दूसरे बच्चों की तरह बेहतर प्रदर्शन नहीं कर पाते हैं, और इस प्रकार वे प्रतिस्पर्धा के समय अपने दल को हरा देते हैं।

जब दिमित्री ने कहा कि यह सच नहीं है, तो बच्चे उसे चिढ़ाने लगे और उससे कहने लगे 'चार आँखें, चार आँखें।'

आप क्या सोचते हैं कि इससे दिमित्री को कैसा महसूस हुआ?

[बच्चों के जवाब]

दिमित्री ने मुझसे पूछने के लिए कहा है कि, क्या आपको कभी विद्यालय में किसी खेल से बाहर किया गया है, आपका मज़ाक बनाया गया है या आपकी हँसी उड़ाई गई है। क्या हुआ था? इससे आपको कैसा महसूस हुआ?

[बच्चों के जवाब]

दिमित्री नहीं जानता है कि उसे क्या करना है। वह अपने दोस्तों के साथ बाहर खेलना वास्तव में पसंद करता है और नहीं मानता है कि चश्मा पहनना उसके दल को कोई खेल जीतने से रोकता है। आप क्या सोचते हैं, उसे क्या करना चाहिए?

[बच्चों के जवाब]

दिमित्री कहता है कि आपने उसे बहुत से अच्छे विचार प्रदान किए हैं। वह कहता है कि वह अपने विद्यालय में आपके विचारों से प्रयास करेगा और देखेगा कि क्या वे कार्य करते हैं। वह उसकी मदद के लिए आपको धन्यवाद कहता है और क्या हुआ यह बताने के लिए फिर आने का वादा करता है।

शिक्षक ने यह सुनिश्चित किया कि दिमित्री एक हफ्ते के पश्चात उनकी कक्षा में वापस आए और बताए कि उसने बच्चों के विचारों तथा सलाहों का उपयोग कर अन्यायपूर्ण बहिष्करण का कैसे हल निकाला। परियोजना में भागीदार अन्य शिक्षकों ने समान परिदृश्यों का निर्माण किया तथा उन्हें बच्चों को सुनाया। उनकी कहानियाँ उन बच्चों के बारे में थीं जिनके साथ भेदभाव किया गया था तथा उनके समकक्षों द्वारा खेल से बाहर रखा गया था; हसन नाम का एक बालक अपनी त्वचा के रंग के कारण बाहर रखा गया था, कैटरीना नाम की लड़की अपने मोटापे के कारण बाहर रखी गई, ईयानिस नाम का लड़का अपने लिंग के कारण बाहर रखा गया; पेट्रोस नाम का एक लड़का सुनने की मशीन लगाने के कारण बाहर रखा गया तथा अंत में मारियेला नाम की लड़की को अच्छी तरह ग्रीक नहीं बोलने के कारण बाहर किया गया था।

ग्रीक में आरंभिक वर्षों की संस्थापना में पर्सोना डॉल – परिणाम

चूंकि, एक लंबी अवधि के दौरान क्रियाविधि तथा आँकड़ों के त्रिकोणीयकरण के उपयोग के बाद इसका विकास (डेंजिन, 1978) हुआ है; अतः यहाँ पर परिणामों को सिर्फ सारांशित किया जाएगा और इस अध्याय में पूरी तरह से नहीं प्रस्तुत किया जाएगा।

बच्चों को हुए लाभ

- अपनी तथा दूसरे बच्चों की विविधता से अवगत हुए
- अपनी कक्षा तथा समाज में विविधता को महत्त्व देना प्रारंभ कर दिया और विभिन्न जीवनशैलियों की समृद्धि के संबंध में जागरूकता का निर्माण हुआ
- रूढ़िवादिता तथा विविधता के कारण बहिष्करण का प्रतिरोध करने में ज्यादा समर्थ हुए
- अपनी खुद की पहचान के साथ-साथ अपने समूह तथा अपनी प्रतिष्ठा के प्रति ज्यादा विश्वासी हो गए
- क्या न्यायपूर्ण है तथा और क्या न्यायपूर्ण नहीं है, उसके संबंध में विचारों का अन्वेषण किया तथा स्वयं और दूसरे बच्चों के लिए खड़ा होना सीखा
- कहानी कहने का आनंद लेना, सुनने तथा सक्रिय भागीदारी के कौशलों को विकसित करना सीखा
- गहन चिंतन को विकसित किया
- अपनी शब्दावली को व्यापक किया
- समस्या-सुलझाने के कौशल का अभ्यास किया
- बात करते समय एक-दूसरे का सम्मान करना सीखा
- भावनाओं को अभिव्यक्त करना तथा अन्य लोगों की भावनाओं का सम्मान करना सीखा
- आपसी हितों के लिए सक्रियतापूर्वक भागीदारी के महत्त्व को समझा
- अन्य लोगों की समस्याओं के लिए सहानुभूतिपूर्ण तथा परवाह करने वाले हो गए

शिक्षकों को हुए लाभ

- अपने पूर्वाग्रहों तथा गैर-समावेशी दृष्टिकोण के संबंध में ज्यादा अवगत हो गए
- विविधता तथा समावेशन मामलों के ज्ञान तथा समझ में वृद्धि हुई
- विशेष भेदभावपूर्ण दृष्टिकोण को छोड़ा तथा अपने समान अवसर वृत्तियों में सुधार किया
- पहले से अनुमान लगाना बंद करना सीखा
- अपनी कक्षा में एक समावेशी नीति विकसित की और सहयोगियों तथा अपने निदेशकों को पूरी संस्थापना में इस नीति को लागू करने के लिए सहमत करने का प्रयास किया

- उन्होंने यह सीखा कि, अपने विचारों को बच्चों पर थोपना नहीं चाहिए
- एक विस्तृत तथा सटीक शब्दावली का प्रयोग कर बच्चों को अपनी भावना प्रकट करने में सहायता करना सीखा
- अपने सहयोगियों के साथ सहयोगपूर्ण तरीके से कार्य करना सीखा
- एक-दूसरे का ज्यादा सम्मान करना तथा दूसरों की समस्या से सहानुभूति रखना सीखा
- बच्चों को अपने भय से निपटने में सहायता करना सीखा
- 'मुश्किल' तथा 'असहज' मामलों को उठाने में ज्यादा आत्मविश्वासी हो गए
- कहानी सुनाने के अपने कौशल का अभ्यास किया
- बच्चों तथा अन्य वयस्कों के साथ सृजनात्मक संवाद करने के मूल सिद्धांतों को सीखा

फिर भी, शिक्षकों को पर्सोना डॉल के उपयोग के दौरान कुछ समस्याओं का सामना करना पड़ा। शिक्षकों ने सूचित किया कि उन्हें कहानी सुनाने के प्रति आश्वस्त होने में काफी लंबा समय लगा। उन्हें प्रारंभिक सत्रों के दौरान बच्चों का प्रबंधन करने में भी समस्याओं का सामना करना पड़ा। इसके अतिरिक्त कई बार यह रिकॉर्ड किया गया कि, शिक्षकों ने बच्चों के प्रश्नों तथा टिपणियों का पूर्वाग्रह-मुक्त तरीके से उत्तर नहीं दिया।

एक अन्य मुद्दा गुड़िया को अपनी गोद में बिठाने और उसकी ओर से बात करने की अनिच्छा थी। उन्हें ऐसा लगता था कि वे 'बेवकूफ' प्रतीत हो रहे हैं और उन्होंने स्वयं को शिक्षक की जगह पर अभिनेता महसूस कर रहे थे। सभी प्रतिभागियों में यह पारस्परिक भावना थी कि वे अनाश्रित महसूस कर रहे थे। हालांकि, बाद के सत्रों में उनमें से अधिकतर में से यह भावना तीव्रता से समाप्त हो गई। और अंत में, शिक्षकों ने अभिभावकों से द्विपक्षीय पुष्टिपत्र प्राप्त होने की सूचना दी। कुछ अन्य लोगों ने परियोजना के लिए बहुत उत्साहवर्धक संदेशों को व्यक्त किया, इसमें शामिल होने तथा किसी प्रकार से सहायता करने की इच्छा प्रकट की। अभिभावक बच्चों पर पर्सोना डॉल के सकारात्मक प्रभाव से अत्यंत प्रसन्न थे और वे अध्ययन के संबंध में ज्यादा जानना तथा इस प्रक्रिया में शामिल होना चाहते थे। वहीं दूसरी तरफ, कुछ ऐसे अभिभावक थे जिन्होंने शिक्षकों के द्वारा नस्लवाद, विकलांगता, धर्म तथा पारिवारिक जीवनशैली जैसे 'नाज़ुक' मुद्दों को गुड़ियों के माध्यम से उठाने पर सख्त शिकायतें दर्ज कराई। वे सोचते थे कि, उनके बच्चे ऐसे मामलों को जानने के लिए बहुत छोटे हैं और कई बार कुछ अभिभावकों ने बहिष्करण का नज़रिया प्रस्तुत किया। दुर्भाग्यवश, वे ऐसे अभिभावक थे जो ठीक इन्हीं मुद्दों पर चर्चा हेतु आयोजित शिक्षक-अभिभावक सत्रों में आने से बचते थे। सौभाग्यवश, विरोध करने वाले अभिभावकों की संख्या तुलनात्मक रूप से कम थी।

निष्कर्ष

पर्सोना डॉल की विधि शिक्षण हेतु एक शक्तिशाली, हानिरहित, शैक्षिक उपकरण है। पर्सोना डॉल को आरंभिक वर्षों की शिक्षा के बच्चों के साथ-साथ प्राथमिक विद्यालय की आरंभिक कक्षाओं के

लिए भी तैयार किया जाता है। कथा वाचन के माध्यम से छोटे बच्चों को विविधता एवं समावेशन के बारे में सक्रियतापूर्वक सिखाया जाता है। बच्चे स्वयं तथा अन्य लोगों के संबंध में बेहतर जागरूकता विकसित करते हैं, समस्या सुलझाने वाले बन जाते हैं तथा स्वयं एवं दूसरों के लिए एक नई मिसाल पेश करते हैं।

ग्रीस की आरंभिक वर्षों की संस्थापनाओं में शिक्षण तथा समावेशी वृत्तियों को अंगीकृत करने के एक माध्यम के रूप पर्सोना डॉल की विधि को कार्यान्वित किया गया। इस प्रकार प्राप्त परिणाम, पर्सोना डॉल के उपयोग से संबंधित संदर्भग्रंथ-सूची में वर्णित परिणामों के अनुरूप हैं (ब्राउन, 2001, 2008; एटिन एवं अन्य, 200; पर्सोना डॉल ट्रेनिंग, 2012, तिथि अज्ञात; स्मिथ, 2006ए, 2006बी; टॉस, 1987; व्हिटनी, 1999)।

हालांकि इस उपकरण को मुख्यतः प्रशिक्षित पेशेवरों के लिए डिजाइन किया गया है, लेकिन आरंभिक वर्षों के अध्येता शिक्षकों पर किये गए परीक्षण में भी इसे सफल पाया गया है (डेलिगियानी एवं अन्य, 2012; दिमित्रियादी, कोलारा एवं मिशाली, 2013)।

वर्तमान में, हम विद्यालयों में बदमाशी रोकने के लिए पर्सोना डॉल में निहित शक्तियों का अन्वेषण कर रहे हैं। यह हमारा सशक्त विश्वास है कि, शिक्षा में समानता हर बच्चे का अधिकार है और इसे सभी देशों में प्रत्येक शिक्षा की नीति की प्राथमिकता सूची में पहले आना चाहिए। बच्चे सीखने के लिए कभी बहुत छोटे नहीं होते हैं और यह महत्त्वपूर्ण है कि वे हमारे आसपास के नकारात्मक तथा नुकसान पहुँचाने वाले संदेशों पर जितनी जल्दी हो सके, उतनी जल्दी प्रतिक्रिया करना सीखें। आरंभिक वर्षों के शिक्षण कार्यक्रमों के माध्यम से सभी के समावेशन को प्रोत्साहित करने की नींव तैयार की जानी चाहिए, क्योंकि आज के बच्चे कल के नागरिक बनेंगे।

संदर्भ

Bannon, K. (2011, July 16). *Persona Dolls*. Retrieved from http://www.everylittlegirl.com/blog/personadolls/ (accessed 2 April 2012).

Bell, J. (1993). *Doing your research project: A guide for first time researchers in education, health and social science*. Maidenhead: Open University Press.

Bisson, J. R. (2001). *Story telling with Persona Dolls*. Retrieved from http://www.teachingforchange.org/wp-content/uploads/2012/08/ec_personadolls_english.pdf (accessed 19 November 2012).

Βίτσου, Μ. & Αγτζίδου, Α. [Vitsou, M. & Agtsidou, A.] (2008). Persona Dolls: Ο Αντισταθμιστικός Ρόλος τους κατά των Διακρίσεων [Persona Dolls: Their counterbalancing role against discrimination]. Στο Δ. Μ. Κακανά & Γ. Σιμούλη (Επιμ.), Η Προσχολική Εκπαίδευση στον 21ο Αιώνα: Θεωρητικές Προσεγγίσεις και Διδακτικές Πρακτικές (σσ. 275–282). Αθήνα: Επίκεντρο. [In D. M. Kakana & G. Simouli (Eds.), Early childhood education in the

21st century: Theoretical approaches and teaching practices (pp. 275–282). Athens: Epikentro].

Brown, B. (1998). *Unlearning discrimination in the early years*. London: Trentham Books.

———. (2001). *Combating discrimination: Persona Dolls in action*. London: Trentham Books.

———. (2002). The power of Persona Dolls [Supplemental material, loose-leaf pages]. *Practical Pre-School, 31*, 13–14.

———. (2008). *Equality in action: A way forward with Persona Dolls*. London: Trentham Books.

Centre for Education for Racial Education in Scotland. (2004). *Origin and purpose of Persona Dolls*. Retrieved from http//:www.education.ed.ac.uk/ceres/Projects/Persona.htm (accessed 21 January 2011).

Centre for Equality and Innovation in Early Childhood. (2012). *About diversity dolls*. Retrieved from http://www.geocities.com/glendamacnaughton/DDolls/intro.html (accessed 28 May 2012).

Clough, P. & Nutbrown, C. (2002). *A student's guide to methodology*. London: SAGE.

Coady, M. (2004). Ethics in early childhood research. In G. MacNaughton, S. A. Rolfe & I. Siraj-Blatchford (Eds), *Doing early childhood research: International perspectives on theory and practice* (pp. 64–72). Buckingham: Open University Press.

Cohen, L., Manion, L. & Morrison, K. (2000). *Research methods in education* (5th ed.). London: Routledge.

Δεληγιάννη, Α., Κολλάρα, Σ. & Μιχαλή, Μ. [Deligianni, A., Kollara, S. & Michali, M.] (2012). Παίζοντας με τις Κούκλες: Πρακτικές στο Βρεφονηπιακό Σταθμό (Playing with the dolls: Practices in early years education settings). Σ. Δημητριάδη (επιμ.) [In S. Dimitriadi (Ed.)]. Αδημοσίευτη πτυχιακή εργασία (Unpublished dissertation). Αθήνα: Τμήμα Προσχολικής Αγωγής, Τ.Ε.Ι. Αθήνας [Athens: Department of Early Childhood Education, T.E.I. of Athens].

Denscombe, M. (2003). *The good research guide*. Maidenhead: Open University Press.

Denzin, N. (1978). *The research act* (2nd ed.). New York: McGraw-Hill.

Derman-Sparks, L. (1989). *Anti-bias curriculum: Tools for empowering young children*. Washington, D.C.: National Association for the Education of Young Children (NAEYC).

Δημητριάδη, Σ. (2001). Διερεύνηση των Ζητημάτων Διαφορετικότητας και Διακρίσεων στην Εκπαίδευση των Μικρών Παιδιών (Exploring diversity and bias in early years education). Στο Α. Κοντογιάννη & Ε. Ντολιοπούλου (Επιμ.), Μετα-πτυχιακά: Εξελίξεις και Προοπτικές στην Προσχολική και Πρωτοσχολική Αγωγή, 3, 191–200. Αθήνα: Ελληνικά Γράμματα. [Dimitriadi, S. (2001). Exploring diversity and bias in early years education. In A. Kontogianni & E. Doliopoulou (Eds), Post-gratuate: Developments and prospects in early childhood education (pp. 3, 191–200). Athens: Ellinika Grammata.]

Δημητριάδη, Σ. & Σταμούλου, Α. (2009). Απόψεις και Στάσεις παιδαγωγών σχετικά με τη Διαφορετικότητα και τις Διακρίσεις στον παιδικό σταθμό (Teacher's views and attitudes towards diversity and discrimination in the nursery). Στο Α. Τριλιανός & Ι. Καράμηνας (Επιμ.), Ελληνική Παιδαγωγική & Εκπαιδευτική Έρευνα (Greek Pedagogical & Educational Research) τ. Α΄(σσ. 606–617). Αθήνα: Ατραπός. [Dimitriadi, S. & Stamoulou, A. (2009). Teacher's views and attitudes towards diversity and discrimination in the nursery. In A. Trilianos & I. Karaminas (Eds), Greek pedagogical & educational research (vol. A, pp. 606–617). Athens: Atrapos.]

Dhalberg, G., Moss, P. & Pence, A. (1999). *Beyond quality in early childhood education and care: Postmodern perspectives*. London: Routledge.

Dimitriadi, S. (1997). *Addressing issues of diversity and discrimination in the education of young children and promoting an anti-bias curriculum in early childhood education: An examination of practices in pre-school settings in Greece* (MEd dissertation thesis). Hull University, Hull, UK.

———. (2011). Being alike, being different: An exploration in Greek nurseries and pre-school centres. *Journal of Educational Chronicle, 2*(2), 1–14.

Dimitriadi, S., Kollara, S. & Michali, M. (2013, May). *Introducing Persona Dolls to the pre-school classroom*. Paper presented at the eighteenth International Conference of the APPAC (Association of Psychology & Psychiatry for Adults and Children), Athens, Greece.

Dimitriadi, S., Papadaki, T. & Makrogkika, E. M. (2010, May). *Equal opportunities: Principles and practices in Greek Early Years Classroom*. Paper presented at the fourth World Congress of the APPAC, Athens, Greece.

Δημητρόπουλος, Ε. [Dimitropoulos, E.] (2001). Εισαγωγή στη Μεθοδολογία της Επιστημονικής Έρευνας: Ένα Συστημικό Δυναμικό Μοντέλο [Introduction to scientific research methodology: A systemic, dynamic model]. Αθήνα: Έλλην [Athens: Hellin].

Edwards, A. (2004). Qualitative designs and analysis. In G. MacNaughton, S. A. Rolfe & I. Siraj-Blatchford (Eds), *Doing early childhood research: International perspectives on theory and practice* (pp. 117–135). Buckingham: Open University Press.

Enßlin, U. & Henkys, B. (2003). Vielfalt ins Gespräch bringen mit Persona Dolls (Diversity with Persona Dolls). In C. Preissing & P. Wagner (Eds), *Kleine kinder-keine vorurteile? Interkulturelle und vorurteilsbewusste arbeit in kiTas* (*Small children—no prejudices? Intercultural and anti-bias work in nurseries*). Freiburg: Herder.

Etienne, R., Verkest, H., Kerem, E. A. & Meciar, M. (2008). *Developing practice-based research with Persona Dolls for social and emotional development in early childhood*. London: Children's Identity and Citizenship in Europe (CiCe).

Gaine, B. & van Keulen, A. (1997). *Anti-bias training approaches in the early years: A guide for trainers and teachers*. Utrecht: MUTANT.

Hughes, P. (2004). Paradigms, methods and knowledge. In G. MacNaughton, S. A. Rolfe & I. Siraj-Blatchford (Eds), *Doing early childhood research: International perspectives on theory and practice* (pp. 31–55). Buckingham: Open University Press.

Hucker, K. (2001). *Research methods in health, care and early years*. London: Heinemann.

Irish, N. A. (2009). *Evaluating the effectiveness of an ububele Persona Doll: Emotional literacy programme for preschoolers from Alexandra township* (MEd [Educational Psychology] dissertation thesis). University of the Witwatersrand, Johannesburg, South Africa.

Jacobson, T. (2003). *Confronting our discomfort: Clearing the way for anti-bias in early childhood.* Portsmouth: Heinemann.

James, A. & Prout, A. (Eds). (1990). *Constructing and reconstructing childhood.* Basingstoke: Falmer Press.

Konstantoni, K. (2009, 2–5 September). *Why do you think nobody wants to play with Emma?: Persona Dolls, participatory methods and methodological issues in researching young children's views on exclusion.* Paper presented at the ninth Conference of European Sociological Association, Lisbon.

Lindon, J. (1998). *Equal opportunities in practice*. London: Hodder & Stoughton.

Λιόλιου, Ε. [Lioliou, E.]. (2011). *Διερεύνηση Αντιλήψεων και Στάσεων Παιδιών Προσχολικής Ηλικίας σε Ζητήματα Ετερότητας με την Αξιοποίηση της Μεθόδου Persona Doll* [Exploring opinions and attitudes of pre-school children on issues of 'the other', using the Persona Doll method] Διπλωματική Εργασία [Phd thesis]. Πανεπιστήμιο Θεσσαλίας, Βόλος. [University of Thessaly, Volos].

MacNaughton, G. (1999, 17 June). *Changing attitudes with Persona Dolls.* Keynote address presented at the *Persona Doll Project Conference*, London.

MacNaughton, G., Rolfe, S. & Siraj-Blatchford, I. (Eds). (2004). *Doing early childhood research: International perspectives on theory and practice*. Buckingham: Open University Press.

MacNaughton, G. & Williams, G. (1998). *Techniques for teaching young children: Choices in theory and practice*. Melbourne: Longman.

Mallory, B. L. & New, R. S. (Eds). (1994). *Diversity and developmentally appropriate practices: Challenges for early childhood education.* New York: Teacher's College, Columbia University.

McCracken, J. B. (1993). *Valuing diversity: The primary years*. Washington, D.C.: NAEYC.

Mickelburgh, J. (2012). Persona Dolls. *In Early Years Foundation Stage Forum.* Retrieved from http://eyfs.info/articles/article.php?Persona-Dolls-133 (accessed 19 November 2012).

Millam, M. (2002). *Anti-discriminatory practice: A guide for workers in childcare and education.* London: Continuum International Publishing.

Milner, D. (1983). *Children and race: Ten years on.* Hong Kong: Ward Lock Educational.

Neugebauer, B. (1992). *Alike and different: Exploring our humanity with young children*. Washington, D.C.: NAEYC.

Nutbrown, C. (2002). *Research studies in early childhood education*. London: Trentham Books.

———. (2006). *Key concepts in early childhood education & care*. London: SAGE.

Pagett, S. (2005, 22–29 December). Persona Dolls: Hello Dolly! *Nursery World*, 105(4000), 19.

Persona Doll Training. (n.d.). *Celebrating diversity: Inclusion in practice* [Support Book & Video]. London: Persona Doll Training.

———. (n.d.). *Persona Dolls in action* [Support Book]. London: Persona Doll Training.

———. (2011). *Understanding bullying: Understanding children who are bullied and challenging those who bully*. London: Persona Doll Training.

———. (2012). *Equality in practice, learning by doing*. Retrieved from http://www.persona-doll-training.org/ukhome.html (accessed 23 October 2012).

Peters, W. (Producer & Director). (1970). *The eye of the storm* [Television documentary]. USA: ABC News.

———. (1987). *A class divided: Then and now* (Expanded ed.). Chelsea, Michigan: Yale University Press.

Pugh, G. (Ed.). (1996). *Contemporary issues in the early years: Working collaboratively for children* (2nd ed.). Weston-super-Mare: Paul Chapman Publishing/National Children's Bureau.

Respectme. (n.d.). *Persona Dolls*. Retrieved from http://www.respectme.org.uk/Persona-Dolls.html (accessed 05 March 2012).

Roberts-Holmes, G. (2006). *Doing your early years research project: A step by step guide*. London: Paul Chapman.

Save the Children & The Refugee Council. (2001). *In safe hands: A resource and training pack to support work with young refugee children*. London: Save the Children.

Siraj-Blatchford, I. (1995). *The early years: Laying the foundations for racial equality*. London: Trentham Books.

Siraj-Blatchford, I. & Clarke, P. (2000). *Supporting identity, diversity and language in the early years*. Buckingham: Open University Press.

Siraj-Blatchford, I. & Siraj-Blatchford, J. (2004). Surveys and questionnaires: An evaluative case study. In G. MacNaughton, S. A. Rolfe & I. Siraj-Blatchford (Eds), *Doing early childhood research: International perspectives on theory and practice* (pp. 149–161). Buckingham: Open University Press.

Siraj-Blatchford, J. & Siraj-Blatchford, I. (2002). *Educating the whole child: Cross-curricular skills, themes and dimensions*. Buckingham: Open University Press.

Smith, C. (2005). *Report on Persona Doll Valley Pilot Training Project*. Cape Town, South Africa: Persona Doll Training/Western Cape Education Department.

Smith, C. (2006a, 20–24 September). *Persona Dolls: Human rights, inclusion and diversity in practice*. Paper presented at the thirtieth IBBY Congress: Children's Books and Social Development, Macau, China. Retrieved from http://www.ibby.org/index.php?id=678 (accessed 22 March 2012).

———. (2006b). *Persona Dolls: Making a difference* [Manual and DVD]. Kalk Bay, South Africa: Persona Doll Training.

Taus, K. (1987). *Teachers as storytellers for justice* (Unpublished master's thesis). Pacific Oaks College, Pasadena, CA.

Whitney, T. (1999). *Kids like us: Using Persona Dolls in the classroom*. St. Paul, Minnesota: Redleaf Press.

5

समावेशी शिक्षा के लिए प्रभावी शिक्षणशास्त्र: मध्यस्थता के द्वारा शिक्षण अनुभव की भूमिका

डोरोथी आर. हॉवी

यह अध्याय विविधता तथा समावेशन हेतु प्रभावी शिक्षणशास्त्र के भाग के तौर पर, सांस्कृतिक रूप से उपयुक्त तरीके से अभिभावकों द्वारा अपने शिशुओं के शिक्षण के आरंभिक चरण में मध्यस्थता (मीडिएशन) के महत्त्व का अन्वेषण करता है। यह सशक्त सैद्धांतिक निहितार्थों के आधार पर ऐसे मध्यस्थता के लिए अंतर्राष्ट्रीय स्तर अपनाई गई विधियों की रूपरेखा तैयार करता है और इस तरीके से संबंधित व्यापक शोध पर चर्चा करता है।

मानवीय मध्यस्थता तथा मध्यस्थता के द्वारा शिक्षण अनुभव

शिक्षण में मानवीय मध्यस्थता की भूमिका के लिए एक सशक्त सैद्धांतिक तथा अनुभवजन्य आधार है। शिक्षण के अपने सामाजिक-सांस्कृतिक सिद्धांत में व्यगोत्स्की (1978) समाजिक अंतःक्रिया तथा उस सामाजिक अंतःक्रिया में सांस्कृतिक उपकरणों से मानवीय मध्यस्थता को शिक्षण के केंद्र के रूप में मानने पर बल देते हैं।

फ्यूरस्टीन (फ्यूरस्टीन, फ्यूरस्टीन, फलिक एवं रैंड, 2006) ने न केवल व्यगोत्स्की के मानवीय मध्यस्थता के सिद्धांत के समान मध्यस्थता द्वारा प्राप्त शिक्षण के अनुभव के सिद्धांत को पेश किया है, बल्कि उन्होंने मानवीय मध्यस्थता के मापदंड को व्यवहार में लाने का कार्य भी किया है।

फ्यूरस्टीन मानवीय मध्यस्थता को बच्चों के शिक्षण और विचार क्षमता के लिए महत्त्वपूर्ण मानते हैं, जो बच्चों और उनकी दुनिया के बीच आते हैं तथा बच्चे की उस दुनिया में मध्यस्थता करते है एवं उसे व्यवस्थित करते हैं।

फ्यूरस्टीन सर्वप्रथम अपने अनुसार हर संस्कृति में पाए जाने वाले सार्वभौमिक मापदंडों के एक समूह की सूची बनाते हैं। यह सूची इस प्रकार है:

1. वैचारिक मध्यस्थता तथा शिक्षण के लक्ष्य का पारस्परिक-साझाकरण
2. शिक्षण की जरूरत तथा इसके महत्त्व की भावना के साथ अर्थपूर्ण मध्यस्थता
3. तात्कालिक शैक्षिक लक्ष्य के परे जाकर उत्कृष्ट मध्यस्थता

उसके बाद वह गैर-सार्वभौमिक मापदंडों की सूची बनाते हैं, जिन्हें विभिन्न संस्कृतियों में भिन्न मात्राओं में पाया जा सकता था। वे इस प्रकार हैं:

1. सक्षमता की भावना का मध्यस्थता
2. नियमन तथा व्यवहार पर नियंत्रण का मध्यस्थता
3. व्यवहार के साझाकरण का मध्यस्थता
4. व्यक्तिगत तथा मनोवैज्ञानिक विशिष्टीकरण का मध्यस्थता
5. लक्ष्य की तलाश, लक्ष्य निर्धारण एवं लक्ष्य प्राप्ति के व्यवहार का मध्यस्थता
6. चुनौती का मध्यस्थता: नवीनता तथा जटिलता की खोज
7. परिवर्तित होने वाले एक निकाय के रूप में मनुष्य की जागरूकता का मध्यस्थता
8. एक आशावादी विकल्प के लिए खोज का मध्यस्थता
9. संबद्धता का मध्यस्थता

मध्यस्थता के ये मापदंड, विशेषकर जिन्हें सार्वभौमिक मापदंड के तौर पर निरूपित किया गया है, प्रभावी शिक्षण प्रणाली के मापदंड से बारीकी से मेल खाते हैं। उदाहरण के लिए, न्यूजीलैंड के राष्ट्रीय पाठ्यक्रम दस्तावेज (न्यूजीलैंड शिक्षा मंत्रालय, 2007) में जैसा निरूपित किया था: स्कॉटिश बॉर्डर्स उच्च गुणवत्तायुक्त शिक्षण-अधिगम प्रक्रियाओं के लिए सभी शिक्षकों एवं विद्यालयी समुदाय के प्रमुख सदस्यों के साथ-साथ अभिभावकों को तैयार करने हेतु मध्यस्थता द्वारा प्राप्त शिक्षण अनुभव का उपयोग करते हैं (हॉवी, 2011)।

इस प्रकार के मध्यस्थता की सांस्कृतिक प्रक्रियाओं के संबंध में व्यगोत्स्की तथा फ्यूरस्टीन के संदेश महत्त्वपूर्ण हैं, जो हमें यह सुनिश्चित करने के लिए प्रेरित करते हैं कि शिशुओं के लिए आरंभिक दौर में मनुष्य द्वारा मध्यस्थता सांस्कृतिक रूप से संवेदनशील और उपयुक्त है।

व्यगोत्स्की का शिक्षण का सामाजिक-सांस्कृतिक सिद्धांत सीखने तथा विचार-विमर्श को सामाजिक रूप से मध्यस्थता किए जाने के कारण सीखने वाले के विशिष्ट सामाजिक परिप्रेक्ष्य के अंदर सन्निहित देखता है। यह व्यगोत्स्की के एक मुख्य कथन में प्रदर्शित होता है: 'बच्चे के विकास

में हर प्रकार्य दो बार आता है: प्रथम लोगों के *बीच* (अंतः मनोवैज्ञानिक) तथा फिर बच्चे के अंदर (आंतर-मनोवैज्ञानिक)...सभी उच्चतर प्रकार्य मनुष्यों के बीच वास्तविक संबंधों के रूप में उत्पन्न होते हैं' (1978, पृ 57, *मूल में इसपर जोर दिया गया है*)।

रूस में सांस्कृतिक अल्पसंख्यकों समूहों के बच्चों की शिक्षा के संदर्भ में व्यगोत्स्की के अनुभव के कारण उनके भीतर व्यक्ति के शिक्षण में संस्कृति की भूमिका पर सकारात्मक दृष्टिकोण विकसित हुआ तथा उन्होंने ऐसे बच्चों की शिक्षा को शिक्षण एवं संस्कृति की अंतः क्रिया को शामिल करने वाले अध्ययन के तौर पर आवश्यक माना (व्यगोत्स्की, 1929, सुट्टन में उद्धृत, 1988)।

रॉगोफ (1990, 2003) ने आरंभिक बाल्यावस्था शिक्षण के इस सिद्धांत को विस्तृत किया। उन्होंने उस कार्य के सांस्कृतिक निहितार्थ की सार्थकता पर चर्चा की।

फ्यूरस्टीन (फ्यूरस्टीन एवं अन्य, 2006) की मान्यता है कि, यदि किसी की अपनी संस्कृति में मध्यस्थता द्वारा प्राप्त शिक्षण अनुभव अपर्याप्त है, तो वह सांस्कृतिक रूप से वंचित रहेगा। वह मध्यस्थता किए शैक्षिक अनुभव को संज्ञानात्मक परिवर्तनशीलता तथा गरीबी जैसे 'बाहरी' घटकों के कारण संज्ञानात्मक विकास में संभावित अवरोधों से पार पाने की क्षमता के रूप में भी देखते हैं। फ्यूरस्टीन के सहयोगियों ने निम्न, मध्यम तथा उच्च सामाजिक-आर्थिक परिप्रेक्ष्यों के परास में मध्यस्थता किए गए शैक्षिक अनुभव के माध्यम से छोटे बच्चों की संज्ञानात्मक परिवर्तनशीलता को प्रदर्शित किया है।

अभिभावक-बच्चे के बीच शुरुआती सहभागिता में मध्यस्थता हेतु पनीना क्लेन उपागम

बार-इलान विश्वविद्यालय, इज़राइल के शिक्षा विभाग में वर्तमान प्रोफेसर पनीना क्लेन ने मध्यस्थता के संबंध में शिशुओं की बौद्धिक तथा सामाजिक-भावनात्मक आवश्यकताओं के समाधान के लिए अपने *मीडिएशनल इंटरवेंशन फॉर सेंसटाइजिंग केयरगिवर्स* (एमआईएससी यानी मिस्क) पर कुछ वर्षों के लिए अंतर्राष्ट्रीय शोध किया है। उन्होंने छोटे बच्चों के सीखने की क्षमता को प्रोत्साहित करने के लिए अभिभावक-बच्चे के बीच शुरुआती सहभागिता की गुणवत्ता सुधारने के लिए मिस्क को विकसित किया है।

मिस्क कार्यक्रम गुणवत्तायुक्त मानवीय मध्यस्थता हेतु फ्यूरस्टीन द्वारा निरूपित तीन सार्वभौमिक मध्यस्थता मापदंडों पर आधारित है, तथा इसमें फ्यूरस्टीन द्वारा उल्लेखित एवं क्लेन के द्वारा गुणवत्तापूर्ण वयस्क-बच्चे की परस्पर क्रियाओं में उल्लेखनीय रूप से महत्त्वपूर्ण माने गए दो अतिरिक्त मापदंड भी शामिल हैं। हालांकि, क्लेन के लिए इन चुने गए मापदंडों में से प्रत्येक की विशिष्ट परिभाषाएँ हैं, एवं मापदंड के संबंध में प्रत्येक की सूचना अनुसंधान कार्यवाही के द्वारा प्रदान की जाती है (पी. क्लेन, व्यक्तिगत पत्राचार, 2 अगस्त 2012)। इन चयनित मापदंडों की परिभाषाएँ इस प्रकार हैं (क्लेन, 2003, मुद्रित पृ 71–72):

1. *वैचारिकता तथा पारस्परिकता:* कोई कार्य अथवा कार्यों की शृंखला जो बच्चे के दृष्टिकोण या व्यवहार को प्रभावित करने के लिए निर्देशित हो। पारस्परिकता बच्चे के मौखिक, शाब्दिक या गैर-शाब्दिक प्रतिक्रिया देने पर होती है।
2. *अर्थ पर चिन्तन:* ऐसा व्यवहार जो शाब्दिक या गैर-शाब्दिक प्रभाव, उत्साह या वस्तुओं, सिद्धांतों या मूल्यों के संबंध में सराहना को अभिव्यक्त करता है।
3. *श्रेष्ठता:* बच्चे की संज्ञानात्मक जागरूकता को विस्तृत करने के लिए प्रारंभ की गई परस्पर क्रिया की तात्कालिक आवश्यकता हेतु जरूरी से ज्यादा व्यवहार।
4. *सक्षमता के मध्यस्थता की गई भावना:* सफलता के अनुभव के लिए योगदानकर्ता माने जाने वाले बच्चे के व्यवहार के विशिष्ट भाग या भागों की पहचान करने वाली शाब्दिक या गैर-शाब्दिक भावना।
5. *व्यवहार के मध्यस्थता का नियमन:* ऐसा व्यवहार, जो यह प्रतिदर्श स्थापित करे, प्रदर्शित करे और/या बच्चों को किसी भी प्रत्यक्ष कार्रवाई से पहले मौखिक रूप से सूचित करे कि, उस विशिष्ट कार्य की आवश्यकताओं या किसी अन्य संज्ञानात्मक प्रक्रिया के लिए व्यवहार को विनियमित किया जाना चाहिए।

मिस्क कार्यक्रम में बौद्धिक तथा भावनात्मक आवश्यकताओं, दोनों पर क्रियान्वयन करने वाली मध्यस्थता वाली प्रक्रियाओं के नाम तथा उदाहरण निम्नवत हैं:

1. एकाग्रचित्त होना (वैचारिकता तथा पारस्परिकता), जिसका उदाहरण बच्चों की आवश्यकताओं के अनुरूप प्रेरक माहौल के रूप में दिया जाता है।
2. उत्साहन (अर्थ), जिसका उदाहरण मौखिक, शब्दिक या गैर-शाब्दिक अनुभवों, वस्तुओं, व्यक्तियों आदि में उत्साह प्रकट करने के रूप में दिया जाता है।
3. विस्तारण (श्रेष्ठता), जिसका उदाहरण व्याख्या करने, विस्तारपूर्वक बताने, चिंतन के संज्ञानात्मक पक्षों के प्रति जागरूकता बढ़ाने के रूप में दिया जाता है।
4. प्रोत्साहित करना (सक्षमता की भावनाएँ), जिसका उदाहरण बच्चे के लिए अर्थपूर्ण बड़ाई करने तथा सफलता के कारणों का स्पष्ट पहचान करने के रूप में दिया जाता है।
5. संगठन तथा योजना निर्माण (व्यवहार का नियमन), जिसका उदाहरण गति, सटीकता, बल तथा गतिविधियों के प्राथमिकता क्रम के संबंध में नियमन के रूप में दिया जाता है।

जैसा कि क्लेन ने अपने आलेख '*इंटरैक्शन-ओरियेंटेड अर्ली इंटरवेंशन इन इथोपिया*' में वर्णित किया है (क्लेन एवं रे, 2004), मिस्क देख-भाल करने वाले लोगों (माताएँ, शिक्षक आदि) को अपने बच्चे के साथ परस्पर वार्तालाप के सकारात्मक पक्षों के प्रति संवेदनशील बनाने की एक विधि है। वे उसे तीन सैद्धांतिक संरचनाओं पर आरेखित देखती हैं:

1. एक पारिस्थितिक-सांस्कृतिक तरीका, जो एक आदर्श बच्चे, आदर्श अभिभावक, आदि के संबंध में देख-भाल करने वाले लोगों के विचार को देखते हुए, पालन-पोषण हेतु उनके

लक्ष्यों एवं उद्देश्यों पर रोशनी डालता है। अतः, मध्यस्थता हेतु मिस्क के उपयोग से पूर्व बच्चे के शिक्षण के सांस्कृतिक एवं संदर्भगत वातावरण को समझने, तथा मध्यस्थता की योजना बनाने के दौरान इन सभी कारकों को समाहित करने का प्रयास किया जाता है।

2. यह देख-भाल करने वाले लोगों एवं बच्चे के मध्य गतिशील अंतःक्रियाओं तथा इनका एक-दूसरे एवं उनके वातावरण पर प्रभाव पर विचार करते हुए एक विकासात्मक मार्ग है।
3. यह फ्यूरस्टीन के संज्ञानात्मक परिवर्तनीयता के सिद्धांत तथा व्यगोत्स्की के सामाजिक-सांस्कृतिक मध्यस्थता सिद्धांत पर आधारित मध्यस्थता उपागम है।

जैसा कि 2004 के इस आलेख में वर्णित है, मिस्क की विशिष्टताओं में देख-भाल करने वाले लोगों एवं बच्चे के बीच के संबंध के प्रति संवेदनशीलता एवं चेतना का निर्माण भी शामिल है। बच्चों के पालन-पोषण के संबंध में, वे अपने बच्चे को तथा खुद को अभिभावक के रूप में कैसे देखते हैं, वे अपने बच्चे की संज्ञानात्मक एवं भावनात्मक आवश्यकताओं को कैसे देखते हैं तथा बच्चे के साथ अपने परस्पर वार्तालाप को कैसे देखते हैं, इन बिंदुओं पर अपने खुद के विचार के संबंध में अभिभावकीय जागरूकता बढ़ाने के प्रयास किए जाते हैं।

इसके लिए बच्चों के प्राकृतिक शैक्षिक परिप्रेक्ष्यों (घर तथा आरंभिक बाल्यावस्था संस्थापना) में अवलोकनों के साथ-साथ साक्षात्कारों एवं प्रश्न-पत्रकों का उपयोग किया जाता है, और अभिभावक-बच्चे तथा शिक्षक-बच्चों की अंतःक्रियाओं का विडियोटेप बनाया जाता है। इसके बाद देख-भाल करने वाले लोगों (अभिभावक एवं शिक्षक) के साथ सहभागिता को ध्यान में रखते हुए इसका विश्लेषण किया जाता है। अंतःक्रिया के भावनात्मक वातावरण, बच्चे की संवेदनशील संकेतों के प्रति संवेदनशीलता, सकारात्मक अभिभावकीय सशक्तता पर अभिभावक अपने बच्चे को किस हद तक वार्तालाप प्रारंभ करने, उन्हें प्रोत्साहित करने, तथा उनके आगे बढ़ने का अनुसरण करने की अनुमति देते हैं सहित परिप्रेक्ष्यों की समृद्ध विविधता वाले विडियो टेप बनाया जाना तथा विश्लेषण किया जाना, उपयोग की जाने वाली मुख्य विधियाँ हैं। मिस्क कार्यक्रम के लिए आरेखित मध्यस्थता वाले मापदंडों के अवलोकन हेतु *ऑबजर्विंग मेडियेटेशनल इंटरैक्शन (ओएमआई)* (क्लेन, 1996) का उपयोग किया जाता है, और अर्ध-पेशेवरों द्वारा इन मानदंडों के उपयोग के सशक्तिकरण हेतु एक व्यक्तिगत कार्यक्रम विकसित किया जाता है, जो देख-भाल करने वाले लोगों के सांस्कृतिक संदर्भ परिप्रेक्ष्य के अंग हैं।

इस *ओएमआई* उपकरण के उपयोग तथा विभिन्न सांस्कृतिक परिप्रेक्ष्यों में फ्यूरस्टीन के मापदंड एवं मिस्क के उपयोग के जरिये अभिभावक/देख-भाल करने वाले लोगों द्वारा आरंभिक मध्यस्थता के अन्वेषण एवं अभिवर्धन की दिशा में उल्लेखनीय अनुभवाश्रित कार्य किए गए हैं।

क्लेन तथा फ्यूरस्टीन (1985) ने इज़राइल में पहले शिशु के जन्म के बाद उनके माता-पिता के साथ एक आरंभिक अध्ययन किया। जूरिएल तथा एरान (1990) ने छोटे किबुत्ज बच्चों के अभिभावकों के साथ एक अध्ययन किया, जूरिएल तथा एर्नेस्ट (1990) ने निम्न, मध्यम तथा उच्च सामाजिक-आर्थिक स्थिति (एसईएस) वाले परिवारों में जन्मे शिशुओं के माता-पिता के साथ एक अध्ययन किया, जूरिएल तथा वेस्स (1998) ने असमांगी पृष्ठभूमियों वाले दूसरी कक्षा के बच्चों

की माताओं के साथ एक अध्ययन किया, तथा क्लेन एवं एलोनी (1993) ने निम्न एसईएस, उच्च जोखिम वाली माताओं के साथ एक अध्ययन किया। ये सभी अध्ययन इज़राइल में किए गए।

क्लेन, वेइडर तथा ग्रीनस्पैन (1987) ने अमेरिका में निम्न-एसईएस, उच्च जोखिम वाली माताओं के साथ एक अध्ययन किया।

क्लेन ने अपने शोध सहयोगियों के साथ मिस्क कार्यक्रम तथा *ओएमआई* उपकरण, दोनों का उपयोग किया और विविध सांस्कृतिक परिप्रेक्ष्यों पर आधारित अनेक अन्य अध्ययनों में संलग्न रही थी। इनमें से अनेक की सूचना उनके प्रकाशन *'अर्ली इंटरवेंशन: क्रॉस-कल्चरल एक्स्पीरियेंस विद ए मेडियेटेशनल अप्रोच'* (1996) में दी गई है। इन अध्ययनों के उदाहरण स्वीडन में प्रामलिंग द्वारा अभिभावकों के मध्यस्थता पर अध्ययन (1996), श्रीलंका में फुग्लेसांग तथा शैंडलर द्वारा अभिभावकों के मध्यस्थता पर अध्ययन (1996), इडोनेशिया में हुंडिडे द्वारा अभिभावकों के मध्यस्थता पर अध्ययन (1996), तथा इथोपिया में टेफेरा तथा ट्केल (1996) एवं (2001ए, 2001 बी) द्वारा अभिभावकों के मध्यस्थता पर अध्ययन (1996) हैं।

इथोपिया में मिस्क कार्यक्रम को मध्यस्थता के एक उदाहरण के रूप में लेने पर यह स्पष्ट है कि, अदीस अबाबा में चयनित 1–3 वर्ष के बच्चों के जिन गरीब समुदायों के साथ कार्य किया गया है, उनके द्वारा इस कार्यक्रम को अपनाया जाना सुनिश्चित करने के लिए जोरदार प्रयास किए गए। इसके अतिरिक्त परियोजना दल के सदस्य भी अभिभावकों के विचारों एवं व्यवहारों के प्रति सम्मान प्रदर्शित करने तथा उनसे सीखने के लिए तैयार थे। इस प्रकार के मध्यस्थता परिवारों एवं समुदायों से आए अर्ध-पेशेवरों द्वारा किए गए थे। ये अर्ध-पेशेवर बच्चों के पालन-पोषण के सिद्धांत को समझाने, आदर्श बच्चा, अभिभावक, देख-भाल करने वाले लोग या शिक्षक, परिवार के विचारों को समझाने तथा अभिभावकों एवं अन्य लोगों को अपने अर्थपूर्ण, चुनौतीपूर्ण तथा स्नेहपूर्ण पारस्परिक क्रियाओं के लिए प्रोत्साहित करने के लिए प्रशिक्षित थे। मध्यस्थता के विषय पर परिवार के प्रत्येक सदस्य से मुलाकात के अलावा अभिभावकों के लिए सामूहिक मुलाकातों का भी आयोजन किया गया था। इनमें से अनुवर्ती मुलाकातें प्राथमिक अध्ययन के लिए मूल्यवान पाई गई। दोनों प्रकार के मध्यस्थता में सक्रिय परिप्रेक्ष्यों पर ध्यान केंद्रित करते हुए, अभिभावक-बच्चे के बीच संपन्न मध्यस्थता सत्रों के दौरान बनाए हुए विडियो टेपों उपयोग किया गया तथा मध्यस्थता की आवृति में वृद्धि को प्रोत्साहित करने के लिए मध्यस्थता के मूल मापदंडों की व्याख्या की गई। अभिभावकों को अन्य स्थितियों में मध्यस्थता का उपयोग करने के तरीकों के संबंध में सोचने के लिए भी प्रोत्साहित किया गया।

मिस्क कार्यक्रम के मध्यस्थता के पश्चात माँ–बच्चे के बीच परस्पर क्रिया की गुणवता में स्पष्ट सुधार परिलक्षित हुआ, जो समय के साथ बना रहा और इसे छह वर्ष के अनुवर्ती अध्ययन में नोट किया गया (मेलेस, 2001बी)। परिवार के अन्य सदस्यों की तरह माता और बच्चे, दोनों घरेलू सत्रों में भाग लेने लगे और अपनी अंतःक्रियाओं में ज्यादा सक्रिय प्रतिभागी बन गए। एक दिलचस्प खोज यह थी कि मिस्क कार्यक्रम का मध्यस्थता समूह विचारों के विस्तार, व्याख्याओं तथा कहानी कहने में गैर-मध्यस्थता समूह की तुलना में ज्यादा संलग्न रहा। इसके अतिरिक्त मिस्क कार्यक्रम के मध्यस्थता समूह में अभिभावकीय प्रोत्साहन की आवृति में ज्यादा सकारात्मक परिवर्तन हुआ, जिसे

नम्रता तथा लज्जा विकसित करने वाले बच्चों के लालन-पालन करने के इथोपियाई सांस्कृतिक उद्देश्यों के विपरीत देखा गया।

परंतु, शोधकर्ता यह मानते हैं कि विनम्र तथा आज्ञाकारी बच्चे बनाने के उनके सांस्कृतिक लक्ष्य के विरोधाभासी हुए बिना, इस मध्यस्थता ने उनके बच्चों की शैक्षिक क्षमता को बढ़ाने में सहायता करने में अभिभावकों की आवश्यकताओं को पूर्ण किया है।

क्लेन अपने मिस्क मध्यस्थता कार्यक्रम के लिए चुने गए तीन केंद्रीय मापदंडों की सार्वभौमिकता के संबंध में यह टिप्पणी करती हैं कि, 'विभिन्न संस्कृतियों तथा परिप्रेक्ष्यों में अंतःक्रिया की गुणवत्ता प्रदर्शित करने वाली रूपरेखा भिन्न हो सकती हैं।' वे इसे विशिष्ट विचार व्यवहारों की ओर ले जाने वाला मानती हैं। उदाहरण के लिए 'विकास के पर्याप्त अवसर से वंचित बच्चों को विचारों को आपस में जोड़ने में समस्याएँ आती है' (व्यक्तिगत पत्राचार, 2 अगस्त 2012)। 'शीर्ष' या विशिष्ट सांस्कृतिक मूल्यों से जुड़ने वाली विशिष्ट अभिभावक-बच्चा अंतःक्रियाओं को देखने और इन अंतःक्रियाओं को सृजनात्मक चिंतन व्यवहारों तथा भावनात्मक रूप से पूर्ण विचार व्यवहारों जैसे विशिष्ट एवं सकारात्मक बाल चिंतन व्यवहारों में अनूदित होने देखने में लेखिका की विशिष्ट अभिरुचि है।

क्लेन के मिस्क कार्यक्रम की तरह आरंभिक मध्यस्थता कार्यक्रमों से जुड़ी समस्याएँ एवं प्रश्न

इस क्षेत्र में प्रमुख शोधकर्ता, आरंभिक अभिभावकीय मध्यस्थता में वृद्धि के लिए एक सांस्कृतिक रूप से संवेदनशील 'पारिस्थितिक-सांस्कृतिक' मार्ग की आवश्यकता पर रोशनी डालते हैं। ज़ुरिएल (2000) कहते हैं: [मध्यस्थता] के पारस्परिक प्रभावों को एक पारिस्थितिक संरचना के अंदर समेकित करना किया जाना चाहिए' (पृ 239)। इस बात का पहले भी उल्लेख किया जा चुका है कि, क्लेन (क्लेन एवं रे, 2004) अपने मध्यस्थता के तरीके में 'पारिस्थितिक सांस्कृतिक' सैद्धांतिक संरचना को महत्त्वपूर्ण मानती हैं। किसी भी सुनियोजित आरंभिक मध्यस्थता व्यवस्था में अभिभावकों की मध्यस्थता को बढ़ाने के लिए ब्रोंफेनब्रेनर के अद्यतन पारिस्थितिक सिद्धांत (ब्रोंफेनब्रेनर एवं मॉरिस, 1998) के संरचनात्मक प्रयोग की सलाह दी जाती है, ताकि पारिस्थितिक रूप से सर्वतोमुखी विधि के जरिए अभिभावकों के मध्यस्थता का अन्वेषण किया जा सके एवं इसे प्रोत्साहन दिया जा सके।

एक महत्त्वपूर्ण प्रश्न यह है कि, मध्यस्थता के शैक्षिक अनुभव के संदर्भ में फ्यूरस्टीन के सिद्धांत के मापदंड तथा क्लेन के मिस्क कार्यक्रम एवं *ओएमआई* जाँचसूची के लिए निर्धारित मापदंड, विभिन्न सांस्कृतिक परिप्रेक्ष्यों में किस हद तक समुचित और पर्याप्त हैं। ऐसा विशेषकर तब है जब मध्यस्थता के माध्यम से प्रत्येक सांस्कृतिक परिप्रेक्ष्य में मूल्यवान तथा महत्त्वपूर्ण माने जाने वाले संज्ञानात्मक शक्तियों के निर्माण का लक्ष्य रखा गया है। सीखने के सांस्कृतिक निहितार्थ पर अपनी दृष्टि डालते हुए व्यगोत्स्की शैक्षिक स्थिति में अभिभावकों एवं शिक्षणार्थियों के द्वारा लाने वाले

मुख्य सांस्कृतिक अर्थों तथा मूल्यों की हमें याद दिलाते हैं। व्यगोत्स्की किसी विशिष्ट संस्कृति में चिंतन के सकारात्मक विशेषताओं का खुलासा करने वाले ऐसे अर्थों की सकारात्मक समझ होने की इच्छा रखते हैं (सुट्टन, 1988)।

फ्यूरस्टीन मानते हैं कि, मध्यस्थता के शैक्षिक अनुभव के उनके सिद्धांत के तीन प्रमुख सार्वभौमिक मापदंड हर संस्कृति में पाए जाते हैं।

फ्यूरस्टीन के शोध सहयोगी तथा शीर्ष व्यगोत्स्की विद्वान, कोज़ूलिन विभिन्न संस्कृतियों के मध्य ज़ुरिएल द्वारा (इथोपियाई अप्रवासी तथा मूल इज़राइली) और विभिन्न एसईएस परिवारों (निम्न एसईएस वि. उच्च एसईएस) किए गए अनेक अध्ययनों की अपनी समीक्षा में बताते हैं कि, फ्यूरस्टीन द्वारा सार्वभौमिक माने जाने वाले पहले तीन मापदंडों सहित ऐसे अभिभावकों द्वारा अभिभावकीय मध्यस्थता में उल्लेखनीय अंतर हैं।

उदाहरण के लिए, इन अध्ययनों से कुछ ऐसे प्रमाण मिले हैं जिससे यह पता चलता है कि, जिन अभिभावकों का पश्चिम के प्रति ज्यादा झुकाव है और ज्यादा पढ़े-लिखे हैं, वे श्रेष्ठ मापदंडों पर ज्यादा मध्यस्थता करते हैं, जबकि वे अभिभावक जो कम पश्चिमी हैं और जिन्हें कम औपचारिक शिक्षा प्राप्त हुई है, वे व्यवहार के नियंत्रण पर ज्यादा मध्यस्थता करते हैं। उनके अनुसार 'मध्यस्थता के मापदंड', कम-से-कम पश्चिमी अवलोकनकर्ताओं ने जैसी पहचान की है, वे शिक्षा तथा संस्कृति पर निर्भर करते हैं (ए. कोज़ूलिन, व्यक्तिगत पत्राचार, 2 अगस्त 2012)।

कोज़ूलिन (2002) के अनुसार 'इसमें कोई संदेश नहीं है कि मध्यस्थता के कुछ विशिष्ट स्वरूप सार्वभौमिक हैं' लेकिन वे अपना ध्यान इस प्रश्न पर केंद्रित करते हैं: 'मध्यस्थता की सार्वभौमिक बुनियाद का निर्माण किन घटकों से होता है और मध्यस्थता के कौन-से स्वरूप संस्कृति-विशिष्ट हैं?' (पृ 24)। वे यह भी कहते हैं कि 'यह ज्ञात करना महत्त्वपूर्ण है कि, क्या विभिन्न संस्कृतियों और विभिन्न सामाजिक समूहों में मध्यस्थता के अर्थ एवं महत्त्व में समानता है (उपरोक्त)।'

न्यूजीलैंड के परिप्रेक्ष्य में माओरी अभिभावकों तथा देख-भाल करने वाले लोगों के साथ किए गए अपने अध्ययन (हॉवी, 2003ए) में मैंने पाया कि, उन्होंने मध्यस्थता के अपने विशिष्ट अर्थ का निर्माण किया था, जो उनकी संस्कृति में मूल्यवान माने जाने वाली शिक्षा के मध्यस्थता के लिए अतिरिक्त एवं समृद्ध मापदंड प्रदान करते हैं। हमारे द्विसांस्कृतिक तथा बहुसांस्कृतिक समाज में माओरी के साथ सहभागिता में किसी मध्यस्थता में सांस्कृतिक अर्थों की पुष्टि अत्यावश्यक है (हॉवी, 2003बी)।

क्लेन के मिस्क कार्यक्रम में मध्यस्थता से संबद्ध साहित्य में इसके लिए कुछ सलाह दी गई है, जैसे कि क्लेन के द्वारा सूचित किया गया (2003) कि मध्यस्थता के दो प्रकार हो सकते हैं: एक पश्चिमी विश्लेषणात्मक तरीका तथा एक पारंपरिक सर्वांगीण तरीका। क्लेन तर्क देती हैं कि विश्लेषणात्मक तरीका 'आज अधिकतर अभिभावकों का उद्देश्य है, अतः, 'यह विद्यालय में पूर्व विश्लेषणात्मक मध्यस्थता के अनुभवों के लिए विशेष आवश्यकताओं का सृजन करता है (पृ 81)।' हालांकि, एक बेहतरीन अध्याय '*फेसिलिटेटिंग कल्चरल मेडिएशन: इंडोनेशिया*' में उनके सहयोगी हुंडिडे वास्तव में सांस्कृतिक मध्यस्थता के विभिन्न स्वरूपों: विश्लेषणात्मक, पूछताछ माध्यम; कथावाचन; वर्णनात्मक माध्यम; संभाषण वाली कहानी को कहना; नाटकीय रूपांतरण

तथा भूमिका निर्वाहन; संगीत, गाने, नृत्य तथा मुद्राएँ, मध्यस्थता के प्रतिष्ठित तथा आरेखीय स्वरूप; एवं उपमाओं तथा प्रतिकृतियों के सांस्कृतिक रंगपटल पर बल देते हैं। हुंडिडे जोर देते हैं कि कहानी कहना तथा नाटकीय रूपांतरण 'अनेक संस्कृतियों में किए जाने वाले मध्यस्थता के प्राकृतिक तरीके हैं' और कहते हैं: विभिन्न पारंपरिक संस्कृतियों में शिक्षाप्रदाताओं तथा अभिभावकों के साथ संगोष्ठियों एवं परिचर्चाओं के माध्यम से मैंने पाया है कि, सांस्कृतिक मध्यस्थता के विभिन्न स्वरूप हैं। उनके कुछ उपागम हमारे लिए सूचनाप्रद एवं महत्त्वपूर्ण हो सकते हैं, साथ ही हमारे भी कुछ तरीके उनके लिए उपयोगी सिद्ध हो सकते हैं (हुंडिडे, 1996, पृ 117)।

यहाँ पर दो विचारणीय प्रश्न हैं। पश्चिमी मध्यस्थता के ढांचे पर अधिक बल दिये जाने से महत्त्वपूर्ण सांस्कृतिक मूल्य एवं प्रथाएँ उपेक्षित हो सकती हैं, क्योंकि यह विशिष्ट सांस्कृतिक समूहों के लिए मूल्यवान हैं। उदाहरण के लिए, हुंडिडे (1996) जकार्ता की झुग्गी बस्ती में बच्चों के बीच नैतिक गुणवत्ता को प्रोत्साहित करने में अभिभावकों के महत्त्व का वर्णन करते हैं, और ऐसे परिवारों के संज्ञानात्मक संवर्धन के लिए हमारे पश्चिमी कार्यक्रमों में अंतर्निहित बुद्धिमत्ता की अवधारणा की प्रासंगिकता पर प्रश्न करते हैं। दूसरा प्रश्न यह है कि, जब तक हम सांस्कृतिक मध्यस्थता के विभिन्न स्वरूपों के हुंडिडे द्वारा निरूपित मध्यस्थता के सर्वांगीण तथा बहुमुखी मार्ग नहीं समझते तथा अपनाते हैं, तब तक जिन परिवारों के साथ हम कार्य करते हैं और जिस दुनिया में हम रहते हैं, उसकी विविध सांस्कृतिक समृद्धि को बिना समाहित किए तथा उसका उत्सव मनाए बिना हम शिक्षित नहीं होंगे।

संदर्भ

Bronfenbrenner, U. & Morris, P. (1998). The ecology of developmental processes. In W. Damon & R. Lerner (Eds), *Handbook of child psychology: Theoretical models of human development, Vol. 1*. New York: Wiley.

Feuerstein, R., Feuerstein, Ra. S., Falik, L. H. & Rand, Y. (2006). *The Feuerstein instrumental enrichment program*. Jerusalem: International Centre for the Enhancement of Learning Potential.

Fuglesang, A. & Chandler, D. (1996). Child focus through mediated learning experience in Sri Lanka. In P. S. Klein (Ed.), *Early intervention: Cross-cultural experiences with a mediational approach*. New York: Garland.

Howie, D. R. (2003a). *Thinking about the teaching of thinking*. Wellington: New Zealand Council for Educational Research.

———. (2003b). *Crossing boundaries: The cultural imperative*. Paper presented at the ninth International Conference of the International Association for Cognitive Education & Psychology, Seattle.

———. (2005). *Early learning and mediation*. Paper presented at the tenth International Conference of the Association for Cognitive Education & Psychology, Durham.

———. (2011). *Teaching students thinking skills and strategies: A framework for cognitive education in inclusive settings*. London: Jessica Kingsley.

Hundeide, K. (1996). Facilitating cultural mediation: Indonesia. In R. S. Klein (Ed.), *Early intervention: Cross-cultural experiences with a meditational approach*. New York: Garland.

Klein, P. S. (Ed.). (1996). *Early intervention: Cross-cultural experiences with a meditational approach*. New York: Garland.

———. (2003). Early intervention: Mediational intervention for sensitising caregivers. In A. S. Seng, L. K. Pou & O. Tan (Eds), *Mediated learning experience with children*. Singapore: McGraw-Hill.

Klein, P. S. & Alony, S. (1993). Immediate and sustained effects of maternal mediating behaviours on young children. *Journal of Early Intervention*, *17*(2), 177–193.

Klein, P. S. & Feuerstein, R. (1985). Environmental variables and cognitive development. In S. Harel & N. J. Anastasiou (Eds), *The at-risk infant: Psycho/socio/medical aspects*. Baltimore, Maryland: Paul Brookes.

Klein, P. S. & Rye, H. (2004). Interaction-oriented early intervention in Ethiopia: The MISC approach. *Infants and Young Children*, *17*(4), 340–354.

Klein, P. S., Weider, S. & Greenspan, S. L. (1987). A theoretical overview and empirical study of mediated learning experience: Prediction of preschool from mother–child interaction patterns. *Infant Mental Health Journal*, *8*(2), 110–129.

Kozulin, A. (2002). Sociocultural theory and mediated learning experience. *School Psychology International*, *23*(2), 7–35.

———. (2003). Psychological tools and mediated learning. In A. Kozulin, B. Gindis, V. Ageyev & S. Miller (Eds), *Vygotsky's educational theory in cultural context*. New York: Cambridge University Press.

Melese, E. (2001a). *Early psychological intervention in Ethiopia* (Unpublished doctoral dissertation). University of Bergen, Norway.

———. (2001b). The more intelligent and sensitive child (MISC). In P. S. Klein (Ed.), *Seeds of hope: Twelve years of early intervention in Africa*. Oslo: University of Oslo/Unipub Forlag.

New Zealand Ministry of Education. (2007). *National curriculum*. Wellington: New Zealand Government.

Pramling, I. (1996). Upgrading the quality of early childhood education: Sweden. In P. S. Klein (Ed.), *Early intervention: Cross-cultural experiences with a mediational approach*. New York: Garland.

Rogoff, B. (1990). *Apprenticeship in thinking: Cognitive development in social context*. Oxford: Oxford University Press.

———. (2003). *The cultural nature of human development*. Oxford: Oxford University Press.

Sutton, A. (1988). L. S. Vygotskii: The cultural–historical theory, national minorities and the zone of next development. In R. M. Gupta & P. Coxhead (Eds), *Cultural diversity and learning efficiency*. London: Macmillan.

Teferra, T. & Tckle, L. W. (1996). Mediational intervention for sensitising caregivers: Ethiopia. In P. S. Klein (Ed.), *Early intervention: Cross-cultural experiences with a mediational approach*. New York: Garland.

Tzuriel, D. (2000). Developmental perspectives of mediated learning experience theory. In A. Kozulin & Y. Rand (Eds), *Experience in mediated learning: An impact of Feuerstein's theory in education and psychology*. Oxford: Pergamon.

Tzuriel, D. & Eran, Z. (1990). Inferential cognitive modifiability of Kibbitz young children as a function of mother–child mediated learning experience (MLE) interactions. *International Journal of Cognitive Education and Mediated Learning*, *1*(2), 103–117.

Tzuriel, D. & Ernst, D. (1990). Cognitive modifiability of young children and mother–child mediated learning experience (MLE) in low, medium and high-SES. *International Journal of Cognitive Education and Mediated Learning*, *1*(2), 119–135.

Tzuriel, D. & Weiss, S. (1998). Cognitive modifiability as a function of mother–child mediated learning strategies. Mothers' acceptance–rejection, and children's personality. *Early Development and Parenting*, *7*(2), 79–99.

Vygotsky, L. S. (1978). *Mind in society: The development of higher psychological processes*. Cambridge, Massachusetts: Harvard University Press.

6

प्राग्विद्यालय (प्री-स्कूल) के बच्चों को नैतिक मूल्यों की शिक्षा

ग्यूलिशन आल्प्योजि

यह अध्याय वर्णन करता है कि, क्यों मैंने इस पुस्तक की रचना प्राग्विद्यालयी बच्चों में नैतिक मूल्यों को विकसित करने की अभिलाषा रखने वाले शिक्षकों की सहायता करने हेतु की। किसी ऐसी परियोजना के प्रारंभ में बहुत से प्रश्न मन में घुमड़ते हैं। छोटे बच्चे क्यों? विद्यालय में क्यों? किस प्रकार के मूल्य? मैं शुरुआत में ही आपको यह समझाने का प्रयास कर रही हूँ कि, मेरे विचारानुसार विद्यालयों में प्राग्विद्यालयी बच्चों को नैतिक मूल्यों की शिक्षा देना क्यों आवश्यक है। फिर मैं हर मूल्य का वर्णन करूंगी और अंत में उन विधियों का भी वर्णन करूंगी, जिनके आधार पर प्राग्विद्यालयी बच्चों में नैतिक मूल्यों को स्थापित करने के इस लक्ष्य को प्राप्त करना संभव हो सकेगा।

नैतिक मूल्य एवं उनकी सार्थकता

हर समाज में मूल्यवान मानी जाने वाली परंपराएँ होती हैं; लेकिन वे समय के साथ परिवर्तित हो सकती हैं और किसी समाज की परंपरा अन्य समाजों में प्रथागत नहीं होती हैं। उदाहरण के लिए, अपने अभिभावकों या अन्य बुजुर्गों के समक्ष धूम्रपान न करना या शिक्षक के कक्षा में प्रवेश करने पर खड़ा हो जाना, लोगों के द्वारा सम्मान प्रकट करने के तरीके हैं। ये प्रथाएँ समय के साथ परिवर्तित हो सकती हैं या अलग-अलग समुदायों में इसके स्वरूप में भिन्नता हो सकती है। लेकिन 'सम्मान' के महत्त्व को अधिकतर समाजों में स्वीकार किया जाता है। मैंने 10 सार्वभौमिक आदर्शों का चयन

किया है, जिन्हें अधिकतर समुदाय में शांतिपूर्वक जीवन-यापन में समर्थ होने के लिए अनिवार्य माना जाता है। विश्व के विभिन्न हिस्सों में किए गए शोध यह दिखाते हैं, और इस बात को बच्चों ने भी माना है कि, झूठ बोलना या लापरवाह होना ऐसी चीजें हैं जिन्हें लोगों को नहीं करना चाहिए, क्योंकि वे दूसरों के साथ-साथ अपने लिए भी हानिकारक हो सकती हैं (नुक्की, 2000)। मेरे द्वारा चुने गए 10 आदर्श इस प्रकार हैं:

1. चयन
2. ईमानदारी
3. प्रेम
4. सम्मान
5. साहस
6. अच्छाई
7. उत्तरदायित्व
8. न्याय
9. मित्रता
10. शांति

शिशुओं को आदर्शों की शिक्षा दिए जाने के कारण

इन आदर्शों को सीखना महत्त्वपूर्ण इसलिए है, क्योंकि जिन्होंने इसे अंगीकार किया, वे ज्यादा आत्म-विश्वासी हैं, अपने लिए निर्णय ले सकते हैं और अपनी अधिकतर समस्याओं को स्वयं सुलझा सकते हैं। इससे भी महत्त्वपूर्ण बात यह है कि, जिन बच्चों ने इन आदर्शों को अपनाया है और विकल्प का चयन करते समय इनको दिमाग में रखते हैं, वे प्रसन्न बच्चे बनते हैं (ऑन्डर, 2003)। जो उन आदर्शों से आबद्ध नहीं रहते हैं, वे समाज में बहिष्कृत, असफल और नाखुश रखते हैं (आयरे एवं आयरे, 1993)। समुदायों को ठीक से कार्य करने के लिए हमें इन आदर्शों का सम्मान करने वाले नागरिकों की आवश्यकता है। यदि ये आदर्श वास्तव में अस्तित्व में नहीं हैं, तो समाज अस्थिर हो जाता है।

शोध दिखाते हैं कि बच्चे बहुत कम आयु से इन आदर्शों को आत्मसात करना प्रारंभ कर देते हैं (ग्रुसेक एवं कुक्जाइंस्की, 1997)। आमतौर पर आदर्शों की शिक्षा घर से प्रारंभ होती है। अभिभावक अपने बच्चे के लिए प्रेरणास्रोत होते हैं। इसके अतिरिक्त, वे व्याख्या कर सकते हैं कि हम विशिष्ट स्थितियों में कैसे और क्यों व्यवहार करते हैं। इस प्रकार, छोटे बच्चे आदर्शों की महत्ता और वे क्यों महत्त्वपूर्ण हैं, इन्हें समझ जाते हैं। आज के समय में अधिकतर माताएँ भी नौकरीपेशा होती हैं, तो

हमारे पास दो कामकाजी अभिभावक होते हैं, जिनके पास अपने परिवार की समस्याओं पर ध्यान देने तथा उनके व्यवहारों के संबंध के कारण की व्याख्या करने के लिए स्पष्ट रूप से बहुत कम समय है। इसके अतिरिक्त एकल अभिभावक परिवार भी हैं, जहाँ अभिभावक शारीरिक तथा भावनात्मक रूप से अतिभारित होते हैं, और उनके पास बातचीत करने का भी समय नहीं होता है। अकेले छोड़ दिए जाने वाले बच्चे बहुत ज्यादा टीवी देखते हैं और कुछ ऐसे कार्यक्रमों से नकारात्मक रूप से प्रभावित होते हैं, जिसमें वे बहुत-सी ऐसी घटनाओं को देखते हैं जिन्हें वे समझ नहीं सकते हैं। जब वे अकेले टीवी देखते हैं, तो वे अंतर नहीं समझ सकते हैं कि इस कड़ियों में क्या सही है और क्या गलत है, क्या अच्छा है और क्या बुरा है, क्या उचित तथा क्या अनुचित है। स्क्रीन से उनके द्वारा प्राप्त संदेशों की तुलना में अभिभावकों से प्राप्त दुर्लभ सूचनाएँ दुर्बल होती हैं। वे टीवी से सूचनाओं को प्राप्त करते हैं, चाहे वे उसमें से अधिकतर का गलत अर्थ समझें।

ऐसे भी परिवार हैं जो लगातार भ्रमण पर रहते हैं। किसी निश्चित निवास स्थान की अनुपस्थिति बच्चों को प्रतिकूल तरीके से प्रभावित कर सकती है। वे आदर्शों को आसानी से विकसित नहीं कर सकते हैं क्योंकि कुछ हद तक हर समुदाय एक-दूसरे से भिन्न है। इस प्रकार, विभिन्न संस्कृतियों में घुलने-मिलने पर वे स्वाभाविक रूप से भ्रमित हो जाते हैं और नहीं जान पाते हैं कि, वास्तव में किन आदर्शों को अंगीकृत करना है।

शिशुओं को आदर्शों की शिक्षा किस प्रकार प्रदान करें

नैतिक मूल्यों को परीक्षण-त्रुटि विधि से आसानी से नहीं सीखा जा सकता है। अभिभावकों या शिक्षकों को उन्हें समझने में बच्चों की मदद करने की आवश्यकता होती है। प्राग्विद्यालय (प्री-स्कूल) के बच्चे अमूर्त सिद्धांतों का निर्माण नहीं कर सकते हैं। आदर्श अमूर्त अवधारणाएँ हैं। अतएव, कार्य करने के लिए बच्चों को कुछ ठोस तथ्यों की जरूरत होती है, ताकि वे आदर्शों के अर्थों को समझें। इस लक्ष्य को पाने के लिए मैंने कुछ उदाहरणों तथा कार्य करने हेतु कुछ तथ्यों की आपूर्ति करने का प्रयास किया है। सर्वप्रथम, मैंने यह वर्णित करने का प्रयास किया है कि, प्रत्येक आदर्श से मेरा क्या अर्थ है, ताकि शिक्षक या अभिभावक जान सकें कि मैं किसके बारे में बात कर रही हूँ। इन आदर्शों को सिखाने में सक्षम होने के लिए, शिक्षक के मन में प्रत्येक आदर्श की छवि स्पष्ट होनी चाहिए। उसके बाद, मैंने वयस्कों को बच्चों के साथ कहानी के अंतर्निहित मूल्य की चर्चा करने में सक्षम बनाने हेतु, हर मूल्य का वर्णन करने वाली एक विस्तृत कहानी लिखी है। बच्चों को इन मूल्यों को समझने तथा कार्य करने में सक्षम बनाने हेतु इस पुस्तक में मैंने हर मूल्य से संबद्ध गतिविधियों, खेलों, गानों या कविताओं, किस्सों या कहानियों तथा नाट्य गतिविधियों को संग्रहित किया है। इस अध्याय में मैं यह व्याख्या करने का प्रयास कर रही हूँ कि, इन आदर्शों से मेरा क्या अर्थ है और बच्चों से उनके संबंध में किस प्रकार बात की जानी चाहिए

शुरुआत कैसे करें और किन विधियों का पालन करें

चूंकि बच्चे अभिभावकों के साथ तुलनात्मक रूप से कम समय और विद्यालय में ज्यादा समय व्यतीत करते हैं, इसलिए मेरा यह दृढ़ विश्वास है कि बच्चों को आदर्शों की अवधारणाओं के साथ-साथ बच्चों की सहायता के दायित्व को भी अपने कंधों पर लेना चाहिए। शिक्षण-अधिगम प्रक्रिया के माध्यम से शिक्षक बच्चों के व्यवहार को बदलने का लक्ष्य रखते हैं। शिक्षा प्रदान करते समय वे स्वयं को कथनों में अभिव्यक्त करते हैं, जिनमें ये आदर्श सन्निहित होते हैं, क्योंकि शिक्षकों के दिल में भी ये आदर्श मौजूद होते हैं। वे उनसे परिचित हैं। अतः, वे आसानी से बच्चों के लिए प्रेरणास्रोत बन सकते हैं। लेकिन बच्चों को हर समय 'कहने' के बजाय प्रश्न पूछ कर निर्देशित करना महत्त्वपूर्ण है, जिससे वे अवगत हो जाएँ कि वे क्या कह रहे हैं और वे क्यों इस तरह व्यवहार कर रहे हैं। छोटे बच्चों के लिए ऐसा करना आसान नहीं है, क्योंकि बच्चों को यह महसूस कराना कि वे एक धारणा बना रहे हैं और इसके कारणों को समझाना महत्त्वपूर्ण है। बच्चों में जागरूकता बनाने के लिए प्रश्न पूछना 'स्पष्टीकरण प्रत्युत्तर तकनीक' कहलाती है (राथ्स, हार्मिन एवं सिमन, 1978)। जब एक बच्चा/बच्ची मूल्य-निर्णय करने वाला एक वक्तव्य देता/देती है या व्यवहार करता/करती है, तो शिक्षक बिना धारणा बनाए हुए बच्चे/बच्ची से प्रश्न पूछता है। बच्चे ने जिससे शुरुआत की है, शिक्षक सिर्फ उसे दुहरा सकता है। उदाहरण के लिए, यदि बच्चा कहता है कि 'लड़कियाँ मूर्ख होती हैं', तो शिक्षक प्रश्न कर सकता है कि 'तो तुम सोचते हो कि लड़कियाँ मूर्ख होती हैं।' शिक्षक उसके बाद और प्रश्न कर सकता है, 'ऐसा तुमने कितने समय से महसूस किया है? और फिर 'क्या तुम मुझे बता सकते हो कि लड़कियाँ मूर्ख क्यों होती हैं?' निस्संदेह, बच्चों को यह लगना चाहिए कि उनका मूल्यांकन नहीं हो रहा है, जिसके लिए शिक्षक का लहजा और व्यवहार बहुत महत्त्वपूर्ण है। ऐसे ही कुछ प्रश्नों के उदाहरण नीचे दिए गए हैं:

1. कुछ ऐसा है, जो तुम्हारे लिए मूल्यवान है?
2. क्या तुम इसके लिए खुश हो?
3. जब ऐसा हुआ तो तुम्हें कैसा लगा?
4. तुमको ऐसा कितने समय तक लगा?
5. क्या उसे तुमने स्वयं चुना?
6. इससे तुम्हारा क्या अर्थ है?
7. क्या तुम कह रहे हो कि ... (जो उसने कहा था उसे दुहराएँ)
8. क्या तुमने कहा कि ... (कुछ विकृत तरीके से उसे दुहराएँ)

इस तकनीक में राथ्स के 30 प्रश्न हैं। बच्चों को यह समझाने कि उसने जो बिना सोचे कहा है, वह 'अनुचित' क्यों है, तथा इसे अन्य तरीकों से समझा जा सकता है या यह हानिकारक हो सकता है, इन प्रश्नों का उपयोग किया जाता है। शिक्षक बच्चों को आदर्शों से अवगत कराने के लिए 'स्पष्ट प्रतिक्रिया' का उपयोग कर सकते हैं, लेकिन छोटे बच्चों को हर आदर्श को समझाने के लिए ज्यादा

ठोस तथ्यों की आवश्यकता होती है। इसके अतिरिक्त, शिक्षक को अपने द्वारा सिखाए जाने वाले हर आदर्श पर स्पष्ट होने की आवश्यकता होती है। अतः, हर आदर्श की व्याख्या करने की आवश्यकता होती है। आइए हम इन आदर्शों पर विचार करें:

चयन

चयन का अर्थ है:

1. बिना किसी प्रभाव के स्वतंत्र रूप से चुनने में समर्थ होना। हमें अवश्य याद रखना चाहिए कि बच्चे अपने समकक्ष से भी प्रभावित हो सकते हैं। यदि एक बच्चा नीला गुब्बारा चाहता है, तो हर कोई एक नीला गुब्बारा चाहता है।
2. अवश्यतः एक वास्तविक चयन होना चाहिए। यदि विकल्प बहुत ज्यादा समान हैं, तो यह वास्तविक विकल्प नहीं है। प्रदान किया जाने वाला एक विकल्प इस प्रकार होना चाहिए, 'क्या तुम गेंद खेलना चाहते हो या एक बाइक चलाना चाहते हो?'
3. परिणामों को स्वीकार करने में सक्षम होना। इसका अर्थ परिणामों के संबंध में सोचने तथा उन्हें स्वीकार करने या तदनुरूप चुनने में समर्थ होना। चिड़ियाघर जाने का अर्थ है कि एक पसंदीदा कार्टून कार्यक्रम छूट जाना।

यदि बच्चा कुछ ऐसा चुनता है, जिसे आपकी अनुमति नहीं है, तो उसके चयन को गलत बताने और इस चयन के संबंध में दोषी महसूस कराने के स्थान पर उसके चयन के परिणामों के संबंध में चेतावनी देना बेहतर है। उसे शर्मिंदा महसूस नहीं कराया जाना चाहिए।

उदाहरण

विकल्प के समय में बात करने के दौरान विषय बच्चे के समझ में आना वाला होना चाहिए:

1. उदाहरण के लिए, एक ऐसी बच्ची के संबंध में बात करें, जो एक सुंदर तस्वीर बनाती है। शिक्षक उसे बताती हैं कि वह इसे फ्रेम में लगाएँगी और विद्यालय में टाँगेगी, लेकिन दूसरी तरफ अगर वह इसे घर ले जाती है तो उसकी माँ उस तस्वीर को फ्रिज के ऊपर रखेंगी। अब उसे तय करना होगा कि क्या करना है।
2. एक अन्य उदाहरण एक बच्चे के संबंध में है। उसके पिता उसे हर हफ्ते जेब खर्च के लिए कुछ पैसे देते हैं। वह उन पैसों से स्टीकर खरीद सकता है, लेकिन यदि वह तीन हफ्तों तक बचत करे, तो वह जमा पैसों से एक गेंद खरीद सकता है। अब उसे क्या करना चाहिए?

यदि बच्चे बुद्धिमतापूर्वक तथा स्वतंत्र रूप से चयन करना सीख लेते हैं, तब जब उनका सामना एक मूल्य से होता है, तो वे इसे आत्मसात कर सकते हैं और परिणामों को स्वीकार कर सकते हैं। अतः, चयन मूल्यों की शिक्षा का प्रथम चरण है।

प्रेम

प्रेम पर दो हिस्सों में विचार कर सकते हैं: स्वयं से प्रेम करना तथा दूसरों से प्रेम करना। यदि कोई व्यक्ति प्रसन्न नहीं है, या अंतःशांति की स्थिति में नहीं है, तो उस व्यक्ति को दूसरों से प्रेम करने में दिक्कत होने वाली है।

स्वयं से प्रेम करना

स्वयं से प्रेम करने का अर्थ है कि, आप स्वयं को अपने वास्तविक स्वरूप में स्वीकार करते हैं। इसका अर्थ है कि स्वयं के साथ शांति की स्थिति में रहना। इसका अर्थ है कि जीवित रहने पर प्रसन्न रहना। शिक्षकों को अवश्य याद रखना चाहिए कि, बच्चे अपने दोस्तों से प्रभावित होते हैं। यदि अन्य बच्चे किसी बच्चे का मज़ाक उड़ाते हैं, तो इससे वह बच्चा आहत महसूस कर सकता है और उसमें हीन भावना आ सकती है। शिक्षकों को इस प्रकार के व्यवहारों के प्रति सतर्क रहना चाहिए। अपने बचपन में वे जो न कर पाए लेकिन आज कर सकते हैं, उन चीजों की चर्चा कर शिक्षक बच्चों को स्वयं की सराहना करने में सहायता कर सकते हैं। वे बात कर सकते हैं कि कैसे हर बच्चा विशिष्ट है तथा सबको ठीक एक समान होने की आवश्यकता नहीं है। इसे प्रदर्शित करने का एक तरीका कमरे के एक अलग हिस्से में कपड़े से ढका एक आइना रख कर बच्चों से एक विशिष्ट व्यक्ति से मिलने से जाने के लिए कहना है। हर किसी की बारी समाप्त होने तक बच्चों को उस व्यक्ति का खुलासा न करने को कहा जाता है। उसके बाद शिक्षक बता सकते हैं कि हर बच्चा विशेष और विशिष्ट है।

दूसरों से प्रेम करना

दूसरों से प्रेम करने का अर्थ है कि दूसरों के साथ अच्छा बर्ताव करना, क्योंकि आप उन्हें पसंद करते हैं।

एक खेल के जरिए बच्चों में इस मनोदशा का विकास हो सकता है। हर बच्चा एक सहभागी का चयन करता है और जब संगीत बजना प्रारंभ होता है, तो वे सभी नृत्य करना प्रारंभ कर सकते हैं। जब संगीत रूकता है, तो वे एक-दूसरे को गले लगाते हैं।

तब फिर से संगीत प्रारंभ होता है और बच्चे नाचते हैं। इस बार जब संगीत बंद होता है, तो चार या ज्यादा बच्चों को शामिल हो कर एक-दूसरे को गले लगाना चाहिए। अंतिम बार जब संगीत रूकता है, तो सभी बच्चे एक-दूसरे से गले मिल कर एकसाथ एकत्रित हो जाते हैं।

जब हम बच्चों से प्रेम के संबंध में बात करते हैं, तो हम बात कर सकते हैं कि कैसे:

1. प्रेम एक अच्छी भावना है
2. प्रेम ध्यान दे रहा है और सुन रहा है
3. प्रेम सुरक्षा कर रहा है
4. प्रेम अन्यों के प्रति सहिष्णुता प्रदर्शित कर रहा है
5. जिनसे आप प्रेम करते हैं, प्रेम उनके साथ साझाकरण है

जब हम बच्चों को उल्लिखित शीर्षकों के द्वारा प्रेम की व्याख्या कर रहे हैं, तो हमें अवश्य नहीं भूलना चाहिए कि ये बच्चे हमसे इसी प्रकार का ध्यान, सुरक्षा तथा सहिष्णुता चाहते हैं।

सम्मान

सम्मान पर भी दो हिस्सों में विचार कर सकते हैं: स्वयं के लिए सम्मान तथा दूसरों के लिए सम्मान।

सम्मान का अर्थ है कि किसी व्यक्ति या वस्तु का मूल्य समझना। अतएव, सम्मान में लोगों के साथ-साथ जानवर और पेड़-पौधे भी शामिल हैं।

आत्म-सम्मान

आत्म-सम्मान का अर्थ है कि आप स्वयं की कद्र करते हैं और आप जो हैं और आपने जो किया है, उससे प्रसन्न हैं तथा आपको उसका स्वाभिमान है। यह स्वयं की देखभाल करना तथा इसके लिए गर्व महसूस करना है। छोटे बच्चों को इसके संबंध में समझाने के लिए उनसे उन चीजों के संबंध में पूछा जाता है, जो वे कर सकते हैं। आत्म-विकास महत्त्वपूर्ण है। उनसे पूछें कि जब वे बीमार पड़े थे, तो उन्हें कैसा लगा था। अतः अच्छा रहने के लिए उन्हें अपनी देखभाल करने की जरूरत है। इसका अर्थ यह है कि आप अपने शरीर और मन की देखरेख करें। इसका अर्थ यह है कि, आपको ऐसे कार्य करने चाहिए जिसके लिए आपको खेद न जताना पड़े या शर्मिंदा न होना पड़े। यदि आपके पास आत्म-सम्मान है, तो दूसरों का सम्मान करना ज्यादा आसान हो जाता है।

दूसरों का सम्मान

प्राग्विद्यालय (प्री-स्कूल) के बच्चों को दूसरों के सम्मान के संबंध में बतलाना कठिन है, क्योंकि वे आत्मकेंद्रित होते हैं और दूसरों के संबंध में अपने बाद ही सोचते हैं। सम्मान का अर्थ ज्यादा विनम्र होना तथा 'कृपया', 'धन्यवाद', 'इसका उल्लेख न करें' आदि जादुई शब्दों का प्रयोग करना है। इसका अर्थ दूसरों के साथ वैसा ही व्यवहार करना है, जैसा कि वे स्वयं के लिए चाहते हैं। यदि आप किसी को धक्का दें, तो वह आपको वापस धक्का देगा। यदि आप उनके साथ विनम्रतापूर्वक व्यवहार करते हैं, तो आपके साथ भी समान व्यवहार हो सकता है। दूसरों के साथ सम्मानपूर्वक व्यवहार में हर कोई शामिल है। आप जिस तरीके से दूसरों के साथ व्यवहार करते हैं, उससे उन्हें पता चलता है कि आप उनके बारे में क्या विचार रखते हैं। सम्मान संबंध के बारे में है। यदि लोग सम्मानपूर्वक व्यवहार करें तो उतनी ज्यादा हिंसा नहीं होगी। छोटे बच्चों के समक्ष सम्मान की व्याख्या करने का सर्वश्रेष्ठ तरीका आदर्श बनना है। यदि अभिभावक तथा शिक्षक बच्चों के प्रति सम्मान दिखाएं, तो बच्चे दूसरों का सम्मान करना सीख सकते हैं। बच्चों के प्रति सम्मान प्रकट करने का तात्पर्य यह है कि, उनकी बातों को ध्यानपूर्वक सुनना, जब आप बात कर रहे हैं तो आँखों से संपर्क बनाए रखना, उनकी शिष्टता को पसंद करना और उनके द्वारा अशिष्टता के प्रदर्शन पर यह कहना कि आप दुखी (गुस्सा नहीं) हैं (बोर्बा, 2001)।

साहस

साहस का अर्थ भय का सामना करना है। हमें शर्मीले स्वभाव को भयभीत मानकर भ्रमित नहीं होना चाहिए। कभी-कभी शर्मीले लोग बहुत साहसी हो सकते हैं। वास्तविक साहस का अर्थ है कि जिससे आप डरते हैं, उसका सामना करना तथा उससे पार पाना (लेविस, 1998)। इसका अर्थ है कि बाइक से गिरने के बाद फिर से आपके द्वारा बाइक पर चढ़ने में समर्थ होना। इसका अर्थ है कक्षा में उन बातों को कहना, जिन पर आप विश्वास करते हैं। इसका अर्थ आपके द्वारा प्रतिरक्षा हेतु टीकाकरण कराना है। इसका अर्थ अंधेरे कमरे में जाना है।

एक नए विद्यालय में जाने, या पहली बार मंच पर चढ़ने या किसी परीक्षा में जाने पर हम भयभीत महसूस कर सकते हैं। लेकिन हम अपना साहस बटोरते हैं और इन सारी चीजों को करते हैं। कभी-कभी बच्चे काल्पनिक वस्तुओं से डरते हैं। वे कल्पना करते हैं कि उनके बिस्तर के नीचे एक चुड़ैल है, और वे डर जाते हैं। साहस का अर्थ है कि आप आगे बढ़ते हैं और जो वास्तविक या काल्पनिक चीजें आप को डराती हैं, उसका डटकर सामना करते हैं। आपके द्वारा किया जाने वाला कार्य अत्यंत भयप्रद या कठिन हो सकता है; और यदि आप उस कार्य को सही समय पर कर पाते हैं, तो इसे साहस की संज्ञा दी जाती है।

जब हम अपने डर पर विजय प्राप्त कर लेते हैं, तो हमारे भीतर आत्म-विश्वास आता है और हम ऐसे कार्य कर सकते हैं जो हम करना चाहते हैं। वहीं दूसरी तरफ, साहस का अर्थ खतरनाक जोखिम लेना नहीं है। बिना लाइसेंस के कार चलाना या गतिसीमा से ज्यादा तेज चलाना साहस नहीं है।

डर कभी-कभी सहायक हो सकता है। हम सड़क के बीच में चलने से डरते हैं। यह हमें कुचले जाने से बचाता है। तैरते समय हम तट की सीमा से दूर जाने से डर सकते हैं। यह हमें किसी स्पीडबोट से टकराने से बचाता है (लाबे एवं पुइएच, 2008)। इसका अर्थ यह नहीं है कि हमें तैरने या पानी से डरना चाहिए।

साहस करना सीखने में बच्चों की सहायता कैसे करें

प्रेम या गुस्से की तरह डर भी एक भावना है। अतएव, हमें बच्चों के डर की भावना का कभी मज़ाक नहीं उड़ाना चाहिए। शिक्षक को बच्चों को बिना शर्मिंदा महसूस हुए डर से बाहर निकलने में सहायता करने में समर्थ होना चाहिए।

1. बच्चों को साहस करना सीखने में सहायता करने हेतु हमें उनके हर छोटे बहादुरीपूर्ण काम की प्रशंसा करनी चाहिए। यदि गलत काम करने के बाद कोई बच्चा सच बोलता है, तो वह अपने साहस को प्रदर्शित कर रहा है और उसकी प्रशंसा करने की जरूरत है। गलत काम पर बाद में अलग से कार्रवाई की जा सकती है।
2. हमें बच्चों को सक्रिय रहने देना चाहिए और बहुत ज्यादा रक्षक नहीं बनना चाहिए। जब बच्चे अपने मित्रों के साथ होते हैं और वे खेल खेलते हैं तथा सक्रिय रहते हैं, तो वे आत्म-विश्वास और साहस अर्जित करते हैं (याज्गान, 2009)। अतः, अभिभावकों को बच्चों को चलने–फिरने और सक्रिय रहने का अधिकार देना चाहिए।
3. यदि बच्चा उस काम को करने का प्रयत्न कर रहा है जिससे वह भयभीत होता है, तो उसके असफल रहने पर भी उसकी प्रशंसा की जानी चाहिए ताकि यह उसे फिर से प्रयास करने के लिए प्रेरित कर सके।

अच्छाई और दयालुता

अच्छाई की वास्तविक परिभाषा क्या है? *ऑक्स्फोर्ड इंग्लिश डिक्शनरी* इसे 'अच्छी या वांछित गुणों वाली कोई भी चीज' के रूप में परिभाषित करती है। अतः अच्छी वस्तु कुछ ऐसी चीज है जिसमें वांछित गुण हैं। इस प्रकार अच्छा व्यक्ति वह होता है, जिसमें ऐसे गुण हैं जिसकी सराहना की जाती

है और पसंद किया जाता है। परंतु, अच्छाई थोड़ी भिन्न है। किसी प्रतिफल की प्रत्याशा के बिना किए गए किसी सकारात्मक कार्य को अच्छाई की संज्ञा दी जाती है।

यदि कोई बच्चा प्रतिफल की आशा के बिना या फिर आसपास के लोगों से प्रशंसा की उम्मीद के बिना किसी कार्य को केवल इसलिए पूरा करता है, क्योंकि वह इसे सही मानता है, तो इसे भी अच्छाई की संज्ञा दी जा सकती है। यदि कोई बच्चा सिर्फ इसलिए कार्य करता है क्योंकि वह दूसरों को प्रसन्न करना पसंद करता है, तब हम कह सकते हैं कि उसने इस आदर्श को आत्मसात कर लिया है। यह बच्चा दूसरों को किसी बच्चे का मज़ाक बनाता देख दुखी और नाखुश होता है। वह अभिरुचि दिखाएगा/दिखाएगी और वह हस्तक्षेप कर सकता/सकती है। इस आदर्श को आत्मसात करने वाला बच्चा जानवरों के प्रति भी अच्छा व्यवहार करता है, और वह ऐसा नहीं करने वाले लोगों को नापसंद कर सकता है।

क्या हम अच्छाई सिखा सकते हैं?

आज हमारी दुनिया में हर बात का मूल्यांकन पैसों के आधार पर किया जाता है। हमारी दुनिया में बुरे व्यवहारों और बुरे कार्यों के अनेक उदाहरण हैं। अतः, बच्चों से खुद से अच्छे हो जाने की उम्मीद नहीं कर सकते हैं। हमें बच्चों को अच्छाई सिखाने और उन्हें इस आदर्श को आत्मसात करने के लिए प्रेरित किया जाना चाहिए। इस कार्य को किस प्रकार किया जा सकेगा? बोर्बा (2001) ने कुछ संकेत दिए हैं, जो इस प्रकार है:

1. हमें एक उदाहरण बनने की जरूरत है। (हमने इसे अनेक बार कहा है कि, बच्चे अपने प्रेरणा स्रोत को देख कर सर्वश्रेष्ठ तरीके से सीखते हैं)। अनेक वयस्क बिना यह सोचे सही कार्य करते हैं। यह प्राकृतिक रूप से होता है क्योंकि हमने इस मूल्य को आत्मसात कर लिया है। अतः हमें शाब्दिक होने की आवश्यकता है। हम कह सकते हैं कि किसी की मदद करने में समर्थ होना हमें प्रसन्न करता है। हम सामना हुई अच्छी चीजों और कैसे किसी ने हमारी मदद की, इन्हें याद कर सकते हैं।
2. बच्चे को आदर्श के संबंध में बताएँ। अच्छे होने का अर्थ है दूसरों के संबंध में सोचना क्योंकि उनकी भी जरूरतें हैं। दूसरों की मदद करने से हमें खुशी मिलती है। अगली बारी हमारी हो सकती है। हम अपने आसपास के लोगों को भी खुश देखना चाहते हैं। हम खुश और अच्छे लोगों के साथ रहना चाहते हैं।
3. हमें बच्चे से अच्छे होने की अवश्य आशा करनी चाहिए। एक बच्चा हमारी आशाओं के निर्देशन में विकसित होता है। बच्चे पर लक्ष्य न रखें। व्यवहार पर लक्ष्य रखें। 'तुम कितने खराब बच्चे हो! तुम अपने दोस्त का मज़ाक क्यों उड़ाते हो" कहने के स्थान पर आप कह सकते हैं, 'अपने दोस्त को चश्मा पहनने के कारण मज़ाक उड़ाना अच्छा व्यवहार

नहीं है। तुमने उसे नाखुश कर दिया।' 'इस तरीके से हम उसे प्रदर्शित करते हैं कि हम उसे स्वीकार करते हैं, लेकिन उसके व्यवहार को नहीं।' हम उसे दूसरे बच्चे के स्थान पर स्वयं को रखने के लिए कह सकते हैं। 'यदि भविष्य में तुम चश्मा पहनते हो, तो क्या तुम पसंद करोगे यदि वे तुम्हारा मज़ाक उड़ाएँ?' अतः, हो सकता है कि वह माफी माँगे और वे फिर से मित्र बन जाएँ।

बुरे व्यवहार के संबंध में क्या कहेंगे? कहने की जरूरत नहीं है, हमें घर और विद्यालय में अच्छे प्रेरणास्रोत चाहिए। आप अन्य कार्य कर सकते हैं। यह नहीं कहें कि वह बच्चा 'बुरा' या 'निकम्मा' है। मज़ाक में भी यह न कहें कि 'तुम आलसी, बुरे या उद्दंड हो'। कभी-कभी हम 'शायद आज फिर तुम विलंब से पहुंचोगे, आलसी लड़के!', 'बेअदब लड़की! तुमने सारा रंग फिर गिरा दिया!' जैसी बातें कहते हैं। यह बच्चे के आत्मविश्वास तथा आत्म-सम्मान को खत्म कर देगा। बच्चा मानने लगेगा कि वह ऐसा/ऐसी ही है।

चिढ़ाना

'मज़ाक उड़ाए जाने वाले बच्चों' की मदद करने के लिए हम उन्हें आत्मरक्षा के कुछ तरीके दिखा सकते हैं।

1. उत्पीड़न रोकने का एक तरीका यह है कि, कही जाने वाली बातों को नज़रअंदाज़ कर दें। आमतौर पर किसी बच्चे को उत्तेजित करने के लिए उसका मज़ाक उड़ाया जाता है। ऐसी स्थिति में सामने वाले की बातों को नज़रअंदाज़ कर इससे बचा जा सकता है।
2. बच्चा कह सकता है, 'इसे बंद करो! मैं तुम्हें सुनना नहीं चाहता हूँ।'
3. बच्चा कह सकता है, 'तुम कहते हो कि मैं बेवकूफ हूँ। मैं बेवकूफ क्यों हूँ?'
4. बच्चा अपने विचार को समझा सकता है: 'हाँ, मेरी आँखें खराब हैं, लेकिन चश्मे की मदद से मैं सबकुछ देख सकता हूँ।'

हर मामले में भिन्न तरीके की जरूरत होती है और बच्चे को इसे सुलझाने के लिए मदद की आवश्यकता होगी। कभी-कभी कोई गतिविधि मदद कर सकती है। शिक्षक बच्चों से उन बुरे शब्दों को पूछती है, जो उन्होंने कहा है। वह उन्हें लिख लेती है। वह उनसे उन चीजों के बारे में भी पूछती हैं, जो उन्होंने किसी का मज़ाक उड़ाने के लिए कहा है। वह उन्हें भी लिख लेती है। वह उसे हर रोज करती है और कागजों को एक बक्से में डाल देती है। अंत में, शुक्रवार को बच्चे बक्से को बंद करते हैं और इसे बगीचे में दबा देते हैं। इस प्रकार अब बुरी चीज दफ़न हो गई और वे उन चीजों को फिर से नहीं कहेंगे।

उत्तरदायित्व

उत्तरदायित्व वह शब्द है, जिसे बच्चे सुनते हैं, परंतु, उसका अर्थ समझते नहीं है। इसका तात्पर्य है अपने कर्तव्यों का निर्वहन करना। इसका तात्पर्य है अपनी भूमिका का निर्वहन करना। करना इसका तात्पर्य है अपने कार्यों का निष्पादन करना। शिक्षक अपने शिक्षक होने के कर्तव्यों के निर्वहन से इसकी शुरुआत कर सकते हैं। शिक्षक उन्हें कहानी सुनाते हैं, उन्हें गाने का तरीका सिखाते हैं। बड़े बच्चों के शिक्षक उन्हें संख्या एवं अक्षरों का बोध कराते हैं। अगर शिक्षक बच्चों को पढ़ना-लिखना नहीं सिखाएंगे, तो क्या होगा? वे कुछ नहीं सीखेंगे। बच्चों का उत्तरदायित्व क्या है? शिक्षकों द्वारा सिखाई जाने वाली बातों को सीखने का प्रयास करना ही बच्चों का दायित्व है। कक्षा में बताई जाने वाली हर बात पर ध्यान देना और गृह कार्य करना भी छात्र का उत्तरदायित्व है। यदि छात्र अपनी भूमिका का निर्वहन नहीं करते हैं, तो वे अनिभिज्ञ रहेंगे। बच्चों को अपने विद्यालय के प्रति अपने उत्तरदायित्व से अवगत कराया जा सकता है। अपनी कक्षा को हर दिन साफ-सुथरा देखने के लिए उन्हें इसे स्वच्छ रखना चाहिए। उन्हें खिलौनों को ठीक से संवार कर रखना चाहिए, ताकि अगले दिन हर चीज अपने सही स्थान पर हो।

इसके बाद, शिक्षक को परिवार तथा परिवार में प्रत्येक सदस्य के कार्य के बारे में बात करनी चाहिए और बच्चों को यह भी बताना चाहिए कि, यदि परिवार के सदस्य अपना कार्य नहीं करें तो क्या होगा। इसके अनेक उदाहरण हैं। जब माँ रात का खाना बना रही हो तो भाई/बहन के साथ खेलना भी उत्तरदायित्व का निर्वहन है। जब कोई बच्चा घर या विद्यालय में मदद करता/करती है, तो क्या उसे खुशी मिलती है? क्या मदद करना बच्चे को बड़ा होना महसूस कराता है? क्या यह एक अच्छी भावना है?

हम उन्हें यह भी याद दिला सकते हैं कि वे जानवरों के प्रति उत्तरदायी हैं। उत्तरदायित्व के परिणाम भी हैं। जिनके पास कुत्ते हैं, उन्हें उनको सुबह–शाम अवश्य घुमाने ले जाना चाहिए। क्या होता है, यदि हम उन्हें नहीं ले जाते हैं? जानवरों को खिलाने की आवश्यकता होती है। क्या होता है यदि हम उन्हें नहीं खिलाते हैं? अन्य उत्तरदायित्व क्या हैं? हम कानून और नियमों के प्रति उत्तरदायी हैं। क्या होता है, यदि हम एक लाल बत्ती पर नहीं रुकते हैं? क्या होता है यदि हम कार में अपनी सुरक्षा बेल्ट का उपयोग नहीं करते हैं?

बच्चों से लोगों के विभिन्न उत्तरदयित्वों के संबंध में पूछा जा सकता है। एक अग्निशामक, एक चिकित्सक, एक पायलट, एक शिक्षक, एक नर्स, एक बस चालक के क्या उत्तरदायित्व हैं? और जब वे अपना काम नहीं करते हैं, तो क्या होता है?

अपने भाई-बहन से ईर्ष्या रखने वाले बच्चों को हम बता भी सकते हैं कि, माँ शिशु के लिए उत्तरदायी है। उदाहरण के लिए, जब माँ बच्चे को कहानी सुना रही है, और शिशु रोने लगता है, तो माँ बच्चे को छोड़ कर शिशु को संभालती है, क्योंकि वह बड़े बच्चे के साथ-साथ शिशु के लिए भी उत्तरदायी है। उसे उस शिशु को खिलाना या साफ करना होता है, ताकि उसकी आवश्यकता भी पूरी हो। यदि वह ऐसा नहीं करेगी, तो शिशु को परेशानी हो सकती है और वह बीमार पड़ सकता है।

उत्तरदायित्व को साझा किया जा सकता है। घर में पिता बच्चे की देखभाल में सहायता कर सकते हैं। विद्यालय में रख-रखाव का समय साझा किए गए उत्तरदायित्व का एक अच्छा उदाहरण है।

न्याय एवं निष्पक्षता

न्याय से हमारा क्या तात्पर्य है? वयस्कों के लिए इसे परिभाषित करना आसान है। इसका अर्थ सिर्फ पक्ष नहीं लेना, नियमों का पालन करना, समान रूप से व्यवहार करना और किसी समूह या व्यक्ति के लिए उनके नस्ल, धर्म, भाषा, वर्ग या लिंग को ले कर कोई पक्षधरता नहीं प्रदर्शित करना है।

बच्चे उदाहरणों से अच्छी तरह सीखते हैं, अतः हमें उनके साथ भी अच्छे तरह से व्यवहार करना चाहिए। हमें अभिभावकों या शिक्षकों की तरह स्वयं पूछना चाहिए कि, क्या हम बच्चों के साथ समान व्यवहार कर रहे हैं। अथवा क्या हम अपवादात्मक कार्य कर रहे हैं? हमें खुद से यह भी पूछना चाहिए कि क्या हमारे द्वारा बनाए गए नियम न्यायसंगत हैं? उन कानूनों के बनाने के पीछे कोई कारण हैं? क्य कानून इसलिए बने हैं ताकि बच्चे उनका पालन कर सकें? जब आवश्यक हो, तो क्या हम समझौता करने के लिए तैयार हैं? वयस्कों के तौर पर क्या हम दोनों पक्षों को सुनते हैं? जब हम कोई गलती करते हैं, तो क्या हम माफी माँगते हैं? यदि हम इन मुद्दों पर न्यायसंगत हैं, तो हम बच्चों से न्यायसंगत होने के लिए कह सकते हैं।

यदि वे न्यायसंगत नहीं हैं, तो उन्हें बताएँ कि ऐसा क्यों है। उनसे समुचित तथा ईमानदार होने की आशा रखें। उन्हें इस आशा से अवगत होना चाहिए। बोर्बा के द्वारा किया गया शोध (2001) दिखाता है कि, अभिभावकों को अपने बच्चों से इस प्रकार के व्यवहार की आशा होती है। लेकिन हमें इस बात पर ध्यान देना चाहिए कि वे बच्चे हैं। हमारी अपेक्षाएँ उनकी उम्र के अनुसार होनी चाहिए, जो उनकी समझदारी एवं काम करने की क्षमता पर निर्भर है। हर बच्चा विशिष्ट है। बच्चों की या उनके व्यवहार की तुलना न करें। हर बच्चे को उसकी क्षमता के अनुरूप निर्देशित करना चाहिए।

दिशा-निर्देश

1. चूंकि बच्चे आत्मकेंद्रित होते हैं, उनके लिए किसी अन्य की नजरों से देखना मुश्किल है। किसी अन्य व्यक्ति के स्थान पर उन्हें स्वयं को रखने में मदद करें।
2. साझा करने के लिए प्रोत्साहित करें। बच्चों को बताएँ कि उनके दोस्त खुश होते हैं जब वे अपने खिलौनों को उनसे साझा करते हैं।
3. उन्हें 'क्षमा करें' कहना सिखाएँ। यदि आपने वास्तव में आवाज ऊँची की है, तो आपको भी कहना चाहिए 'मैं शर्मिंदा हूँ, मैं ऊँची आवाज में बात करना नहीं चाहता था..।'

4. जब दो या ज्यादा बच्चे यह कहते हुए लड़ना प्रारंभ कर दें कि, 'यह सही नहीं है', तो पहले आप उन्हें शांत करने का प्रयास करें। फिर आप बता सकते हैं कि 'तुम्हारे दोस्त ने अपनी बारी का इंतजार नहीं किया। हो सकता है, इसके कारण तुम नाराज हो।' (यदि समस्या कुछ और है, तो वे तुरंत चिल्ला कर बता देंगे।) फिर दोनों की बातें सुनें। उसके बाद समस्या को स्पष्ट भाषा में रखे और उनसे पूछें कि इसे कैसे सुलझाया जा सकता है। किसी का पक्ष न लें। उन्हें बिना किसी हल के न जाने दें। सबसे महत्त्वपूर्ण बात, उन्हें दूसरे पक्ष का मत भी समझाएँ।
5. कभी-कभी, वास्तविक कारण नहीं दिख सकता है। तब समस्या के पीछे का वास्तविक कारण खोजना शिक्षक पर निर्भर कर सकता है। क्या एक बच्चा हर समय बेदाग निकलने का तरीका चालाकी से खोज लेता है? या एक बच्चा आपका ध्यान आकर्षित करने के लिए समस्या उत्पन्न करता है? क्या आप एक बच्चे के प्रति ज्यादा उदार हैं और दूसरे इसका समर्थन नहीं करते हैं? सतह पर न दिखने वाली अनेक अन्य समस्याएँ हो सकती हैं।

निष्पक्षता के संबंध में बच्चों को बताते समय, 'उन्हें बताएँ कि':

1. अगर किसी बच्चे के हाथ से खिलौना छीनने वाला दूसरा बच्चा आपका मित्र हो, तो उस समय भी किसी का पक्ष नहीं लेना चाहिए। यह गलत है और उसे बताया जाना चाहिए।
2. नियमों का पालन करना महत्त्वपूर्ण है। उदाहरण के लिए, कक्षा में दौड़ने और चिल्लाने की अनुमति नहीं है, क्योंकि इसे दूसरों को व्यावधान पहुँचता है।
3. धोखा नहीं देना चाहिए। जब किसी बच्चे को पता चलता है कि वह खेल में हारने जा रहा है, तो उसे खेलना बंद कर देना या जीतने के लिए धोखा नहीं देना चाहिए।
4. दूसरों के अधिकारों का सम्मान करना। दूसरों को धक्का दे कर पंक्ति में आगे नहीं आना चाहिए, बल्कि उसे अपनी बारी का इंतजार करना चाहिए।
5. दूसरों पर दोष नहीं लगाना चाहिए। अगर किसी ने कोई काम किया है तो उसकी जिम्मेदारी दूसरों पर नहीं डालनी चाहिए और नहीं कहना चाहिए कि 'यह काम उसने किया'; खुद शुरू की गई लड़ाई के लिए यह नहीं कहना चाहिए कि 'उसने शुरू किया'।
6. खुले दिमाग का होना, अर्थात, अपने मित्र को समझने का प्रयास करना चाहिए। अगर आप दूसरों की बात सुनते हैं, तो आप ऐसा कर सकते हैं।
7. सभी दोस्तों के साथ समान व्यवहार करना चाहिए। किसी को लड़का या लड़की होने के कारण अलथ-थलग नहीं करना चाहिए। अन्य समूह या स्थान से होने के कारण किसी को अलग-थलग नहीं करना चाहिए।
8. चीजों को साझा करना चाहिए। विद्यालय में रखे गए खिलौने दूसरों के साथ साझा करने के लिए होते हैं। घर में यदि कोई विशेष खिलौना है, जिसे आप साझा नहीं करना चाहते हैं, तो आपके दोस्तों के आने से पहले उसे हटा दें।

कभी-कभी साझा करने का कार्य निष्पक्ष तरीके से नहीं किया जाता है। जब हम किसी केक से सबसे छोटा हिस्सा पाते हैं, तो हम कहते हैं, 'यह उचित नहीं है।' अपने जन्मदिन

पर हम सबसे बड़ा हिस्सा चाहते हैं। साझाकरण हमेशा समान नहीं हो सकता है (लाबे एवं पुइएच, 2006)। उदाहरण के लिए, हाथी और पक्षी पानी का समान हिस्सा नहीं पाते हैं क्योंकि हाथी बहुत बड़ा है और उसे ज्यादा पानी की आवश्यकता है। साझाकरण का एक सुनहरा नियम है। यदि कोई बच्चा केक काट रहा है, तो पहला विकल्प दूसरे बच्चे को जाता है। यदि आप खेल का चुनाव कर रहे हैं, तो आपका मित्र खेल की शुरुआत करेगा। कौन क्या करेगा, इसका निर्णय करने के लिए आप अपने मित्र पर भरोसा कर सकते हैं या सिक्का उछाल सकते हैं।

9. दूसरों की मदद करना। यदि कोई दिक्कत में है, तो आप साझा कर मदद कर सकते हैं।
10. वयस्कों की तरह, बच्चों के भी अधिकार होते हैं। बाल अधिकार पर 1989 में अंगीकृत संयुक्त राष्ट्र का प्रस्ताव, बाल अधिकारों की रक्षा के लिए कानूनी रूप से बाध्य करने वाला पहला अंतर्राष्ट्रीय उपकरण है। यह नस्ल, रंग, भाषा, विचार, मूल, सम्पत्ति, जन्म स्थिति या क्षमता पर बिना विचार किए बच्चों को सम्मान प्रदान करता है। उदाहरण के लिए,

    (a) हर बच्चे का एक नाम होना चाहिए। इसे बताने के लिए एक सृजनात्मक नाटक बेहतरीन होगा (यिल्माज़ एवं अलिबेयोग्लू, 2010)। यदि आपका नाम नहीं होता तो लोग आपको कैसे बुलाते? हम कैसे जानते कि इसे किसने किया? यदि हर किसी का समान नाम ही होता तो, हम जिसको बुलाना चाह रहे होते, उसे कैसे बुलाते? हम लोगों को अलग कैसे करते? नाटक के दूसरे हिस्से में हर व्यक्ति के चार या पाँच नामों का प्रयोग किया जाता है, तथा सभी को एक-दूसरे के इन नामों का प्रयोग करना पड़ता है। एकाधिक नाम वाले बच्चों के लिए स्थिति भ्रामक हो जाएगी।
    (b) हर बच्चे को विद्यालय जाने का अधिकार है।
    (c) हर बच्चे को जीने का अधिकार है।
    (d) हर बच्चे को सुरक्षा का अधिकार है।
    (e) हर बच्चे को खेलने का अधिकार है।

ये बच्चों के कुछ अधिकार हैं, जिन्हें प्राग्विद्यालय के बच्चे समझने में समर्थ होंगे। नाटक इन अधिकारों की व्याख्या करने का सबसे अच्छा तरीका है और इन विचारों के साथ कार्य करने के लिए 'न्याय तथा निष्पक्षता इकाई' सर्वश्रेष्ठ इकाई है।

मित्रता

अब तक हम जिन आदर्शों की बात कर रहे थे, मित्रता उनसे थोड़ा भिन्न है। चाहे बच्चे चिल्लाएँ कि 'यह न्यायोचित नहीं है', वे शायद जानते हैं कि निष्पक्षता या न्याय का क्या अर्थ है। लेकिन मित्रता भिन्न है। अधिकतर बच्चों को समझ है कि एक दोस्त और दोस्ती का क्या अर्थ है। एक मित्र ऐसा

कोई है जिससे आप प्रेम करते हैं और जिसका आप सम्मान करते हैं। एक मित्र ऐसा कोई है जिससे आपको परस्पर आकर्षण है। इसलिए, किसी के साथ निष्कपट संबंध बनाना ही मित्रता है। बच्चों के लिए इसका सरल अर्थ किसी के साथ अच्छा समय बिताना है।

कौन सी बात इसे एक आदर्श बनाती है?

यह एक आदर्श है, क्योंकि इसमें लाभ की इच्छा के बिना मदद की जाती है एवं वस्तुओं को साझा किया जाता है। आप एक मित्र की मदद कर सकते हैं क्योंकि आप उसे पसंद करते हैं और उसे शुभकामना देते हैं। मित्रता में प्रेम अनिवार्य है। कोई व्यक्ति अपने मित्र के लिए सम्मान भी महसूस करता है। वह जैसा/जैसी है, आप उसी रूप में उसे मित्र मान लेते हैं। आप अपनी मित्रता को जारी रखना चाहते हैं। मित्रता के साथ-साथ निष्ठा भी संबद्ध है (बुकोव्स्की, न्यूकॉम्ब एवं हार्टुप, 1996)। आप देख सकते हैं कि, ये सभी अवधारणाएँ आदर्श हैं।

बच्चों के लिए मित्रता का अर्थ है कि वे किसी अन्य व्यक्ति की भावनाओं, आवश्यकताओं और समस्याओं के प्रति संवेदनशील हैं। बच्चे अपने मित्रों के साथ विचारपूर्वक व्यवहार करते हैं, क्योंकि वे उनसे प्रेम करते हैं और उनकी कद्र करते हैं। अतः, आप बच्चे में एक नैतिक संवेदनशीलत देखते हैं (डून, 2004)। यदि एक प्राग्विद्यालय (प्री-स्कूल) का बच्चा स्वयं को दूसरे के स्थान पर रख कर देख सकता है, तो वह संवेदनशील हो रहा/रही है। यह महत्त्वपूर्ण है, क्योंकि प्राग्विद्यालय के बच्चे स्वयं को सबसे महत्त्वपूर्ण मानते हैं। संवेदनशीलता प्रदर्शित करने का अर्थ है, दुख को साझा करना (विल्सन, 1993)। यह सामाजिक होने की दिशा में एक बड़ा कदम है। वे मित्रता के माध्यम से समाज में व्यवहार करना सीखते हैं।

बच्चों को यह बताना महत्त्वपूर्ण है कि, मित्रता वास्तव में साझाकरण है:

1. समय साझा करना
2. आनंद साझा करना
3. भावनाएँ साझा करना
4. विचारों को साझा करना
5. भोजन साझा करना
6. खिलौने साझा करना

एक अच्छा मित्र ऐसा कोई है जो साझा करने में समर्थ है, जो मित्रों की आवश्यकताओं को देखने तथा तदनुरूप व्यवहार करने में सक्षम है। अनुसंधान से पता चलता है कि, यदि बच्चों को उत्तरदायित्व दिए जाते हैं, तो वे अन्यों की परिस्थितियों के प्रति ज्यादा संवेदनशील, ज्यादा विचारवान और ज्यादा सहानुभूतिपूर्ण हो जाते हैं (आयर एवं आयर, 1993)। मित्र बच्चों को खुश करते हैं। बच्चों में अवसाद लाने वाले महत्त्वपूर्ण कारकों में से एक किसी समूह से बाहर कर देना है (फ्रांकेल एवं म्याट्ट, 2003)।

ऐसी किसी घटना से बचाव के लिए, हम बच्चों को दोस्त बनाने के संदर्भ में निम्नलिखित संकेत दे कर मदद कर सकते हैं:

1. *सुनना:* उनका मित्र क्या कह रहा है, उसे सुनना। प्रश्न पूछना तथा एक वार्तालाप को विकसित करना महत्त्वपूर्ण है।
2. *साझाकरण:* न केवल बिस्कुट, बल्कि एक वार्तालाप साझा करना। यदि सिर्फ एक व्यक्ति बोलता है, तो वह वार्तालाप नहीं है।
3. *मदद करना:* दूसरों की मदद करना मित्रता का हिस्सा है।
4. *संवेदनशीलता:* दूसरे व्यक्ति के विचारों तथा भावनाओं को समझने का प्रयास करना हमेशा मित्रता हेतु मददगार सिद्ध होती है।
5. *उधार लेना तथा वापस करना:* मित्र पेंसिल, खिलौने, और यहाँ तक कि टीशर्ट भी उधार लेते हैं। उन्हें लौटाना महत्त्वपूर्ण है। एक गेंद को मित्रता का अंत करने का कारण नहीं बनना चाहिए।

मित्रता की व्याख्या करने के दौरान यदि शिक्षक उदाहरण दें, तो ज्यादा आसानी होगी। उनसे पूछें कि, वे क्यों अपने मित्रों को पसंद करते हैं। तब 'पसंद करने', 'साझा करने' तथा 'मदद करने' के संबंध में बात करना संभव होगा।

शांति

शांति, धीरज, निरभ्रता, सभी का अर्थ स्वयं के अंदर शांति की स्थिति होती है। इसका अर्थ है कि हमारे अंदर एक अच्छी भावना है। आयर एवं आयर (1993) 'शांति' शब्द का प्रयोग समझ, आत्मसंवरण, धीरज, नियंत्रण तथा अनुकूलन के अर्थ में करते हैं। अपनी पुस्तक में वह कहते हैं कि, जब हम समझने का प्रयास करते हैं, तो शायद ही कभी धीरज छोड़ देते हैं। जब हम शांत होते हैं, तो हम लड़ाई नहीं करना चाहता है। इसका अर्थ यह है कि हर किसी के समान विचार हैं। हमारा सामना विभिन्न विचारों तथा समस्याओं से होना तय है। अपने गुस्से पर नियंत्रण रखना तथा बिना लड़ाई किए इन्हें शांतिपूर्ण तरीके से सुलझाना महत्त्वपूर्ण है। उसी पुस्तक में उन्होंने एक माँ द्वारा अपने बच्चे के पीटने का उद्धरण दिया है, क्योंकि उसने अपनी छोटी बहन को पीटा था। लेकिन हम जानते हैं कि, ऐसा करने के बावजूद हम बच्चे को यह नहीं सिखा सकते कि उसे अपनी बहन को नहीं पीटना चाहिए।

कभी-कभी वयस्क अपने जीवन पर नियंत्रण खो देते हैं। हम एक परीक्षा में असफल हो जाते हैं या हम अपनी नौकरी खो देते हैं, और हमें गुस्सा आता है। जब हमें गुस्सा आता है, तब हम इसे अपने आसपास के अन्य लोगों पर निकालना चाहते हैं। निस्संदेह, शांत हो जाना और अपनी समस्या को दूर करने का प्रयास करना ही सबसे अच्छी बात है। जब बच्चे गुस्से में होते हैं, तो उन्हें अपनी

अंदर की ऊर्जा से मुक्त होने की आवश्यकता है। दौड़ना, गेंद को मारना, ऊपर-नीचे कूदना या एक ट्राइसाइकिल चलाना इसमें मदद करता है। जब बच्चे शांत होते हैं और धीरज की स्थिति में होते हैं, तो वे सुरक्षित और महफ़ूज़ महसूस करते हैं।

कोई लड़ाई कम-से-कम दो लोगों के बीच होती है। एक समझौते तक पहुँचना दोनों के लिए लाभप्रद होता है। कभी-कभी एक हल मिल जाता है। अन्यथा, हाथ मिलाना और कहना, 'हम अपने अनुसार सोच सकते हैं, लेकिन हमें इसके ऊपर नहीं लड़ना चाहिए' भी स्वयं एक हल हो सकता है।

कौन सी बात शांति को एक आदर्श बनाती है

शांति हमें और हमारे आसपास के लोगों को तनावमुक्त बनाती है। जब हम शांति महसूस करते हैं, तब हम अपने आसपास के लोगों को भी शांत करते हैं। यदि हम गुस्से को नियंत्रित कर सकते हैं और शांत रह सकते हैं, तो हम इस तकनीक को दूसरों को सिखा सकते हैं तथा वे इसे अपनी पूरी जिंदगी भर इसका उपयोग कर सकते हैं।

आत्म-नियंत्रण

शांति स्वयं से नहीं आती है। हमें इसे प्राप्त करने के लिए अवश्य प्रयास करना चहिए। गुस्से को नियंत्रित करना सीखने, शांत रहने और एक शांतिपूर्ण हल के लिए तैयार रहने और इन सबको दिमाग में रख सकने में समय तथा प्रयास लगता है।

प्रेरणास्रोत

कहने की आवश्यकता नहीं है कि, शांति के बारे में बताते समय वयस्कों को शांत एवं संयमित रहना चाहिए। पहले भी बताया जा चुका है कि, प्रेरणास्रोत की भूमिका का निर्वहन, आदर्शों को सिखाने का सबसे अच्छा तरीका है। उदाहरण के लिए, जब बच्चे चिल्ला रहे हैं, तो उन्हें शांत करने के लिए चिल्लाएँ नहीं। फुसफुसाने का प्रयास करें। आप देखेंगे कि बच्चे भी फुसफुसाना प्रारंभ कर देंगे।

अहंभाव का संदेश

दूसरे व्यक्ति पर दोष लगाने के स्थान पर आप उसे बता सकते हैं कि, आप कैसा महसूस करते हैं। क्या बच्चे इस तकनीक को सीख सकते हैं तथा उपयोग कर सकते हैं? शायद वे सीख सकते हैं। 'मेरी बारी थी, लेकिन उसने बाइक ले ली। वह बुरा है और गलत काम करता है' के स्थान पर बच्चा कह सकता था, 'मुझे बहुत गुस्सा आता है, जब मेरी बारी आती है और कोई अन्य बाइक ले जाता है। मुझे यह उचित नहीं लगता है।' ऐसा करने में समर्थ होने के लिए बच्चे को अपनी भावनाओं को पढ़ने में सक्षम होना चाहिए। प्राग्विद्यालय के बच्चों के लिए यह मुश्किल है, लेकिन इसका प्रयास करना मूल्यवान है।

ईमानदारी

इस आदर्श के लिए, मैं ठोस तथ्यों के उदाहरण देने जा रही हूँ।

सर्वप्रथम ईमानदारी का अर्थ पूर्णतः सत्यवादी होना है। सच बोलने का अर्थ है, घटनाओं एवं वस्तुस्थिति का यथार्थ विवरण देना और इस ढंग से बताना कि आपकी बात आसानी से सभी के समझ में आ जाए। सच बोलने का अर्थ है कि घटना का सत्य एवं संपूर्ण विवरण देना। यदि हम पूरी बात नहीं बताएँ, यदि हम कुछ छोड़ दें, तो हम दूसरों को घटना को समझने में भ्रमित कर सकते हैं। उदाहरण के लिए, 'जॉन ने जिम को मारा; लेकिन मैंने उसे ऐसा करने के लिए कहा।' यदि हम इस वाक्य का सिर्फ प्रथम हिस्सा कहें, तो हम झूठ बोल रहे हैं, क्योंकि पहले हिस्से के साथ हम पूरा दोष जॉन पर लगा रहे हैं।

अपने वादे पर कायम रहना भी ईमानदारी है। यदि हम अपने वादे पर कायम नहीं रहते हैं, तो इसका अर्थ है कि वादा करते समय हमने झूठ बोला। हम अभिभावकों और शिक्षकों को याद दिला सकते हैं कि, यदि आप बच्चे से कोई वादा करते हैं और उसे नहीं पूरा करते हैं, तो आप बच्चे की नजर में झूठे बन जाते हैं। उदाहरण के लिए, यदि एक माँ कहती है, 'मैं तुरंत आ जाऊँगी' और यह कह कर काम के लिए निकल कर शाम तक नहीं आती है, तो बच्चा उस पर फिर से विश्वास नहीं करेगा। यदि एक शिक्षक कहे कि, 'आओ हम खिलौनों को उठाएँ और फिर हम बाहर खेलने जा सकते हैं।' और बच्चों को खेलने के लिए बाहर नहीं ले जाने पर वह उनका विश्वास खो देगी।

जब एक शिक्षक जानता है कि कोई बच्चा झूठ बोल रहा है, तो आमतौर पर प्रतिक्रिया होती है, 'मुझसे झूठ मत बोलो।' लेकिन इसके बजाय यह कहना बेहतर होगा कि, 'अब मुझे पूरी कहानी बताओ। मुझे सच बताओ।' अथवा यह कहना भी बेहतर होगा कि, 'मुझे लगता है कि वास्तविक कहानी कुछ और ही है।' कभी-कभी एक कठपुतली भी मदद कर सकती है। शिक्षिका कह सकती है कि, 'अब कठपुतली पूरी कहानी ईमानदारी से बताने जा रही है।'

जब हम ईमानदारी की व्याख्या कर रहे हैं, तो उदाहरण देना महत्त्वपूर्ण है

1. जेन और जो घर में खेल रहे हैं और वे गलती से एक फूलदान तोड़ देते हैं। उन्हें क्या करना चाहिए?
2. मैरी अपना बैग उस टेबल पर रख देती है जहाँ बच्चों ने सुबह मिट्टी की कुछ मूर्तियाँ बनाई थी। उसका बैग एक मूर्ति तोड़ देता है। क्या उसे बताना चाहिए कि यह उससे हुआ था?

अगली कहानी पर असीमित विचार प्राप्त किये जा सकते हैं

सेलिन और सेलिम जुड़वाँ हैं। वे साथ में विद्यालय जाते हैं और साथ में खेलते हैं। एक दिन सेलिम को अपने स्कूल बैग में एक चॉकलेट बार मिला। सेलिन कहती है यह अवश्य विद्यालय के पहले

दिन का है और अब यह अवश्य खराब हो गई होगी। वह कहती है, 'इसे नहीं खाना चाहिए।' उसी समय उसकी एक दोस्त आती है और चॉकलेट देख कर एक टुकड़ा माँगती है। यह बासी है, सेलिम उसे यह बिना बताए पूरा चॉकलेट बार दे देती है।

शिक्षिका इस पाठ्य के साथ पूरा सच और आमतौर पर बोले जाने वाले सच हेतु काम कर सकती है।

खेल गतिविधि

1. बच्चे एक गोल घेरे में बैठते हैं। शिक्षिका बच्चों के साथ बैठती हैं। वह पुस्तक खोलने जैसा कुछ करती हैं। वह कहती हैं, 'मैंने पुस्तक खोल ली। क्या मैं सच बोल रही हूँ?' बच्चे उत्तर देते हैं। वह एक पेंसिल उठाती हैं और कहती हैं, 'मैंने एक गुड़िया उठा ली। क्या मैं सच बोल रही हूँ?' बच्चे उत्तर देते हैं।

   जब बच्चे इस खेल से परिचित हो जाते हैं, तो वह एक बच्चे से इस खेल को संचालित करने के लिए कह सकती हैं। बड़े बच्चों से वह उन चीजों को पूछ सकती हैं, जो वे जानते हैं (आयर एवं आयर, 1993):

   i. आकाश हरा है।
   ii. चींटियाँ घोड़ों से बड़ी होती हैं।
   iii. हम अपनी आँखों से देखते हैं।
   iv. हम अपने नाक से सुनते हैं।
   v. यह मेरा हाथ है (अपना हाथ दिखाती हैं)।
   vi. यह मेरा पैर है (अपना सर दिखाती हैं)।

2. यह बिल्कुल "साइमन सेज़" नामक खेल की तरह है। इसी तरह, शिक्षिका 'सच' बोलने पर बच्चों को हिलन-डुलने को कहती हैं, और जब 'झूठ' बोलती हैं, तो स्थिर रहने को कहती हैं।
3. बच्चों की पसंद और नापसंद के बारे में सोच कर शिक्षिका वस्तुओं की सूची बनाती हैं:

   i. मैं अपनी माँ से प्रेम करता/करती हूँ।
   ii. मैं अपने भाई से झगड़ा करता/करती हूँ।
   iii. मुझे ब्रॉकली पसंद नहीं है।
   iv. मुझे आइसक्रीम पसंद है।
   v. मुझे मेरी छोटी बहन के साथ खेलना पसंद नहीं है।
   vi. मुझे चित्र बनाना पसंद है।

बच्चे अपनी शिक्षिका के साथ गोल घेरे में बैठते हैं। घेरे के बीच में रंगीन गुटके हैं। शिक्षिका चाहती हैं कि जब वह एक सूची पढ़ें, तो यदि उन्हें कथन सत्य लगता है, तो वे एक गुटका उठा लें। अंत में शिक्षिका पूछ सकती हैं:

i. आपने एक गुटका कब उठाया? क्यों?
ii. कभी ऐसा था कि आप अनिश्चित थे? क्यों?
iii. कभी ऐसा हुआ कि आपको गुटका उठाना चाहिए था और आपने उठाया नहीं? क्यों?

एक बच्चा जान जाएगा कि, अपने भाई-बहन से लड़ना अच्छी चीज नहीं है, अतः वह गुटका नहीं उठाएगा/उठाएगी, भले ही वह कभी-कभी लड़ता/लड़ती हो।

सही-गलत तथा सच-झूठ

हम जानते हैं कि छोटे बच्चे 'झूठ' और 'गलत' में अंतर नहीं कर सकते हैं। हम किसी चीज के लिए कह सकते हैं कि यह 'सही' नहीं है, यह 'गलत' है। लेकिन यदि हम नहीं जानते हैं, यदि हम अवगत नहीं हैं कि यह सही नहीं है, तो यह एक झूठ नहीं है। हम सिर्फ 'गलत' कहते हैं। एक झूठ जानबूझ कर बोला जाता है। हम जानते हैं कि हम सच नहीं बोल रहे हैं। हमें बच्चों को इसके संबंध में बताना चाहिए।

(मैं यहाँ पर एक टिप्पणी करना चाहूँगी। बच्चे सिर्फ इसलिए सच नहीं कह सकते हैं, क्योंकि वे इसे भिन्न प्रकार से कहना चाहते हैं। अगर एक बच्ची चाहती है कि उसकी माँ उसे एक गुड़िया खरीद कर दे, तो वह कह सकती है: 'मेरी माँ ने मुझे एक गुड़िया खरीद दी।' यह जानबूझ कर बोला गया झूठ नहीं है। यह अभिलाषापूर्ण सोच है।)

शिक्षिका बच्चों से पूछ सकती हैं कि, सच बोलना महत्त्वपूर्ण क्यों है और इससे उन्हें निम्नांकित उत्तर पाने में मदद मिल सकती है:

1. यह दूसरों को सजा से पाने से रोकता है।
2. सच बोलना झूठ बोलने से बेहतर है, क्योंकि जब आप झूठ बोलते पकड़े जाने पर जो होगा, उससे बचाता है।
3. यदि आप झूठ बोलते हैं, तो आपको झूठ बोलते रहना होगा।
4. लोग सच बोलने वाले पर भरोसा करते हैं।
5. लोग सच बोलने वाले से प्रेम करते हैं।
6. जब आप सच बोलते हैं, तो आपको अच्छा महसूस होता है।

ध्यान दें

- इस इकाई के लिए कहानी पिनोशियो से उद्धृत है।
- इस इकाई के लिए गतिविधि पिनोशियो का कठपुतली बनाना है।
- यहाँ 'शेर और लोमड़ी' की कहानी है।

गाना इस प्रकार है (यह एक अंग्रेजी कविता का हिंदी अनुवाद है):

कोयल[1]

कोयल प्यारी चिड़िया है,
वह फुदक-फुदक कर गाती है,
सबके लिए अच्छी खबरें लाती है,
और न कोई झूठी बात बताती है।

निष्कर्ष

मैंने प्राग्विद्यालय के बच्चों को नैतिक मूल्यों की शिक्षा एक पाठ के रूप में देने के स्थान पर दैनिक गतिविधियों के परिप्रेक्ष्य में देने का प्रयास किया है। मैंने मूर्त उदाहरणों का उपयोग किया है, क्योंकि छोटे बच्चे अमूर्त अवधारणाएँ नहीं बना सकते हैं। मैंने विस्तृत कहानियाँ लिखी हैं, ताकि शिक्षक बच्चों के साथ इन आदर्शों पर चर्चा कर सके। गाने, खेल, गतिविधियाँ, नाटक और किस्सों को जोड़ने से शिक्षक द्वारा बताई गई बातों को बल मिलता है, और बच्चों के लिए शिक्षक द्वारा बताए गए आदर्शों को याद रखना आसान हो जाता है।

अध्ययनों से यह पता चलता है कि, बच्चे इन आदर्शों को जल्दी आत्मसात करते हैं। अतः, यदि हम उन्हें कर्तव्यपरायण व्यक्तियों के रूप में बड़ा करना चाहते हैं तो प्राग्विद्यालय (प्री-स्कूल) वर्षों में उन्हें इन आदर्शों से परिचित कराना नितांत आवश्यक है। मेरा विश्वास है कि, नैतिक मूल्यों से बंधे हुए नागरिकों से कोई समाज अच्छे तरह से कार्य करता है।

[1] ऑपी एवं ऑपी (1967)

संदर्भ

Borba, M. (2001). *Building moral intelligence*. San Francisco, California: Jossey Bass.

Bukowski, W. M., Newcomb, A. F. & Hartup, W. W. (1996). *The company they keep*. Cambridge, UK: Cambridge University Press.

Dunn, J. (2004). *Children's friendships*. Malden, Massachusets: Blackwell.

Eyre, L. & Eyre, R. (1993). *Teaching your children values*. New York: Simon & Schuster.

Frankel, F. H. & Myatt, R. (2003). *Children's friendship training*. New York: Psychology Press.

Grusec, E. J. & Kuczynski, L. (1997). *Parenting and children's internalization of values*. New York: Wiley.

Labbé, B. & Puech, M. (2006). *İyi ve kötü* (The good and the bad) [Translation from French by Azade Aslan]. İstanbul: Günışığı Kitaplığı.

Lewis, B. A. (1998). *What do you stand for?* Minneapolis, Minnesota: Free Spirit Publishing.

Nucci, L. (2000). *Nice is not enough*. Chicago, Illinois: University of Chicago Press.

Önder, A. (2003). *Okul öncesi çocukları için eğitici drama uygulamaları* (Educational drama for pre-school children). Istanbul: Morpa Kültür Yayınları.

Opie, I. & Opie, P. (1967). *The Oxford nursery rhyme book*. Oxford: Clarendon Press.

Raths, L., Harmin, M. & Simon, S. (1978). *Values and teaching*. Columbus, Ohio: Charles E. Merrill.

Smith, C. A. (1993). *The peaceful classroom*. Louisville, South Carolina: Gryphon House.

Wilson, J. Q. (1993). *Moral sense*. New York: The Free Press.

Yazgan, Y. (2009). *Düşe kalka büyümek* (Growing up with riks). Istanbul: Doğan Egmont.

Yılmaz, N. & Alibeyoğlu, M. C. (2010). *Haklarımı oynayarak öğreniyorum*: Çocuk hakları üzerine bir çalışma. Uluslararası Eğitimde Yaratıcı Drama Kongresine sunulan bildiri (I learn my rights by playing). Paper presented at the National Creative Drama Congress, Istanbul.

खंड III

शैक्षणिक रूपरेखाएं, पाठ्यक्रम तथा मॉडल

7

हंगरी में समावेशी शिक्षा का सिद्धांत एवं प्रयोग

एग्नेस एन. टॉथ

एक मध्य-पूर्व देश के रूप में हंगरी

ऑस्ट्रिया, स्लोवाक गणतंत्र, यूक्रेन, रोमानिया, सर्बिया, क्रोएशिया तथा स्लोवेनिया से अपनी सीमा साझा करने वाला हंगरी, यूरोप के मध्य-पूर्व भाग का तुलनात्मक रूप से एक छोटा देश है। इसकी आबादी लगभग एक करोड़ है। इसकी एक चौथाई आबादी राजधानी बुडापेस्ट में निवास करती है।

वर्ष 2004 से हंगरी यूरोपीय संघ का सदस्य है। वर्ष 1989 में शासन में परिवर्तन इसके इतिहास की सबसे महत्त्वपूर्ण परिघटना थी, जब शिक्षा सहित सोवियत नीति का प्रभाव समाप्त हो गया।

> 23 अक्टूबर 1989 से प्रभावी नए संविधान ने 1956 के क्रांति की स्मृति को श्रद्धांजलि दी और माट्यज जूरोस ने संसद के अंतरिम अध्यक्ष के रूप में सदन की बालकनी से हंगरी गणतंत्र के स्थापना की उद्घोषणा की। (बायर, 1996, पृष्ठ 181)

इसके इतिहास के कारण हंगरी को अपने अर्थशास्त्र तथा समाज में उपलब्धियों तथा कमियों के साथ एक उत्तर-साम्यवादी राज्य माना जाता है।

शिक्षण प्रणाली एवं इसकी परंपराएँ

राजनीतिक शासन के बदलने से पूर्व, हंगरी पूरी तरह सोवियत तथा पूर्व-यूरोपीय साम्यवादी देशों से प्रभावित था। उसका प्रभाव हंगरी की शिक्षा की प्रणाली पर भी उतना ही था। हंगरी में विशेष शिक्षण आवश्यकताओं के मूल्यांकन-आधारित मॉडल के कारण मुख्यधारा तथा विशेष आवश्यकताओं

वाले बच्चों के लिए पारंपरिक रूप से पृथक शिक्षण प्रणाली है। 'शारीरिक तथा मानसिक रूप से विकलांग (इसे "कमी" के तौर पर संदर्भित किया जाता है) बच्चों की पहचान, शिक्षा, तथा पुनर्वास की समस्याओं से संबंधित वैज्ञानिक अध्ययन का क्षेत्र' विकसित करने वाले व्यगोत्स्की मास्को के सबसे लोकप्रिय वैज्ञानिकों में से एक थे (नॉक्स, 1989; ऐनिस्को एवं मेमेन्सा, 1998, पृ16 में उद्धृत)।

शिक्षा का वर्तमान ढाँचा 1989 से बहुत ज्यादा नहीं बदला है। माध्यमिक व्यावसायिक शिक्षा इसका अपवाद है, जिसे अल्पकालीन (तीन वर्ष लंबा) से नियत्कालिक (चार वर्ष लंबा) वैविध्य के साथ सूत्रबद्ध कर दिया गया है (आरेख 7.1 देखें)। 1993 के कानून (अनुभाग LXXIX) ने व्यावसायिक अध्ययन के पश्चात प्रवेशिका को प्रारंभ किया।

आरेख 7.1

शिक्षा की वर्तमान प्रणाली

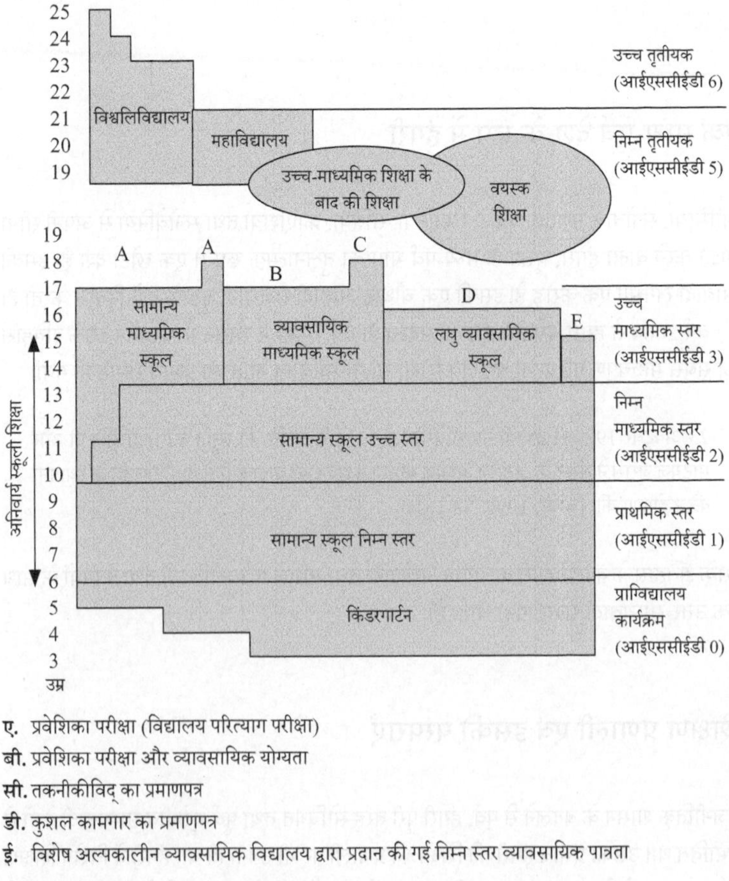

ए. प्रवेशिका परीक्षा (विद्यालय परित्याग परीक्षा)

बी. प्रवेशिका परीक्षा और व्यावसायिक योग्यता

सी. तकनीकीविद् का प्रमाणपत्र

डी. कुशल कामगार का प्रमाणपत्र

ई. विशेष अल्पकालीन व्यावसायिक विद्यालय द्वारा प्रदान की गई निम्न स्तर व्यावसायिक पात्रता

स्रोत: नेशनल सेंटर ऑफ करियर इंफॉर्मेशन (2002)।

वर्ष 1993 का कानून (अनुभाग LXXIX) विशेष शिक्षा की दृष्टि से निर्णायक था। विकलांगों के विभिन्न समूह (संवेदनात्मक विकलांगता, शारीरिक विकलांगता, बोलने से संबंधित विकलांगता, मानसिक विकलांगता, स्वलीनता तथा अन्य विकलांगता) को 'विकलांगता' शब्द में श्रेणीबद्ध किया गया, और कालांतर में इसका उपयोग 'विशेष आवश्यकताओं' के स्थान किया गया।

> 1980 में डब्ल्यूएचओ (विश्व स्वास्थ्य संगठन) ने जमीनी स्तर पर परीक्षण के प्रयोजन से आईसीआईडीएच (*इंटरनेशनल क्लासिफिकेशन ऑफ फंक्शनिंग, डिसैबिलिटी एंड हेल्थ*) प्रकाशित किया। इसने विकलांगता के एक वैज्ञानिक मॉडल के साथ-साथ क्लिनिकल परीक्षण, आंकड़ा संग्रह और शोध के लिए शब्दावली का स्पष्टीकरण प्रदान किया है। चूंकि 'विकलांगता' और 'अक्षमता' भिन्न शब्द हैं, अतः, सिर्फ चिकित्सकीय वर्गीकरण के माध्यम से किसी व्यक्ति की विकलांगता और किसी व्यक्ति की अक्षमता पर सहमति की आशा नहीं की जा सकती है (बॉर्नमैन, 2004, पृ 183)।

ऊपर उल्लेखित कानून द्वारा लाई गई 'अन्य विकलांगता' नाम की श्रेणी, विद्यालय में प्रदर्शन तथा उप-कौशलों में गड़बड़ी जैसी शिक्षण समस्याओं एवं अन्य मानसिक विकारों से संबंधित है। इस नियमन ने अतिरिक्त वित्तीय सहयोग का प्रस्ताव देकर विद्यालयों को विकलांग बच्चों के लिए अपने दरवाज़े खोलने के लिए प्रेरित किया।

> विकलांग छात्र दो प्रकार की वित्तीय सहायता हेतु आवेदन कर सकते हैं। वे एक तरफ विकलांग व्यक्ति के रूप में और दूसरी तरफ एक विद्यार्थी के रूप में वित्तीय सहयोग प्राप्त कर सकते हैं। आम वित्तीय विकलांगता सहायता सेवाओं में पारिवारिक भत्ता, अस्थायी अपात्रता वार्षिकी, नियमित सामाजिक भत्ता, सार्वजनिक चिकित्सा सेवा, परिवहन भत्ता आदि शामिल हैं (ग्यूलावेरी, 2010, पृ 2)।

अतिरिक्त वित्तीय सहायता प्राप्ति के अवसर के परिणामस्वरूप हंगरी के विद्यालयों में विकलांग छात्रों की संख्या 1996 के पश्चात उल्लेखनीय ढंग से बढ़ गई (Csepe, 2008)।

हंगरी की विशेष शिक्षा ने संपूर्ण यूरोप में अनेक उल्लेखनीय उपलब्धियाँ प्राप्त की हैं। सर्वप्रथम अंद्रास शाजार ने 1802 ई में बुडापेस्ट के नजदीक वैक नामक स्थान पर बधिर छात्रों के लिए एक पृथक विद्यालय की स्थापना की। उस तिथि की मान्यता हंगरी में विशेष शिक्षा की स्थापना के वर्ष के रूप में भी दी जाती है। विशेष शिक्षा में एक अन्य अतिविशिष्ट व्यक्ति, एक चिकित्सक तथा विकलांग बच्चों के शिक्षक, गुस्ताव बारकाजी (1890–1964) हैं, जिनका नाम हंगरी में विशेष शिक्षा के सैद्धांतिक आधार की स्थापना से अपृथक्करणीय है।

विशेष शिक्षकों के लिए प्रथम एवं एकमात्र प्रशिक्षण महाविद्यालय की स्थापना 1906 में हुई थी। यह 1999 तक उच्च शिक्षा के एक स्वतंत्र संस्थान के रूप में कार्य कर रहा था, जब उच्च शिक्षा की आधुनिकीकरण प्रक्रिया में महाविद्यालय को एटोवोस लोर्नाड विश्वविद्यालय में समाहित कर दिया गया। यह विश्वविद्यालय के एक विभाग के रूप में अस्तित्व में है। इसकी प्रशिक्षण संरचना तथा विभिन्न कार्यक्रमों के घटक सर्वाधिक आधुनिक शिक्षा विज्ञान के दावों का अनुपालन करते हैं। विकलांगता में हस्तक्षेप/देखभाल सेवाओं (इंटरवेंशन) को प्रोत्साहित करने के लिए विशेष अध्यापकों को सात अलग-अलग विशेषज्ञताओं में शिक्षा दी जाती है।

जैसा कि पहले उल्लेख किया गया है कि 1993 का कानून, हंगरी के सर्वाधिक उल्लेखनीय वैधानिक कदमों में से एक है। अर्थात, मुख्यधारा के शिक्षकों द्वारा अपनी कक्षाओं में विकलांग बच्चों को लेने के लिए पूरी तरह से तैयार नहीं रहने के तथ्य के बावजूद समावेशी शिक्षा के लिए परिस्थितियों का निर्माण किया गया। यह व्यवस्था कई सेवाकालीन प्रशिक्षणों के द्वारा की गई, परंतु शिक्षकों का नज़रिया बहुत धीरे-धीरे बदला। बाद में 1996 में एक अतिरिक्त आवश्यकता के द्वारा कानून को पूर्ण किया गया; ज्यादा सटीकता से कहने पर प्राथमिक विद्यालयों की सातवीं-आठवीं कक्षाओं में विकलांग बच्चों को 'संयुक्त कक्षाओं' में शिक्षा प्रदान करने की अनुमति नहीं थी। इसे ज्यादा स्पष्ट करते हैं; हंगरी के गाँवों में एक विद्यालयी परंपरा थी कि यदि किसी कक्षा में विकलांग बच्चों की संख्या एक स्वतंत्र वर्ग प्रारंभ करने के लिए आवश्यक संख्या से कम होती थी, तो अलग-अलग वर्ग के बच्चों को एक कक्षा में एकजुट किया जाता था और उन्हें एक शिक्षक द्वारा पढ़ाया जाता था। एक संयोजित कक्षा में वर्गों की अधिकतम संख्या 3 थी। वर्ष 1996 से बच्चों को विशेष व्यावसायिक शिक्षा उपलब्ध कराने के लिए, सातवीं- आठवीं कक्षा के छात्रों को अन्य कक्षाओं के साथ पढ़ाने की अनुमति नहीं दी गई। ग्रामीण विद्यालयों के प्रधानाचार्यों ने इस नियमन का महत्त्व समझा और एक मितव्ययितापूर्ण समाधान ढूंढ निकाला। उन छात्रों के लिए 'निजी छात्र स्थिति' की अनुशंसा की गई, लेकिन इस स्थिति की अनुशंसा अभिभावकों के द्वारा की जानी थी। इसका अर्थ था कि, प्रत्येक शैक्षिक वर्ष की अर्धवार्षिक परीक्षा में बच्चों को उत्तीर्ण होने में सहायता प्रदान करने के अलावा विद्यालय का कोई अन्य दायित्व नहीं था। यह प्रावधान सिर्फ एक वर्ष के लिए लागू रहा, परंतु कालांतर में सांसदों ने इस कानून के द्वारा विकलांग बच्चों को हो रहे नुकसान को पहचान लिया।

इसका अनुगामी विनियमन बेहद महत्त्वपूर्ण था, जिसे वर्ष 1997 में विकलांग छात्रों के लिए राष्ट्रीय पाठ्यक्रम दिशानिर्देश की शुरुआत माना जाता है। आरंभिक बाल्यावस्था शिक्षा (ईसीई) से ले कर माध्यमिक शिक्षा तक, सार्वजनिक शिक्षा के विभिन्न क्षेत्रों को दस्तावेज़ों में विकलांगता के विषयों और उनके मापदंडों सहित वर्णित किया गया था। शिक्षक कानून को स्वीकार कर प्रसन्न थे, क्योंकि उन्हें अपने पाठ्यक्रमों को विकसित करते समय केंद्रीय पाठ्यक्रम मानकों की आवश्यकता थी; अतएव; नए लागू किए गए राष्ट्रीय मूल पाठ्यक्रमों के आधार पर अपने स्थानीय पाठ्यक्रमों को बनाने के लिए उन्हें इसकी आवश्यकता थी। वे महसूस करते थे कि वे उन कार्यों के लिए तैयार नहीं थे, जिससे अनिश्चितता उत्पन्न हो।

एक वर्ष पूर्व (1996) प्रकाशित किंडरगार्टन शिक्षा के लिए राष्ट्रीय मूल पाठ्यक्रम के अनुसार, हंगरी के प्राग्विद्यालय (किंडरगार्टन) की समय-सारणी पूरे अकादमिक वर्ष को देखते हुए बनाई गई थी। इसने प्राग्विद्यालयों को विशेष आवश्यकताओं वाले बच्चों को पृथक न करने की अनुशंसा की। पृथक करने की यह परिपाटी देश के आरंभिक शिक्षण संस्थानों की परंपरा में थी। ईसीई सार्वजनिक शिक्षा से सशक्त रूप से संबद्ध है; अर्थात, संस्थान आमतौर पर विभिन्न आयु के छोटे बच्चों वाले परिवारों को सेवाएँ प्रदान करते हैं, ताकि वे श्रम बाजार में सहभागिता कर सकें। इन संस्थानों का आमतौर पर प्रबंधन किसी गाँव में विद्यालयों के प्रधानाचार्यों के द्वारा किया जाता है।

पूर्वकथित कानून, ऐसे संस्थानों में शिक्षण के लिए न्यूनतम 10 घंटे निर्धारित करता है। परंतु, आमतौर पर बच्चे सुबह 8 बजे आते हैं और शाम के 3 बजे घर चले जाते हैं। छात्रों को तीन बार आहार प्राप्त होता है: सुबह का नाश्ता, दोपहर का भोजन तथा शाम की चाय। दोपहर के बाद उन्हें सोने के लिए दो या ढाई घंटे का समय भी मिलता है। 2003 में 1993 के सार्वजनिक शिक्षा कानून (संख्या LXXIX) में संशोधन किया गया और कुछ नए तत्वों को जोड़ा गया। उदाहरण के लिए, गंभीर विकलांगता से ग्रस्त ऐसे बच्चे, जिनको मुख्यधारा में उनके समकक्ष बच्चों के साथ नहीं पढ़ाया जा सकता, उन्हें छोड़कर सभी बच्चों के समेकन की पूर्व संभावना हर विद्यालय के लिए बाध्यकारी बन चुकी थी।

> जैसा कि राष्ट्रीय कार्य योजना (2004) में उल्लिखित है, हंगरी में विशेष शैक्षिक आवश्यकताओं (शैक्षिक विकलांगता) वाले बच्चों का अनुपात 5.3% है, जबकि यूरोपीय संघ के लिए यह आंकड़ा 2.5—3% है। इस असाधारण उच्च दर के अतिरिक्त एक अन्य प्रमुख समस्या रोमा बच्चों का अतिप्रतिनिधित्व है। लगभग 20% रोमा छात्र विशेष शैक्षिक आवश्यकताओं के पात्र हैं, जबकि गैर-रोमा छात्रों के लिए यह दर सिर्फ 2% है। ऐसा अक्सर होता है कि बच्चे सिर्फ इसलिए विशेष आवश्यकता वाले विद्यालयों में भेज दिए जाते हैं, कि उनकी सामाजिक स्थिति दयनीय होती है, जिसके परिणामस्वरूप वे विद्यालय जाने के लिए पर्याप्त परिपक्व नहीं हो पाते हैं या वे संस्कृति आधारित परीक्षाओं में अच्छा प्रदर्शन नहीं कर पाते हैं। 2003 में विशेष शैक्षिक आवश्यकता वाले छात्रों को परिभाषित करने वाली वर्तमान प्रणाली में सुधार प्रारंभ किया गया, जिसके माध्यम से सामाजिक रूप से प्रतिकूल परिस्थितियों को प्रत्यक्ष तौर पर विशेष शैक्षिक आवश्यकताओं में परिणत होने से रोकने पर ध्यान दिया गया। सार्वजनिक शिक्षा के कानून ने बच्चों पर पहचानने के लिए पहले उपयोग होने वाले शब्द 'विकलांगता' को बदलने के लिए एक नए शब्द 'विशेष आवश्यकता' को समाहित किया। परियोजना का 'अंतिम पंक्ति से बाहर' का लक्ष्य उन छात्रों की संख्या कम करना था, जिनकी अनुचित तरीके से पहचान विकलांग के रूप में कर दी गई थी और उन्हें सामान्य पाठ्यक्रमों वाले विद्यालयों और कक्षाओं में वापस लौटाना था। सितम्बर 2004 को स्थानीय स्वशासी सरकारें इस प्रकार मुख्यधारा शिक्षा में लौटे बच्चों के लिए प्रतिव्यक्ति अनुदान प्राप्त करेंगी। [...] केंद्रीय कार्यक्रम में कार्यक्रम के लिए प्रासंगिक गैर-संस्कृति आधारित परीक्षणों को मानकीकृत करने के लिए अभिप्रेत संसाधन हैं। वर्तमान में, प्रतिवर्ष लगभग 3,000 बच्चों को मामूली विकलांगता से ग्रस्त बच्चों के रूप में चिह्नित किया जाता है, और उन्हें पहली कक्षा में नामांकित किया जाता है। इस कार्यक्रम का लक्ष्य मौजूदा संख्या को घटा कर दो-तिहाई करना है। (सामाजिक समावेशन के लिए राष्ट्रीय कार्य योजना, 2004–2006, पृ 34–35)

2007–2008 के अकादमिक वर्ष में, लक्षित समूह की परिभाषा और विशेषज्ञ समूहों की गतिविधि को विनियमित करने के लिए पात्रता दायित्व एवं विशेष शैक्षिक सेवाओं पर मंत्रालयी आदेश (14/1994) के आलोक में सार्वजनिक शिक्षा कानून (संख्या LXXIX) में संशोधन किया गया। सार्वजनिक शिक्षा के संदर्भ में लिया गया राजनीतिक निर्णय, बच्चों की संख्या के साथ-साथ विशेष शैक्षिक आवश्यकताओं वाले छात्रों (एसईएन) की संख्या में लगातार वृद्धि की पृष्ठभूमि पर आधारित था, जिसमें मनोवैज्ञानिक

तौर पर अल्पविकसित होने के कारण विशेष शिक्षा की आवश्यकता वाले बच्चे अधिक महत्वपूर्ण थे, जिनकी संख्या अलग-अलग काउंटियों में भिन्न-भिन्न थी। मूल्यांकन के आधार पर:

1. सख्त मापदंडों के आधार पर शामिल शिक्षार्थियों का पुनरीक्षण हुआ।
2. यदि कार्य करने या व्यवहारगत विकास में गंभीर तथा पहचान किए गए दीर्घकालीन विकार तर्कसंगत न हो, तो विशेष शिक्षा की जरूरत को समाप्त कर दिया गया।
3. यदि कार्य करने या व्यवहारगत विकास में गंभीर तथा दीर्घकालीन विकार की पहचान की गई, लेकिन वे शारीरिक कारणों से नहीं थे और छात्र ने एक विशेष कक्षा, विभाग या विद्यालय के सुधारात्मक शिक्षण में भाग लिया और परवर्ती मूल्यांकन ने इंगित किया कि आगामी अकादमिक वर्ष में छात्र एक सामान्य, अर्थात समेकित शिक्षा में भागीदारी कर सकता है। यह मूल्यांकन अविवेकपूर्ण पृथकता को बाधित करने के लिए कार्य करता है (यूरोपीयन एजेंसी फॉर डेवेलपमेंट इन स्पेशन नीड्स एजुकेशन, 2010, पृ 28)।

कानून में अद्यतन परिवर्तन 2010 में हुआ, जब एक मंत्रालयी आदेश (4/2010) द्वारा पहचान की प्रक्रिया निरूपित किया गया। विशेष आवश्यकताओं के सामान्य यूरोपीय वर्गीकरण का अनुपालन करते हुए इस व्यवस्था ने हंगरी के विभिन्न क्षेत्रों में विशेषज्ञों की एक बेहद ख़ास टीम (शैक्षिक क्षमताओं की परीक्षा के लिए विशेषज्ञ तथा पुनर्वास समिति, *टीकेवीएसजेडआरबी*) की नैदानिक प्रक्रिया के मसौदे को विनियमित कर दिया। हंगरी में विशेष आवश्यकताओं की पहचान दो भिन्न स्तरों पर की जाती है। प्रथम स्तर शैक्षिक सलाहकार दल (*नेवेलेसी तानास्काडो*) है, जो शैक्षिक कठिनाइयों या व्यवहारगत विकारों की तरह मनोवैज्ञानिक विकास में गड़बड़ी की पहचान करता है। इस दल में विशेष शिक्षक, मनोवैज्ञानिक एवं चिकित्सक होते हैं। यदि सलाहकार दल एक गंभीर दीर्घ-कालीन विकार (विकलांगता) की पहचान करता है, तो बच्चे को शिक्षण क्षमता परीक्षण एवं पुनर्वास हेतु विशेषज्ञ तथा पुनर्वासन समिति (*टीकेवीएसजेडआरबी*) नामक दूसरे स्तर के लिए अग्रसारित कर दिया जाता है। इस समिति के सदस्यों में विशेष शिक्षक, चिकित्सक, बाल स्नायु विज्ञानी, मनोचिकित्सक, आदि शामिल होते हैं। अनुवर्ती समिति सभी विकलांगताओं की पहचान करने में सक्षम होती है और विद्यालय में अध्ययन के लिए सहायता प्रदान करती है। अभिभावक परीक्षण प्रक्रिया में शामिल रहते हैं और उन्हें निर्णय के विरुद्ध अपील करने का अधिकार है।

यूरोप के अंदर और समावेशी शिक्षा का सिद्धांत और अभ्यास

शिक्षा में विकलांगता से ग्रस्त लोगों के समावेशन का वर्णन कभी-कभी आधुनिक शिक्षा विज्ञान और एक शैक्षिक परिदृश्य की एक रणनीति के रूप में किया जाता है, जहाँ हर शिक्षक और प्रशासनिक कर्मचारी अपने काम के संबंध में जानते हैं, जबकि हंगरी में यह निर्बाध रूप से कार्य

नहीं करता प्रतीत होता है। हमारे उत्कृष्ट इरादों के बावजूद समाज तथा/या शिक्षा में विकलांगता से ग्रस्त लोगों के पूर्ण समावेशन का प्रयास पर्याप्त नहीं प्रतीत हो रहा है। सेपे लिखते (2008) हैं कि, हंगरी में विकलांग बच्चों के लिए पहचान पर आधारित एक पारंपरिक विद्यालयी मॉडल है, और यह मॉडल शिक्षण के अभ्यास में कई कठिनाइयों का कारण बनता है। उदाहरण के तौर पर, विभिन्न दलों द्वारा अलग-अलग मानदंडों के उपयोग के कारण पूरे देश में पहचान की प्रक्रिया एकसमान नहीं है।

'संयुक्त राष्ट्र शैक्षिक, वैज्ञानिक एवं सांस्कृतिक संगठन' (यूनेस्को, 2005) के अनुसार, वर्ष 2015 तक सभी बच्चे आरंभिक शिक्षा के पूर्ण पाठ्यक्रम का आनंद लेने में समर्थ हो जाएँगे। परंतु विकलांगता से ग्रस्त बच्चों के समावेशन के बिना इस लक्ष्य को नहीं प्राप्त किया जा सकता है। इस कार्य का दायरा इस तथ्य से प्रदर्शित होता है कि, दुनिया भर में शिक्षा से वंचित 11.5 करोड़ बच्चों में कम-से-कम चार करोड़ बच्चे विकलांग हैं। विकासशील देशों में सभी विकलांग बच्चों में से सिर्फ 2–10 प्रतिशत विद्यालय में आते हैं (यूनेस्को, 2005)।

हंगरी में वर्तमान शिक्षा नीति मुख्यतः विद्यालय प्रबंधन और संस्थानों पर ध्यान केंद्रित करती है, लेकिन समावेशी शिक्षा की वास्तविक समस्याएँ कक्षाओं में दृष्टिगोचर होती हैं (नेमेथ्ने एवं अन्य 2008)।

> शिक्षा की गुणवत्ता पर ध्यान केंद्रित करने पर हम पाते हैं कि, समावेशी कक्षाओं में विशेष आवश्यकता वाले छात्रों या अन्य छात्रों की अभी-भी अनदेखी की जा रही है, और यह बात शिक्षण पर अंतर्राष्ट्रीय तुलनात्मक शोध में भी सामने आई है। यह भी प्रतीत होता है कि, शिक्षकों की समस्याओं की अक्सर अनदेखी कर दी जाती है। यदि हम विचार करें कि 1990 से यूरोप में छात्रों की मुख्य क्षमताएँ पेशेवर शिक्षा के केंद्र में है, तो यह समझ में आने वाला तथ्य है। हमें बुनियादी कौशल एवं क्षमताओं पर नवीनतम दृष्टिकोण के संबंध में विचार करना होगा, जिन्हें विद्यालय में विकसित किया जाना चाहिए। एक आधुनिक अवधारणा अवश्य विकसित की जानी चाहिए और भविष्य में यूरोपीय शिक्षा में सुधार हेतु इसे आधार बनाना चाहिए। कौशल विकास के लिए अनेक प्रकार के विद्यालय उपलब्ध है। प्रत्येक विद्यालय अपने अभ्यास एवं तरीकों के आधार पर निर्णय लेता है। हालांकि इनमें से ज्यादातर विद्यालय किसी विचारधारा से संबद्ध होते हैं, परंतु वास्तव में वे अपने शैक्षिक वृत्ति में कार्यनिर्वाह-क्षमता को विकसित करने पर ध्यान केंद्रित करते हैं। (हान्क, 2008 पृष्ठ 12)
>
> यूनेस्को (2005) द्वारा प्रकाशित अध्ययन आंकड़ों के अनुसार, छात्रों की कार्यनिर्वाह-क्षमता के विकास में हंगरी के विद्यालयों का स्तर तुलना किए गए 66 देशों के बीच औसत दर्जे का है। इसके अतिरिक्त, यूरोप के सांख्यिकी आंकड़े प्रदर्शित करते हैं कि हंगरी में विशेष शैक्षिक आवश्यकता वाले छात्रों में से सिर्फ 50% ही पूर्ण समावेशी संस्थापना में शिक्षित होते हैं (विशेष आवश्यकता शिक्षा विकास हेतु यूरोपियन एजेंसी, 2010 पृष्ठ 30)।

समावेशन अभी भी शिक्षा विज्ञान के क्षेत्र में 'सिद्धांतों की कमी' वाला क्षेत्र है (टॉपिंग एवं मालोनी 2005 पृष्ठ 5)। हंगरी में वैज्ञानिक आमतौर पर समावेशन के संबंध में विभिन्न परिप्रेक्ष्य नीति,

समाजशास्त्र, दर्शन शास्त्र तथा अर्थशास्त्र के आधार पर बात करते हैं। दुर्भाग्यवश मुख्यधारा का शिक्षा वृत्ति अभी भी आमतौर पर मानव-शास्त्र, मनोविज्ञान, समाजशास्त्र या शिक्षण-शास्त्र से अंगीकृत वैज्ञानिक सिद्धांत की पूर्ण व्यापक परिभाषा का उपयोग नहीं करता है। विशेष शिक्षा की दृष्टि से समावेशी शिक्षा को लगभग अलग-अलग वर्णित किया जाता है और विशेष शिक्षा में शोधकर्ताओं द्वारा प्रकाशित पुस्तकों की संख्या भी काफी कम है, जो विशेष शिक्षा का प्रतिनिधित्व नहीं करते हैं। ऐसा प्रतीत होता है कि यह सिर्फ विशेष शिक्षा का एक विषय है (नेमेथेने एवं अन्य 2008)। शैक्षिक समावेशन में हर बच्चे के लिए विद्यालय की उपलब्धता आवश्यक है। हर बच्चे को बिना किसी कलंक या वर्गीकरण के शिक्षित होना चाहिए और उसे व्यक्तिगत रूप से विकसित होना चाहिए (रेथे, 2002)।

परिभाषा के अनुसार समावेशन एक मानवीय समाधान है, जिसमें हर देश समावेशी आंदोलन के पीछे की चुनौतियों के साथ उपस्थित होता है। अधिकतर यूरोपीय देश अपनी शैक्षिक परंपराओं के कारण *एसईएन* से भिन्न तरीके से निपटते हैं।

स्वीडन, डेनमार्क और नॉर्वे जैसे उत्तरी एवं पश्चिमी यूरोपीय देशों के साथ-साथ ब्रिटेन, स्पेन और फ्रांस में मध्य एवं पूर्वी यूरोपीय देशों की तुलना में समावेशी शिक्षा के संबंध में ज्यादा अनुभव और लंबी परंपराएं है। जैसा कि इटली और स्वीडन में प्रलेखित है, उनमें से अनेक देशों में समावेशी शिक्षा पर 1970 के दशक से राष्ट्रीय कानून है। समावेशी शिक्षा के संदर्भ में स्वीडन की नीति और इटली की नीति, प्रत्येक छात्र की आवश्यकता के अनुसार उसके व्यक्तिगत विकास की कल्पना करती है। इटली में उन पांच बड़े क्षेत्रों की पहचान करने में आज व्यापक सहमति है, जहां प्रभावी समावेशन रणनीतियां ज्यादा बेहतर काम कर सकती हैं: वैयक्तिक कार्यक्रम तथा कक्षा पाठ्यक्रम के बीच सम्पर्क; सहपाठियों और विद्यालय में पढ़ने वाले छात्रों की सहभागिता; नियमित शैक्षिक गतिविधियों एवं शैक्षिक संबंधों में व्यवहारगत रणनीतियों का समावेशन; परा-संज्ञानात्मक शिक्षण एवं अध्ययन; तथा सूचना एवं संचार तकनीक (इयांस, 2009)।

> कानून संख्या 517/1977 के लागू होने के 30 से अधिक वर्षों के पश्चात, आजकल विकलांगता से ग्रस्त छात्रों का समेकन एक विकसित हो रही प्रक्रिया है, जिसके कारण इटली के विद्यालयों में ज्यादा समावेशी प्रणाली के लिए उल्लेखनीय नवाचारों की शुरुआत हो चुकी है; परंतु कुछ महत्त्वपूर्ण विषयों पर अभी भी कार्य करने की आवश्यकता है (डी अन्ना, प्रेस्टेंना, डी एलेसियोल एवं गोमेज पालोमा, 2013)।

अन्य नॉर्डिक देशों की तरह, नॉर्वे पूर्वी यूरोपीय देशों से काफी पहले अनिवार्य शिक्षा और सामाजिक समावेशन पर ध्यान केंद्रित कर रहा है। 1970 के दशक के मध्य में, विद्यालय में अध्ययन के संबंध में एक उल्लेखनीय परिवर्तन लाया गया, जब "सभी के लिए विद्यालय" योजना लागू की गई। वास्तविक परिवर्तन 1996 में ही आ सका, जब नए राष्ट्रीय पाठ्यक्रम में समावेशन को विद्यालय के अकादमिक, सामाजिक एवं सांस्कृतिक समुदाय में सहभागिता के रूप में परिभाषित किया गया (फेयरर, 2005)। इस परिप्रेक्ष्य में इसका उल्लेख होना चाहिए कि, ओसीईडी (*ऑरगनाइजेशन फॉर*

इकोनॉमिक कॉपरेशन) देश शिक्षा पर अपने सकल घरेलू उत्पाद (जीडीपी) का औसतन 5–5.8% व्यय करते हैं। नॉर्वे अपनी जीडीपी का 6.2% व्यय करता है। नार्वे की विद्यालय प्रणाली काफी विस्तृत है। वहाँ मुख्यधारा या विशेष आवश्यकता वाले छात्रों को प्रदान की जाने वाली विद्यालयी शिक्षा में कोई अंतर नहीं है (बोआरिनी, 2009)।

डेनमार्क का *दृष्टिकोण*, 1960 के दशक से शिक्षा प्रदान करने को 'शैक्षिक मनोवैज्ञानिक सलाह सेवा' के रूप में देखता है। 1981 में विशेष आवश्यकता वाले छात्रों के पृथक्करण को समाप्त कर दिया गया (रेथे, 2002)। पहले, मुख्यधारा की कक्षाओं में शामिल विशेष आवश्यकता वाले छात्रों की संख्या उल्लेखनीय ढंग से बढ़ गई, लेकिन कुछ वर्षों के बाद इसमें फिर से कमी आ गई। '2005–06 के अकादमिक वर्ष में *फोकेस्कोल* [प्राथमिक विद्यालय] के रूपरेखा में प्राथमिक तथा अवर माध्यमिक विद्यालयों के 2.1% छात्रों को सहायता प्रदान की गई, जबकि मुख्यधारा शिक्षा से पृथक करते हुए विशेष विद्यालयों के 0.7% छात्रों को ही सहायता प्रदान की गई (यूरिडाइस, पृ 6)।

मुख्यधारा और विशेष विद्यालयों की दोहरी प्रणाली पर अभिभावकों और शिक्षकों के दृढ़ विश्वास के कारण उत्पन्न हुई अनिश्चितता के बावजूद, डच कानून में 'सभी के लिए विद्यालय' के स्कैंडेनेवियन सिद्धांत को 1990 के दशक में शामिल कर लिया (पिज्ल एवं मैजर, 1999)। नीदरलैंड में समावेशी शिक्षा के लिए अवधारणात्मक अवसर दिए गए, लेकिन शैक्षिक वृत्ति विद्यालयों में विकल्पों पर निर्भर करता है (रेथे, 2002)।

ग्रेट ब्रिटेन में 1970 के दशक में शैक्षिक नीति में सामाजिक एवं शैक्षिक समावेशन की शुरुआत बेहद अस्पष्ट तरीके से हुई और 1981 से आने वाले दशकों में ग्रेट ब्रिटेन में कानून बनाने जैसे कार्यों को तय किया (उपरोक्त)। ब्रिटिश सिद्धांत के अनुसार, सामाजिक समावेशन के लक्ष्य को समेकित शिक्षा के बिना हासिल नहीं किया जा सकता है। समावेशन केवल विद्यालय में स्वीकार्यता पर आधारित विचार नहीं है; यह शिक्षा के सीमा रेखा से ज्यादा विस्तृत है और यह मानवाधिकार का एक भाग है। हमें समावेशन की पहचान समत्व से नहीं करना चाहिए। हमें ज्ञात है कि समत्व का अर्थ सिर्फ विशेष आवश्यकता वाले बच्चों को स्थान देना है परंतु, इसका मतलब सभी के लिए समान अवसर नहीं है (थॉमस एवं डेविस, 1999)।

आज के जर्मन विद्यालयों में आरंभिक बाल्यावस्था में समावेशी शिक्षा को अच्छे से प्राप्त कर लिया गया है, क्योंकि अभिभावकों को अपने बच्चों के लिए एक विद्यालय चुनने का अधिकार दिया गया है। लेकिन यह लाभ अभी भी पूरी तरह से दिखाई नहीं देता है, क्योंकि कई नागरिक संगठन इसे खारिज करते हैं। शिक्षक प्रशिक्षण में परिवर्तन के एक भाग के रूप में कुछ नए डिजाइन पाठ्यक्रमों में समेकन को शामिल किया गया और मुख्यधारा एवं विशेष विद्यालयों के बीच परिवर्तन प्रारंभ हुआ (बिक, 2008)।

2005 से कानून के द्वारा आवश्यक कर दिए जाने के कारण फ्रांस में विशेष शिक्षा के लिए वित्त-पोषण अनिवार्य हो गया है, ताकि हर विद्यालय विशेष आवश्यकता वाले छात्रों को ये सेवा प्रदान कर सके।

> 2005 का कानून आवश्यक करता है कि सभी छात्रों को बुनियादी संस्थान के रूप में मुख्यधारा के विद्यालय में पंजीकृत होने का अधिकार है, चाहे वे अपनी विकलांगता के कारण एक विशेष विद्यालय में जाते हैं। इसे उनके 'शैक्षिक पथ' एवं अध्ययन की निरंतरता के रूप में वर्णित किया जाता है। यह कानून समन्वयन के प्रयोजन हेतु नई संरचनाओं में नए कारकों को लाकर इनके विघटन की समस्या के समाधान का प्रयास करता है। (जे, 2009, पृ 109)।

आस्ट्रिया के कानून में अभिभावकों के द्वारा अपने बच्चों के लिए विद्यालय चुनने के अधिकार सहित समावेशी शिक्षा का प्रवेश 1993 में हुआ। 1989 से 2002 के मध्य समावेशी कक्षाओं में छात्रों की संख्या में उल्लेखनीय ढंग से वृद्धि हुई। इस तथ्य के पीछे ऊपरी आस्ट्रिया में 15 वर्षों के दौरान समावेशी कक्षाओं की संख्या में 4 से 412 तक की तीव्र वृद्धि जैसे अन्य कारक भी शामिल थे (फेयरर, 2005)।

'रोमानिया में अभी समावेशन की नीति विकसित हो रही है। विशेष शैक्षिक आवश्यकता वाले अधिकतर बच्चे (36,729) विशेष विद्यालयों में जाते हैं। इन विद्यालयों में विशेष शिक्षा की संरचना मुख्यधारा विद्यालय के बहुत समान है' (यूरीबेस, 2001, पृ 3)।

यूरोपीय संघ (ईयू) के एक नए सदस्य के रूप में बुल्गारिया में भी एक समावेशी समाज हेतु एक नीतिगत बदलाव हुआ है, लेकिन यह प्रमाण मुख्यतः 1990 के दशक के अंत में विशेष शिक्षा के सैद्धांतिक साहित्य में प्रदर्शित होता है (जोकोवा एवं डोबरेव, 2013)। हाल ही में, बुल्गारिया ने विद्यालय प्रणाली में समावेशी शिक्षा पर ध्यान केंद्रित करते हुए अगले दशक हेतु एक राष्ट्रीय कार्यक्रम को अंगीकृत किया है। मानव अधिकार के इस पहलू को संभालने के *लिए सेंटर फॉर दी एजुकेशनल इंटेग्रेशन ऑफ चिल्ड्रेन एंड स्टूडेंट्स (सीआईई)* की स्थापना की गई (वाल्ट्शेव, 2008)।

विशेष शिक्षा के साहित्य के अनुसार, 1990 के दशक में तुर्की की छात्र जनसंख्या में एसईएन छात्र 10–14% थे। हालांकि, *एसईएन* छात्रों को प्रदान की जाने वाली विशेष सहायता की मात्रा और गुणवत्ता के संबंध में शैक्षिक नीति और वृत्ति तथा विशेष एवं मुख्यधारा विद्यालयों के बीच सहयोग के बीच कुछ संदेह हैं। 'समान शैक्षिक अवसर के अधिकार को नियमित रूप से व्यापक सिद्धांत के रूप में स्वीकार किया जाता है, लेकिन व्यवहार में व्यापक रूप से इसकी अनदेखी कर दी जाती है' (सारी, 2000, निष्कर्ष अनुभाग, पैरा 8)।

समाज, नीतियों एवं शिक्षा में समावेशन काफी नया सिद्धांत है, जो स्लोवाकिया, चेक गणराज्य, हंगरी और रोमानिया जैसे मध्य और पूर्वी यूरोपीय देशों में पिछले 20 वर्षों में तीव्र हुआ है। परंतु, आज भी इसके अक्षरशः पालन में कुछ संदेह हैं। 'समवेशी शिक्षा' की धारणा वंचित लोगों, नस्लीय अल्पसंख्यकों और विकलांगता से ग्रस्त लोगों की सामाजिक स्वीकार्यता से संबंधित है। जिप्सियों और सामाजिक रूप से वंचित लोगों के पास व्यवहारिक रूप से कभी भी पृथक विद्यालय प्रणाली नहीं थी। विकलांगता से ग्रस्त छात्रों को इस नई अवधारणा की वास्तव में आवश्यकता है, क्योंकि हंगरी जैसे यूरोप के मध्य और पूर्वी भागों में उनके पृथक विद्यालयों में सदियों से ऐसी परंपराएँ हैं।

हंगरी में समावेशी शिक्षा

हंगरी में मुख्यधारा विद्यालयों में शिक्षित होने का छात्रों के अधिकारों का कानून 1993 से बना हुआ है, लेकिन *एसईएन* छात्रों के प्रति शिक्षकों के समावेशी व्यवहार सहित सामजिक सहिष्णुता में धीरे-धीरे परिवर्तन हो रहा है। आज बच्चों की व्यक्तिगत आवश्यकताओं की देखभाल करने के लिए आधुनिक सहायक प्रणाली कार्यरत है। चूंकि अनुपस्थित नैदानिक प्रक्रिया के कारण विशेष आवश्यकता वाले एक छात्र को निम्नांकित संस्थापना में शिक्षित करने के लिए कहा जाता है: मुख्यधारा के विद्यालय में समावेशी कक्षाएं, मुख्यधारा के विद्यालयों या विशेष विद्यालयों में विशिष्ट कक्षाएं। मनोविज्ञानी, स्नायुविज्ञानी तथा विशेष शिक्षकों की सदस्यता वाले एक विशेषज्ञ दल के सलाह पर छात्र का नियोजन निर्भर करता है। विशेषज्ञों की समिति (*टीकेवीएसजेडआरबी*) को दिए गए परिवार और विद्यालयों की संभावनाओं के साथ-साथ कार्य किए जाने वाले स्थानीय क्षेत्र के संबंध में अच्छी तरह सूचना प्राप्त रहती है। शिक्षा के पहले कानून (LXXIX/1993) में 2003 में परिवर्तन के बाद से विशेष विद्यालयों और विशेष कक्षाओं में *एसईएन* छात्रों की संख्या में कमी आ रही है।

इस कानून ने हंगरी में मुख्यधारा विद्यालयों में समावेशी शिक्षा में सहायता हेतु अनेक विशेष विद्यालयों को अपनी रूपरेखा को बदल कर एक 'सशक्त एवं सुव्यवस्थित संस्थान' में परिवर्तन को संभव बना दिया है (*ईजीवाईएमआई: एजीस जायोपेडागोगियाई मोड्स्जेर्टानी कोज्पोंट, सेंटर फॉर ए सिंगल मेथडोलॉजी इन स्पेशल एजुकेशन*)। हंगरी में शिक्षण के पहचान-आधारित मॉडल को आधुनिक शिक्षा की आवश्यकता-आधारित मॉडल से परिवर्तित करना आवश्यक है, लेकिन (2007 के) नवीनतम कानून में शिक्षा-वृत्ति एवं प्रासंगिक वित्तीय सहायता की स्थिति स्पष्ट नहीं है। 2007 के कानून के द्वारा '*एसईएन-ए*' और '*एसईएन-बी*' *के नाम से एसईएन* की दो श्रेणियाँ बनाई गई। *एसईएन-ए* का अर्थ है कि छात्र के *एसईएन* का कारण शारीरिक है, जबकि *एसईएन-बी* के लक्षण इससे भिन्न हैं। यह व्यवस्था प्रयोग का विषय है, जिसे विशेष आवश्यकता वाले छात्रों की बढ़ती संख्या के लिए ज्यादा वित्त-पोषण हेतु विद्यालयों द्वारा अंगीकृत किया गया है (सेपे, 2008)।

विद्यालय वृत्ति में *एसईएन* शब्दावली में कुछ अनिश्चितता देखी जा सकती है। अधिकतर समस्याएँ सीखने की क्षमता और मध्यम मानसिक विकलांगता के बीच अंतर के कारण होती हैं। समस्याओं की विभिन्न कोटियों के लिए पहले चार श्रेणियों का उपयोग किया जाता था: शैक्षिक समस्याएँ, शैक्षिक विकार, शैक्षिक विकलांगताएँ और मानसिक विकार (मेस्टेर्हाजी, 1998)। सार्वजनिक शिक्षा कानून (सं. LXXIX/2003) के अनुसार, शैक्षिक समस्याओं की श्रेणियाँ निम्नलिखित हैं: शैक्षिक एवं व्यवहारगत समस्याएँ, स्थायी एवं गंभीर शैक्षिक समस्याएँ (पठन-वैकल्य, लेखन-वैकल्य एवं अति-सक्रियता), तथा मध्यम एवं हल्के मानसिक विकार। विद्यालयी शिक्षण की शब्दावली में कुछ अनिश्चितताएँ थी, जिसके कारण अभिभावकों को अपने बच्चों को प्राग्विद्यालयों में ले जाने के लिए सलाह दी गई और वित्तीय रूप से मदद की गई।

> किंडरगार्टन सब्सिडी: किंडरगार्टन में अति वंचित परिवारों के 3–4 वर्ष की आयु के नामांकित छोटे छात्रों को जनवरी 2009 से वर्ष में दो बार सब्सिडी प्रदान की जाती है, ताकि बच्चे नियमित रूप से किंडरगार्टन में जा सके।
>
> किंडरगार्टन में स्थानों का विस्तार: क्षेत्रीय क्रियान्वयन कार्यक्रम में अधोसंरचना विकास योजना के तहत किंडरगार्टन में स्थानों की संख्या विस्तृत की जाती है। (प्राकृतिक संसाधन मंत्रालय, 2011, पृ 6)।

इसके अतिरिक्त, 1980 के दशक से अभिभावकों के लिए अपने बच्चों का प्राथमिक विद्यालय में नामांकन कराने से एक वर्ष पूर्व किंडरगार्टन में नामांकन कराना अनिवार्य कर दिया गया है। सार्वजनिक शिक्षा के नवीनतम कानून (सं. CXC, 20 दिसम्बर 2011) के तहत बच्चों के द्वारा किंडरगार्टन जाने की बाध्यकारी आयु 5 वर्ष की जगह 3 वर्ष है (सार्वजनिक शिक्षा कानून, सं. CXC, 20 दिसम्बर 2011)।

इस समूह के साथ कार्य कर रहे विशेषज्ञ, ईसीई से संबंधित समावेशन के संबंध में बात नहीं करते हैं, चूंकि इस आयु के बच्चों के बीच उल्लेखनीय अंतरों के कारण अधिकतर मनोवैज्ञानिक विकारों की विशिष्ट रूप से जाँच नहीं की जा सकती है।

एक शिक्षण रणनीति के रूप में हंगरी के विद्यालयों में विकलांगता से ग्रस्त छात्रों का समावेशन, वर्ष 1989 में राजनीतिक प्रणाली में परिवर्तन के बाद से प्रारंभ हो गया (सेपे, 2008)। 1980 के दशक के प्रारंभ में, समावेशी शिक्षा पर कार्य करने के लिए हमारे पास कुछ प्रायोगिक विद्यालय थे, लेकिन उनके परिणामों को व्यापक प्रचार नहीं मिला। राजनीतिक प्रणाली में बदलाव से पूर्व कानून अनुज्ञाप्रद थे और उन्होंने समेकन की अनुमति दी, लेकिन शिक्षक न तो प्रशिक्षित थे, न ही अनुभवी। यह एक मुख्य कारण था कि अनेक शिक्षकों ने इन छात्रों के मुख्यधारा विद्यालयों में समावेशन के विचार को खारिज कर दिया। तदनुरूप, बहुत कम छात्रों के लिए हमारी पृथक्कृत शैक्षिक प्रणाली अस्तित्व में रही, और इसके साथ-साथ समावेशी शिक्षा यूरोप में पाँव पसार रही थी। पिछले कुछ वर्षों में अंगीकृत कानूनों ने न केवल शैक्षिक समेकन के अवसर प्रदान किए हैं, बल्कि मुख्यधारा के विद्यालयों के लिए भी दायित्व निर्धारित कर दिया है (सार्वजनिक शिक्षा का कानून सं. LXI/2003, सं. LXXIX/1993)।

समेकित शैक्षिक नीति को समान व्यवहार एवं समान अवसर के कानून में जनवरी 2004 से रखा गया था, जो विद्यालयों में भेदभाव का निषेध करता है। इस वैधानिक रूपरेखा के अनुरूप, वंचितों एवं रोमा छात्रों को विद्यालयों को छोड़ने से रोकने के लिए और सितम्बर 2003 तक वर्तमान में विद्यालय के पृथक्करण की दिशा में किए जा रहे कार्यों को कम करने के लिए, प्राथमिक विद्यालयों की कक्षा 1 और 5 तथा माध्यमिक शिक्षा की कक्षा 9 में समेकित शिक्षा कार्यक्रम को स्थापित किया गया। इस कार्यक्रम में राज्य वित्तपोषण अनुदान से इन कक्षाओं में समेकन का परिचय और अन्य कक्षाओं में 'प्रतिभा का बढ़ावा देना' शामिल था (सामजिक समावेशन पर राष्ट्रीय कार्य योजना, 2004–2006, पृ ix)।

इस नियमन के अनुसार, 2003 से शैक्षिक अक्षमताओं या मध्यम मानसिक विकलांगताओं से ग्रस्त बच्चों को विशेष विद्यालयों या कक्षाओं में नहीं जाना होता है। जब तक विशेष शिक्षकों के

दल इसकी अनुशंसा न करे, तब तक शैक्षिक विकलांगता से ग्रस्त छात्रों को मुख्यधारा कक्षाओं में जाना होता है।

> इस मामले में विद्यालय दोहरी भूमिका का निर्वाहन करते हैं। एक तरफ उन्हें छात्रों में उन विशेषताओं की खोज करनी होती है, जिन्हें परिवर्तित किया जा सकता था और इसे छात्रों के लिए उचित समय के दौरान करना होता है। वहीं दूसरी तरफ, विद्यालयों को उनके द्वारा परिवर्तित न किए जा सकने वाले विशेषताओं को संभालने के तरीकों की खोज करनी होती है। (गास्पार, 2003, पृ 147)।

समावेशन के विभिन्न पहलुओं पर ध्यान केंद्रित करते हुए हमारे पास बहुत ज्यादा विवरण हैं, इसलिए हमें नई शिक्षण रणनीतियों या विधियों का अवश्य उपयोग करना चाहिए, क्योंकि अभी भी हमारे पास प्रासंगिक विज्ञानों की सभी शाखाओं के द्वारा स्वीकार की जाने वाली जटिल परिभाषा का अभाव है। हमें ज्ञात है कि समावेशन का अर्थ क्या नहीं है, लेकिन हम अभी भी नहीं जानते हैं कि समावेशन का क्या अर्थ है। हंगरी में सैद्धांतिक और वृत्ति विज्ञानविदों को इस मुद्दे पर यथासंभव विचार करना चाहिए।

हंगरी में कुछ प्राथमिक विद्यालयों में तथाकथित 'सहकारी-शिक्षण' वाली शिक्षण रणनीतियों के विभिन्न मॉडल मौजूद हैं, जबकि अन्य विद्यालयों ने एसईएन वाले छात्रों के लिए विशेष शिक्षकों द्वारा पाठ्येत्तर कक्षाएँ आयोजित करवाई। शैक्षिक अक्षमता से ग्रस्त किसी छात्र को एक विशेष शिक्षक के मार्गदर्शन में अपनी शैक्षिक क्षमताओं की क्षतिपूर्ति के लिए न्यूनतम 15% अतिरिक्त समय अवश्य प्राप्त होना चाहिए। इसका अर्थ है कि, यदि एक विद्यालय एसईएन वाले छात्रों को उसके अन्य सहपाठियों के साथ शिक्षित करता है, तो उसमें अतिरिक्त समय की व्यवस्था अवश्य की जानी चाहिए। एसईएन वाले छात्रों के प्रति समावेशी दृष्टिकोण वाले ऐसे विद्यालयों को एक विशेष शिक्षक के साथ पेशेवर संबंध अवश्य रखना चाहिए, तथा मुख्यधारा के प्रत्येक शिक्षक के पास अक्सर और जब आवश्यक हो तो उसे विशेष शिक्षक से सलाह लेने का अवसर होना चाहिए।

यह विद्यालयों के लिए बिल्कुल नया विचार था; अतः, मुख्यधारा के अनेक शिक्षकों ने इसका स्वागत किया, हालांकि कक्षा में समावेशी शिक्षण के संबंध में उन्हें कुछ संदेह था। 1980 के दशक में हंगरी के ज्ञान-केंद्रित विद्यालयों में कई बदलाव आए। उदाहरण के लिए, पूर्व के तथ्यात्मक-ज्ञान शिक्षण के स्थान पर मुख्य क्षमताओं पर अपना ध्यान केंद्रित करना: उनकी अधिक-इष्ट विधियों के बजाय आधुनिक सह-शिक्षण तकनीकों को स्वीकार करने के लिए उनकी प्रणालीगत संस्कृति को नवीनीकृत किया जाना चाहिए; नस्ल-आधारित शैक्षिक नज़रिए को व्यक्तिगत विकास या सहकारी शैक्षिक से प्रतिस्थापित किया जाना जाना चाहिए, और अंत में शिक्षकों को छात्रों के असमांगी समूह को शिक्षित करने का प्रयास करना चाहिए। नई चुनौतियों के अतिरिक्त हंगरी के शिक्षकों को पाठ्यक्रम के संपादन एवं शोध आधारित शिक्षा जैसी नई प्रशासनिक प्रणाली और शिक्षण योजना के लिए स्वयं को तैयार करना पड़ा। यह उन्हें छात्रों के ज्ञान के गुणात्मक मूल्यांकन या कंप्यूटर-आधारित शिक्षा जैसी नई शिक्षा तकनीकों के अनुपालन के लिए भी तैयार करती हैं (कार्पाटी, 2008)।

हंगरी में समावेशन के प्रति शिक्षकों का नज़रिया

अनिवार्य सार्वजनिक शिक्षा की विशिष्टता को रेखांकित करना, निश्चित तौर पर एसईएन की आवश्यकताओं की पूर्ति में मददगार सिद्ध नहीं होती है। व्यक्तिगत आवश्यकताओं पर सिर्फ एवं विशिष्ट रूप से सिर्फ तभी सफल हो सकता है, यदि हम आजीवन-शैक्षिक कार्यक्रमों में भी भागीदारी करने के व्यक्तिगत अवसरों को सुनिश्चित करने में सक्षम हो सकें (सेपे, 2008)।

हमारा सर्वेक्षण प्राग्विद्यालय के शिक्षकों के नज़रिए को छोड़ देता है, चूंकि हंगरी के प्राग्विद्यालयों में पृथक्करण कभी एक मुद्दा नहीं रहा है। समावेशन आरंभिक बाल्यावस्था में मुख्यतः पारंपरिक शैक्षिक रणनीति है, क्योंकि विशेष आवश्यकता वाले छोटे बच्चों के लिए सिर्फ कुछ संस्थान ही हैं और वे सिर्फ गंभीर रूप से अक्षमों के लिए कार्य करते हैं। इसके विपरीत, विद्यालय प्रणाली में भिन्नता ने हमारे देश में विद्यालयों में समावेशी मार्ग के विस्तार में ज्यादा मुश्किलें पैदा कर दी हैं।

उपरोक्त तथ्यों से यह स्पष्ट होता है कि, हम यह मानने के लिए प्रेरित हुए हैं कि शिक्षक उन नई चुनौतियों से प्रभावित हुए थे और इस प्रभाव को विशेष आवश्यकता वाले बच्चों के समेकन के संदर्भ में देखा जा सकता है (नेमेथ्ने एवं अन्य, 2008)। एक प्रारंभ बिंदु के रूप में, हमने जानने का प्रयास किया कि हंगरी में पिछले दो दशकों में विशेष आवश्यकताओं पर शिक्षकों का नज़रिया किस प्रकार बदल रहा है। यह उम्मीद थी कि, शिक्षक एसईएन वाले छात्रों के संबंध में ज्यादा सीखने का प्रयास करेंगे और वे अपनी मुख्यधारा कक्षाओं में एसईएन वाले छात्रों को अन्य छात्रों के साथ पढ़ाने के लिए तैयार होंगे, क्योंकि वे शिक्षा में नए शिक्षण-शास्त्र के महत्त्व को समझते होंगे। इस तथ्य पर कि समावेशी विद्यालयों में शिक्षित एसईएन वाले छात्रों के पहले समूहों ने माध्यमिक विद्यालयों में पहले ही प्रवेश कर लिया है, यह मान लिया गया कि प्राथमिक और माध्यमिक विद्यालयों में मुख्यधारा विद्यालयों के नज़रिए में कोई अंतर नहीं होगा। इसलिए एक सर्वेक्षण में मतों के बीच तुलनाएँ की गई।[1]

ऊपर किए गए प्रश्नों के उत्तर सुनिश्चित करने के लिए हंगरी के पश्चिमी ट्रांसडानुबियन क्षेत्र के तीन भिन्न कांउटियों में 10 विद्यालयों का चयन किया गया। इनमें से शहरों और गाँवों से 5 प्राथमिक विद्यालय थे और शहरों में 5 माध्यमिक विद्यालय थे। उनमें में से सभी अपने स्थापना दस्तावेजों में स्वयं की पहचान समावेशी संस्थानों के रूप में करते हैं। यह 2007 के सर्वेक्षण का भाग था। लिया गया नमूना (170 मुख्यधारा शिक्षक) बहुत छोटा था और विद्यालयों को यादृच्छिक रूप से चुना गया था। इस अध्ययन में प्रतिनिधित्व को सुनिश्चित नहीं किया गया, लेकिन यह मान लिया गया कि हमारी प्राप्तियाँ प्रतिनिधित्व पर आधारित शोध के परिणामों के अनुरूप हैं। नमूने के छोटे आकार के कारण

[1] पूर्ववर्ती शोध में हमारे विश्वविद्यालय के शिक्षक प्रशिक्षण में छात्रों ने यह विचार व्यक्त किया कि, समेकन का अर्थ शिक्षकों के लिए विद्यालयों में कठिन कार्य है। परंतु, उनमें से 58% ने कहा कि उनकी कक्षाओं में एसईएन को सम्मिलित करने में उन्हें कोई समस्या नहीं होगी।

व्यापक निष्कर्ष निकालना और एक देश या समतुल्य जैसी बड़ी आबादी पर लागू करना असंभव था। सभी शिक्षकों से अपने संबंधित विद्यालयों में सर्वेक्षणों का उत्तर देने का आग्रह किया गया था।

सर्वेक्षण की प्राप्तियाँ प्रदर्शित करती हैं कि, समावेशन की दिशा में शिक्षकों के व्यवहार कई कारकों से प्रभावित होते हैं, जिसमें शिक्षक की तत्परता, लैंगिक प्रभाव, शिक्षक का नज़रिया एवं दृष्टिकोण, वर्षों तक शिक्षण का अनुभव, विशेष आवश्यकता वाले छात्रों के साथ काम करने का पिछला अनुभव और सहायक सेवाओं की उपलब्धता शामिल है (आव्रामिडिस एवं नॉरविच, 2002)। पूर्व के अनुभवों से हमें यह पता चलता है कि, इस क्षेत्र में अपर्याप्त शिक्षा के कारण शिक्षकों के पास एसईएन के संबंध में पर्याप्त सैद्धांतिक ज्ञान नहीं है। हंगरी में अध्यापक-प्रशिक्षण के भाग के रूप में विशेष आवश्यकताओं पर बेहद कम शोधपत्र प्रकाशित हुए हैं, लेकिन व्यक्तिगत आवश्यकताओं के संबंध में सूचना एकत्रित कर अध्यापक-प्रशिक्षण की संपूर्ण व्यवस्था को परिवर्तित किए जाने की आवश्यकता है, जिसमें अंतर्विषयक सहयोग की आवश्यकता होगी (सेपे, 2008)।

हंगरी के मुख्यधारा शिक्षकों ने विश्वविद्यालयों में विकलांगता के प्ररूपविज्ञान के संबंध में नहीं सीखा, क्योंकि विशेष आवश्यकताओं के शिक्षकों को प्रशिक्षित करने के लिए हमारे पास पृथक शिक्षक शिक्षा प्रणाली थी। परिणामस्वरूप, उनका ज्ञान स्वाध्याय से पूर्ण होना चाहिए था। वहीं दूसरी तरफ, हंगरी में ज्ञात है कि शिक्षकों की सतत शिक्षा की नितांत आवश्यकता है (सरकारी आज्ञप्ति 277/1997 XII. 22)। 'शिक्षकों को हर सातवें वर्ष में सेवाकालीन प्रशिक्षण के 120 घंटे पूरा करना आवश्यक है। अपने शिक्षण में उनके द्वारा नए कौशलों तथा ज्ञान को समाहित करना उनकी व्यक्तिगत प्राथमिकताओं पर निर्भर करता है' (कार्पाटी, 2008, पृ 19)।

हमारे परिणामों ने वास्तव में इस आवश्यकता की पुष्टि की। सिर्फ 62% प्रत्युत्तरदाता श्रेणियों को अच्छी तरह परिभाषित कर सके। यह जानना अत्यंत विस्मयकारी था कि, तीन में से एक प्रत्युत्तरदाता ने विकलांगता को एक विशेष कमी के रूप में मान्यता नहीं दी। सार्वजनिक शिक्षा के विभिन्न शिक्षक समूहों के बीच मानक विचलन का गुणांक (sd=22) काफी ज्यादा था (नेमेथने, 2009)।

एक प्रमुख समस्या यह है कि, शिक्षक शैक्षिक समस्याएँ, शैक्षिक विकारों, शैक्षिक अक्षमताओं और मध्यम मानसिक विकलांगता जैसे शब्दों के अभिप्रायों पर भ्रमित हो जाते हैं। उनमें से कुछ शैक्षिक अक्षमताओ को मानसिक विकलांगता के रूप में परिभाषित करते हैं और सलाह देते हैं कि, इन लक्षणों वाले छात्रों को पृथक कक्षाओं में रखा जाना चाहिए और उन्हें विशेष शिक्षकों द्वारा शिक्षित किया जाना चाहिए।[2] अम्माह और होज (2005) ने शिक्षण के संदर्भ में विभिन्न दृष्टिकोणों एवं वृत्तियों का अध्ययन किया और उन्होंने पाया कि, शिक्षक नहीं मानते हैं कि वे समावेशी शिक्षा के लिए पर्याप्त रूप से तैयार हैं। हमारी प्राप्ति समान है; मुख्यधारा शिक्षक उनके उच्च विद्यालयों

[2] सिर्फ एक प्रासंगिक टिप्पणी। विभिन्न देशों में विभिन्न शैक्षिक स्तरों पर कुछ अंतरों को खोजा गया है। उदाहरण के लिए, आरंभिक बाल्यावस्था शिक्षा का एक संस्थान विभिन्न यूरोपीय देशों में किंडरगार्टन, 'पूर्वविद्यालय' या 'प्राग्विद्यालय (प्री-स्कूल)' कहा जाता है। संभवतया, इन संस्थानों में भाषाएँ प्रधान गतिविधि (शिक्षण, विद्यालय से प्राग्विद्यालय) को प्रतिबंबित करती है।

तालिका 7.1

शब्दावली में मौजूद असमानताएँ

American Terminology	*Hungarian Terminology*
Mild intellectual disability	Tanulási akadályozottság
Mild cognitive disability	Learning disability
Mild mental retardation	(Mild mental retardation group)
Learning disability	Tanulási zavar
Learning disorder	(Learning disorder)
Learning difficulty	

स्रोत: फेज़स एवं सजेन्ज़ी (2010)

और विश्वविद्यालयों में समावेशी वर्गों में शिक्षण के लिए विशेष तैयारी को खारिज करते हैं। अंग्रेजी-हंगेरियाई शब्दावली के अनुवाद में संभावित असामंजस्य पर विचार करने पर इस भ्रम का कारण अंशतः समझा जा सकता है। फेजेस एवं स्जेंस्जी (2010) ने अमेरिकी शब्दावली और हंगरी की शब्दावली में ऐसे अंतरों को देखा (देखें तालिका 7.1)।

शब्दावली में इस प्रकार के भ्रम से शैक्षिक वृत्ति एवं समावेशी शिक्षा के व्यापक अनुपालन में समस्याएँ उत्पन्न होती हैं। ब्रिटिश इंस्टिच्यूट ऑफ लर्निंग डिसैबलिटिज (तिथि अज्ञात) की परिभाषा के अनुसार 'आईक्यू शैक्षिक अक्षमता के वर्गीकरण का एक तरीका है,

- 50–70 अत्यल्प शैक्षिक अक्षमता
- 35–50 मध्यम शैक्षिक अक्षमता
- 20–35 गंभीर शैक्षिक अक्षमता
- 20 से कम अति गंभीर शैक्षिक अक्षमता' (पृ 3)

पिछले कानून में 50–70 आईक्यू वाले समूहों की हंगरी में 'अत्यल्प मानसिक विकलांगता' और 70–85 आईक्यू वाले समूहों की पहचान 'शैक्षिक अक्षमता' के रूप में की जाती है। यह भिन्नता पेशेवर साहित्य और वैधानिक भाषा के क्षेत्र में हमारे द्वारा अनुभव किए गए असांमजस्य से उत्पन्न होती है।

विकलांगता से ग्रस्त छात्रों को अन्य छात्रों के साथ अध्ययन करने के प्रदत्त अधिकार के कारण नियमित विद्यालयों में समावेशन उत्तरोत्तर आम होते जा रहा है। हालांकि, हमारे शोध में राष्ट्रव्यापी प्रतिनिधित्व का अभाव था और हमारे विश्वविद्यालय के प्रक्षेत्र पर केंद्रित था, फिर भी इससे काफी ज्ञानवर्धक परिणाम प्राप्त हुए। पश्चिमी हंगरी में मुख्यधारा विद्यालयों के प्रत्युत्तरदाता शिक्षकों में से आधे ने कहा कि, वे विशेष आवश्यकताओं की शब्दावली या समावेशी शिक्षा की क्रियाविधि से अवगत हैं। लेकिन यह भी ज्ञात है कि यह पूरे देश भर में संभवतः विस्तारित समावेशन नहीं है। जैसा

कि एक राष्ट्रव्यापी विदेशी परियोजना (कैम्पबैल एवं कस्केली, 2003) ने दिखाया कि, समावेशन के प्रति ज्यादा सकारात्मक विचार रखने वाले शिक्षकों में समावेशी संस्थानों में छात्रों का सहयोग करने और उनकी आवश्यकताओं को पूरा करने के लिए कक्षा की अध्ययन सामग्रियों एवं प्रक्रियाओं को रूपान्तरित करने की क्षमता और सामर्थ्य पर ज्यादा विश्वास था।

हम मानते हैं कि, नई शैक्षिक चुनौतियाँ इस सर्वेक्षण में शामिल 10 विद्यालयों में समावेशी शिक्षा की ओर शिक्षकों के नज़रिए को वास्तव में प्रभावित करने में असमर्थ रही। आव्रामिडिस, बेलिस्स एवं बर्डेन (2000) ने यह भी पाया कि, कुछ वर्षों से समावेशी कार्यक्रमों को लागू कर रहे शिक्षकों का स्पष्ट रूप से कम और या अनुभवरहित शिक्षकों की तुलना में उल्लेखनीय रूप से ज्यादा सकारात्मक नज़रिया है। दूसरों ने इसे पहले ही स्थापित किया था; समावेशी आवश्यकताओं का न केवल शिक्षकों के द्वारा बल्कि अन्य पेशेवरों, प्रशासकों और अभिभावकों के द्वारा ज्यादा विचारपूर्ण तरीके से अनुसरण किये जाने की आवश्यकता है (गियांग्रेसो, बाउमगार्ट एवं डॉयल, 1995; वालिगोर, 2002)। ये प्राप्तियाँ शोधकर्ताओं और हंगरी के निर्णयकर्ताओं, दोनों के लिए समान निष्कर्ष निकालती हैं, अर्थात समावेशन सिर्फ एक और अन्य शैक्षिक नीति से कहीं ज्यादा है और इसे सभी खिलाड़ियों का साथ- साथ कार्य करने के एक तरीके के रूप में मानना चाहिए।

परंतु, आवश्यक संसाधन और/या मार्गदर्शन प्रदान किए बिना विद्यालयों को समेकन की अनुशंसा करना पर्याप्त नहीं है। संभवतः, शिक्षकों के पारंपरिक 'उपलब्धि-केंद्रित' या 'प्रतिस्पर्द्धा-आधारित' शिक्षण वृत्ति के कारण हम विकलांग छात्रों के समेकन के प्रति अभी भी नकारात्मक नज़रिया रखने वाले अनेक शिक्षकों को पाते हैं। यह अनुभव किया गया कि माध्यमिक शिक्षक सहयोगी, व्यक्तिगत और परियोजना शिक्षण कार्यक्रमों जैसे सक्षमता-आधारित शिक्षण के आधुनिक विधियों का शायद ही या नहीं उपयोग करते हैं। तदनुरूप, हम द्वि-स्तरीय शिक्षक अध्ययन के परिणामों का इंतजार कर रहे हैं जिसे पारंपरिक प्रणाली की कमी से उत्पन्न इन समस्याओं को आसान करना चाहिए। फिर भी हंगरी में विश्वविद्यालयों में शिक्षक प्रशिक्षण के मानकों में संशोधन किया जाना चाहिए (कार्पाटी, 2008)।

इसके अतिरिक्त, अपने विद्यालयों या अपनी कक्षाओं में अन्य छात्रों के साथ अक्षम छात्रों को शिक्षित करने वाले प्राथमिक विद्यालय शिक्षकों की उल्लेखनीय संख्या की तुलना में, माध्यमिक विद्यालय के शिक्षक हर पाँच में से एक विशेष आवश्यकता वाले बच्चों को न तो विद्यालयों और न ही अपने कक्षाओं में स्वीकार करेंगे। इस बात को ध्यान में रखा जाना चाहिए कि, अगले पाँच वर्षों में माध्यमिक विद्यालय स्तर पर एसईएन वाले छात्रों की विशाल संख्या के आने से पहले, संभवतः माध्यमिक विद्यालय के शिक्षकों को यथाशीघ्र अपने दृष्टिकोण में बदलाव लाना चाहिए। माध्यमिक विद्यालय के शिक्षकों का सेवाकालीन प्रशिक्षणों में नामांकन में अनिच्छा को इंगित करने वाले सर्वेक्षण के परिणाम पर विचार करने पर यह एक बड़ी समस्या प्रतीत होती है। परंतु, यह प्रतीत होता है कि उनके द्वारा अंगीकृत नई तकनीकों के वास्तविक अनुप्रयोग का मापन मुश्किल है। 'चाहे हम इसे माप भी सकें, तब ऐसे करने के तरीकों में इन नए अंगीकृत किए गए कौशलों को कक्षा वृत्तियों में उपयोग की माप की आवश्यकता होगी' (कार्पाटी, 2008, पृ 2010)।

पश्चिमी हंगरी में समावेशी शिक्षणशास्त्र में अनुभव वाले मुख्यधारा के शिक्षक अपनी शिक्षण कार्यविधि के सीमित परास, शिक्षण उपकरणों एवं शिक्षण के संगठन तथा कक्षा प्रबंधन के साथ-साथ एसईएन के सीमित ज्ञान से जूझ रहे हैं। वे स्पष्ट रूप से मानते हैं कि, सिर्फ 15 से 20 वर्ष पहले महाविद्यालयों या विश्वविद्यालयों में अपने पेशेवर प्रशिक्षण में एसईएन वाले बच्चों के संबंध में उन्हें शिक्षित होने का अवसर नहीं मिला, जिसे वे शिक्षण में कमियों और अक्षमताओं के लिए एक बहाने के रूप में उपयोग कर सकते हैं। विद्यालय के प्रबंधन या अनुरक्षकों को शिक्षण के सीमित उपकरणों के विषय पर विचार करना होगा।

दुर्भाग्यवश, पश्चिमी हंगरी में हमारे प्रत्युत्तरदाता स्नातकोत्तर या सेवाकालीन प्रशिक्षण पाठ्यक्रमों के संबंध में आम तौर पर नकारात्मक सोच रखते हैं। इसके कई कारण हो सकते हैं, उदाहरणार्थ, वे प्रशिक्षण जो काफी लंबे हैं और उनमें अवास्तविक सैद्धांतिक विषय-वस्तु हैं। कभी-कभी, एक व्याख्याता शिक्षकों का मार्गदर्शन करने और पाठ्यक्रमों का प्रबंधन करने के लिए सही व्यक्ति नहीं हो सकता है। अनुभव दिखाते हैं कि हमारे विभाग (शिक्षा विभाग) को कार्यशील शिक्षणों के लिए स्नातकोत्तर प्रशिक्षण पाठ्यक्रमों को विकसित करना चाहिए और शिक्षकों की शिक्षण आवश्यकताओं पर भी ध्यान देना चाहिए। परिणामस्वरूप प्रशिक्षणों को छोटा और वृत्ति-केंद्रित होना चाहिए और व्याख्याताओं का चुनाव निश्चित तौर पर उनके प्रस्तुति कौशल एवं उनके शिक्षण तथा अनुसंधान अनुभव पर होना चाहिए। शोध परिणाम यह बताते हैं कि, शिक्षकों को दूरस्थ और/या ई-शिक्षण प्रदान करना चाहिए। हमारा निष्कर्ष कार्पाटी (2008) की प्राप्तियों के पूर्णत सांमजस्य में है, जो इंगित करता है कि, शिक्षकों के लिए अगले प्रशिक्षण पाठ्यक्रम का शिक्षण, प्रशिक्षण के औपचारिक संस्थानों के साथ आज की तुलना में ज्यादा नजदीकी संबंध होना चाहिए (सापो, 2007)। हमारी सबसे बड़ी चुनौती है कि, हंगरी में शिक्षकों के प्रशिक्षण को विश्वविद्यालय/महाविद्यालय प्रशिक्षण के भाग के रूप में शोध-आधारित प्रशिक्षण कार्यक्रमों में परिवर्तित किया जाना चाहिए।

निहितार्थ

समावेशी शिक्षा हंगरी की शिक्षा नीति के साथ-साथ समाज और शिक्षा विज्ञान में एक नई चुनौती है। विदेशी शोध परिणामों के प्रभाव के कारण, यह प्रतीत होता है कि शिक्षा विज्ञान में प्रगति, नीतिगत एवं सामाजिक प्रगति से कई गुना तीव्र है। सामाजिक नज़रिए में परिवर्तन सहित इस क्षेत्र में बहुत कुछ किया जाना चाहिए। हंगरी में मुख्यधारा विद्यालय शिक्षकों को एक तरफ समावेशी शिक्षा के सिद्धांत और अनुप्रयोग पर ज्यादा सजग होना चाहिए और दूसरी तरफ उन्हें अपनी शिक्षण सामर्थ्यों के उपयोग के संबंध में ज्यादा आत्मविश्वासी होना चाहिए।

अन्य समस्याएँ क्रियाविधि और पाठ्यक्रम से संबंधित हैं; व्यक्तिगत विकास, सामूहिक गतिशीलता, योजना एवं प्रबंधन जैसे विषयों पर अधिकाधिक शोध की आवश्यकता है। यह हमारे

विश्वविद्यालय में शिक्षकों के प्रशिक्षण के विकास का एक महत्त्वपूर्ण पहलू है, जो मान्यता के नवीनीकरण प्रक्रिया से गुजर रहा है। दुर्भाग्यवश, इसमें पहले एसईएन वाले छात्रों के समावेशन पर शोध का कोई पूर्वउदाहरण नहीं है। नई शिक्षण विधियों का वर्णन और मूल्यांकन हमारी शैक्षिक संस्कृति के पुनर्नवीकरण की उनकी कुशलता के आधार पर होना चाहिए। नई विधियों और तकनीकों की शुरुआत करते समय पारंपरिक अग्रिम कक्षा प्रबंधन (सापो, 2008) का परित्याग करना अपरिहार्य है। इस वक्तव्य की पुष्टि ग्युलावरी (2010) के शब्दो से भी होती है, जिन्होंने कहा:

> शिक्षकों के सामान्य प्रशिक्षण में विकलांगता से ग्रस्त लोगों के साथ व्यवहार का तरीका शामिल नहीं होता है। इन व्यक्तियों के साथ व्यवहार करने में सक्षम होने के लिए शिक्षकों को एक विशेष शैक्षिक प्रशिक्षण को पूरा करना चाहिए, जो दो विश्वविद्यालयों में उपलब्ध है। विकलांग छात्रों के लिए समुचित शिक्षा और समान अधिकारों का समर्थन करने के लिए विश्वविद्यालयों में समान अधिकारों पर एक समिति की स्थापना की जानी चाहिए। हर संस्थान को विकलांग छात्रों के लिए विकलांगता मामलों के एक समन्वयक की नियुक्ति करनी होती है। समावेशी शिक्षा वाले विद्यालय सरकार से मानक समर्थन की ज्यादा राशि प्राप्त करते हैं (€ 450 प्रति व्यक्ति, प्रति वर्ष), जिसे विकलांगता मामलों के समन्वयक द्वारा व्यय किया जाता है। सरकार वंचित छात्र समूहों और विकलांग आवेदकों के लिए प्राथमिकतापूर्ण व्यवहार का आदेश दे सकती है। (पृ 2)।

हम जानते हैं कि शिक्षकों का दृष्टिकोण काफी हद तक छात्रों को प्रभावित करता है, इस लिहाज से उनकी सेवा को उनके शिक्षण की उन्नति हेतु एक आवश्यक घटक माना जाता है। चूंकि शिक्षण-वृत्ति मुख्यतः व्यक्तिगत दृष्टिकोण पर आधारित होता है, अतः शिक्षकों की शिक्षण गतिविधियों पर विचार उनके पेशेवर ज्ञान के आसपास संगठित होता है (कोस्केने, 2007)। हमारा दृढ़ विश्वास है कि, भविष्य के हमारे शिक्षाप्रदाताओं की पहचान, पुनर्निदेशन एवं दृष्टिकोण में बदलाव उस प्रक्रिया की ओर बड़ा कदम होगा, जिसे हम विकलांगता से ग्रस्त सभी छात्रों के बेहतर परिणामों के लिए प्रारंभ होने की आशा रखते हैं।

> विशेष आवश्यकता वाले बच्चों के साथ कार्य करने के लिए मुख्यधारा शिक्षकों को तैयार करने के क्रम में कई महत्त्वपूर्ण प्रश्न उभरकर सामने आते हैं: हमें किन प्रकार के शिक्षकों को प्रशिक्षित करना चाहिए? समावेशी शिक्षकों को किस प्रकार के लाइसेंस और अधिकार दिए जाने चाहिए? शिक्षकों की बहुविज्ञता से हम क्या समझते हैं? क्या हर शिक्षक के लिए बहुविज्ञता आवश्यक होनी चाहिए? (बार्टन, 200, पृ 61)।

अपने पाठ्यक्रमों एवं प्रशिक्षण कार्यक्रमों का विश्लेषण कर हम उपरोक्त प्रश्नों के उत्तर देने का प्रयास कर रहे हैं। यह सुनिश्चित करने के लिए कि, हमारे संस्थानों से निकलने वाले भावी शिक्षक हर पहलू में सार्वजनिक शिक्षा की आवश्यकताओं को पूर्ण करने में समर्थ हो, हमारे नए कार्यक्रमों में इन कर्तव्यों एवं उपलब्धियों को प्रकाशित किया गया है।

संदर्भ

Ainscow, M. & Memmenasha, H.-G. (1998). The education of children with special needs: Barriers and opportunities in Central and Eastern Europe. *Innocenti Occasional Papers, Economic and Social Policy Series* (Vol. 67). Florence, Italy: UNICEF International Child Development Centre.

Ammah, J. O. A. & Hodge, S. R. (2005). Secondary physical education teachers' beliefs and practices in teaching students with severe disabilities: A descriptive analysis. *High School Journal*, *89*(2), 40–54.

Avramidis, E., Bayliss, P. & Burden, R. (2000). A survey into mainstream teachers' attitudes towards the inclusion of children with special educational needs in the ordinary school in one local authority. *Educational Psychology*, *20*(2), 193, 201, 207.

Avramidis, E. & Norwich, B. (2002). Teachers' attitudes towards integration and inclusion: A review of the literature. *European Journal of Special Needs Education*, *17*(2), 129–147.

Barton, L. (2000). Market ideologies, education and the challenge for inclusion. In H. Daniels & P. Garner (Eds), *Inclusive education* (pp. 62–78). London: Kogan Page and Sterling, Virginia: Stylus Publishing.

Bayer, J. (1996). The process of political system change in Hungary. In F. Glatz (Ed.), *Innerhalb der Europäischen Union* (Vol. 22, pp. 171–185). Band: Begegnungen Schriftenreihe des Europa Institutes Budapest.

Bick, H.-W. (2008, November). *School system in Germany*. Paper presented at the Study Visit Conference, Dublin.

Boarini, R. (2009). *Making the most of Norwegian schools*. OECD Economics Department Working Paper No. 661, pp. 1–50. Paris: OECD.

Bornman, J. (2004). The World Health Organisation's terminology and classification: Application to severe disability. *Disability and Rehabilitation*, *26*(3), 182–188.

British Institute of Learning Disabilities. (n.d.). *Factsheet—learning disabilities*. Retrieved from http://impactofspecialneeds.weebly.com/uploads/3/4/1/9/3419723/factsheet_learning_disabilities.pdf (accessed 17 December 2012).

Campbell, J., Gilmore, L. & Cuskelly, M. (2003). Changing student teachers' attitudes towards disability and inclusion. *Journal of Intellectual & Developmental Disability*, *28*(4), 369–379.

Csapó, B. (2007). A tanári tudás szerepe az oktatási rendszer fejlesztésében (Role of teachers' knowledge in developing of educational system). *Új Pedagógiai Szemle* (3–4), 11–23.

———. (2008). A tanulás és tanítás tudományos megalapozása (The underlying scientific basis of teaching and learning). In K. Fazekas, J. Küllő & J. Varga (Eds), *Zöld könyv a magyar közoktatás megújításáért* (*Green paper for the renewal of Hungarian compulsory education*) (pp. 223–224). Budapest: Ecostat.

Csépe, V. (2008). A különleges oktatást, nevelést és rehabilitációs célú fejlesztést igénylő [SNI] gyermekek ellátásának gyakorlata és a szükséges teendők (Current practice and the future agenda of special educational needs). In K. Fazekas, J. Küllő & J. Varga (Eds), *Zöld könyv a magyar közoktatás megújításáért* (*Green paper for the renewal of Hungarian compulsory education*) (pp. 139–165). Budapest: Ecostat.

D'Anna, C., Pastena, N., D'Alessioł, A. & Gomez Paloma, F. (2013). Physical education in the primary school. Educational pathways to personal and social autonomy to the best quality of life. *International Conference on Education and New Developments*, Lisbon, Portugal, 1–3 June. World Institute for Advanced Research and Science (WIARS), Lisbona Mafalda Carmo, pp. 242–246.

Dutch Coalition on Disability and Development (DCDD). (2006). *All equal, all different inclusive education. Towards an inclusive policy: A DCDD publication series about integrating disability in policy and practice.* Retrieved from http://www.eenet.org.uk/theory_practice/DCDD%20All%20Equal%20All%20Different.pdf (accessed 16 February 2009).

European Agency for Development in Special Needs Education. (2010). *Special needs education, country data*, 28. Retrieved from http://www.european-agency.org/publications/ereports/special-needs-education-country-data-2010/SNE-Country-Data-2010.pdf (accessed 17 December 2012).

Eurybase. (2001). *Summary sheets on education systems in Europe*. Retrieved from http://www.see-educoop.net/education_in/pdf/eurypres-rom-misc-t05.pdf (accessed 2 November 2012).

Eurydice. (2006, September). *National summary sheets on education systems in Europe and ongoing reforms* (p. 6). Retrieved from http://eng.uvm.dk/Education/~/media/UVM/Filer/English/PDF/081110_summary_sheet_on_danish_education_system.ashx (accessed 17 December 2012).

Fejes, J. B. & Szenczi, B. (2010). Tanulási korlátok a magyar és az amerikai szakirodalomban [Learning limits in Hungarian and American professional literature]. *Gyógypedagógiai Szemle* [*Journal of Special Pedagogy*], *38*(4), 273–287.

Feyerer, E. (2005, 1–4 August). Inclusion in Norway. In E. Feyerer, L. Hayward, N. Hedge & K. Ness (Eds), *Towards an inclusive masters' curriculum in Europe*. Paper presented at the Inclusive and Supportive Education Congress (ISEC), Glasgow, Scotland.

Gáspár, M. (2003). *Stability and variability at the evolution of personality*. Budapest: Új Mandátum Kiadó.

Giangreco, M. F., Baumgart, D. & Doyle, M. B. (1995). How inclusion can facilitate teaching and learning. *Intervention in School and Clinic*, *30*(5), 273–278.

Government Decree, 277/1997 (XII. 22). Budapest.

Gyulavári, T. (2010). ANED country report on equality of educational and training opportunities for young disabled people. *Academic Network of European Disability Experts* (ANED). doi: VT/2007/005.2.

Hanák, Zs. (2008). Program adaptations in the development of a competence based teachers' training in Hungary. *007 International Magazine for Education Science and Practice* (2): 12–18.

Ianes, D. (2009). *The Italian model for the inclusion and integration of students with special needs: Some issues*. Retrieved from http://www.darioianes.it/focus4a.htm (accessed 2 November 2012).

Kárpáti, A. (2008). Tanárképzés és továbbképzés (Teacher education and training). In K. Fazekas, J. Köllő & J. Varga (Eds), *Green paper for the renewal of Hungarian compulsory education* (*Zöld könyv a magyar közoktatás megújításáért*) (pp. 193–217). Budapest: Ecostat.

Köcséné, S. I. (2007). Milyen tanár leszek? (What a teacher I will become?)—Hallgatók vallanak magukról, a tanári hivatásról (Candidate teachers' imagination of the teaching profession). In I. Falus (Ed.), *A tanárrá válás folyamata* [*Becoming a teacher*] (pp. 121–155). Budapest: Gondolat Kiadó.

Mesterházi, Zs. (1998). *Tanulásban akadályozott gyermekek nevelése az általános iskolában* (*Schools-based education of students with learning difficulties*). Budapest: Bárczi Gusztáv Gyógypedagógiai Tanárképző Főiskola (Bárczi Gusztáv College of Special Education).

Ministerial Decree on Pedagogical Services 4/2010. (I. 19.). Budapest.

Ministry of National Resources. (2011). *2011 National report on the implementation of the strategic framework for European cooperation in education and training (ET2020)*. Retrieved from http://ec.europa.eu/education/lifelong-learning-policy/doc/natreport11/hungary_en.pdfhttp://ec.europa.eu/education/lifelong-learning-policy/doc/natreport11/hungary_en.pdf (accessed 17 December 2012).

National Action Plan on Social Inclusion. (2004–2006). Retrieved from http://www.google.hu/url?sa=t&rct=j&q=&esrc=s&source=web&cd=1&sqi=2&ved=0CCAQFjAA&url=http%3A%2F%2Fwww.szmm.gov.hu%2Fdownload.php%3Fctag%3Ddownload%26docID%3D14303&ei=VuOTUPfQBNHSsgbWpoHwAw&usg=AFQjCNGTP1TQJaWPc3ZSWdXyx-NqDSmGVg&sig2=tNqlnSs_dmXsuCtd5PyhAA (accessed 17 December 2012).

National Centre of Career Information. (2002). *The education system of Hungary*. Retrieved from http://www.npk.hu/public/kiadvanyaink/2002/2002_2.pdf (accessed 17 December 2012).

National Core Programme of Kindergarten Education. (1996). 137/1996. (VIII. 28.)

Némethné, T. Á. (2009). Tanári attitűdök és inkluzív nevelés [Teachers' attitudes and inclusive education]. *Magyar Pedagógia*, *109*(2), 105–120.

Némethné, T. Á. et al. (2008). Inklúzió, ahogy mi csináljuk (Inclusion, as we do it). *Fejlesztő Pedagógia* (6), 17–31.

OECD. (2010). PISA 2009 Database. Retrieved from http://dx.doi.org/10.1787/888932343342

Pijl, S. J. & Meijer, C. (1999). The Netherlands: Supporting integration by re-directing cash-flows. In H. Daniels & P. Garner (Eds), *Inclusive education* (pp. 215–237). London: Kogan Page.

Réthy, E. (2002). Integrációs törekvések Európában (Integration attempts in Europe). In I. Bábosik & A. Kárpáti (Eds), *Összehasonlító Pedagógia* (pp. 314–332). Budapest: Books in Print.

Sari, H. (2000, 24–28 July). *Development of special education provision in Turkey: From the inclusive perspective*. Paper presented at the International Special Education Congress (ISEC 2000), University of Manchester.

Thomas, G. & Davies, D. J. (1999). England and Wales: Competition and control—or stakeholding and inclusion. In H. Daniels & P. Garner (Eds), *Inclusive education* (pp. 64–72). London: Kogan Page.

Topping, K. & Maloney, S. (2005). *The Routledge Falmer reader in inclusive education*. London: Routledge Falmer.

Tzokova, D. & Dobrev, Z. (2013). Gypsy children and changing social concepts. In H. Daniels & P. Garner (Eds), *Inclusive education* (pp. 138–148). London: Routledge.

UNESCO Institute for Statistics. 2005. *Children Out of School. Measuring Exclusion from Primary Education*. pp. 3–4. Retrieved from http://www.uis.unesco.org/Library/Documents/oosc05-en.pdf (accessed 25 September 2014).

Valtchev, D. V. (2008, 25–28 November). *Inclusive education: The way of the future*. Paper presented at the International Conference on Education, Geneva, Switzerland (pp. 25–28). France: United Nations Educational, Scientific and Cultural Organization (UNESCO).

Waligore, L. R. (2002, 9 May). Teachers' attitudes toward inclusion: What did they say? (Master's thesis). Rowan University, Glassboro, New Jersey (by Dr Joy Xin, Master of Arts in Special Education).

Zay, D. (2009). *Inclusion and education in European countries* (Final report no. 4). Retrieved from http://ec.europa.eu/education/more-information/doc/inclusion/france_en.pdf (accessed 17 December 2012).

8

बहु-सांस्कृतिक छतरीनुमा मॉडल: सफल समावेशन के लिए छह C (सी)

ज़ॉन बैप्टीस्ट क्यूलिएन, गैब्रिएला एम. थेइस
तथा वेरॉनिका आर. क्यूलिएन

जैसे-जैसे दुनिया ज्यादा वैश्विक होती जा रही है, विविध शैक्षिक संस्थापनाओं में अंतः-सांस्कृतिवाद की आवश्यकता बढ़ रही है। लोग बहुत सी संस्कृतियों से मिल रहे हैं, और परिणामस्वरूप सांस्कृतिक सीमाएँ खिसक रही हैं। यदि शिक्षा की भूमिका भविष्य की पीढ़ियों को समाज का ज्यादा उत्पादक सदस्य बनाने की है, तो सांस्कृतिक जागरूकता के लिए समावेशी रणनीतियों को लागू करना महत्त्वपूर्ण है। इस अध्याय में हम एक शैक्षिक संस्थापना में समावेशी प्रक्रिया के बहु-सांस्कृतिक दृष्टिकोण पर विचार करेंगे। वस्तुतः, हम तर्क देते हैं कि, विविधतापूर्ण आबादी में समावेशन को प्रभावी तरीके से लागू करने के लिए नीति निर्माताओं और शिक्षा प्रदाताओं को सांस्कृतिक भिन्नताओं पर अवश्य विचार करना चाहिए। 'दूसरों के साथ ऐसा व्यवहार करें, जैसा आप अपने साथ चाहते हैं', का अपर्याप्त स्वर्णिम सिद्धांत सिर्फ सहानुभूतिपूर्ण विचार को प्रदर्शित करता है। प्लैटिनम सिद्धांत (बेनेट, 1998ए), 'दूसरों के साथ ऐसा व्यवहार करें, जो वे उनके साथ चाहते हैं' एक विचारपूर्ण तरीका है, जो अंतः-सांस्कृतिक भिन्नताओं को स्वीकार करता है और सांस्कृतिक रूप से संवेदनशील व्यवहारों को समाहित करता है। प्लैटिनम सिद्धांत पर विचार करने की आवश्यकता सिर्फ शैक्षिक वृत्ति तक सीमित नहीं है। इसे नीति निर्माताओं को सांस्कृतिक सक्षमता का पक्ष लेते हुए आरंभिक शिक्षा और आमतौर पर शिक्षा में सुधार एवं परिवर्तन में भी सहायता करनी चाहिए। वस्तुतः, कुछ लोगों का तर्क है कि हम आरंभिक शिक्षा के पाश्चात्य प्रभुत्व वाले दृष्टिकोण के साक्षी बन रहे हैं (डाह्लबर्ग, मॉस एवं पेंस, 1999)। आरंभिक शिक्षा के संबंध में शेष दुनिया पर थोपा गया पश्चिमी दृष्टिकोण, स्वर्णिम सिद्धांत का एक प्रदर्शन है। यही कारण है कि प्लैटिनम सिद्धांत शैक्षिक नीतियों के साथ-साथ कक्षा

में शैक्षिक वृत्तियों के केंद्र में है। नीति निर्माताओं और शिक्षकों को नस्ल-आधारित खतरे के संबंध में चिंतित होना चाहिए।

अध्ययनों ने अल्पावधि एवं दीर्घावधि में संज्ञानात्मक और अकादमिक क्षमताओं के संदर्भ में आरंभिक शिक्षा के सकारात्मक परिणामों को स्थापित किया है (ब्रायंट एवं मैक्सवेल, 1997; कैंपबेल, पुन्गेलो, मिलर-जॉनसन, बुर्चिनल एवं रैमे, 2001)। शिक्षा के आरंभिक वर्ष छात्रों की सामाजिक उपलब्धियों के लिए विशेषकर महत्त्वपूर्ण हैं (योशिकावा, 1995)। विद्यालय के प्रथम वर्ष में अल्पसंख्यकों के प्रभावी समावेशन को प्रोत्साहित करना मूलभूत तत्व है। यह अध्याय सिर्फ आरंभिक शिक्षा पर केंद्रित नहीं है; हालांकि अनुपालन एवं विकसित की गई विषय-वस्तु, शिक्षकों और नीति निर्माताओं को आरंभिक प्रभावी समावेशन को प्रोत्साहित करने के लिए मार्गदर्शन प्रदान कर रही है।

इस अध्ययन की केंद्रीय अवधारणा प्रभावी समावेशन है। अमेरिका में शैक्षिक उपलब्धियों में मौजूद फ़ासला (लाड्सन-बिलिंग्स, 2006) या फ्रांस एवं अन्य यूरोपीय देशों में अप्रवासन के कारण बढ़ती बेरोजगारी, शिक्षा में अप्रभावी समावेशन के उदाहरण हैं (कॉलेजिया, 2012)। इस अध्याय का प्रयोजन प्रभावहीन वृत्तियों पर चर्चा करना नहीं है, बल्कि शिक्षा और व्यापक रूप से समाज में विविधतापूर्ण आबादी को समाहित करने के लिए 'मल्टीकल्चरल अम्ब्रेला मॉडल' (एमयूएम) नामक सैद्धांतिक रूपरेखा के अनुप्रयोग के एक अध्ययन – द मेटामोर्फोसिस प्रोजेक्ट® (एमपी) के साथ वर्णन करना है।

सैद्धांतिक रूपरेखा

एक अन्य भाषा सीखने की प्रक्रिया का हमने इस अध्याय के सह-लेखकों के रूप में अनुभव किया है। दूसरी/तीसरी भाषा सीखना, नए देशों में अप्रवासन, संस्कृति-संक्रमण, अंतः-सांस्कृतिक विवाह और विभिन्न शिक्षा प्रणालियों से संपर्क ऐसी साझा की गई घटनाएँ हैं। शैक्षिक समावेशन के संबंध में हमारे वृत्तियों और दृष्टिकोण का समर्थन करने के लिए हम भाषा सीखने के पाँच सी-रूपरेखा के एक संशोधित संस्करण को तैयार करेंगे (*नेशनल स्टैंडर्ड्स इन फॉरेन लैंग्वेज एजुकेशन प्रोजेक्ट*, 1999)।

पाँच सी-रूपरेखा में विश्व की भाषाएँ सिखाने के लिए पाँच बुनियादी बातें समाहित हैं। शिक्षा की विषय-वस्तु *कम्यूनिकेशन* (संचार), *कल्चर्स* (संस्कृतियाँ), *कनेक्शंस* (संबंध), *कंपैरिजंश* (तुलनाएँ) और *कम्यूनिटिज* (समुदाय) पर आधारित है। इस तरीके में एक अन्य आयाम को जोड़ने और समावेशन के पदों में विद्यमान सैद्धांतिक रूपरेखा को परिशोधित करने के लिए हम *कोलैबोरेशन* (सहयोग) को जोड़ रहे हैं। बहु-सांस्कृतिक कक्षा में समावेशन को प्रोत्साहित करने के लिए हम इन *सी* को पुनःपरिभाषित करेंगे।

इस अध्याय को निम्नानुसार व्यवस्थित किया गया है। प्रथम खंड सैद्धांतिक पृष्ठभूमि के संबंध में चर्चा करता है। दूसरे खंड में, एक कायांतरण परियोजना के एक मामले के अध्ययन को प्रस्तुत किया गया है, जिसे फिर से दो भागों में विभक्त किया गया है (a) एक निकाय के रूप में संगठन और (b) व्यक्तिगत दृष्टिकोण।

सैद्धांतिक पृष्ठभूमि

एमयूएम को 'सफलता के छह सी' के रूप में परिभाषित किया जाता है। यह लेखकों के अनुभवों और विविधता, विभिन्न सांस्कृतिक विचारों की सीमाएँ एवं शिक्षा के संबंध में चर्चा का परिणाम है। यह अंतर्विषयक मॉडल लेखकों की विविध पृष्ठभूमियों और नृविज्ञान, शिक्षा, अंतः-सांस्कृतिक संबंधों, मनोविज्ञान, बहु-सांस्कृतिक शिक्षा एवं भाषाशास्त्र में अभिरुचि वाले उनके क्षेत्रों का विलय करता है।

बहु-सांस्कृतिक शिक्षा के परिप्रेक्ष्य में प्रभावी समावेशन को लागू करने में शिक्षा प्रदाताओं और नीति निर्माताओं की सहायता करने के लिए इस मॉडल को डिजाइन किया गया है। यह नीति निर्माताओं, शोधकर्ताओं और शिक्षा प्रदाताओं को बहु-सांस्कृतिक शिक्षा के परिप्रेक्ष्य में समावेशन के प्रति उनके दृष्टिकोण एवं निर्णयों से जुड़े प्रासंगिक प्रश्नों को उठाने में सहायता करेगा। इस भाग में हम मॉडल के 'उद्भव', भाषा के महत्त्व और सांस्कृतिक पहचान को व्यक्त करने में इसके द्वारा निभायी गई भूमिका के संबंध में संक्षेप में चर्चा करेंगे, और उसके बाद *एमयूएम* क्या है, इसका वर्णन किया जाएगा।

उद्भव

भाषा सीखना, विशेषकर विदेशी भाषा सीखना, और विभिन्न संस्कृतियों में बड़े होना इस अध्याय के लेखकों के द्वारा साझा किए जाने वाले समान घटक हैं। विविधता एवं बहु-सांस्कृतिक शिक्षा पर विचार करते समय 'संस्कृति' शब्द संभवत वह शब्द है, जिसपर ज्यादातर लोगों का ध्यान जाता है। सांस्कृतिक पहचान की अभिव्यक्ति और भावी पीढ़ियों को इसका हस्तांतरण, भाषा के माध्यम से होता है (सकेक्टर एवं बैले, 1997)।

भाषा सांस्कृतिक पहचान की वाहक है। संस्कृति को अभिव्यक्त करने और प्रसारित करने के लिए भाषा के महत्त्व और विदेशी भाषा सीखने की आवश्यकता के बीच यह पारगमन बेहद सहज प्रतीत होता है। विदेशी भाषा के अध्ययन पर कई वर्षों से शोध जारी है। भाषा की शिक्षा प्रदान करने

का सर्वश्रेष्ठ तरीका क्या है? द *नेशनल स्टैंडर्ड्स इन फॉरेन लैंग्वेज एजुकेशन प्रोजेक्ट* पाँच सिद्धांतों का प्रस्ताव देता है, पाँच सी: *कम्यूनिकेशन* (संचार), *कल्चर्स* (संस्कृतियाँ), *कनेक्शंस* (संबंध), *कंपैरिजंश* (तुलनाएँ) और *कम्यूनिटिज* (समुदाय)। यह तर्क दिया जाता है कि, ये पाँच सिद्धांत आपस में जुड़े हुए हैं और उन्हें मानकों में उप-विभाजित किया जा सकता है। उन मानकों का उद्देश्य शिक्षकों को अपने पाठों को अनुकूलतम बनाने में सहायता करना है। विदेशी भाषा सीखने के इन पाँच सी सिद्धांतों को विदेशी भाषाओं की शिक्षा प्रदान करने में कुशल होने का दावा किया जाता है (नेशनल स्टैंडर्ड्स इन फॉरेन लैंग्वेज एजुकेशन प्रोजेक्ट, 1999)। इस अध्याय में विकसित एमयूएम, कोलैबोरेशन (सहयोग) को जोड़कर इसे छह सी बनाता है। लेखकों के बहु-सांस्कृतिक शैक्षिक अनुभव के आधार पर विविधतापूर्ण आबादी को शामिल करने के लिए एक व्यापक और प्रभावी मॉडल के हिस्से के रूप में इन छह सी को मान्यता देना महत्त्वपूर्ण है। यह मॉडल तीन विशिष्ट भागों से निर्मित है (देखें आरेख 8.1):

1. छाते का कपड़ा: संस्कृतियाँ
2. डंडी: संपर्क
3. विस्तारक: समुदाय, तुलना, संचार और सहयोग

आरेख 8.1

बहु-सांस्कृतिक छतरीनुमा मॉडल (एमयूएम)

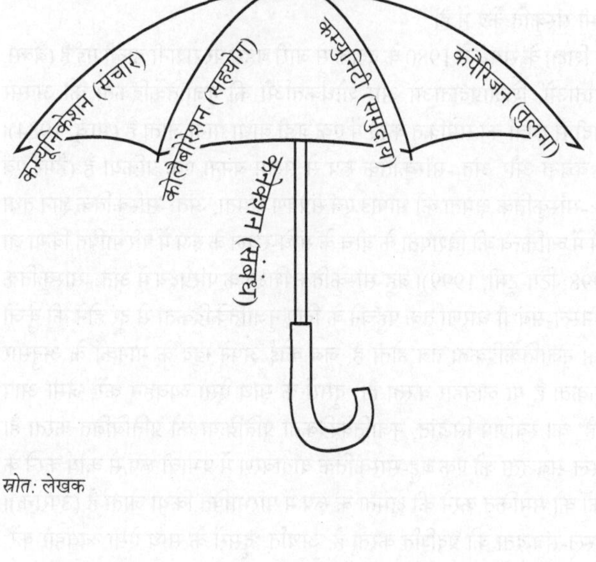

स्रोत: लेखक

बहु-सांस्कृतिक छतरीनुमा मॉडल

आजकल, अप्रवासन की बढ़ती प्रवृत्ति, सांस्कृतिक भंगुरता, अंतः-सांस्कृतिक विवाह और इंटरनेट क्रांति जैसी सीमाओं के खिसकने के कारण शिक्षा अब एकल-सांस्कृतिक वातावरण में नहीं होती है (फ्राइडमैन, 2005, हॉल, 1998)। सांस्कृतिक संस्थान (व्यक्तियों द्वारा सृजित) और वस्तुपरक संस्कृति (संगीत, नृत्य, नायक, इतिहास, आर्थिक प्रणाली) 'वृहद सी' संस्कृति को परिभाषित करती हैं, जबकि 'लघु सी' संस्कृति, सांस्कृतिक व्यवहार (व्यक्ति कैसे व्यवहार करते हैं) और विषयपरक संस्कृति (शाब्दिक व्यवहार, गैर-शाब्दिक व्यवहार, संचार शैली, सांस्कृतिक मूल्य) के पदों में परिभाषित होती है (बेनेट, 1998बी)।

इस अध्याय में वातावरण को बहु-सांस्कृतिक और विभिन्न संस्कृतियों के संपर्क से निर्मित माना गया है। यह इस परिप्रेक्ष्य में है कि, संस्कृति की स्ट्रीट की परिभाषा आज की शैक्षिक संस्थापनाओं के बहु-सांस्कृतिक वातावरण का वर्णन करने की नम्यता और सटीकता प्रदान करती है। वह दृढ़तापूर्वक कहते हैं कि, प्रश्न केवल यह नहीं है कि संस्कृति क्या है, बल्कि प्रश्न में इसके उत्पाद भी शामिल हैं: 'संस्कृति अर्थ-निर्माण की सक्रिया प्रक्रिया है और यह अपनी परिभाषा सहित दूसरी संस्कृतियों की परिभाषा से प्रतिस्पर्द्धा करती है' (स्ट्रीट, 1993)। बहु-सांस्कृतिक शिक्षा एक गतिशील लक्ष्य है: अतएव, संस्कृतियों को 'संज्ञा' के स्थान पर 'क्रिया' के रूप में परिभाषित किया जाना चाहिए।

विकासात्मक मनोविज्ञानी ब्रोंफेनब्रेन्नर (1979) संस्कृति को अपने पारिस्थितिक सिद्धांत का वृहद-प्रणाली के रूप में मानते हैं। संस्कृति व्यक्ति के चारों ओर की हर वस्तु को प्रभावित करती है और उनसे प्रभावित होती है। बच्चों के विकास पर विचार करते समय पारिस्थितिक सिद्धांत, शोध और नीति के मध्य अंतःक्रिया का वर्णन करता है। व्यक्तिगत वातावरण में निभाई भूमिका के कारण एमयूएम मॉडल में भी संस्कृति केंद्र में है।

बहु-सांस्कृतिक शिक्षा के संबंध में 1980 के दशक से जारी बहस पर रोशनी डाली गई है (बैंक्स, 1998)। नीति निर्माताओं, शिक्षाप्रदाताओं और शोधकर्ताओं की नृजातिकेंद्रिकता को अक्सर विविधतापूर्ण आबादी से छात्रों को समेकित करने में एक बड़ी बाधा माना जाता है (भाचू, 1984)। नृजातिकेंद्रिकता से बचना और अंतः-सांस्कृतिक रूप से सक्षम बनना एक प्रक्रिया है (हैमर एवं बेनेट, 2001)। अंतः-सांस्कृतिक क्षमता को भाषाई एवं संप्रेषण क्षमता, अंतः-सांस्कृतिक ज्ञान तथा किसी दिए गए संदर्भ में व्यक्तित्व की विशेषता के बीच के संधि-स्थल के रूप में परिभाषित किया जा सकता है (हॉल, 1998; टिंग-टूमी, 1999)। बहु-सांस्कृतिक शिक्षा के परिप्रेक्ष्य में अंतः-सांस्कृतिक संवेदनशीलता एक नस्ल-संबंधी धारणा तक पहुँचने के लिए नृजातिकेंद्रिकता से दूर होने की कुंजी है (बेनेट, 1998 ए)। नृजातिकेंद्रिकता तब होती है, जब कोई अपने खुद के मानकों के अनुसार किसी अन्य को आंकता है या व्यवहार करता है। 'दूसरों के साथ ऐसा व्यवहार करें, जैसा आप अपने साथ चाहते हैं' का स्वर्णिम सिद्धांत, नृजातिकेंद्रिकता प्रतिक्रिया को प्रतिबिंबित करता है। वहीं दूसरी तरफ, नस्ल-संबद्धता को एक बहु-सांस्कृतिक वातावरण में प्रभावी रूप से कार्य करने के लिए विभिन्न मानकों को समेकित करने की क्षमता के रूप में परिभाषित किया जाता है (उपरोक्त)। प्लैटिनम सिद्धांत नस्ल-संबद्धता को प्रदर्शित करता है: अर्थात 'दूसरों के साथ ऐसा व्यवहार करें,

जो वे उनके साथ चाहते हैं।' स्वर्णिम सिद्धांत और प्लैटिनम सिद्धांत के बीच का अंतर सहानुभूति है। स्वर्णिम सिद्धांत से प्लैटिनम सिद्धांत की ओर अग्रसर होने के लिए, स्वयं को किसी अन्य के स्थान पर रखने की जरूरत होती है। नृजातिकेंद्रिकता से दूर जाने के लिए, किसी को दुनिया को इसी तरह से देखने की जरूरत है, जैसा वह एक व्यक्ति के रूप में उसके साथ व्यवहार कर रहा होता है।

प्रभावी समेकन को अंतः-सांस्कृतिक संवेदनशीलता के संदर्भ में परिभाषित किया जाता है। शिक्षकों, नीति निर्माताओं, कार्यक्रम निदेशकों, छात्रों और परिवार की अंतः-सांस्कृतिक संवेदनशीलता, प्रभावी समेकन की कुंजी है। जब संस्कृतियाँ एक बहु-सांस्कृतिक वातावरण का प्रतिनिधित्व करती हैं, मॉडल का दूसरा भाग, संपर्क, अंतः-सांस्कृतिक संवेदनशीलता पर निर्भर करता है। यदि संपर्क की प्रकृति नृजातिकेंद्रिकता पर आधारित है, तो समावेशन दुर्बल होगा और बहु-सांस्कृतिक परियोजना असफल हो जाएगी। वहीं दूसरी तरफ, यदि संपर्क की गुणवत्ता नस्ल-संबद्धता पर आधारित है, तो शैक्षिक परियोजना में विविधतापूर्ण आबादी के समावेशन के होने की ज्यादा संभावनाएँ हैं।

यदि संस्कृतियों और व्यक्तिगत संपर्क के बीच संबंध को प्रभावी समावेश की कुंजी मान लिया जाए, तो समुदाय, तुलना, संचार और सहयोग इस तक पहुँचने के उपकरण होंगे। ये चार उपकरण व्यक्तियों को संस्कृति के साथ नृजातीय संबंध बनाने की अनुमति देने में महत्त्वपूर्ण हैं। प्लैटिनम सिद्धांत के अनुपालन के पश्चात ये चार तत्व प्रभावी एवं अप्रभावी समावेशन के बीच अंतर पैदा करते हैं, जिसे नृजातिकेंद्रिकता के माध्यम से निरूपित किया जाता है।

एमयूएम में छाता की उपमा मॉडल के कार्य करने के तरीके के संबंध में पाठकों को समझने में सहायता करती है। संस्कृतियाँ बहु-सांस्कृतिक वातावरण की प्रकृति को प्रदर्शित करने वाले छाते के कपड़े का प्रतिनिधित्व करती हैं।

डंडी व्यक्ति और संस्कृतियों के बीच *संपर्क* का प्रतीक है। अंत में, समुदाय, तुलना, संचार और सहयोग छाते के विस्तारक हैं। वे छाते को पूरी तरीके से खुलने और बारिश की स्थिति में इसे कुशल बनाने के लिए बदलाव के कारक हैं (अर्थात, जितने ज्यादा लंबे विस्तारक होंगे, उतना बेहतर विस्तार होगा और छाते का आकार उतना बड़ा होगा)। दूसरे शब्दों में, बहु-सांस्कृतिक कार्यक्रम के अनुपालन में समुदाय, तुलना, संचार और सहयोग का समुचित तरीके से उपयोग नहीं करने वाले संगठन को सीमित सफलता प्राप्त हो सकती है। यह विभिन्न पृष्ठभूमियों के छात्रों को समाहित करने में नृजातिकेंद्रिकत तरीके से परिरक्षित नहीं होगा।

परिभाषाएँ

विस्तृत क्रियाविधि को समझने के लिए अक्सर मुख्य शब्दों को परिभाषित करने की आवश्यकता होती है। छह सी को समझना, एमयूएम मॉडल के साथ कुशलता से यात्रा करने के लिए अनिवार्य है।

1. *संस्कृति:* निर्णयन या नीतियों के प्रभावी तरीके से निर्माण एवं क्रियान्वयन को सुनिश्चित करने के लिए छात्रों की संस्कृति को समझना। छात्रों की संस्कृति पर विचार करने की

प्रक्रिया, छात्रों को लागू नीतियों की सराहना करने और अंगीकृत करने की अनुमति प्रदान करेगी।

2. *संपर्क:* कक्षा में छात्रों को बेहतर तरीके से शिक्षित करने और उनकी मदद करने के लिए कर्मचारियों, परिवारों और संस्थानों के बीच संपर्क का निर्माण करना। यह संपर्क लोगों और संस्कृतियों के बीच मौजूद समानताओं के माध्यम से स्थापित किया जाता है। चार उपकरणों में से प्रत्येक के लिए परिभाषाओं के दो स्तर हैं। इस कार्यक्रम में हम जिस मॉडल को लागू करना चाहते हैं, उसे एक निकाय के रूप में देखा जा सकता है। द्वितीय, कार्यक्रम में व्यक्तिगत भागीदारी के लिए उपकरण की एक अन्य सार्थकता हो सकती है।
3. *समुदाय:* कार्यक्रम में सहयोग के लिए अलग-अलग क्षमता वाले कारोबारों, परिवारों और संस्थानों के साथ आगे बढ़ना (सहायता और सहयोग पाने के लिए तथा व्यक्तिगत भिन्नताओं को समझने के लिए सामुदायिक मदद को मान्यता प्रदान करना) (पोप्लिन, 1979)।
4. *सहयोग:* कर्मचारियों, परिवारों, संस्थानों और समुदायों के बीच समान लक्ष्य हेतु एकसाथ कार्य करना। यह सहयोग सफलता प्राप्त करने के लिए संसाधन और समुचित उपकरणों की खोज को सुगम बना देता है (यह रिश्ते बनाता है, विभिन्न पृष्ठभूमि के लोगों के समझ के स्तर को गहरा करता है)।
5. *तुलना:* नीतियों और वृत्तिओं में सभी छात्रों को शामिल करने के लिए हितधारकों को छात्रों के बीच समानताओं और अंतरों की तुलना करने के लिए प्रोत्साहित किया जाता है (एक समझ तक पहुँचना, और संपर्क में आई संस्कृतियों के परिणामस्वरूप एक तीसरी संस्कृति के निर्माण की प्रक्रिया में सहायता करना)।
6. *संचार*: छात्रों को समुचित सेवा प्रदान करने के लिए विश्वविद्यालयों, परिवारों और कर्मचारियों के बीच संचार। (संपर्क स्थापित करने के लिए आँखों का उपयोग करना और एक तीसरी संस्कृति के निर्माण में उच्च/निम्न परिप्रेक्ष्य संस्कृति सहायता को समझना)।

एक निकाय के रूप में कार्य करने के लिए इस कार्यक्रम के तीन उद्देश्य हैं: अपने मिशन को प्रोसाहित करना, प्रतिभागियों और कर्मचारियों की भर्ती; धन जुटाना। कुशल समावेशन को सुगम बनाने के लिए नीति निर्माताओं को एमयूएम मॉडल पर विचार करने की आवश्यकता है।

एक निकाय के रूप में कार्यक्रम आसपास के समुदायों में अपने दर्शन का प्रचार करेगा:

$$\text{कार्यक्रम} \longrightarrow \textit{समुदाय}$$

बदले में, समुदाय कार्यक्रम को बनाए रखेगा

$$\text{कार्यक्रम} \longleftarrow \textit{समुदाय}$$

- प्रतिभागी (परिवार ⟶ छात्र)
- निधि (प्रदाता ⟶ धन)
- कर्मचारी (विश्वविद्यालय ⟶ अनुशिक्षक)

यह संव्यवहार, कार्यक्रम और इसके समाज के बीच सहयोग को प्रदर्शित करता है। इसका प्रचार प्रभावी संचार के माध्यम से किया जाता है। समुदाय के सदस्य (धन-प्रदाता/परिवार/विश्वविद्यालय) प्रस्तुत किए गए विभिन्न कार्यक्रमों की तुलना करेंगे, एवं इसके विपरीत कार्यक्रम अपने मिशन के सर्वश्रेष्ठ समरूप घटकों की पहचान करने के लिए विभिन्न धन-प्रदाताओं, विश्वविद्यालय और परिवारों की तुलना करेगा।

निकाय

नीचे दिया गया इतिहास *एमपी* के उद्भव की बुनियादी समझ प्रदान करता है। समुदाय के अन्य अश्वेत पेशेवर महिलाओं के साथ क्विलियन ने डुलुथ (मिनेसोटा) और सुपरियर (विस्कोन्सिन) के जुड़वाँ बंदरगाहों में अश्वेत युवा स्त्रियों के व्यक्तिगत संघर्षों और वास्तविकताओं को साझा किया। संस्कृतियों, पीढ़ियों और सामाजिक-आर्थिक स्तर के बीच उनके साझा अनुभव इस समुदाय की युवा महिलाओं की अनुमानित आवश्यकताओं को निर्धारित करने की ओर ले गए। परिणामस्वरूप, उन्होंने संभावित सफलता के लिए विभिन्न प्रकार के लाभप्रद कौशलों की पहचान की। पहला लक्ष्य जुड़वाँ बंदरगाह समुदाय की अश्वेत युवा स्त्रियों की सहायता के लिए परिवर्तन लाना था, और उन्होंने डुलुथ विद्यालय में *मेटामोर्फोसिस प्रोजेक्ट* (कायान्तरण परियोजना) नामक एक परियोजना प्रारंभ किया। *एमपी* ने सभी व्यक्तियों को सेवा प्रदान करने के लिए अपने मिशन को संशोधित किया। 2012 से *एमपी* लड़कों और लड़कियों, दोनों को सेवा प्रदान कर रहा है। इस अध्याय में *एमपी* को वर्ष 2011–2012 के दौरान मामले के एक अध्ययन के रूप में प्रस्तुत किया गया है।

हम कायान्तरण उपमा का प्रयोग, इन गतिविधियों में सहभागिता के परिणामस्वरूप युवा महिलाओं के द्वारा अनुभव किए गए परिवर्तनों की रूपरेखा तैयार करने के लिए कर रहे हैं। *एमपी* का लक्ष्य 8 से 16 वर्ष की आयु तक की बालिकाओं के लिए उच्च अकादमिक उपलब्धि को प्रचार कर उनके जीवन को पुनःपरिभाषित करने के लिए उपकरण प्रदान करना था। उन्हें तितलियाँ कह कर हम *एमपी* का उपयोग लड़कियों की सफलता को पुनः-डिजाइन करने, जिंदगी के लिए उनकी शक्ति की कल्पना करने और अकादमिक गतिविधियों एवं समूह कार्य के माध्यम से चरित्रवती स्त्रियाँ बनने की उनकी क्षमता में संपूर्ण निष्ठा और विश्वास के साथ निर्देशक सिद्धांतों को विकसित करने के लिए उन्हें प्रोत्साहित करने के लिए करते हैं।

वर्ष 2010–2011 में विद्यालय के लिए प्रथम कार्यक्रम प्रस्तुत किया गया था। *एमपी* ने युवा लड़कियों को नेतृत्व विकास की ओर अग्रसर करने के लिए अश्वेत समुदाय को एक जमीनी आंदोलन का अवसर उपलब्ध कराया। पहले समूह में अधिकतर छात्राओं के जाँच में कम अंक के साथ अकादमिक और व्यवहारगत मामले थे। यह कार्यक्रम क्विलियन के लिए विद्यालय जाने के दौरान हुए खुद के अनुभवों से हटकर निम्न-आय परिवारों से आने वाले अधिकतर छात्राओं की सहायता कर अपने समुदाय के उपकार को लौटाने का एक मार्ग था। 2011 की गर्मियों में

विद्यालय जिले के शिक्षा और अंशधारिता कार्यालय ने परियोजना के लिए अनुदान वित्तपोषण की अनुशंसा की।

प्रायोगिक रूप से हमें 2011 के पतझड़ से शुरू हुए इस कार्यक्रम के समय प्रबंधन, मूल्यांकन और डिजाइन की अंतःदृष्टि प्राप्त हुई। लड़कियों के एक नए समूह ने एकता और समुदाय की एक भावना विकसित करने के लिए डिजाइन किए गए पाठ्यक्रमों को प्रारंभ किया। युवाओं ने विकल्पों का चयन करने और जीवन कौशल रूपी थैले में जीवन के लिए आवश्यक उपकरणों को शामिल करने के लिए दल के निर्माण, नेतृत्व तथा उत्तरदायित्व सिखाने की गतिविधियों में भागीदारी की। क्विलियन और थेइस (परियोजना समन्वयक) ने 'गर्ल्स-सर्कल' नामक एक शोध आधारित पाठ्यक्रम का उपयोग किया और दो इकाईयों पर ध्यान केंद्रित किया: (a) हमारी विविधता का सम्मान और (b) मित्रता। उस अवधि के दौरान उनका लक्ष्य स्वाभिमान, आत्म-कुशलता, शारीरिक छवि, सामाजिक सहायता और मित्रता को बढ़ावा देना था।

उसके बाद क्विलियन ने *एमपी* को औपचारिक गैर-लाभकारी संगठन के रूप में स्थापित करने का बीड़ा उठाया। एक निदेशक मंडल का गठन किया गया, एक व्यापार योजना को लिपिबद्ध किया गया, नियमों का मसौदा तैयार हुआ और एक औपचारिक पाठ्यक्रम लागू हुआ। संगठन ने फरवरी 2012 में अपनी गैर-लाभकारी स्थिति प्राप्त की। समुदाय के छात्रों की आवश्यकताओं की पूर्ति को सुनिश्चित करने के लिए, हर सत्र के अंत में कर्मचारियों ने परिणामों की समीक्षा (तुलना) की। मूल्यांकन के एक परिणाम के रूप में *एमपी* ने विविध समुदायों के साथ एक ज्यादा सशक्त संपर्क स्थापित करना अंगीकृत किया है।

कायान्तरण परियोजना

हम एक सैद्धांतिक रूपरेखा में छह सी की मदद से विविधतापूर्ण आबादी को समाहित करने के संदर्भ में इस एजेंसी की सफलता की समीक्षा करेंगे। इसका लक्ष्य यह दिखाना है कि, एजेंसी की सफलता के लिए कैसे सभी प्रणालियाँ अंतःसंबंधित हैं और परस्पर क्रिया करती हैं। इस प्रक्रिया में, दो विशिष्ट मूल्यांकन किए जाएँगे:

1. हम इस संगठन को व्यक्तिगत परिप्रेक्ष्य में देखेंगे। इसमें कार्यक्रम से संबंधित कर्मचारी, भागीदारी करने वाली छात्राएँ और उनके माता-पिता तथा/या अभिभावक शामिल होंगे।
2. हम इस संगठन को सम्मिलित परिप्रेक्ष्य में देखेंगे। इसमें समुदाय (अर्थात विश्वविद्यालय, विद्यालय-पश्चात कार्यक्रम, धन प्रदाता और परिवार) शामिल होंगे।

निदेशक मंडल सर्वसमावेशी नीतियों, संगठन की दिशा, कर्मचारियों और समितियों को दैनिक गतिविधियों की जिम्मेदारियों के आवंटन के लिए उत्तरदायी होंगे। बोर्ड को किसी प्रकार का पारितोषिक नहीं दिया जाता है।

एमपी विद्यालय जिले, ज्यादा विशेष रूप से शिक्षा एवं अंशधारिता कार्यालय और स्थानीय माध्यमिक विद्यालय के सहयोग से कार्य करता है। इस सहभागिता का लक्ष्य छात्राओं को महाविद्यालय हेतु सफल तैयारी करना और तैयार होना सुनिश्चित करना है। *एमपी* समुदाय की आवश्यकता के अनुरूप अपने लक्ष्यों को संरेखित करता है, क्योंकि वे उपलब्धि अंतराल को कम करने से संबंधित होते हैं।

एमपी का प्रयोजन सफलता के लिए अवसर उपलब्ध कराना और विभिन्न *संस्कृतियों* का अनुभव कर यथा-स्थिति को चुनौती देना एवं अकादमिक उद्यमों का समर्थन करना है। *एमपी* स्त्रीत्व की ओर बढ़ने और एक चरित्रवती बौद्धिक नारी में परिवर्तित होने की हर लड़की की क्षमता में विश्वास करता है। हमारा मिशन हर लड़की की आत्म- संवहनीयता को मजबूत करने, सकारात्मक आदर्शों में परिवर्तित होने, आत्म-विश्वास बनाने, स्वाभिमान जगाने और आत्म-प्रेम विकसित करने के लिए प्रोत्साहित करना है। इस कार्यक्रम का प्रयोजन अपनी अकादमिक उपलब्धियों को बढ़ाने के साथ-साथ विद्यालय के साथ *संबंध* रखने की सकारात्मक भावना बनाने में छात्राओं को सहायता प्रदान करने हेतु अतिरिक्त मदद प्रदान करना है।

इस कार्यक्रम के दौरान छात्राएँ लक्ष्य तय करती हैं और इन लक्ष्यों को प्राप्त करने के लिए एक संरचना विकसित करती हैं। वे दल-निर्माण गतिविधियों में भाग लेती हैं, जो सामाजिक बंधुता और विद्यालय से *संबद्धता* को बढ़ावा देती हैं, सांगठनिक कौशलों को विकसित करती हैं, प्रभावी अध्ययन कौशलों को सीखती हैं तथा उनके गृहकार्य में सहायता करती हैं। ये छात्राएँ *एमपी* समन्वयकों और प्रशिक्षित अनुशिक्षकों/परामर्शदाताओं से सहायता प्राप्त करती हैं। अपने अकादमिक और सामाजिक विकास के लिए छात्रों के पास समुदाय में मूल्यवान अनुभवों में भागीदारी करने का भी अवसर होता है। ये अनुभव *एमपी* छात्राओं और उनके परिवारों के लिए उपलब्ध होते हैं।

एमपी में युवाओं के स्वस्थ विकास के लिए विकासात्मक परिसंपत्तियाँ नाम से ज्ञात 40 निर्माण खंड हैं। जैसा कि *सर्च इंस्टिच्यूट* का कथन है, 'यह 40 व्यवहारिक बुद्धि, सकारात्मक अनुभवों और गुणों का प्रतिनिधित्व करता है, जो युवाओं के द्वारा चुने जाने वाले विकल्पों को प्रभावित करता है और उन्हें ध्यान देने वाले, ज़िम्मेदार और सफल वयस्क बनने में मदद करता है' (2012 ए)। उनकी परिसंपत्तियाँ दो समूहों में संगठित हैं: बाहरी और आंतरिक परिसंपत्तियाँ। बाहरी परिसंपत्तियाँ हैं, सहयोग, सशक्तिकरण, सीमाएँ और आशाएँ तथा समय का सृजनात्मक उपयोग (उपरोक्त)। आंतरिक संपत्तियाँ हैं, सीखने के लिए प्रतिबद्धता, सकारात्मक मूल्य, सामजिक सक्षमताएँ और सकारात्मक पहचान (*सर्च इंस्टिच्यूट*, 2012 बी)। *सर्च इंस्टिच्यूट* ने पाया है कि, इन परिसंपत्तियों का किशोरावस्था के व्यवहार पर प्रभाव पड़ता है और ये सकारात्मक रवैयों और कार्रवाइयों को प्रोत्साहित करती हैं। हर प्रतिभागी की परिसंपत्तियों का मूल्यांकन करने के लिए *एमपी* एक मान्य शोध-आधारित उपकरण, विकासात्मक परिसंपत्ति रूपरेखा, का उपयोग करता है।

इन परिसंपत्तियों के साथ *एमपी* का लक्ष्य छोटे बच्चों को स्वस्थ, दूसरों की परवाह करने वाला एवं ज़िम्मेदार नागरिक के तौर पर विकसित होने में सहायता करना और सामाजिक कौशलों पर केंद्रित साप्ताहिक गतिविधियों के माध्यम से हमारे प्रतिभागियों की परिसंपत्तियों में वृद्धि करना है। *एमपी* के

कर्मचारी सेवित छात्रों में सफलता को प्रभावशाली तरीके से गढ़ने के लिए विभिन्न रणनीतियों का उपयोग करते हैं। इसके अतिरिक्त, विद्यालय-पश्चात कार्यक्रम हेतु संगठन के सर्वसमावेशी लक्ष्य हैं:

1. उपलब्धि अंतराल को कम करने की दृष्टि के साथ उच्चतर अकादमिक सफलता को बढ़ावा देना
2. कार्यक्रम में शामिल छात्रों हेतु नेतृत्वकर्ता कौशलों का विकास
3. प्रतिभागी छात्रों हेतु जोड़नेवाले और स्वस्थ सामुदायिक मूल्यों का विकास

प्रोत्साहन

एमपी कर्मचारी दैनिक आधार पर शिक्षकों और अभिभावकों के साथ संपर्क बनाए रखता है। एक स्थानीय विद्यालय-पश्चात कार्यक्रम का ऐसा ही लक्ष्य माध्यमिक-पश्चात शिक्षा के लिए प्रोत्साहित करने का है और इसने *एमपी* को समृद्ध करने के लिए विचारों, सूचनाओं और सामग्रियों को साझा कर *एमपी* की सहायता की है। एक स्थानीय संगठन भी समुदाय के भीतर *एमपी* कार्यक्रम को प्रोत्साहित करने के लिए *एमपी* कर्मचारी से *जुड़ा* हुआ है। उदाहरण के लिए, *एमपी* कर्मचारी ने एक स्थानीय गिरजाघर में अपने कार्यक्रम को प्रस्तुत किया। परिणामस्वरूप, समुदाय में कार्यक्रम को ज्यादा बेहतर रूप से जाना जाता है और यह समुदाय से व्यापक रूप से जुड़ा है।

छात्राओं को कक्षा में प्राप्त अपने नेतृत्व कौशल को समुदाय में उपयोग करने की आवश्यकता होती है। भ्रमणों के दौरान कार्यक्रम को बढ़ावा देने के लिए लड़कियाँ *एमपी* के तितली चिह्न वाले स्वेटर/टी-शर्ट पहनती हैं; वे समुदाय के बाहर कार्यक्रम का प्रतिनिधित्व करती हैं और उसे बढ़ावा देती हैं, उदाहरण के लिए, विद्यालय जिला अधीक्षक की नियुक्ति में सक्रिय रूप से भाग लेना, स्थानीय विशविद्यालय में सांस्कृतिक संध्या में भाग लेना, डुलुथ सुपिरियर सिंफनी ऑर्केस्ट्रा जाना, एक डिपार्टेमेंटल स्टोर में धन जुटाना, इत्यादि। *एमपी* के चिह्न और कार्यक्रम के संबंध में प्रश्नों के उत्तर देते हुए छात्र भी समुदाय के साथ जुड़ जाते हैं।

कर्मचारी भी रेडियो साक्षात्कारों, स्थानीय कार्यक्रमों में भागीदारी, स्थानीय अखबारों में लेखों के माध्यम से और *एमपी* के चिह्न और वेबसाइट को विकसित करने के लिए स्थानीय महाविद्यालयों के छात्रों के साथ *सहयोग* कर *एमपी* का प्रचार करते हैं। ये सभी तत्व डुलुथ सुपीरियर के जुड़वाँ बंदरगाहों में कार्यक्रम के मिशन का विज्ञापन करने की कुंजियाँ हैं।

नियुक्ति

व्यवहारिक दृष्टिकोण, विद्यालयों के स्थानीय प्रशासन की भौगोलिक इकाई से मुख्य सांस्कृतिक सूचकों की निविष्टि का परिणाम है। सेवित होने वाली *संस्कृतियों* और आबादी के संबंध में उनके

ज्ञान पर आधारित उनकी विशिष्ट स्थितियों के लिए समेकन विशेषज्ञों की पहचान की जाती है। इसके अतिरिक्त उनके पास व्यवहारगत संस्थापनाओं, सामुदायिक संगठनों और शैक्षिक संस्थानों में बच्चों के साथ कार्य करने का पूर्व-प्रशिक्षण और अनुभव होता है।

इन प्रमुख सांस्कृतिक सूचनाओं के एक संवर्ग ने विभिन्न सामुदायिक समस्याओं के अपने अनुभव और अंतर्दृष्टि के आधार पर यह तय किया कि, वर्तमान संस्थानों में अनेक छात्रों के लिए रणनीतिक मार्ग की आवश्यकता थी। विद्यालय जिलों के शैक्षिक संस्थान, एक स्थानीय मध्य विद्यालय में इस विद्यालय-पश्चात कार्यक्रम के लिए नियुक्त होने वाले छात्रों के लिए प्राथमिक संदर्भ स्रोत हैं।

स्थानीय विद्यालयों से *एमपी* द्वितीयक सहायता प्राप्त करता है। ये संस्थान अपने शैक्षिक और सामाजिक कार्य कार्यक्रमों के माध्यम से *एमपी* को अनुशिक्षक/परामर्शदाता प्रदान करते हैं। ये दोनों संस्थान विश्वविद्यालयों द्वारा आयोजित सांस्कृतिक, सामाजिक और शैक्षिक आयोजनों की शृंखला में जाने के माध्यम से *एमपी* छात्राओं को महाविद्यालय जागरूकता से *जोड़ते* हैं। वे अश्वेत छात्राओं के अधिवक्ताओं के रूप में विद्यालय जिले के लिए कार्य करने वाले मुख्य सांस्कृतिक सूचकों के साथ प्रत्यक्ष *सहयोग* करते हैं। *एमपी* छात्रों की विशाल संख्या सांस्कृतिक सूचकों के मामलों से आते हैं। वे *एमपी* कर्मी को प्रत्येक छात्रा को प्रभावित करने वाले विशिष्ट मामलों की सूचना देते हैं, ताकि कर्मचारी अपनी सेवाओं को अनुकूल बनाने और छात्राओं की व्यक्तिगतकृत सहायता प्रदान करने में ज्यादा समर्थ हो जाते हैं।

छात्राओं को सहयोग करने और बेहतरीन सेवा प्रदान करने के लिए, *एमपी* स्थानीय संगठनों के सहयोग से कार्य करता है। विद्यालय जिले का विद्यालय एवं अंशधारिता कार्यालय, मई 2012 तक प्राथमिक सहयोग के रूप में कार्य करता था। अकादमिक वर्ष 2012–2013 के लिए नॉर्थलैंड फांउडेशन, लॉयड के. जॉनसन फाउंडेशन और मिनेसोटा पावर फांउडेशन ने कार्यक्रम का समर्थन किया।

समन्वयक

एमपी कर्मचारी छात्राओं की अकादमिक सफलता में अंतर पैदा करने की बहुत बड़ी उत्कंक्षा रखने वाले अश्वेत लोग होते हैं। *एमपी* समन्वयक सुनिश्चित करते हैं कि, सभी कर्मचारी छात्राओं की आबादी की पृष्ठभूमि से मेल खाते हैं। इसके अतिरिक्त, कर्मचारी को इस नौकरी के लिए आवश्यक योग्यताओं को पूर्ण करना होता है। *एमपी* निदेशक बोर्ड भी नियमित रूप से अकादमिक प्रगति की समीक्षा करता है।

अनुशिक्षक/परामर्शदाता

एमपी आसपास के संस्थानों से अनुशिक्षकों/परामर्शदाताओं की नियुक्ति करता है। चयनित अनुशिक्षकों को आवश्यकताओं के एक समूह को अवश्य पूरा करना होता है। वे प्रशिक्षित होते हैं

और वे छात्राओं की सहायता करने में समर्थ होने के लिए उन आवश्यकताओं और उम्मीदों को पूरा करते हैं। अनुशिक्षकों/परामर्शदाताओं के उत्तरदायित्व यह सुनिश्चित करना है कि, हमारी छात्राएँ सुरक्षित हैं और वे गुणवत्तापूर्ण समर्थन प्राप्त करती हैं।

वक्ता/समुदाय के सदस्य

चूंकि *एमपी* अश्वेत छात्राओं के बहुमत को सेवा प्रदान करते हैं, कार्यक्रम सकारात्मक आदर्शों के रूप सेवा करने के लिए समुदाय के सदस्यों और विविध आबादी से नेताओं को आमंत्रित करते हैं। इस आदान-प्रदान का लक्ष्य छात्राओं के *संपर्क* को बढ़ावा देना और उनकी पृष्ठभूमियों और भविष्य के उद्यमों को समझना है। *समुदाय* के सदस्य अपने अनुभवों, अपने संघर्षों और उन्हें सफलता दिलाने वाले उनके व्यक्तिगत/पेशेवर उद्यमों को साझा करने कार्यक्रम में आते हैं। इन वक्ताओं को छात्राओं के प्रश्न का उत्तर देने के लिए अनौपचारिक और लचीला होना होता है। छात्र-केंद्रित होना वक्ताओं से वांछित तरीका है, जो छात्राओं को नेतृत्व की भूमिका में आने का अवसर प्रदान करता है। उस कार्यक्रम ने वक्ताओं और छात्राओं के बीच सकारात्मक *संबंध* का अनुभव किया है।

वित्त-पोषण

अनुदान/संगठन

एमपी फोन कॉल, मुलाकातों, ईमेलों या चिट्ठियों के माध्यम से स्थानीय संगठनों से *संपर्क* में आता है। इस आरंभिक संपर्क के परिणामस्वरूप वे इस आशय हेतु आग्रह करते हैं। एक बार जब वित्त-पोषण करने वाले संगठन इस पत्र को स्वीकृति दे देते हैं, तो *एमपी* एक अनुदान आवेदन को जमा करता है। संगठन अपने दिशानिर्देशों या प्रक्रियाओं के अनुरूप वित्त-पोषण करते हैं। अतएव, वित्त-पोषण की आवश्यकता एवं प्रयोजन का अवलोकन करने और इसकी पुष्टि के लिए संगठनों से कार्य-स्थल के भ्रमण का अनुरोध किया जाता है। अंतिम चरण में उपरोक्त प्रक्रिया के परिणामों के आधार पर *एमपी* को वित्त-अनुदान प्रदान किया जाता है।

अनुदान संचयन

एमपी अनुदान संचयन को पाठ्यक्रम के वैकल्पिक भाग के रूप में शामिल करता है। छात्राओं से दल बनाने और डुलुथ समुदाय में धन जुटाने की परियोजनाओं को विकसित करने की उम्मीद की जाती है। इस प्रकार छात्रों को अपनी नेतृत्व की क्षमता को विकसित या उसमें सुधार करते हुए वित्तपोषण के लिए विकल्पों पर विचारमंथन की आवश्यकता होती है। ये विकल्प छात्रों की आकांक्षाओं से बनते हैं। छात्राएँ कर्मचारियों की सहायता से विभिन्न परियोजनाओं का संगठन और उनका नेतृत्व

करती हैं। इस प्रकार के कार्य छात्रों को अति-महत्त्वपूर्ण विचार कौशलों का उपयोग करने का अवसर प्रदान करते हैं। वे शोध करती हैं, वित्त-पोषण हेतु स्थानीय अवसरों की योजना बनाती और विकसित करती हैं; इसके अतिरिक्त वे अपने कार्यों को पूरा करने के चरणों पर रोशनी डालने के लिए कार्ययोजना बनाती हैं। एक बार छात्राएँ जब धन जुटाने की अपनी परियोजनाओं को पूरा कर लेती हैं, वे अपने अनुभव को शेष कक्षा के साथ साझा करती हैं, ताकि अन्य बच्चे भी सीख सकें।

व्यक्तिगत दृष्टिकोण

एमपी विद्यालय जिले के साथ, विशेषकर विद्यालय एवं अंशधारिता कार्यालय और एक स्थानीय मध्य-विद्यालय के सहयोग से कार्य करता है। इस सहभागिता का लक्ष्य छात्राओं की महाविद्यालय के लिए सफल तैयारी और तैयार होना सुनिश्चित करना है।

इस दिशा में *एमपी* ने प्रस्तुत अवसरों, चुनौतियों और मुद्दों/जरूरतों के आधार पर एक स्थानीय मध्य विद्यालय के साथ सहभागिता की। *एमपी* कम सेवित विद्यालय जिला छात्राओं को सशक्त विद्यालय-पश्चात अकादमिक कार्यक्रम प्रदान करता है। वस्तुतः, *एमपी* कर्मचारी समुदाय के सदस्य होने के साथ-साथ उत्पादन में भागीदार नागरिक और छात्राओं के लिए प्रेरणा स्रोत भी होते हैं और वे *एमपी* में भागीदारी करने वाली छात्राओं को विकासात्मक सहयोग प्रदान करते हैं।

स्थानीय मध्य-विद्यालय में जाने वाली छात्राओं का उच्च अकादमिक उपलब्धि पर ध्यान केंद्रित करने वाले विद्यालय-पश्चात कार्यक्रमों तक पहुँच काफी कम होती है या नगण्य होती है। इसके अतिरिक्त, उनकी आवश्यकताओं और परिस्थितियों की प्रासंगिकता की भावना होती है, क्योंकि यह उनकी सांस्कृतिक, नस्लीय और सामाजिक-आर्थिक पृष्ठभूमि से संबंधित होती है। इसके अलावा, कार्यक्रम के प्रतिभागियों के समक्ष अपने जीवन में शैक्षिक सहायता के पूरक के तौर पर काफी कम या कोई प्रेरणास्रोत नहीं होते हैं। *एमपी* परियोजना में भाग लेने वाले छात्राओं के निकाय की संरचना विविधतापूर्ण थी (एशियाई, अश्वेत, हिस्पैनिक, मूल निवासी, श्वेत)।

छह सी के उद्देश्य

विद्यालय-पश्चात कार्यक्रम के दो सशक्त लक्ष्य हैं: (a) छोटे बच्चों को स्वस्थ, ध्यान देने वाला और ज़िम्मेदार नागरिक बनने में सहायता करना; (b) सामाजिक कौशलों पर केंद्रित साप्ताहिक गतिविधियों के माध्यम से हमारे प्रतिभागियों के कौशल का विकास करना। इस लक्ष्य की प्राप्ति के उद्देश्य से, छात्राओं के अकादमिक कौशल में सुधार हेतु हम प्रभावी कार्यान्वयन के एक मॉडल के रूप में सफलता के लिए छह सी को शामिल करने के लिए प्रतिबद्ध थे।

जोखिम वाले छात्राओं (तुलना) के साथ कार्य कर रहे एक संगठन के रूप में छात्राओं, शिक्षकों और प्रशासन (समुदाय) के साथ *सहयोग, संचार* और *संपर्क* करते समय, संस्कृति का सहायक आधार के तौर पर उपयोग करना इसका बुनियादी सिद्धांत था। सेवा प्राप्त करने वाली छात्राओं में सफलता को प्रभावी तरीके से विकसित करने के लिए *एमपी* कर्मचारी विभिन्न तरीकों का उपयोग करते हैं। निम्नांकित उद्देश्य और रणनीतियाँ, कार्यक्रम की क्रियाविधि का वर्णन करती हैं।

लक्ष्य 1: उपलब्धि अंतराल को कम करने के दृष्टिकोण से उच्चतर अकादमिक सफलता को बढ़ावा देना

a. हम एक लक्षित अकादमिक निर्देश देते हैं। इसका अर्थ है कि, हम बच्चों की उपस्थिति में परिवारों से मिलते हैं और अभिभावकों को कार्यक्रम के लक्ष्यों का वर्णन करते हैं। उस मुलाकात के दौरान हम बारबार संवाद पर जोर देते हैं, जिससे बदले में अभिभावकों का कार्यक्रम से संपर्क, आगे की कार्यवाही पर दृष्टिकोण और एक मूल्यांकन अवधि से दूसरी अवधि में (अंक, उपस्थिति, अनुपस्थित सत्रीय कार्य) अपने बच्चे के अकादमिक प्रगतिकी तुलना में वृद्धि होती है।

   छात्र एक छोटे-समूह वाले वातावरण में सीखते हैं। हमने सकारात्मक संचार की अनुमति देने और सहयोग (समकक्ष शिक्षण; उदाहरण के लिए, गणित के समान सत्रीय कार्य पर काम कर रही एक जोड़ी या तिकड़ी) पर ध्यान केंद्रित करने के लिए छोटे समूहों के निर्माण का चयन किया। ऐसा वातावरण छात्रों के बीच *सांस्कृतिक* आदान-प्रदान को प्रोत्साहित करता है, क्योंकि वे अपने असमान कक्षा सदस्यों के साथ सीख रहे हैं, *तुलना कर* रहे हैं और उन्हें समझ रहे हैं। एक सामाजिक कौशल सत्र के दौरान हमने रूढ़िवादी तरीकों के उपयोग पर चर्चा की। लड़कियाँ रूढ़िवादी तरीकों के व्यक्तिगत उपयोग पर आश्चर्यचकित थीं। आत्म-छवि और रूढ़ियों को तोड़ने पर एक विशेष आदान-प्रदान ने उन्हें यह निष्कर्ष निकालने में सक्षम बना दिया कि, किसी पुस्तक का मूल्यांकन उसके जिल्द से करना सही नहीं है।

b. शिक्षा प्रदाताओं की ओर से एक उच्च-प्रशिक्षित कर्मचारी, विशिष्ट शिक्षण अवसरों और लक्ष्य निर्देशन प्रदान करने के लिए शिक्षकों और परिवारों से प्राप्त सूचना का उपयोग करता है। यह बहु-सांस्कृतिक समझ के महत्त्व को उल्लेखित करता है। हम परिवार के साथ एक इकाई के रूप में कार्य करते हैं; अतएव, अभिभावकों के साथ *संवाद* हमें घरेलू वातावरण को समझने और उस सूचना का उपयोग छात्राओं के साथ जुड़ने की अनुमति देता है। इसके विपरीत, शिक्षकों के साथ *सहयोग* का अर्थ सूचना साझाकरण है। हम पुष्टि कर सकते हैं कि, गृह कार्य के प्रति छात्राओं की अभिरुचि में वृद्धि हुई, वे जानती हैं कि

उनका दिन कैसा बीता और छात्राओं को जिन क्षेत्रों में सर्वाधिक मदद की आवश्यकता है, उनकी पहचान कर सकती हैं। उनके अकादमिक संघर्षों को जानने के बाद हमें आवश्यक हस्तक्षेप पर ध्यान देने एवं विशिष्ट परामर्शदाताओं/अनुशिक्षकों की नियुक्ति करने में मदद मिली। प्रतिभागी महाविद्यालय और समुदाय के परामर्शदाताओं के साथ *संचार, सहयोग* करते हैं और उनसे जुड़ते हैं, जिनके साथ वे सशक्त एवं सहयोगपूर्ण संबंधों का निर्माण करते हैं। विभिन्न संस्कृतियों के छात्राओं की इस मित्रता से उन्हें बड़ा सोचने और दुनिया के प्रति अपने विचारों को प्रकट करने की प्रेरणा मिलती है।

c. कर्मचारी वर्ग छात्राओं के विकास की बहुत उम्मीदें रखते हैं। बदलाव का कारक बनने की क्षमता में एमपी के विश्वास को प्रदर्शित करने के लिए छात्राएँ 'तितलियाँ' कहलाती हैं। इसका अर्थ है कि हम छात्राओं और कर्मचारी के बीच संचार को बढ़ावा देते हैं; परिणामस्वरूप, छात्राओं के बीच अपनी शिक्षा के प्रति ज़िम्मेदारी एवं उत्तरदायित्व की भावना का विकास होता है। कार्यक्रम की प्रत्याशा यह है कि, एक छात्रा माता-पिता या अभिभावकों की ओर से लिखित टिप्पणी के साथ कर्मचारियों को इस बात की सूचना देती है कि वह एक दिए तारीख को एक सत्र में शामिल होने में समर्थ नहीं होगी। यदि एक तितली लिखित कारण देने में असफल होती है, तो वह महीने की अकादमिक पारितोषिक गतिविधि में भाग लेने में असमर्थ हो सकती है। ये दिशानिर्देश प्रतिभागियों के बीच कार्यक्रम के प्रति लगाव एवं संबद्धता की भावना का विकास करते हैं; ये दिशानिर्देश छात्राओं को विद्यालय की संस्कृति से जुड़ने, कार्यक्रम की सीमाओं को समझने तथा स्वस्थ अकादमिक आदतों (गृहकार्य, उपस्थिति) को अपनाने के लिए भी प्रेरित करते हैं। लागू की गई अंक प्रणाली, छात्राओं को मासिक पारितोषिक गतिविधि में भागीदारी करने के लिए अंक अर्जित करने की अनुमति देती है, जिसे पहले से ही स्थापित श्रेणियों के आधार पर छात्राएँ चुनती हैं।

उद्देश्य 2: कार्यक्रम में भागीदारी करने वाली छात्राओं में नेतृत्व कौशल का विकास

a. परियोजनाओं और सामूहिक गतिविधियों का वास्तव में प्रबंधन करने और कार्यक्रमों हेतु योजना निर्माण में भागीदारी से छात्राओं को अपने नेतृत्व कौशल को विकसित करने का अवसर प्राप्त होगा। यह सहयोगात्मक प्रयासों एवं समुदाय के साथ जुड़ने के माध्यम से विकासात्मक परिसंपत्तियों के विकास में महत्त्वपूर्ण भूमिका का निर्वहन करता है। कक्षा के किसी सत्र के दौरान छात्राओं ने पूछा (तुलना की) कि, वे कभी भी मनोरंजक चीजें क्यों नहीं करती हैं (मजे से उनका तात्पर्य वाटर पार्क, मनोरंजन पार्क आदि में जाना था)। हमने उन्हें

बताया, व्यर्थ में, कि हमारा सीमित बजट हमें ऐसी चीजों पर धन व्यय करने की अनुमति नहीं देता है। परंतु, यदि उनके पास धन जुटाने की योजना है, तो हम उन्हें कुछ विकसित करने की चुनौती देते हैं और हम उन्हें उनके लक्ष्यों को पूरा करने में उनकी मदद करेंगे। उन्होंने स्वयं को समूहबद्ध किया और अनाज पैक करने या स्थानीय डिपार्टमेंटल स्टोर के सामुदायिक उत्सव के कूपनों को बेचने, जैसे कुछ विकल्पों को उन्होंने हमारे सामने रखा। अगला कदम प्रत्येक कंपनी को कॉल करना और लक्ष्य को पूरा करने के लिए कदमों की पहचान करना था। अनाज पैक करने का उद्यम असफल हो गया। वे सामुदायिक उत्सव के कूपनों को बेचने में सफल हो गईं। इस प्रकार उन्होंने जाना कि धन प्राप्त करना आसान नहीं है और वे समझ गईं कि क्यों हम सिर्फ कुछ बार ही बाहर जाते हैं। तितलियाँ $245 जुटाने में सफल हो गईं। लड़कियों ने जुटाए गए धन को कार्यक्रम को दान कर दिया। इस प्रयास ने उन्हें सशक्तिकरण (सामुदायिक मूल्य), समर्थन (सकारात्मक संचार), समय का सृजनात्मक उपयोग (सकारात्मक गतिविधियाँ), सामाजिक सक्षमता (अंतर्वैयक्तिक सक्षमताएँ) और सकारात्मक पहचान (स्वाभिमान और प्रायोजन की भावना) जैसे अनेक विकासात्मक कौशलों पर भरोसा करना सिखाया।

b. पत्रकारिता के प्रयास, मार्गदर्शकों की प्रतिपुष्टि और समकक्षों के साथ छोटे समूहों में परिचर्चा के माध्यम से छात्राओं के पास अपने प्रयासों के सफलता का मूल्यांकन करने का एक अवसर था। यह सकारात्मक प्रयास तितलियों के साथ हमारे कार्य में सुधार का हमेशा मार्गदर्शन करता है। कक्षा के दौरान हमने जो कुछ भी सीखा, लड़कियाँ अक्सर उसे प्रतिबिंबित करती हैं और हमने उन्हें अपने अभिभावकों को शामिल करने के तरीकों के बारे भी सोचने के लिए प्रोत्साहित किया। एक समूह के रूप में कार्यक्रम में भागीदारी की अनुमति देने के लिए अपने परिवारों और कार्यक्रम को सफल बनाने के लिए समुदाय को वे एक समूह के रूप में धन्यवाद देना चाहती थी। उन्होंने एक व्यंजन-सूची बनाने के लिए साथ मिलकर काम किया, जिसमें विभिन्न व्यंजनों के साथ-साथ कृतज्ञता ज्ञापन हेतु पारंपरिक व्यंजन को भी शामिल किया गया था; इसके अतिरिक्त उन्होंने प्रत्येक लड़की की पृष्ठभूमि के प्रतिनिधित्व के लिए विभिन्न *सांस्कृतिक* तत्वों को जोड़ा।

c. छात्राओं को एक दल के भीतर और व्यक्तिगत विकास गतिविधियों के माध्यम से अपने प्रदर्शन का मूल्यांकन करने का एक अवसर था। हमारा कार्यक्रम बालिकाओं पर आधारित है। इसका अर्थ है कि, सभी गतिविधियों को उनकी अकादमिक, बौद्धिक, व्यक्तिगत और भविष्य की आवश्यकताओं के अनुरूप होना चाहिए। जब लड़कियाँ उच्च विद्यालय में प्रवेश करती हैं, तो उनमें अध्ययन, सीमाओं और आशाओं के प्रति प्रतिबद्धता के विकास को सुनिश्चित करने के लिए हम उद्देश्यपूर्वक अवसरों का सृजन करते हैं। समुदाय के परामर्शदाताओं और महाविद्यालय अनुशिक्षकों की सहायता से हमने विभिन्न प्रकार की जीवन-वृत्तियों, महाविद्यालय के लिए तैयार होने और परिसर भ्रमण पर परिचर्चाएँ

आयोजित की। हमने तितलियों को *अपवार्ड बाउंड* जैसे अकादमिक कार्यक्रमों से भी *जोड़ा*, जो महाविद्यालय के लिए तैयार होने और एक सूचित निर्णय लेने के लिए सभी कौशलों को प्राप्त करने में उनकी सहायता करेगा।

उद्देश्य 3: शामिल छात्रों के लिए संयोजनकारी और स्वस्थ सामुदायिक मूल्यों का विकास

a. *एमपी* को एक सेवा परियोजना के रूप में जाना जाता है और यह विद्यार्थियों में नागरिक सहभागिता एवं उत्तरदायित्व की नीति विकसित करने के लिए अपने कार्यक्रमों में सेवा को शामिल करता है। इसका अर्थ है सामुदायिक परिवर्तन, पहल एवं परिसंपत्ति निर्माण की यात्रा प्रारंभ करना और उसकी निरंतरता को बरकरार रखना। छात्राओं ने साथ मिलकर काम करने और समुदाय की भावना का सम्मान करने के प्रयोजन से परिसंपत्तियों के निर्माण में निष्ठावान सामुदायिक नेताओं की पहचान की, वे उनके साथ जुड़ी और उनके साथ संबंधों का निर्माण किया। नए अधीक्षक की नियुक्ति के समय लड़कियों को सार्वजनिक मंच पर आने का आग्रह किया। उनका लक्ष्य समुदाय को जताना था कि उनकी आवाज का महत्त्व है। वे यह महसूस कराना चाहती थीं कि उनके जीवन में होने वाली चीजों पर उनका कुछ प्रभाव है, अर्थात, उन्होंने उम्मीदवारों के बारे में बताने का अनुरोध किया। तितलियों ने साथ मिलकर काम किया। उन्होंने *तुलना* की और सर्वाधिक पात्र उम्मीदवार का चयन किया। अपने प्रश्नों के द्वारा उन्होंने ऐसे उम्मीदवार के चयन का समर्थन किया, जिसके पास उनके संघर्ष की *सांस्कृतिक* समझ थी, जो छात्राओं के रूप में उनकी चिंताओं के साथ *संवाद* कर सकता है और उससे जुड़ सकता है और निर्णय लेने की प्रक्रिया को प्रभावित कर सकता है। परिणामस्वरूप उन्होंने अपनी व्यक्तिगत शक्ति विकसित की। इस प्रक्रिया से गुजरना, उन्हें उस जिले की छात्राओं के रूप में उनके व्यक्तिगत भविष्य के संबंध में आशावादी होने में उनकी मदद करता है।

b. *एमपी* अपनी छात्राओं को विज्ञान, पर्यावरण अध्ययन, नेतृत्व, सृजनात्मक कलाओं तथा स्वास्थ्य एवं पोषण जैसे शैक्षिक अनुभवों से अवगत कराता है। इसका तात्पर्य यह है कि, तितलियों को अपनी सांस्कृतिक पहचान की तुलना करने के लिए विभिन्न नस्लीय, जातीय एवं *सांस्कृतिक* पृष्ठभूमियों से अवगत कराया जाता है। लड़कियों को एक स्थानीय विश्वविद्यालय में सांस्कृतिक संध्या में शामिल होने के लिए आमंत्रित किया गया- उन्होंने रात्रि भोज की मेज को सजाने के लिए महाविद्यालय के छात्रों के *सहयोग* से इस कार्य को पूरा किया (विश्वविद्यालय में प्रतिनिधित्व प्राप्त देशों पर शोध किया गया, मज़ेदार तथ्यों

की पहचान की गई और सजाने के विभिन्न वस्तुओं का निर्माण किया)। उन्होंने क्वांज़ा में स्थानीय विश्वविद्यालय में माया एंगेलऊ की *'स्टिल आई राइज'* कविता का पाठ किया। एक स्मरणीय घटना तब घटी, जब वे हिस्पैनिक मासिक सम्मेलन में शामिल हुईं: उन्हें यह जानकर आश्चर्य हुआ कि अश्वेत महिलाएँ भी अंग्रेजी के अलावा अन्य भाषाएँ बोल सकती हैं (तुलना)।

निष्कर्ष

एमपी अकादमिक कार्यक्रम के परिणामस्वरूप, हम विद्यालय जिले में उपलब्धि अंतराल को कम करने के भावी दृष्टिकोण के साथ-साथ उच्च अकादमिक सफलता की प्रत्याशा करेंगे। तितलियाँ विद्यालय में अच्छा करने का प्रयास करती हैं, उदाहरण के लिए, वे अपने गृहकार्य को पूरा करती हैं। सीखने में उनकी सक्रिय संलग्नता महाविद्यालय के लिए जल्दी तैयार होने को बढ़ावा देती हैं। प्रतिभागी हर कक्षा में परिसंपत्तियों के निर्माण के द्वारा अपने नेतृत्व कौशलों और सशक्तता को बढ़ाते हैं। लड़कियाँ अपने सामुदायिक मूल्यों को विकसित करती हैं। *एमपी* में शामिल होने के दौरान हर लड़की स्वस्थ, देखभाल करने वाली और ज़िम्मेदार नागरिक के तौर पर विकसित होती है। एक रूपरेखा के रूप में 40 विकासात्मक परिसंपत्तियों का उपयोग कर गतिविधियों में शामिल हो कर छात्राएँ नेतृत्व कौशलों को विकसित करेंगी और उनका सशक्तिकरण होगा। इसके अतिरिक्त, डुलुथ समुदाय में सामुदायिक सेवा कार्यक्रमों में संलग्न हो कर छात्राएँ सामुदायिक मूल्य प्राप्त करेंगी। अंत में, *एमपी* छात्राओं को स्थानीय विश्वविद्यालयों के परामर्शदाताओं एवं भागीदारी की प्रक्रिया से जोड़कर माध्यमिक- पश्चात शिक्षा को बढ़ावा देता है। सफलता को सुनिश्चित करने के लिए कर्मचारियों, बोर्ड के सदस्यों, छात्रों, अभिभावकों एवं समुदाय को कार्यक्रम के मूल्यांकन में शामिल किया जाएगा। मूल्यांकन के परिणामस्वरूप, हम सहयोग एवं योजनाबद्ध व्यवहारिक प्रयासों के माध्यम से सेवाओं में तदनुरूप सुधार करेंगे तथा/या इसका विस्तार करेंगे।

संदर्भ

Banks, J. A. (1998). Multicultural education: Development, dimensions, and challenges. In M. J. Bennett (Ed.), *Basic concepts of intercultural communication: Selected readings* (pp. 69–84). Yarmouth, ME: Intercultural Press.

Bennett, M. J. (Ed.). (1998a). Overcoming the golden rule: Sympathy and empathy. In *Basic concepts of intercultural communication: Selected readings* (pp. 1–34). Yarmouth, ME: Intercultural Press.

———. (Ed.). (1998b). Intercultural communication: A current perspective. In *Basic concepts of intercultural communication: Selected readings* (pp. 191–214). Yarmouth, Maine: Intercultural Press.

Bhachu, P. (1984). Multicultural education: Parental views. *Journal of Ethnic and Migration Studies*, *12*(1), 9–21.

Bronfenbrenner, U. (1979). Contexts of child rearing: Problems and prospects. *American Psychologist*, *34*(10), 844.

Bryant, D. M., & Maxwell, K. (1997). The effectiveness of early intervention for disadvantaged children. In M. J. Guralnick (Ed.), *The effectiveness of early intervention* (pp. 23–46). Baltimore, MD: Brookes.

Campbell, F. A., Pungello, E. P., Miller-Johnson, S., Burchinal, M. & Ramey, C. T. (2001). The development of cognitive and academic abilities: Growth curves from an early childhood educational experiment. *Developmental Psychology*, *37*(2), 231.

Collegia, J. (2012). *Le problème de la réussite scolaire des sans-papiers* [The issue of academic success in undocumented immigrants]. Paris, France: L'Harmattan.

Dahlberg, G., Moss, P. & Pence, A. (1999). *Beyond quality in early childhood education and care: Postmodern perspectives* (pp. 159–186). Levittown, PA: Taylor & Francis.

Friedman, T. (2005). *The world is flat*. New York: Farrar, Straus & Giroux.

Hall, E. T. (1998). The power of hidden differences. In M. J. Bennett (Ed.), *Basic concepts of intercultural communication: Selected readings* (pp. 53–67). Yarmouth, ME: Intercultural Press.

Hammer, M. R. & Bennett, M. J. (2001). *The intercultural development inventory (IDI) manual*. Portland, Oregon: Intercultural Communication Institute.

Ladson-Billings, G. (2006). From the achievement gap to the education debt: Understanding achievement in U.S. schools. *Educational Researcher*, *35*(7), 3–12.

National Standards in Foreign Language Education Project. (1999). *Standards for foreign language learning in the 21st century* (1st ed.). New York, NY: American Council on the Teaching of Foreign Language.

Poplin, D. (1979). *Communities: A survey of theories and methods of research* (2nd ed.). New York: Macmillan.

Schecter, S. R. & Bayley, R. (1997). Language socialization practices and cultural identity: Case studies of Mexican-descent families in California and Texas. *TESOL Quarterly*, *31*(3), 513–541.

Search Institute. (2012a). Development assets data file. Retrieved from http://www.search-institute.org/content/40-developmental-assets-adolescents-ages-12-18 (accessed 30 July 2012).

———. (2012b). Developmental assets data file. Retrieved from http://www.search-institute.org/introtoassets (accessed 30 July 2012).

Street, B. (1993). *Language and culture*. Tonawanda, NY: British Association for Applied Linguistics.

Ting-Toomey, S. (1999). *Communicating across cultures.* New York: Guilford.

Yoshikawa, H. (1995). Long-term effects of early childhood programs on social outcomes and delinquency. *The Future of Children*, *5*(3), 51–75.

अतिरिक्त अध्ययन

Adler, N. J. & Gundersen, A. (2007). *International dimensions of organizational behavior* (5th ed.). Cincinnati, Ohio: South-Western.

Davis, B. (2007). *How to teach students who don't look like you.* Thousand Oaks, California: Corwin Press.

Gudykunst, W. B. & Ting-Toomey, S. (1988). *Culture and interpersonal communication.* Newbury Park, California: SAGE.

Hofstede, G. (2001). *Culture's consequences: Comparing values, behaviors, institutions, and organizations across nations* (2nd ed.). Thousand Oaks, California: SAGE.

Hovland, K. (2006). *Shared futures: Global learning and liberal education.* Washington, D.C.: Association of American Colleges and Universities.

Howard, G. (2007). *We can't teach what we don't know* (2nd ed.). New York: Teachers College Press.

Kolb, D. A. (1984). *Experiential learning: Experience as the source of learning and development*. Englewood Cliffs, New Jersey: Prentice-Hall.

Ladson-Billings, G. (2009). *The dreamkeepers, successful teachers of African American children* (2nd ed.). New York: Jossey-Bass.

Paige, R. M. (Ed.). (1993). *Education for the intercultural experience* (2nd ed.) (pp. 109–135). Yarmouth, Maine: Intercultural Press.

———. (2008, 3–4 October). *Using the IDI to guide personal and organizational development: Challenges and opportunities* (PowerPoint). Presented at the 1st Annual Intercultural Development Inventory Conference, Minneapolis, Minnesota.

Trompenaars, F. & Hampden-Turner, C. (1997). *Riding the waves of culture: Understanding cultural diversity in business* (2nd ed.). Naperville, Illinois: Intercultural Management Publishers NV/Nicholas Brealey.

खंड IV

साहित्यिक समीक्षा के प्रमाण एवं विचार

9

बच्चों के समावेशन हेतु अंत: विकलांगता उपागम

अमिताव मिश्रा एवं मौसमी भौमिक

आरंभिक बाल्यावस्था, विकास और प्रगति की एक निर्णायक अवस्था है, क्योंकि इस अवधि के दौरान के अनुभव किसी व्यक्ति के संपूर्ण जीवन में परिणामों को प्रभावित कर सकते हैं (संयुक्त राष्ट्र, 2010; डब्ल्यूएचओ, 2007)। भारतीय संविधान के अनुच्छेद 45 में किए गए 85वें संशोधन के अनुसार, सरकार ने आरंभिक बाल्यावस्था देखभाल और छह वर्ष तक की आयु के सभी बच्चों की शिक्षा के लिए राज्य के द्वारा उद्यम किये जाने आग्रह किया है। आरंभिक बाल्यावस्था और शिक्षा पर महिला एवं बाल विकास मंत्रालय (एमओडबल्यूसीडी) की मसौदा नीति ने सभी बच्चों के इष्टतम विकास और सक्रिय शैक्षिक क्षमता के लिए समावेशी, न्यायसंगत और संदर्भकृत अवसरों को बढ़ावा देने की कल्पना की है। सभी बच्चों के समावेशन के लिए अनुकूलक रणनीतियों को सुनिश्चित कर देश भर में समुचित प्रणालियों, प्रक्रियाओं और प्रावधानों के माध्यम से एक समर्थकारी वातावरण बनाने के लिए आग्रह किया है (एमओडबल्यूसीडी, 2012ए, 2012बी)।

प्रस्तुत अध्याय चुनिंदा भारतीय अनुभवों के अंतर्राष्ट्रीय परिप्रेक्ष्य में तुलनात्मक अध्ययन पर प्रकाश डालता है। हम जानते हैं कि, प्रारम्भिक बाल्यवस्था सभी बच्चों के लिये जीवनपर्यंत चलने वाले शैक्षिक और सहयोगात्मक भागीदारी का आधार तैयार करने हेतु महत्त्वपूर्ण अवसर प्रदान करती है। साथ ही यह विलम्बित विकास या विकलांगता की सम्भाव्यताओं के रोकथाम का भी अवसर देती है। विकलांगता से जूझ रहे शिशुओं के लिए मौजूदा दौर देखभाल/हस्तक्षेप (इंटरवेंशन) सेवाओं तक उनकी पहुंच को सुनिश्चित करने के लिहाज से महत्त्वपूर्ण है, जो उनकी क्षमता को विकसित करने में मददगार साबित हो सकता है (बेट्स एवं लता; यूएन, 2010)। ऐसे सहयोग की प्रक्रिया की शुरुआत प्रारम्भिक शिक्षा के अवसरों के तुरंत बाद या आरंभिक सहयोगात्मक देखभाल सेवाओं के साथ किया जाना अपेक्षित है। समावेशन सभी विद्यार्थियों की उनके स्थानीय विद्यालयों में उपस्थिति, भागीदारी तथा उपलब्धियों के वृद्धि को सुनिश्चित

करने की प्रक्रिया है, जो कि उपेक्षित, हाशिये पर या यथेष्ट उपलब्धियों से वंचित रखे जाने के जोखिम में होने वाले छात्रों के लिये विशेष संदर्भ रखती है (ऐंसकाउ एवं मॉस, 2002; मिश्रा एवं सिंह 2013)। "बाल अधिकारों पर संयुक्त राष्ट्र सम्मेलन (यूएन 1989)" तथा "विकलांगों के अधिकारों पर संयुक्त राष्ट्र सम्मेलन (यूएन 2006)" नामक दो अंतर्राष्ट्रीय विधान सारांश यह व्याख्या करते हैं कि, विकलांग शिशुओं के अधिकार स्वास्थ्य सेवाओं, पोषण, शिक्षा एवं सामजिक समागम या फिर हिंसा, शोषण और उपेक्षा से सुरक्षा जैसे सभी क्षेत्रों में अन्य शिशुओं के समान ही हैं। सहयोगात्मक देखभाल सेवाओं (इंटरवेंशन) या शिक्षा जैसे मददगार अवसरों तक पहुंच सुनिश्चित करने से ऐसे शिशुओं के अधिकारों को पूर्ण किया जा सकता है, जो उनके बहुमूल्य बाल्यकाल को प्रोत्साहित कर उन्हें वयस्क अवस्था में मुकम्मल एवं अर्थपूर्ण भागीदारी के लिये तैयार करता है (सिमेंसोन, 2000)। इसलिए, हमें प्रारम्भिक शिक्षा को यथासंभव समावेशी बनाना है, जिससे कि अक्षमताओं से ग्रस्त शिशु अपने विकास के दौरान, जब वे लाभोन्मुख सामाजिक जीवन में सम्मिलित हों, तो शिक्षा के हर स्तर तक पहुंच एवं बराबरी के अवसर पा सकें। अतएव, न केवल आरम्भिक समावेशी शिक्षा की उपयोगिता को समझना आवश्यक है, बल्कि इसके लिये प्रभावी रणनीति की पहचान भी जरूरी है।

जो बच्चे जोखिम में हैं उनके लिए शैशव काल अत्यंत महत्त्वपूर्ण हैं

शुरुआत में हमें अवश्य अच्छे से समझना चाहिए कि, शैशव काल जोखिम वाले बच्चों सहित सभी बच्चों के लिए अत्यंत महत्त्वपूर्ण क्यों है। शैशव काल बच्चों को विकसित होने का विशिष्ट अवसर प्रदान करता है, क्योंकि 3 वर्ष की आयु तक मस्तिष्क की क्षमता का 80% विकसित हो जाता है (बेट्स एवं लता, 2009)। इस प्रकार के लाभ अधिकतम वंचितों के लिए सबसे ज्यादा प्रदर्शित हुए हैं। समान रूप से, आरंभिक अनदेखी के दीर्घकालीन अक्षमकारी प्रभाव होते हैं, क्योंकि न्यूनतम प्रोत्साहन के साथ खराब पोषण आरंभिक बाल्यावस्था में विकास को अवरुद्ध कर देता है। यह विकासात्मक संभावनाओं को पूरा नहीं कर पा रहे पाँच वर्ष से छोटे लाखों बच्चों के खराब संज्ञात्मक और शैक्षिक प्रदर्शन में योगदान कर रहा है (ग्रांथम-मैकग्रेगर, 2007)।

शोध ने यह भी इंगित किया है कि, यदि एक प्रेरक और समृद्ध भौतिक एवं मनोवैज्ञानिक वातावरण इन आरंभिक वर्षों का समर्थन नहीं करता है या निहित नहीं रहता है, तो बच्चे के दिमाग के अपनी पूर्ण क्षमता के साथ विकसित होने की संभावनाएँ उल्लेखनीय रूप से और अक्सर अपरिवर्तनीय रूप से घट जाती हैं (बिस्वाल, मिस्त्री एवं दास, 2011; एनसीईआरटी, 2006)। एक असाधारण बच्चे के साथ हस्तक्षेप करने के तीन प्राथमिक कारण हैं; पहला, बच्चे के विकास को वर्धित करने के लिए; दूसरा, परिवार को समर्थन और सहायता प्रदान करने के लिए; और अंतिम, समाज के लिए बच्चे और परिवार के लाभ को अधिकतम करने के लिए। कार्न्स और ली

(1983) ने टिप्पणी करते हुए कहा है कि, 'केवल समय पूर्व पहचान एवं उपयुक्त योजना निर्माण के माध्यम से बच्चों की संपूर्ण क्षमता को विकसित किया जा सकता है' (पृ 10)। आरंभिक देखभाल (इंटरवेंशन) उन बच्चों पर लागू होती है, जो विद्यालय जाते हैं या इससे छोटी उम्र के हैं, और जिनमें विकास को प्रभावित करने वाली बाध्यताओं या अन्य विशेष आवश्यकताओं की पहचान की गई है। आरंभिक देखभाल में अक्षम करने वाली परिस्थिति के प्रभावों को कम करने के प्रयोजन से ऐसे बच्चों और उनके परिवारों के लिए अनेक विस्तृत विकासात्मक और क्लिनिकल सेवाएँ होती हैं। आरंभिक देखभाल उपचारात्मक या निरोधी प्रकृति के हो सकती हैं, अर्थात विद्यमान विकासात्मक समस्याओं करना का समाधान या इनकी संभाव्यता की रोकथाम करना (एमसीडबल्यूएल, 2013)।

आरंभिक देखभाल और आरंभिक वर्षों की शिक्षा में स्पष्ट अंतर है। आरंभिक देखभाल एक विशिष्ट सेवा है, जो एक बहु-विषयक दल के माध्यम से विकास में धीमेपन और/या अक्षमताओं के संदर्भ में देखभाल पर ध्यान केंद्रित करता है; जबकि शब्द 'आरंभिक वर्षों की शिक्षा' का प्रयोग अक्सर गैर-वैधानिक प्राग्विद्यालय (प्री-स्कूल) व्यवस्थापन को वर्णित करने के लिए किया जाता है। आरंभिक देखभाल सेवाओं का एक असामान्य नवजात या छोटे बच्चे के अभिभावकों तथा भाई-बहनों पर भी एक उल्लेखनीय प्रभाव पड़ता है। एक छोटे असामान्य बच्चे के परिवार को अक्सर निराशा, सामाजिक विलगाव, अत्यधिक तनाव, कुंठा और असहाय होने की भावनाओं का सामना करना पड़ता है। असामान्य बच्चे के कारण होने वाला अत्यधिक तनाव परिवार के हित के साथ-साथ बच्चे के विकास को प्रभावित कर सकता है (अर्थात, होडाप, रिक्की, ली एवं फिडलर, 2003; जॉनसन एवं अन्य, 2003)।

देखभाल सेवा (इंटरवेंशन) के साथ-साथ आरंभिक मूल्यांकन के माध्यम से परिवार प्रासंगिक सूचना प्राप्त कर सकता है, जिसके अंतर्गत भविष्य में बच्चे की संभावनाओं एवं उसके सीखने की क्षमता को इष्टतम करने के लिए आवश्यक देखभाल के संदर्भ में जानकारी विशेष रूप से शामिल है। (बेट्स एवं लता, 2009)। यह इन संभावनाओं को बढ़ा देता है कि अक्षमताओं से ग्रस्त बच्चे समावेशी मुख्यधारा संस्थापनाओं में भागीदारी कर सकें और फल-फूल सकें। प्रमाण इंगित करते हैं कि, देखभाल सेवाएं प्राप्त करने वाले तीन नवजात शिशुओं में से एक शिशु, बाद में अक्षमता नहीं प्रदर्शित करता है या उसे प्राग्विद्यालयी (प्री-स्कूल) परिवेश में विशेष शिक्षा की आवश्यकता नहीं पड़ती है (यूनेस्को, 2012ए)।

सुदूरवर्ती ग्रामीण क्षेत्रों में भी आवश्यक प्रतिबद्धता से बिना समझौता किए आरंभिक वर्षों के शिक्षण केंद्रों को न्यूनतम संसाधनों के साथ संचालित किया जा सकता है। ऐसे केंद्र भी अक्षमताओं से ग्रस्त बच्चों सहित सभी छोटे बच्चों को मुख्यतः खेलों के माध्यम से कुछ व्यवस्थित योजनाबद्ध गतिविधियों के द्वारा अवसर प्रदान कर सकते हैं। निस्संदेह, यह विकासात्मक अंतराल को कम कर सकता है।

मैनिंग- मॉर्टन एवं थोर्प (2004) तीन वर्ष से छोटे बच्चों के लिए खेल के महत्त्व का परीक्षण करते हैं और ऐसे खेल अनुभवों को विकसित करने और उनका समर्थन करने में वयस्कों की

भूमिका की पहचान करते हैं। खेल को बच्चे के सभी परिप्रेक्ष्यों, आरंभिक शिक्षा और बहुत छोटे शिशुओं की देखभाल के संपूर्ण तरीके के एक भाग के रूप में समेकन के रूप में देखा जाता है। आरंभिक वर्षों के पाठ्यक्रम हेतु समुचित विकासात्मक तरीके की ब्रेडेकैंप और कोप्प्ल (1997) की वकालत, बच्चों के विकास और शिक्षण के अनेक सिद्धांतों को स्थापित करती है, जो अक्षमताओं के लिए भी आरंभिक बाल्यावस्था कार्यक्रमों में विकासात्मक समुचित वृत्ति की सूचना देते हैं। इनमें से कुछ हैं:

- बच्चों के विकास के प्रक्षेत्र- शारीरिक, सामाजिक, भावनात्मक और संज्ञानात्मक – निकटता से आपस में संबद्ध हैं। एक क्षेत्र में विकास, अन्य क्षेत्रों को प्रभावित करता है और उनसे प्रभावित होता है।
- बच्चों के व्यक्तिगत विकास पर आरंभिक अनुभवों का संचित और विलंबित, दोनों प्रकार का प्रभाव होता है; विकास और शिक्षण के विशिष्ट प्रकारों की इष्टतम अवधियाँ विद्यमान होती हैं।
- बच्चे प्रत्यक्ष शारीरिक एवं सामाजिक अनुभव के साथ-साथ अपने आसपास की दुनिया में सांस्कृतिक रूप से प्रसारित ज्ञान की अपनी समझ बनाकर सीखने वाले सक्रिय शिक्षार्थी होते हैं।
- बच्चों के सामाजिक, भावनात्मक और संज्ञानात्मक विकास के साथ-साथ उनके विकास के प्रतिबिंबण के लिए खेल एक महत्त्वपूर्ण साधन है।
- जब बच्चों को नए सीखे गए कौशलों के वृत्ति के साथ-साथ अपनी कुशलता के मौजूदा स्तर की अपेक्षा कठिन चुनौती का अनुभव होता है, तो उनका आगे विकास होता है।
- बच्चे एक ऐसे समुदाय में विकसित होते हैं तथा बेहतर तरीके से सीखते हैं, जहाँ वे सुरक्षित और मूल्यवान महसूस करते हैं, उनकी शारीरिक आवश्यकताएँ पूरी होती हैं और वे मनोवैज्ञानिक रूप से संरक्षित होते हैं।

आरंभिक देखभाल सेवाओं में इन सिद्धांतों का अपना महत्त्व है, क्योंकि शुरुआती देखभाल से अधिकतम लाभ प्राप्त होते हैं जो बच्चे के विकासात्मक और शैक्षिक लाभों को बढ़ा देता है और सामाजिक संस्थानों पर निर्भरता को कम कर देता है (अमेरिकी शिक्षा विभाग, 2002)। बाल्यावस्था में देखभाल का उद्देश्य विकासात्मक लक्ष्यों की प्राप्ति से जुड़ा है, जैसा कि नैदानिक एवं विकासात्मक पेशेवरों के दल द्वारा व्यवस्थित योजनाबद्ध कार्यक्रमों के माध्यम से शैशवावस्था एवं प्रारंभिक बाल्यावस्था के दौरान अपेक्षित है।

आरंभिक बाल्यावस्था में तंत्रिका संबंधी विकास स्वास्थ्य, शिक्षण तथा तंदुरुस्ती को प्रभावित करने वाला एक घटक है। आरंभिक वर्षों में सुरक्षित और सहयोगपूर्ण वातावरण खेल, अभिभावकीय संलग्नता, अन्वेषण, खोज, समृद्ध भाषा विकास और प्रयोग के लिए अवसर प्रदान करते हैं। प्रमुख विकासात्मक प्रक्षेत्र निम्नानुसार हैं:

प्रमुख विकासात्मक प्रक्षेत्र

क्षेत्र 1	शारीरिक: लंबाई, वजन, सामान्य मांसपेशीय समन्वयन, दृश्य और श्रवण तीक्ष्णता एवं क्रमशः
क्षेत्र 2	भावनात्मक: संवेदनाएँ, आत्म- अनुभूति, स्वयं के संबंध में दूसरों की धारणाएँ, सुरक्षा एवं क्रमशः
क्षेत्र 3	सामाजिक: समकक्षों, बुजुर्गों और छोटों के साथ एकल या समूह में परस्पर वार्ता
क्षेत्र 4	संज्ञानात्मक: विचार, समस्या सुलझाना, धारणा निर्माण, कपोल-कल्पना, कल्पना, सृजनात्मकता एवं क्रमशः

स्रोत: स्विम एवं वॉटसन (2011, अध्याय 1, पृ 6)

इसके अतिरिक्त, गिगर्ट (2013) ने विभिन्न प्रकार के विकासात्मक कार्यों की चर्चा की है, जो छोटे बच्चों की ज्ञानेंद्रियों के समेकन में सहायता करते हैं। कुछ विकासात्मक कार्यों को निम्नवत सूचीबद्ध किया गया है:

- *ज्ञानेंद्रियों का विकास:* संतुलन, शरीर के प्रति जागरुकता, समन्वयन, नियंत्रित गतिविधि, सटीक प्रचालन निपुणता, पार्श्वता, संवेदनात्मक जागरूकता, स्व-सहायता कौशल, दृश्य-प्रचालन समेकन।
- *अवधारणात्मक कुशलता:* ध्यान एवं तल्लीनता, निर्देशनात्मक क्षमता, दृश्य विभेदन, दृश्य स्मृति, मानसिक चित्रण और स्थान-विषयक संबंध, श्रवण स्मृति, समझ, गैर-शाब्दिक अभिव्यक्ति, शाब्दिक सुविधा, शब्दावली।
- *संज्ञानात्मक और अकादमिक तत्परता:* अकादमिक तत्परता, संबद्धता, वर्गीकरण, सृजनात्मकता, अंशतः-पूर्णतः संबंध, समस्या सुलझाना, अनुक्रमण, परिमाणात्मक कौशल।
- *सामाजिक एवं भावनात्मक विकास:* इसमें सहयोग, अनुकरण, आत्म-नियंत्रण, आत्म-अभिव्यक्ति, आत्म-सम्मान, आदि भावनाओं को समझना शामिल है।

मुख्य विकासात्मक प्रक्षेत्रों पर आधारित कई विकासात्मक कार्यों को विभिन्न अन्वेषणात्मक गतिविधियों और खेलों के माध्यम से आरंभिक वर्षों की शिक्षा में पूरा किया जा सकता है।

विकलांगता से ग्रस्त बच्चों में आरंभिक वर्षों की शिक्षा की सार्थकता

सभी देशों को आरंभिक शिक्षा तक सार्वभौमिक पहुँच को अवश्य अंगीकृत करना चाहिए। विकलांगता से ग्रस्त बच्चों की औपचारिक पूर्व-प्राथमिक शिक्षा तक पहुँच के लिए जीवन के अति प्रारंभिक वर्षों पर संपूर्ण ध्यान बहुत महत्त्वपूर्ण है। फिर भी, पूरी दुनिया भर में सिर्फ 56% छोटे बच्चों की पूर्व-प्राथमिक सेवाओं तक पहुँच है। हालांकि विश्व भर में विकलांगता से ग्रस्त बच्चों की पहुँच से

संबंधित आंकड़ों का अभाव है, लेकिन उन्हें समाहित किए जाने की सर्वथा कम संभावना होती है। पूरी दुनिया में (5 वर्ष या उससे छोटे) विकलांगता से ग्रस्त दस करोड़ छोटे बच्चों में से 80% विकासशील देशों में रहते हैं, जहाँ पूर्व-प्राथमिक शिक्षा एवं अन्य मूलभूत सेवाओं के लिए प्रावधान अपर्याप्त प्रतीत होते हैं (यूनेस्को, 2012 बी)। इस परिप्रेक्ष्य में आरंभिक वर्षों की शिक्षा विकलांगता से ग्रस्त छोटे बच्चों की पहुँच और भागीदारी को सशक्त करने में परिवर्तनकारी हो सकती है।

वैश्विक परिघटनाओं ने भी भारत में आरंभिक वर्षों की शिक्षा एवं शिशु देखभाल को प्रभावित किया है। बच्चों, विशेषकर आर्थिक रूप से हाशिए पर पड़े समुदायों के बच्चों में जल्दी देखभाल और शैक्षिक सेवाओं की आवश्यकताओं को अच्छी तरह से पहचाना गया है। भारत की आबादी 2001 में एक अरब से ज्यादा हो गई थी। यहाँ बच्चों की आबादी दुनिया में सबसे ज्यादा है। इसमें विकासात्मक विलंब तथा विकलांगताओं से ग्रस्त प्राग्विद्यालय (प्री-स्कूल) के बच्चों की एक बड़ी संख्या भी शामिल है।

इस औचित्य तथा पिछले कुछ दशकों में विभिन्न सामाजिक, आर्थिक एवं जनसांख्यिकीय परिवर्तनों के कारण उत्पन्न हो रही आवश्यकताओं के कारण बच्चों के लिए आरंभिक वर्षों की शिक्षा का अपना महत्त्व है। घर के बाहर माताओं की नौकरी और शिक्षा की बढ़ती माँग के कारण पारिवारिक संरचना में विशिष्ट परिवर्तन दृष्टिगोचित हुए हैं। 0–6 वर्ष की इस आयु के बच्चों, विशेषकर विकलांगता से ग्रस्त बच्चों सहित वंचित परिप्रेक्ष्यों वाले बच्चों, की आवश्यकता पूरी करने वाले अच्छी गुणवत्ता वाले आरंभिक वर्षों के शैक्षिक कार्यक्रम उल्लेखनीय लघु तथा दीर्घ-अवधि लाभों को दिलाने के लिए ख्यात हैं।

बाल्यावस्था में विकास और प्रगति तीव्र होती है। इस अवधि में, यदि किसी बच्चे को कोई समस्या है, और उस पर तुरंत ध्यान दिया जाता है, तो भविष्य में होने वाले नुकसान को रोका जा सकता है। अभिभावकों में समस्याग्रस्त बच्चों को संभालने के कौशल का अभाव हो सकता है। सही समय पर उनकी सहायता उन्हें समुचित देखभाल सीखने और बच्चे के प्रति नकारात्मक व्यवहारों के विकास को रोकने में उनकी सहायता करता है। इसमें पूरा परिवार शामिल हो सकता है। सही समय पर प्रदान की गई सहायता से वह अन्य बच्चों के साथ शिक्षा के लिए तैयार हो सकता/सकती है। यदि ज्यादा आयु तक किसी परिपाटी या वृत्ति को नहीं निर्धारित किया जाता है और उसके बाद पेशेवर मदद ली जाती है, तो बच्चे, परिवार और पेशेवर के लिए सुधार बहुत मुश्किल हो जाता है। अतः, किसी बाल्यावस्था में अक्षमता की आशंका होने पर समयपूर्व कार्रवाई करना आदर्श स्थिति है।

कार्रवाई हेतु आह्वान

विकलांगता से ग्रस्त बच्चों के अधिकारों के लिए आरंभिक बाल्यावस्था का महत्त्व स्पष्ट है। बाल अधिकारों के सार्वभौमिक पुष्टिकरण और विकलांगता से ग्रस्त व्यक्तियों के अधिकारों के उत्तरोत्तर अंगीकरण के साथ सभी स्तरों के पदाधिकारियों को यह सुनिश्चित करने के लिए उत्तरदायी बनाया

जाना चाहिए कि, विकलांगता से ग्रस्त सभी लड़कों और लड़कियों की शिक्षा तक पहुँच आजीवन बनी रहे। यदि सार्वभौमिक शिक्षा और गरीबी उन्मूलन के 'सहस्राब्दी विकास लक्ष्यों' को पूरा करना है, तो 'सभी के लिए शिक्षा' की पहल में विकलांगता से ग्रस्त बच्चों की आरंभिक शिक्षा को सम्मिलित करने के लिए तुरंत कार्रवाई करनी चाहिए। शिक्षा पर यूनेस्को के 2008 के अंतर्राष्ट्रीय सम्मेलन ने आरंभिक मूल्यांकन एवं हस्तक्षेप (देखभाल सेवा), समावेशी बाल्यावस्था देखभाल और शैक्षिक कार्यक्रमों तथा विविध छात्र समुदायों को शिक्षित करने के लिए शिक्षकों को समुचित कौशलों और सामग्रियों से लैस करने के लिए ज्यादा निवेश का आह्वान करते हुए, अंतर्राष्ट्रीय समुदाय को एक सशक्त संदेश भेजा। सारांश में, वैश्विक विकास के लिए व्यापक, समावेशी आरंभिक वर्षों की शिक्षा को निश्चित तौर पर प्राथमिकता दी जानी चाहिए।

समावेशी शिक्षा यह सुनिश्चित करेगी कि, विकासात्मक कौशलों को प्राप्त करने के लिए सभी बच्चों को गतिविधियों में भाग लेने, समकक्ष समूहों में सम्मिलित होने और आवश्यकतानुसार व्यक्तिगत ध्यान पाने की निर्बाध और सहयोगी अवसर प्राप्त हो। बाल अधिकारों के दृष्टिकोण से भारत को अवश्य यह सुनिश्चित करना चाहिए कि, विकलांगता के कारण किसी बच्चे को अस्वीकृत न किया जाए और विकलांगता से ग्रस्त बच्चा विद्यालय या समुदाय में कार्यक्रमों में शामिल होने के अवसर प्राप्त कर सके। इस लक्ष्य को सुनिश्चित करने के लिए भारत सरकार ने विकलांगता अधिनियम, 1995 पारित किया। लेकिन अभी भी स्पष्ट समझ नहीं बन पाई है कि, आरंभिक वर्षों की शिक्षा में समावेशन की प्रभावी योजना किस प्रकार तैयार की जाए। मिश्रा एवं सिंह (2013) ने एक अध्ययन के माध्यम से भारत में आरंभिक वर्षों की शिक्षा में समावेशन से संबंधित अनेक प्रश्नों का उत्तर देने का एक प्रयास किया। उन्होंने सर्वप्रथम इस प्रश्न का उत्तर दिया कि: आरंभिक वर्षों की शिक्षा के केंद्र किस प्रकार समावेशन का समर्थन करने वाले शिक्षण अवसरों, गतिविधियों, संस्थापनाओं और वातावरण के एक व्यापक प्रक्षेत्र तक पहुँच उपलब्ध कराने के लिए प्रयास करते हैं? यह पाया गया कि, इस प्रकार के केंद्रों में नामांकन कराना आसान नहीं है और कुछ प्राग्विद्यालयों (प्री-स्कूल) में इस मिथ्या धारणा के कारण विकलांगता से ग्रस्त छात्रों के नामांकन में हिचकिचाहट थी, कि ऐसा करने से केंद्र की छवि और आम छात्रों के अभिभावकों के साथ संबंध प्रभावित हो जाएंगे।

नकारात्मक नज़रिया केवल सबसे बड़ी बाधा ही नहीं है, बल्कि यह विशेष आवश्यकताओं के बच्चों के समावेशन को निर्धारित करने वाला एक उल्लेखनीय विचार भी है (नेल्सन, 2005; सिंह एवं मिश्रा, 2012)। ऐसा आरंभिक बाल्यावस्था संस्थापनाओं के कारण है, जहाँ कर्मचारी मानते हैं कि विशेष आवश्यकताओं वाले बच्चों को पृथक्कृत शिक्षा सुविधाओं की आवश्यकता होती है (मैकआर्थर, पुर्ड्यू एवं बलार्ड, 2003)। इस विश्वास की जड़ें न्यूनता के सिद्धांत में अंतर्निहित हैं (क्योंकि कमियाँ रूढ़ियों पर आधारित होती हैं); वे बच्चों पर व्यतिरेक/बाधाओं का दोषारोपण करते हैं और बच्चे की तुलना आम विकसित हो रहे बच्चों से करते हैं (मोफ्फट, 2011)। मिश्रा एवं सिंह द्वारा किए गए एक अध्ययन (2013) में यह पाया गया कि, कुछ केंद्रों ने विशेष शैक्षिक झुकाव, एक समावेशन विशेषज्ञ की सहायता तथा सरकार की संलग्नता के बिना भी एक बहुत सकारात्मक

नज़रिए से समावेशन को संभव बनाया। मोफ्फट (2011) ने न्यूज़ीलैंड में आरंभिक बाल्यावस्था संस्थापनाओं में समावेशन को प्रोत्साहित करने वाले घटकों की पहचान के लिए इसी प्रकार का अध्ययन किया। इस अध्ययन में यह पाया गया कि, (a) सकारात्मक नज़रिए ने समावेशी शिक्षा को संभव बनाया, (b) संचार और सहयोग ने समावेशी संस्थापना के निर्माण में सहायता की, तथा (c) गुणवत्तापूर्ण शैक्षिक अनुभवों ने सफल समावेशन को वर्धित किया।

भागीदारी संभव करवाने वाले सामाजिक-भावनात्मक विकास और व्यवहार, सभी अन्य प्रक्षेत्रों में शिक्षा और विकास के साथ उच्च-गुणवत्तायुक्त आरंभिक वर्षों की शिक्षा के महत्त्वपूर्ण लक्ष्य हैं। उपरोक्त अध्ययन (मिश्रा एवं सिंह, 2013) में यह ज्ञात करने का प्रयास किया गया कि, किस प्रकार कर्मचारियों/शिक्षकों ने अपनी संस्थापना में सुविचारित तरीकों से विकलांगता से ग्रस्त एवं सामान्य बच्चों में लगाव, भागीदारी तथा संलग्नता को बढ़ावा दिया।

तीन मामलों के अध्ययनों में से एक प्राग्विद्यालय (प्री-स्कूल) के मामले के अध्ययन से यह ज्ञात हुआ कि, समस्त कर्मचारी विकलांगता से ग्रस्त बच्चों को अपने आम समकक्षों के साथ विविध गतिविधियों में जुड़ाव और संलग्नता की भावना को विकसित करने के प्रति पूर्णतः निष्ठावान थे। आरंभिक वर्षों की शिक्षा के एक शिक्षक की भूमिका में एक महत्त्वपूर्ण अवयव, बच्चों का सम्मान करने, उनके साथ परस्पर वार्ता करने तथा हर बच्चे के विचारों, सोच और इच्छाओं पर प्रतिक्रिया देने की उनकी क्षमता है (यैल, 2012)। अधिकतर प्राग्विद्यालयों में समकक्षों ने इसमें महत्त्वपूर्ण योगदान दिया। सकारात्मक अभिभावक-शिक्षक अंतःक्रिया एवं सहयोग पर ध्यान देने वाले केंद्रों ने बच्चों के विकास में उल्लेखनीय योगदान दिया। लाइबर एवं अन्य (2002) ने बताया कि, ब्रिटेन में जब एक आत्मलीन बच्चे का नामांकन एक प्राग्विद्यालय कार्यक्रम में किया गया, तो शिक्षकों और अभिभावकों के सकारात्मक नज़रिए के कारण बच्चे ने मुख्यधारा संस्थापना में अच्छा प्रदर्शन किया।

इसके अतिरिक्त, भारत में यह देखा गया है कि शिक्षकों को अभिभावकों से सहयोग प्राप्त होता है, लेकिन प्राग्विद्यालयों को सरकार और अन्य एजेंसियों/विशेषज्ञों के द्वारा ऐसे बच्चों के लिए अपनी भूमिका में सुधार के लिए सहयोग नहीं प्राप्त होता है। भारत सरकार के द्वारा सेवाओं और सहयोग के लिए ऐसी प्रणाली की स्थापना अतिवांछनीय है, जो न केवल उच्च-गुणवत्तायुक्त समावेशी कार्यक्रमों को समाविष्ट करने के लिए कार्यक्रम में संशोधन करे तथा पेशेवर मानकों को स्थापित करे, बल्कि प्रणाली को समावेशन की गुणवत्ता और निर्गमों में सुधार करने के लिए एजेंसियों के उत्तरदायित्व को प्रभावित करने में भी अवश्य सफल हो। इसके साथ-साथ, छोटे बच्चों के एक समूह, जिसमें एक या एक से ज्यादा बच्चे शारीरिक संज्ञानात्मक, भाषाई, सामाजिक या व्यवहारगत विकास में सार्थक रूप से चुनौतीग्रस्त हो सकते हैं, के साथ प्रभावी तरीके से कार्य करने की निविष्टि के साथ शिक्षक प्रशिक्षण में सुधार की आवश्यकता है। आइए हम आरंभिक वर्षों की शिक्षा में समावेशन को बढ़ावा देने वाली रणनीतियों पर चर्चा करें, जिन्हें भारत और समान विकासशील देशों में शिक्षक प्रशिक्षण कार्यक्रमों और आरंभिक वर्षों की शिक्षा के रूपरेखा में समाहित करने की आवश्यकता है।

आरंभिक वर्षों की शिक्षा में समावेशन को प्रोत्साहन

समावेशन एक दृढ़ सिद्धांत है और छात्र के विकास की जानकारी पर आधारित है (क्रिस्टी, 2007)। विलंब से विकास करने वाले अथवा हल्के या बहुत कम विकलांगता से ग्रस्त बच्चों को प्रेरित करने और उनके आत्म-सम्मान में वृद्धि के लिए उन्हें आमतौर से बढ़ रहे समकक्षों के साथ रखा जाता है।

यह अवधारणा उपयुक्त परिस्थितियों में मान्य है तथा अनुप्रयोगों में लागू होती है। बाल्यावस्था में शिक्षण के क्षेत्र में समावेशन का तात्पर्य, शिशु देखभाल संस्थानों में विकलांगता से ग्रस्त बच्चों को सामान्य बच्चों के साथ शामिल करना है, जिसमें आमतौर पर सभी बच्चे हमउम्र होते हैं और आवश्यकतानुसार बच्चों को विशेष निर्देश दिए जाते हैं और सहायता प्रदान की जाती है (एक्सटेंशन, 2013)।

विशेष आवश्यकता वाले बच्चों के लिए एक समावेशी बाल्य देखभाल कार्यक्रम जुड़ाव, स्वीकृति और विकासात्मक समुचित वृत्ति प्रदान करता है। वे अपने कक्षा के सहयोगियों से आम विकासात्मक कौशल तथा इसके उपयोग की विधि एवं उपयुक्त समय के बारे में सीखते हैं। उनके पास आमतौर पर विकसित हो रहे सहयोगियों के साथ मित्रता विकसित करने का एक अवसर होता है (चाइल्ड एक्शन, इंक, 2013)। उन्हें अपने और अपने से भिन्न लोगों के प्रति सकारात्मक दृष्टिकोण विकसित करने का अवसर प्राप्त होता है। आरंभिक वर्षों की शिक्षा देखभाल, प्रेरणा, अभिभावकीय सहयोग और प्रासंगिक सेवाओं तक पहुँच तथा विकलांगता से ग्रस्त बच्चों पर हस्तक्षेप के प्रभाव को बढ़ाती है (बेट्स एवं लता, 2009)। आरंभिक देखभाल सेवाएँ परिवार के परिप्रेक्ष्य में प्रदान की जा सकती हैं। इन सेवाओं का लक्ष्य विकासात्मक, सामाजिक और शैक्षिक लाभों को प्राप्त करने के साथ-साथ विशेष शिक्षा, पुनर्वास और स्वास्थ्य-देखभाल आवश्यकताओं की भविष्य की लागतों को कम करना है। इतना ही नहीं, बल्कि यह परिवार द्वारा महसूस की जाने वाली अलगाव, तनाव और कुंठा की भावनाओं को भी कम करती है। यह सकारात्मक व्यवहारगत रणनीतियों और देखभाल सेवा का उपयोग कर नकारात्मक रवैये को कम करने में मदद करता है और विकलांगता से ग्रस्त बच्चों को उत्पादक, स्वतंत्र व्यक्ति के तौर पर विकसित होने में मदद करता है।

जब समावेशन अच्छी तरह से होता है, तो यह विशेष आवश्यकता वाले छोटे बच्चों और उनके आमतौर पर विकसित हो रहे समकक्षों, दोनों के लिए एक बहुत सकारात्मक अनुभव हो सकता है। बच्चों के देखभालकर्ता समावेशी बाल्य देखभाल को सफल बनाने में एक महत्त्वपूर्ण भूमिका का निर्वाह कर सकते हैं। समावेशी बाल्य देखभाल विशेष आवश्यकता वाले बच्चों और समावेशी कक्षा में दूसरे बच्चों, दोनों के लिए लाभप्रद हो सकता है। विशेष आवश्यकता वाले बच्चों के लिए समावेशी बाल्य देखभाल के कुछ लाभों में शामिल हैं:

- समान आयु के अन्य बच्चों के अवलोकन और परस्पर वार्ता के माध्यम से सीखने के अवसर
- अन्य बच्चों के साथ संबंध निर्माण करने हेतु समय और सहयोग
- वास्तविक परिस्थितियों में सामाजिक कौशलों के प्रयोग के अवसर

- चुनौतीपूर्ण गतिविधियों के वृहत्तर स्वरूपों से सामना
- अभिभावकों के अतिरिक्त ध्यान रखने वाले अन्य वयस्कों के साथ संबंध निर्माण के अवसर

आमतौर पर विकसित हो रहे बच्चे भी अपने बाल्य देखभाल कार्यक्रम में विशेष आवश्यकता वाले एक बच्चे के साथ परस्पर वार्ता कर लाभान्वित हो सकते हैं। आमतौर पर विकसित हो रहे बच्चों के लिए बाल्यावस्था में समावेशी देखभाल के लाभों में शामिल हैं:

- व्यक्तिगत भिन्नताओं के प्रति वर्धित सराहना और स्वीकृति
- दूसरों के प्रति वर्धित सहानुभूति
- एक समावेशी समाज में वयस्क जीवन हेतु तैयारी
- वृत्ति और दूसरों को शिक्षण के द्वारा गतिविधियों में पारंगत होने के अवसर

आरंभिक वर्षों में वास्तविक समावेशन हर किसी को लाभ पहुँचाता है। सकारात्मक आरंभिक अनुभव विद्यालय, कार्यस्थल और समुदाय में परवर्ती सफलता के लिए अनिवार्य है। बच्चे और उनके परिवार कई तरीकों से लाभान्वित होते हैं और इन्हें यहाँ सूचीबद्ध किया गया है (एमओसीवाईएस, 2007)।

बच्चे निम्नलिखित तरीके से लाभान्वित होते हैं:

- मित्रता विकसित करने और दूसरों के साथ खेलने का तरीका सीखना
- शिक्षण स्वीकृति और व्यक्तिगत भिन्नताओं के प्रति संवेदनशील होना
- वास्तविक जीवन के अनुभव उपलब्ध कराना, जो उन्हें समुदाय में जीने के लिए तैयार करता है
- अलग-अलग क्षमता वाले दूसरे बच्चों से सीखने का अवसर प्राप्त करना

साथ ही, परिवार निम्नलिखित तरीके से लाभान्वित होते हैं:

- गुणवत्तायुक्त बाल्य देखभाल सेवाओं तक पहुँच
- अपने बच्चों को विविध समुदायों से बच्चों के साथ मित्रता करते हुए देखना
- अपने बच्चों के प्रति उम्मीदों, आवश्यकताओं और चिंताओं को दूसरों के साथ साझा करना
- अपने बच्चे के लिए एक मुख्यधारा वातावरण का चयन करना –एक सकारात्मक प्राविद्यालय का अनुभव अक्सर अभिभावकों को एक समावेशी प्राथमिक विद्यालय के चयन के लिए प्रेरित करता है।

इसमें कोई संदेह नहीं है कि, एक आरंभिक बाल्यावस्था कार्यक्रम में विकलांगता से ग्रस्त या अल्पविकसित बच्चे को शामिल करना चुनौतीपूर्ण हो सकता है। लेकिन सामान्य रूप से विकसित हो रहे बच्चों की कक्षा में विशेष आवश्यकता वाले एक बच्चे को शामिल करना अत्यंत लाभप्रद हो सकता है। यह न केवल विकलांगता से ग्रस्त या अल्पविकसित बच्चे के लिए, बल्कि कक्षा में सभी बच्चों के लिए भी लाभप्रद हो सकता है।

आरंभिक वर्षों की शिक्षा के पाठ्यक्रम का अनुकूलन

सामान्यतः आरंभिक वर्षों का पाठ्यक्रम समावेशी सिद्धांतों पर आधारित होता है। आरंभिक वर्षों की शिक्षा के पाठ्यक्रम में अनुकूलन की व्यापक रूप से वकालत की गई है (लर्निंग एंड टीचिंग स्कॉटलैंड, 2006; सिराज-ब्लाचफोर्ड, 1998)। वृत्तिकों (पेशेवरों) को यह सुनिश्चित करना चाहिए कि, सभी बच्चे सम्मिलित, सुरक्षित और मूल्यवान महसूस करें। आरंभिक वर्ष का अनुभव, बच्चे की जानकारी और उसकी क्षमता पर आधारित होना चाहिए। किसी बच्चे को नस्ल, संस्कृति या धर्म, घरेलू भाषा, पारिवारिक पृष्ठभूमि, विशेष शैक्षिक आवश्यकताओं, अक्षमता, लिंग या क्षमता के कारण बहिष्कृत नहीं किया जाना चाहिए अथवा उसे सुविधाओं से वंचित नहीं किया जाना चाहिए। अभिभावकों और वृत्तिकों (पेशेवरों) को ध्यानपूर्वक संरचित एक प्रभावी पाठ्यक्रम के लिए साथ मिलकर काम करना चाहिए। वयस्कों द्वारा बनाई गई और पहल की गई गतिविधियों में संलग्न होने के लिए बच्चों के पास अवसर होने चाहिए। वृत्तिको को बच्चों का अवलोकन करने तथा समुचित रूप से प्रतिक्रिया देने में अवश्य सक्षम होना चाहिए। वृत्तिकों द्वारा सुनियोजित, प्रयोजनपूर्ण गतिविधि और समुचित देखभाल सेवाओं को, बच्चों को सीखने की प्रक्रिया में संलग्न करेगा। बच्चों को एक समृद्ध तथा प्रेरक अनुभव उपलब्ध कराने के लिए शैक्षिक वातावरण को सुनियोजित और संगठित होना चाहिए। छोटे बच्चों के प्रभावी शिक्षण और विकास के लिए वृत्तिकों की ओर से उच्च-गुणवत्तायुक्त देखभाल और शिक्षा की आवश्यकता होती है।

विविध आवश्यकताओं को पूरा करना

आरंभिक वर्षों की शिक्षा से जुड़े पेशेवरों को उन अवसरों की अवश्य योजना बनानी चाहिए, जो बच्चों के ज्ञान, अनुभव, अभिरुचियों और कौशलों पर निर्मित एवं विस्तृत होते हैं तथा उनका आत्म-सम्मान एवं सीखने की उनकी क्षमता के प्रति विश्वास जगाते हैं। शिक्षकों को बच्चों की शिक्षण आवश्यकताओं के आधार पर शिक्षण रणनीतियों के व्यापक परास का अवश्य उपयोग करना चाहिए और उन सामग्रियों का उपयोग करना चाहिए, जो विविधता को सकारात्मक रूप से प्रदर्शित करते हैं और विभेदन और रूढ़िवादिता से मुक्त हैं। विविध आवश्यकताओं की पूर्ति के लिए शिक्षकों से निम्नलिखित प्रयासों की उम्मीद की जाती है:

- बच्चों को प्रेरित करने, सहायता करने और विकसित करने के लिए व्यापक अवसर उपलब्ध कराना और उन्हें प्रभावी तरीके से शामिल होने, ध्यान केंद्रित करने और सीखने में मदद करना
- उत्पीड़न से मुक्त, सुरक्षित और सहयोगपूर्ण माहौल उपलब्ध कराना, जिसमें सभी बच्चों के योगदान को महत्त्व दिया जाए और जहाँ नस्ली, धार्मिक, अक्षमता और लैंगिक रूढ़िवादिता को चुनौती दी जाती हो।

- उन बच्चों के लिए अवसर उपलब्ध कराना, जिनकी क्षमता और समझ उनकी भाषा और संचार कौशलों से आगे है।

बुनियादी पाठ्यक्रम में बच्चों के व्यक्तिगत, सामाजिक और भावनात्मक हित को समर्थन, देखभाल, प्रोत्साहन और संवर्धन के माध्यम से भविष्य की सभी शिक्षा को सन्निहित करना चाहिए। विशेष रूप से बच्चों को उस समूह और समुदाय के महत्त्वपूर्ण सदस्य के तौर पर विकसित होने के लिए संस्थानों के बीच संक्रमण का समर्थन किया जाना चाहिए, तथा समावेशी नैतिकता को बढ़ावा दे कर प्रत्येक बच्चे को अवसर प्रदान किया जाना चाहिए, ताकि एक सशक्त आत्म-छवि और आत्म-सम्मान को बढ़ावा मिल सके। उनकी शैक्षिक आवश्यकता, विशेषकर ज्ञान और सीखने के लिए उत्साह तथा एक सफल शिक्षार्थी बनने की उनकी क्षमता के प्रति विश्वास को सकारात्मक दृष्टिकोण से देखा जाना चाहिए। उन्हें एक दूसरे को सुनने के साथ-साथ सहयोगपूर्ण एवं सद्भावपूर्ण ढंग से कार्य करने में सक्षम बनाने वाले अवसर प्रदान कर, उनके सामाजिक कौशलों को बढ़ाया जा सकता है।

छात्रों की विविध आवश्यकताओं को पूरा करने के लिए, आरंभिक वर्षों के शिक्षा प्रदाताओं को निम्नलिखित बिंदुओं पर अवश्य विचार करना चाहिए:

- *ध्यान देने का कौशल और निरंतरता:* यह उन्हें अपने कार्य अथवा समूह की गतिविधि पर ध्यान केंद्रित करने की क्षमता प्रदान करता है।
- *भाषा एवं संचार:* विभिन्न परिस्थितियों में सभी बच्चों को बोलने और संचार करने, वयस्कों और एक-दूसरे को प्रत्युत्तर देने, उनके द्वारा उपयोग की जाने वाली शब्दावली के परास और संचार कौशल का अभ्यास एवं विस्तृत करने तथा ध्यानपूर्वक सुनने का अवसर प्रदान करता है।
- *पठन एवं लेखन:* सभी बच्चों को व्यापक परिप्रेक्ष्यों में खोजने, आनंद लेने, शब्दों और अवतरणों को सीखने और उपयोग करने तथा पुस्तकों की समृद्ध विविधता का अनुभव करने का अवसर प्रदान करता है।
- *गणित:* सभी बच्चों को परिप्रेक्ष्यों के व्यापक परास में अंक, माप, आकृतियों, आकारों और स्थान की समझ विकसित करने का अवसर प्रदान करता है, जिसमें वे इन बातों का अन्वेषण कर सकते हैं, आनंद ले सकते हैं, सीख सकते हैं, अभ्यास कर सकते हैं और इस विषय पर बात कर सकते हैं।
- *ज्ञान और दुनिया की समझ:* एक व्यापक परास में सभी बच्चों को समस्या सुलझाने, निर्णय करने, प्रयोग करने, पूर्वानुमान लगाने, योजना बनाने और प्रश्न करने तथा अपने पर्यावरण और उनके जीवन में सार्थकता रखने वाले लोगों एवं स्थानों के संबंध में अन्वेषण करने और पता लगाने का अवसर प्रदान करता है।
- *शारीरिक विकास:* सभी बच्चों को अपने सूक्ष्म और सकल इंद्रिय कौशल विकसित और उसका अभ्यास करने, शरीर की कार्यप्रणाली तथा स्वस्थ एवं सुरक्षित रहने के लिए आवश्यक घटकों की समझ को बढ़ाने का अवसर प्रदान करता है।

- *सृजनात्मक विकास:* विविध कला, डिज़ाइन एवं तकनीक, संगीत, गतिविधि, नृत्य तथा कल्पनापूर्ण गतिविधि एवं वार्तालाप गतिविधि के माध्यम से सभी बच्चों को अपने सोच, विचारों और भावनाओं का अन्वेषण तथा साझा करने का अवसर प्रदान करता है।

यह पाठ्यक्रम बच्चों के जीवन में उच्च-गुणवत्तायुक्त आरंभिक बाल्यावस्था शैक्षिक कार्यक्रमों की सार्थकता की पहचान करता है। यह भी माना जाता है कि, आरंभिक बाल्यावस्था कार्यक्रम सक्रिय रूप से सीखने, समस्या सुलझाने, प्रभावी संचार, सृजनात्मकता, सामाजिक समायोजन और भागीदारी को प्रोत्साहित करते हैं, जो बच्चों को शिक्षा और नागरिकता में दीर्घकालीन सफलता से लाभान्वित करते हैं। यह पाठ्यक्रम बच्चों के जीवन को आकार देने वाले अनुभवों और संबंधों को मान्यता प्रदान करता है।

बच्चों के विविधतापूर्ण सामाजिक एवं सांस्कृतिक समझ को महत्त्व देते हुए निरंतरता का निर्माण

निरंतरता के निर्माण का अर्थ है, एक ऐसा माहौल उपलब्ध कराना, जो विद्यालय में बच्चों को एक-दूसरे को प्रभावित करने तथा व्यवहार करने के तरीकों को सीखने में सहायता प्रदान करता है। अक्सर इस प्रकार के विशेष सामाजिक और सांस्कृतिक वृत्ति, बच्चों के लिए नए होते हैं। शिक्षकों को अपनी कक्षा तथा विद्यालय में उपयोग किए जाने वाले सामाजिक एवं सांस्कृतिक वृत्तियों के संबंध में स्पष्ट रूप से शिक्षा प्रदान करने की आवश्यकता हो सकती है। उन्हें इसकी पहचान अवश्य करनी चाहिए कि, कुछ बच्चों के लिए विद्यालय की संस्कृति और घर की संस्कृति, उनकी सामाजिक और सांस्कृतिक समझ एवं अभ्यासों से भिन्न हो सकती है। इसके अतिरिक्त, इसमें निम्नलिखित बातें शामिल हो सकती हैं:

- यह सुनिश्चित करना कि, पाठ्यक्रम, परस्पर क्रिया और शिक्षण के तरीकों में निरंतरता हो। ऐसा इसलिए है, क्योंकि बच्चे पूर्व देखभाल और शिक्षा से प्रारंभिक संस्थापनाओं और विद्यालयों में गमन करते हैं।
- नई संस्थापनाओं में समायोजन के दौरान बच्चों की सहायता करने के रणनीतियों को विकसित किया जाना चाहिए।
- नई संस्थापना में कर्मचारियों और समकक्षों के साथ संबंध निर्माण में बच्चों की सहायता की जानी चाहिए।
- अपने विद्यालय समुदायों में समूहों में परस्पर क्रिया के विशिष्ट प्रक्रियाओं की स्पष्ट रूप से व्याख्या की जानी चाहिए।

संस्थापनाओं के बीच स्थानांतरण का प्रबंधन कर निरंतरता का निर्माण

घरेलू माहौल से प्राग्विद्यालयों और बाद में प्राथमिक विद्यालयों तक सहज स्थानांतरण में बच्चों और परिवारों की मदद के लिए विविध प्रकार के पारगमन प्रक्रियाएँ विकसित की जा सकती हैं। यह सुनिश्चित करने के लिए कि वे निरंतरता को बढ़ावा देती हैं, उन प्रक्रियाओं की समुचित रूप से योजना बनाई जानी चाहिए और उनका मूल्यांकन करना चाहिए। ऐसी स्थानांतरण प्रक्रियाएँ निम्नलिखित बातों का अवसर प्रदान करती हैं:

- बच्चे और उनके परिवार शिक्षकों एवं विद्यालय के कर्मचारियों से विद्यालय में प्रथम दिवस से पूर्व मुलाकात करते हैं।
- मिलने-जुलने, कक्षा के दैनिक कार्यों और अनुभवों में हिस्सा लेने तथा कक्षा के शिक्षण वातावरण से परिचित होने के लिए बच्चों के छोटे समूह।
- अभिभावक और देखभालकर्ताओं को मिलने, एक-दूसरे को जानने तथा संबंध बनाने, एक-दूसरे के कार्यस्थलों का भ्रमण करने, स्थानांतरण की योजना बनाने, पाठ्यक्रम की निरंतरता पर चर्चा करने, शैक्षिक वृत्ति (व्यवसाय) की निरंतरता को समाहित करने, पेशेवर शैक्षिक अनुभवों में साथ काम करने के लिए विभिन्न संस्थापनाओं (जैसे देखभाल एवं आरंभिक शैक्षिक परिप्रेक्ष्य, प्राग्विद्यालय और प्राथमिक विद्यालय) के कर्मचारियों के साथ एक नेटवर्क बनाने हेतु अवसर उपलब्ध होता है।
- अपने बच्चों की विभिन्न विषयों में संलग्नता एवं उनके द्वारा अपनी रुचि के विषयों पर चर्चा को देखने के लिए अभिभावक और देखभालकर्ता को नियमित रूप से कक्षाओं में जाने का अवसर उपलब्ध होता है।
- बच्चों के सीखने और उनके विकास के संबंध में सूचना के आदान-प्रदान हेतु शिक्षक, अभिभावक और देखभालकर्ता के पास अवसर उपलब्ध होता है।

सफल स्थानांतरण प्रक्रियाएँ लचीली और प्रतिभागियों की बदलती हुई जरूरतों और अभिरुचियों पर प्रतिक्रिया देने वाली होती हैं। उदाहरण के लिए, परिवार के कामकाजी सदस्यों या पृथक्कृत परिवारों की सुविधा के अनुसार कक्षा में भ्रमण हेतु निर्धारित कार्यक्रमों को समायोजित किया जा सकता है। स्थानांतरण प्रक्रियाएँ व्यक्तिगत सामुदायिक भिन्नताओं का सम्मान करती हैं और विश्वास पर निर्मित होती हैं। अभिभावकों और देखभालकर्ताओं के लिए यह महसूस करना महत्त्वपूर्ण है कि उनके विचार, मत और आवश्यकताएँ मूल्यवान हैं, उनका सम्मान किया जाता है तथा जब स्थानांतरण की योजना बनाई जाती है तो उनका ध्यान रखा जाता है। प्राग्विद्यालय (प्री-स्कूल) तथा विद्यालयों में अनुभव किए गए अंतर अक्सर इस चिंता को जन्म देते हैं कि, क्या उनके बच्चे 'अनिवार्य' विद्यालय जाने के लिए तैयार हैं। विद्यालय कैसा है, इसके संबंध में बच्चे और परिवार अक्सर धारणाएँ बना लेते हैं और उम्मीदें रख लेते हैं। विद्यालयों को अक्सर ऐसे स्थानों के रूप में

देखा जाता है, जहाँ बच्चे लिखने की मेज़ पर काम करते हैं, बच्चों के ज्यादा बड़े समूहों के साथ बातचीत करते हैं, निर्धारित समय पर विशिष्ट स्थानों और कक्षा की गतिविधियों में उपस्थित होते हैं, तथा सामूहिक गतिविधियों, भोजन अवकाश और विशेषज्ञों द्वारा आयोजित सत्रों हेतु अलग-अलग नियमों को याद रखते हैं। परंतु, शोध ने दिखाया है कि विद्यालय जाने के प्रारंभिक चरण में बच्चे उस वातावरण में ज्यादा तेजी से सीखते हैं, जो गतिविधि, जाँच, चर्चा, कक्षा से बाहर सीखने और लचीले शिक्षण परिप्रेक्ष्यों को बढ़ावा देता है (कॉनेल, शीयरर एवं टॉबिन, 2006: ईक्यूआई, 2009)। कॉनेल एवं अन्य (2006) ने दिखाया है कि, प्राग्विद्यालय संस्थान से अनिवार्य विद्यालय की ओर स्थानांतरण ज्यादा सफल तब होता है, जब वे पूरक अनुभव प्रदान करते हैं और बालकों के प्रति उत्तरदायी लचीले पाठ्यक्रम उपलब्ध कराते हैं, जो:

- बच्चे तथा उनकी शिक्षण विधि एवं विकास के संबंध में वर्तमान समझ को प्रदर्शित करते हैं
- बच्चों के व्यक्तिगत शिक्षण और विकास के संबंध में पिछले शिक्षकों द्वारा प्रदान की गई जानकारी का उपयोग करते हैं
- शिक्षण को सहयोग देने के लिए प्रभावी सहभागिता निर्मित करते हैं
- लचीले शिक्षण वातावरण प्रदान करते हैं
- सुनिश्चित करते हैं कि, बच्चे खेल, वास्तविक जीवन की परिस्थितियों, अन्वेषण, स्थानांतरण और नियमित कार्यक्रमों से सीखें और शिक्षण एवं अध्ययन का कार्य मनोयोग से किया जाए।

स्थानांतरण के अनुभव वाले बच्चों का उनके सीखने और विकसित होने के साथ-साथ भविष्य में नई स्थितियों में उनके समायोजन पर प्रभाव पड़ता है। अतः, उपक्रमात्मक वर्षों में निरंतरता का निर्माण कर स्थानांतरण को सफल बनाना अत्यंत महत्त्वपूर्ण है।

विकलांगता के अंदर विविधता की चुनौतियाँ

शिक्षार्थियों में विविधता का सामना करने के लिए अंतः-विकलांगता एक महत्त्वपूर्ण तरीका है। कक्षाओं में विविधता के अंतर्गत बौद्धिक, संचार, संवेदी क्षमता एवं व्यवहारगत अंतरों को शामिल किया जा सकता है। इसमें भावनात्मक और व्यवहारगत विकारों या गंभीर सामाजिक अपसमायोजन की समस्या वाले बच्चे; मानसिक विकलांगता तथा गतिविधि की समस्या या स्वास्थ्य आवश्यकताओं से संबद्ध शारीरिक/प्रचालन या ज्ञानेंद्रिय अक्षमताओं वाले व्यक्तियों सहित बहु या गंभीर बाध्यकारी परिस्थितियाँ शामिल हैं (राव, 2009)। इस विविधता से पार पाने और शिक्षकों तथा कक्षाओं के बीच एक संतुलन बनाने हेतु विद्यालयों द्वारा सेवा प्रदान करने के लिए अंगीकृत अंतः-श्रेणीगत या अंतः-विकलांगता उपागम को समाधान के तौर पर देखा जा सकता है। इस तरीके में, छात्रों को उनकी विकलांगता के बजाय निर्देशात्मक ज़रूरतों के

अनुसार समूहबद्ध किया जाता है। इस प्रकार शिक्षक भी अपने छात्रों की निर्देशात्मक प्रासंगिक आवश्यकताओं पर ध्यान केंद्रित कर सकते हैं। अंतः-विकलांगता उपागम, विकलांग बच्चों की विशिष्ट आवश्यकताओं के बजाय छात्रों की निर्देशात्मक आवश्यकताओं पर ध्यान केंद्रित करता है (हैगर एवं क्लिंगनर, 2005)। अंतः-विकलांगता गतिविधि में विकलांग के तौर पर चिह्नित किए गए हर बच्चे को शामिल करने के लिए इंद्रधनुषी उपागम का प्रयोग किया जाता है; वस्तुतः, कुछ लोगों ने इसे 'गैर-चिह्नित' गतिविधि का नाम दिया है। यह एक ऐसा तरीका है, जो किसी भी प्रकार की विकलांगता में विभेद नहीं करता है। दूसरे शब्दों में, यह एक ऐसा उपागम है, जिसमें विभिन्न प्रकार की विकलांगता को ध्यान में रखा जाता है और कक्षा के निर्देशात्मक के लिए सामूहिक योजना को प्रोत्साहित करता है।

ड्रमंड (2002) ने नीचे दिए गए सर्वश्रेष्ठ वृत्ति रणनीतियों की अनुशंसा की थी, जिसे राव ने (2009) अंतः-विकलांगता उपागम के आधार पर समावेशी शिक्षण के संबंध में प्रासंगिक माना:

- *अंतर्विषयक विषय-वस्तु और निर्देश:* यह छात्रों को प्रोत्साहित करने में सहायता करता है, उन्हें दिए गए विषय पर विभिन्न क्षेत्रों के बीच बने संपर्कों के माध्यम से सीखने में सहायता करता है और छात्रों को वास्तविक दुनिया के लिए तैयार करता है, क्योंकि वे वास्तविक दुनिया तथा विद्यालय के बीच एक संबंध को देखने में समर्थ होते हैं (रॉथलीन एवं फ्रेडरिक, जैसा कि वॉगन, बोस एवं स्कूम, 2006 में उद्धृत)।
- *युग्मों, छोटे और बड़े समूहों हेतु निर्देश सहित समूहीकरण की रणनीतियाँ:* विभिन्न क्षमताओं और आवश्यकताओं वाली एक कक्षा में छात्रों की संलग्नता और शिक्षण को बेहतर बनाने के लिए विभिन्न सामूहिक संरचनाओं, जैसे कि पूरी कक्षा, छोटे समूह और युग्म, का उपयोग किया जा सकता है। यह सहयोगी शिक्षण समूहों के तीन महत्त्वपूर्ण अवयवों: सकारात्मक परस्पर-निर्भरता, व्यक्तिगत ज़िम्मेदारी और आमने-सामने बातचीत, के कारण प्राप्त सकारात्मक निर्गमों का समर्थन करता है।
- *सहयोग तथा सह-शिक्षण:* एक अंतः-श्रेणी उपागम में प्राग्विद्यालय के शिक्षकों और विशेष शिक्षा के शिक्षकों के बीच सहयोग एवं सह-शिक्षा, सभी छात्रों की सफलता की एक कुंजी हो सकती है। फ्रेंड एवं कुक (1996) ने सह-शिक्षा का वर्णन एक ऐसी प्रक्रिया के रूप में किया है, जहाँ दो या ज्यादा पेशेवर शिक्षण में शामिल तीन महत्त्वपूर्ण प्रक्रियाओं: योजना, शिक्षण तथा मूल्यांकन, के उत्तरदायित्व को साझा करने के लिए सहयोग करते हैं। समावेशी कक्षाओं में सह-शिक्षण, विकलांगता से ग्रस्त बच्चों को अत्यावश्यक सहयोग और शिक्षकों सह-योजना निर्माण, सह-शिक्षण और सह-मूल्यांकन में सहयोग प्रदान करता है।
- *बहु–बौद्धिकता का सिद्धांत:* बहु-बौद्धिकता, शिक्षकों को छात्रों की शक्तियों का उनकी प्राथमिकता वाले प्रक्षेत्र में उपयोग कर उनकी व्यक्तिगत आवश्यकताओं और शिक्षण शैलियों को पूरा करने में सक्षम बनाता है।
- *ब्लूम का वर्गीकरण:* विविध क्षमताओं और आवश्यकताओं वाले छात्रों को शिक्षा प्रदान करने और उनकी समझ का मूल्यांकन करने के माध्यम के रूप में साहित्य (ग्रे, 2002;

कास्टबर्ग, 2003) में स्मरण क्षमता के बुनियादी से लेकर महत्त्वपूर्ण चिंतन को समाहित करने वाले उच्चतम मूल्यांकन को परिभाषित करने वाले वर्गीकरण की व्यापक रूप से प्रशंसा की गई है (राव, 2009)।

- *मानक-आधारित योजना निर्माण:* यह दिशानिर्देश प्रदान करता है कि, छात्रों को क्या सीखना चाहिए और तीन अंत:-संबंधित क्षेत्रों: विषय-वस्तु मानक: विषय क्षेत्र, कौशल तथा ज्ञान; प्रदर्शन मानक: आवश्यक निपुणता स्तर; और सफलतापूर्वक शिक्षा प्रदान करने और शिक्षण एवं व्यवहारगत समस्याओं वाले छात्रों के लिए एक मानक-आधारित पाठ्यक्रम अंगीकृत करने हेतु सामग्रियों, रणनीतियों तथा संरचना जैसे मानकों को सीखने पर बल देना आवश्यक करता है (ग्लाथोर्न; मैक्लॉफ्लिन एवं शेफर्ड; क्वीनेमियोन, लेहर, थुर्लो एवं मासानायर, जैसा कि हूवर एवं पैटन में उद्धृत)।
- *कंप्यूटर की मध्यस्थता वाली सहयोग एवं सहायता तकनीक:* यह बाध्यता की स्थिति की क्षतिपूर्ति करने और सीखने को बढ़ावा देने के लिए तकनीक के उपयोग पर ध्यान केंद्रित करती है।

बहुत आसान तरीके से हम कह सकते हैं कि, शिक्षण के सार्वभौमिक डिजाइन (यूडीएल) पर आधारित एक अच्छा शिक्षण, असमांगी शिक्षण क्षमताओं की उपस्थिति वाले सर्वाधिक विविध कक्षाओं में समावेशन का प्रभावी तरीके से सामना कर सकता है।

निष्कर्ष

विकलांगता से ग्रस्त बच्चों की शिक्षा को मुख्यधारा संस्थापनाओं में समावेशन पर ध्यान केंद्रित करना चाहिए। यह समावेशन विकलांगताओं से ग्रस्त बच्चों के अनुकूल है और विशेष या पृथक विद्यालयों से आमतौर पर ज्यादा लागत-प्रभावी है, लेकिन यह सहयोग के उचित स्तर के बिना संभव नहीं हो सकता है। प्रगतिशील राष्ट्रीय एवं स्थानीय नीति, प्रशिक्षित कर्मचारी, पहुँच के भीतर की सुविधाओं, लचीले पाठ्यक्रम और शिक्षण विधि तथा शैक्षिक संसाधनों को अतिरिक्त निवेश नहीं माना जा सकता है, क्योंकि ये निवेश अनिवार्य हैं और ये सभी बच्चों को लाभ पहुँचाएँगे। बाल्यावस्था में संपूर्ण शिक्षा एवं शिक्षण हस्तक्षेप के लिए सहपाठियों, शिक्षकों, विद्यालय प्रशासकों, विद्यालय के अन्य कर्मचारियों, अभिभावकों और समुदाय के सदस्यों का सकारात्मक नज़रिया एवं उनकी आपसी बातचीत अत्यंत महत्त्वपूर्ण है (यूनिसेफ, 2007ए, 2007बी; डबल्यू, 2011)। आरंभिक वर्षों की शिक्षण केंद्रों में कार्य कर रहे शिक्षकों को छोटे बच्चों के एक समूह के साथ प्रभावी तरीके से कार्य करना चाहिए (एलेन एवं कोडरी, 2012), जिनमें एक या एक से अधिक बच्चे शारीरिक, संज्ञात्मक, भाषा, सामाजिक या व्यवहारगत विकास में उल्लेखनीय रूप से चुनौतीग्रस्त हो सकते हैं। कक्षा प्रबंधन को प्रभावी और सकारात्मक बनाने के लिए, उन्हें विकासात्मक-व्यवहारगत उपागम

के अनुप्रयोग और हर बच्चे के पास सीखने के लिए समुचित विकासात्मक अवसर प्रदान करने वाले ऐसे वातावरण के निर्माण की ठोस समझ अवश्य होनी चाहिए। शिक्षकों को अवश्य सुनिश्चित करना चाहिए कि, हर बच्चा अपनी अभिरुचि और क्षमता के साथ समस्त शैक्षिक गतिविधियों में सम्मिलित हो तथा उसे अन्य बच्चों द्वारा स्वीकार किया जाए। भारत में, ग्रामीण और शहरी, दोनों क्षेत्रों में विकलांगता से ग्रस्त छोटे बच्चों की संख्या काफी अधिक है। विशेष शिक्षा पेशेवरों की सीमित संख्या के कारण आरंभिक वर्षों के शिक्षकों को तैयार करने के लिए अंतः-विकलांगता उपागम उपयुक्त प्रतीत होता है।

इसके अतिरिक्त, शिक्षकों को अपने बच्चों की शिक्षा की योजना बनाने में उनके प्राथमिक ज्ञान को समाहित करने और महत्त्व देने के लिए अभिभावकों और देखभालकर्ताओं को अवश्य शामिल करना चाहिए। इसके अलावा, उन्हें इष्टतम संचारी विकास, प्राग्विद्यालयी एवं संज्ञात्मक शिक्षा तथा अनुकूलनीय विकास, आत्मरक्षा एवं स्वावलंबन कौशल प्रदान करने की समझ अवश्य होनी चाहिए। सामान्य विकास या 'असामान्य विकास' से विचलन क्या है, इसे निर्धारित करना जटिल मामलों को जन्म देता है और समान रूप से मुश्किल है। अतएव, सभी बच्चों को समझने और उनके साथ कार्य करने के लिए सामान्य प्रगति और विकास का व्यापक ज्ञान अनिवार्य है।

संदर्भ

Ainscow, M. & Moss, S. (2002). Exploring the use of action research to develop inclusive practices in urban schools. Paper presented at the British Education Research Association Conference, Exeter, UK.

Allen, K. E. & Codery, G. E. (2012). *The exceptional child: Inclusion in early childhood education* (7th ed.). Delhi: Cengage Learning India.

Betts, J. & Lata, D. (2009). Inclusion of children with disability: The early childhood imperative. *UNESCO Policy Brief on Early Childhood*, No. 46.

Biswal, A., Mistry, H. & Das, J. (2011). *Learning achievement and development of cognitive & motor skills: A study on the primary school children with different pre-schooling*. Saarbrucken, Germany: Lambert Academic Publishing.

Bredekamp, S. & Copple, S. (Eds). (1997). *Developmentally appropriate practice in early childhood programs*. Washington, D.C.: National Association for the Education of Young Children.

Child Action, Inc. (2013). *Inclusion of children with disabilities or other special needs (Handout No. 48)*. Retrieved from http://www.childaction.org/families/publications/docs/guidance/Handout48-Caring_For_Children_With_Special_Needs.pdf (accessed 31 January 2013).

Christy, M. (2007). *The facts about special needs inclusion in early childhood programs*. Retrieved from http://voices.yahoo.com/the-facts-special-needs-inclusion-early-childhood-661281.html (accessed 31 January 2013).

Connell, P., Shearer, A. & Tobin, T. (2006). *Early years curriculum guidelines* (p. 3). Brisbane, The State of Queensland: Queensland Studies Authority.

Drummond, T. (2002). *A brief summary of best practices in college teaching intended to challenge professional development of all teachers*. Retrieved from http://www.odec.umd.edu/CD/FACILITI/DRUMMOND.PDF (accessed 12 December 2011).

EQI (Education Queensland International) Australia and Nord Anglia Limited, UK. (2009). *Early years education good practice guide*. Retrieved from http://www.sec.gov.qa/En/SECInstitutes/EducationInstitute/Offices/Documents/GPGEnglish.pdf (accessed 3 January 2013).

eXtension. (2013). *What is inclusive child care?* Retrieved from http://www.extension.org/pages/61602/what-is-inclusive-child-care (accessed 3 January 2013).

Friend, M. & Cook, L. (1996). *Interactions: Collaboration skills for school professionals* (2nd ed.). White Plains, New York: Longman

Geigert, N. (2013). *Pathway to learning: Helping children through sensorimotor integration*. Retrieved from http://caeyc.org/main/caeyc/pdfs/conference/handouts/PathwaytoLearning.pdf (accessed 23 March 2013).

Grantham-McGregor, S. (2007). Developmental potential in the first 5 years for children in developing countries. *Lancet*, *369*(9555), 60–70.

Gray, K. C. (2002). Multiple intelligence meet Bloom's taxonomy. *Kappa Delta Pi Record*, *38*(4), 184–187.

Haager, D. & Klingner, J. (2005). *Differentiating instruction in inclusive classrooms: The special educator's guide*. Boston, Massachusetts: Pearson Education.

Hodapp, R. M., Ricci, L. A., Ly, T. M. & Fidler, D. J. (2003). The effects of the child with Down syndrome on maternal stress. *British Journal of Developmental Psychology*, *21*(1), 137–151.

Hoover, J. & Patton, J. (2004). Differentiating standards-based education for students with diverse needs. *Remedial and Special Education*, *25*(3), 74–78.

Johnston, C., Hessl, D., Blasey, C., Eliez, S., Erba, H., Dyer-Friedman, J., Glaser, B. & Reiss, A. L. (2003). Factors associated with parenting stress in mothers of children with fragile X syndrome. *Journal of Developmental and Behavioral Pediatrics*, *24*(4), 267–275.

Karnes, M. B. & Lee, R. C. (1983). *Early childhood*. Reston, Virginia: The Council of Exceptional Children.

Kastberg, S. E. (2003). Using Bloom's taxonomy as a framework for assessment. *Mathematics Teacher*, *96*(6), 402–405.

Learning and Teaching Scotland. (2006). *Early education support: The Reggio Emilia approach to early years education*. Retrieved from http://www.educationscotland.gov.uk/earlyyears/images/reggioaug06_tcm4-393250.pdf (accessed 3 January 2013).

Lieber, J., Wolery, R. A., Horn, E., Tschantz, J., Beckman, P. J. & Honson, M. J. (2002). Collaborative relationship among adults in inclusive preschool programs. In S. Odom (Ed.), *Widening the circle: Including children with disabilities in preschool programs* (pp. 81–97). New York: Teachers College Press.

MacArthur, J., Purdue, K. & Ballard, K. (2003). Competent and confident children? Te Whariki and the inclusion of children with disabilities in early childhood education. In J. Nuttall (Ed.), *Weaving Te Whariki: Aotearoa New Zealand's early childhood curriculum document in theory and practice* (pp. 131–160). Wellington: New Zealand Council for Educational Research.

Manning-Morton, J. & Thorp, M. (2004). *Key Times for Play*. Buckingham: Open University Press.

MCWL (My Child Without Limits). (2013). *Glossary of terms*. Retrieved from http://www.mychildwithoutlimits.org/resources/glossary-of-terms/ (accessed 16 January 2013).

Mishra, A. & Singh, A. R. (2013). Inclusion of DHH children in early childhood education: Outcomes of selected case studies of preschools. *Journal of National Convention of Educators of the Deaf*, *5*(1), 1–17.

MoCYS (Ministry of Children and Youth Services, Ontario). (2007). *Early learning for every child today: A framework for Ontario early childhood settings*. Retrieved from http://www.children.gov.on.ca/htdocs/English/topics/earlychildhood/early_learning_for_every_child_today.aspx (accessed 31 January 2013).

Moffat, T. K. (2011). *Inclusion in early childhood settings in Aotearoa/New Zealand* (Unpublished Master of Special Education thesis). Massey University, New Zealand.

MoWCD (Ministry of Women & Child Development), Government of India. (2012a). *National early childhood care and education draft policy* (pp. 6–7). New Delhi: MoWCD.

———. (2012b). *Early childhood education curriculum framework (Draft)* (pp. 6–7). New Delhi: MoWCD.

National Council of Education Research & Training (NCERT). (2006). *National focus group on early childhood education*. Position paper No. 3.6. New Delhi: NCERT.

Neilson, W. (2005). Disability: Attitude, history and discourses. In D. Fraser, R. Moltzen & K. Ryba (Eds), *Learner with special needs in Aotearoa New Zealand* (pp. 9–21). Nelsons New Zealand: Cengage Learning.

Rao, S. (2005). Equity pedagogy: Educating exceptional learners with diverse abilities in inclusive setting. In T. Koshmanova (Ed.), *Pedagogy for democratic citizenship* (pp. 73–103). Lviv, Ukraine: University of L'viv Press.

———. (2009). A cross categorical approach to service delivery: Promoting successful inclusion through teacher education. *International Journal of Whole Schooling*, *5*(1), 25–40.

Simeonsson, R. J. (2000). *Early childhood development and children with disabilities in developing countries*. Chapel Hill, North Carolina: University of North Carolina.

Singh, A. R. & Mishra, A. (2012). Changing role of special schools in the context of inclusive education: Some evidence based practices. *Journal of NCED*, *4*(1), 20–24.

Siraj-Blatchford, I. (1998). *Curriculum development handbook for early education educators*. Stoke-on-Trent, England: Trentham Books.

Swim, T. J. & Watson, L. (2011). *Infants & toddlers: Curriculum and teaching* (7th ed.) (p. 6). Belmont, California: Cengage Learning.

United Nations (UN). (1989). Convention on the rights of the child. New York: UN.

———. (2006). Convention on the rights of persons with disabilities. New York: UN.

———. (2010). Status of the convention on the rights of the child. Report of the Secretary-General in the *65th General Assembly of the United Nations*. New York: UN.

UNESCO. (2012a). *Early childhood care and education: At the occasion of the 2012 EFA Global Action Week*. Retrieved from http://www.unesco.org/new/fileadmin/MULTIMEDIA/HQ/ED/pdf/ GAW2012-presentation.pdf (accessed 25 December 2012).

———. (2012b). *Review of care, education and child development indicators in early childhood*. Paris: UNESCO.

United Nations International Children's Emergency Fund (UNICEF). (2007a). *Children with disabilities: Ending discrimination and promoting participation, development, and inclusion*. New York: UNICEF.

———. (2007b). *Promoting the rights of children with disabilities (Innocenti Digest No. 13)*. Florence: United Nations Children's Fund, Innocenti Research Centre.

US Department of Education. (2002). *No Child Left Behind Act, 2001*. Washington, D.C.: US Department of Education.

Vaughn, S., Bos, C. & Schumm, J. (2006). *Teaching exceptional, diverse, and at risk students in general education classroom*. Boston, Massachusetts: Allyn & Bacon.

World Health Organization (WHO). (2007). *Early childhood development: A powerful equalizer*. Geneva: WHO.

———. (2011). *World report on disability*. Geneva: WHO. Retrieved from http://www.who.int/disabilities/world_report/2011/en/index.html (accessed 25 January 2012).

Yael, D. (2012). Children's perspective research in pre-service early childhood student education. *International Journal of Early Years Education*, *20*(3), 280–289.

10

भारत में विकलांगता से ग्रस्त छोटे बच्चे: आरंभिक बाल्यावस्था शिक्षाप्रदाताओं के लिए अनिवार्य दक्षताएँ

अजय दास, अन्नामारिया जेरोम-राजा तथा सुषमा शर्मा

सामान्यतौर पर विकसित हो रहे बच्चों के लिए डिजाइन किए गए आरंभिक बाल्यावस्था शिक्षण (ईसीई) कार्यक्रमों में विशेष आवश्यकता वाले छोटे बच्चों को शामिल करना, पश्चिम के विकसित देशों में आम है। भारत ने भी पिछले तीन दशकों में इस विश्वव्यापी सुधार पर प्रतिक्रिया दी है और इन बच्चों की आवश्यकता को समुचित रूप से पूरा करने के लिए अनेक नीतियों, कार्यक्रमों और कानूनों को लागू किया है। हालांकि 0–6 वर्ष की 15 करोड़ 87 लाख की आबादी के साथ यह कार्य, किसी भी आकार और क्षमता की सरकार के लिए व्यापक हो सकता है। फिर भी, भारत विशेष आवश्यकता वाले छोटे बच्चों के लिए समुचित सेवाएँ प्रदान करने के लिए पिछले तीन दशकों से सतत प्रयास कर रहा है। राष्ट्रीय आरंभिक बाल्यावस्था देखभाल एवं शिक्षा (ईसीसीई) नीति का मसौदा तैयार करना इस दिशा में सबसे नवीन पहल है। इस नीति के मसौदे को जून 2012 में महिला एवं बाल विकास मंत्रालय (एमओडब्ल्यूसीडी) के समक्ष प्रस्तुत किया गया था। यह गर्भ से छह वर्ष की अवस्था तक के सभी बच्चों के सर्वांगीण विकास के लिए निरंतर समेकित सेवाओं को प्रदान करने की भारत सरकार (जीओआई) की प्रतिबद्धता की पुष्टि करता है। मसौदा नीति ने देश के इतिहास में पहली बार छोटे बच्चों पर केंद्रित नीति को रेखांकित किया। मसौदे नीति का अनुभाग 5.1.5 स्पष्ट रूप से रेखांकित करता है कि, अलग-अलग क्षमता वाले बच्चों तक भी पहुँच बनाई जाएगी। अल्पविकसित एवं विकलांगता से ग्रस्त बच्चों की जल्दी पहचान करने और उन्हें सहलग्न करने के लिए समुचित उपाय किए जाएंगे (एमओडब्ल्यूसीडी, 2012ए, पृ.7)।

हालांकि, सरकार की प्रतिबद्धता के मूल को समेकित बाल विकास सेवा (आईसीडीएस) योजना में खोजा जा सकता है, जो देश के चयनित 33 सामुदायिक खंडों में 1975 में लागू की गई थी। इस शीर्ष कार्यक्रम को अब देश के सभी 35 राज्यों और केंद्र शासित प्रदेशों की 5,659 स्वीकृत परियोजनाओं और 748,059 आंगनबाड़ी[1] केंद्रों तक विस्तृत कर दिया गया है। हालांकि, ऐसा परिवर्तन रातों-रात नहीं आया। इसमें नीति निर्माताओं, प्रशासकों, आंगनबाड़ी कार्यकर्ताओं, शिक्षकों, अभिभावकों और शोधकर्ताओं सहित सभी हितधारकों की कड़ी मेहनत, दृढ़ संकल्प और निष्ठा की आवश्यकता थी। भारत में नीति निर्माताओं को सभी छात्रों के लिए अधिक न्यायसंगत शैक्षिक अवसरों को प्रोत्साहन देने वाले कानूनों, नीतियों और कार्यक्रमों (जैसे, विकलांगता अधिनियम, 1995; एसएसए, 2007) को दूसरे देशों में वैधानिक क्रियाकलापों (जैसे, विकलांग व्यक्ति शिक्षा अधिनियम, 1990) और संयुक्त राष्ट्र द्वारा की गई पहलों (उदाहरण के लिए, यूनेस्को, 2000) से चुनौती मिली। अभिभावक समूह ज्यादा मुखर हो गए और उन्होंने अपने बच्चों के लिए समान अवसरों की मांग करते हुए अपने अधिकारों पर जोर दिया। प्रशासकों, शिक्षकों और शोधकर्ताओं ने अन्य देशों में शिक्षण के बेहतर समावेशी मॉडल को देखा और अपनी शैक्षिक संस्थापनाओं में इन मॉडलों को अपनाना प्रारंभ कर दिया। इस प्रकार, शेष दुनिया, विशेषकर विकसित देशों में लागू की जा रही समावेशी शिक्षण पहल ने धीरे-धीरे भारतीय विद्यालयों और ईसीई केंद्रों में अपनी जगह बनाई। पिछले तीन दशकों में इस दिशा में धीरे-धीरे प्रगति हुई है और इसने हजारों छात्रों को लाभान्वित किया है। हालांकि, भारत में विकलांगता से ग्रस्त लगभग 3 करोड़ बच्चों (विकलांगता से ग्रस्त व्यक्तियों के मुख्य आयुक्त, 2007) की जरूरतों को पूरा करने के लिए बहुत काम किए जाने की आवश्यकता है।

विशेष आवश्यकता वाले छोटे बच्चों के लिए समावेशी कार्यक्रमों की सफलता अभिभावकों, चिकित्सकों और ईसीई शिक्षकों जैसे कई व्यक्तियों पर निर्भर है। इन कार्यक्रमों को सफलतापूर्वक लागू करने वाले पश्चिमी देशों में सामान्य शैक्षिक कक्षाओं में विकलांगता से ग्रस्त बच्चों को अनुदेश देने की महत्त्वपूर्ण जिम्मेदारी ईसीई शिक्षकों की होती है। यह अध्याय इस प्रकार के शिक्षकों पर केंद्रित है। ऐसे बच्चों के समावेशन के प्रति उनके व्यवहार और उसके महत्त्व का परीक्षण, भारतीय एवं अंतर्राष्ट्रीय साहित्य की समीक्षा के माध्यम से किया जाएगा। तत्पश्चात, विशेष आवश्यकता वाले छोटे बच्चों के साथ सफलतापूर्वक कार्य करने के लिए इन ईसीई शिक्षकों के कौशल एवं योग्यता के संबंध में कुछ अनुशंसाएँ की जाएँगी।

हम भारत में विकलांगता से ग्रस्त बच्चों की शिक्षा के लिए भारत सरकार द्वारा नीतिगत और कार्यक्रम पहलों के संबंध में कुछ बुनियादी जानकारी के साथ इस अध्याय की शुरुआत करेंगे।

[1] भारत सरकार ने मुख्यतः ग्रामीण क्षेत्रों में निवास करने वाले छोटे बच्चों को मूलभूत स्वास्थ्य देखभाल सेवा प्रदान करने के लिए आंगनबाड़ी केंद्रों की स्थापना की है। मूलभूत स्वास्थ्य-देखभाल गतिविधियों में गर्भ निरोध हेतु सलाह और पोषण देने वाले खाद्य पदार्थों की आपूर्ति शामिल है। ऐसे बच्चों के परिवारों के लिए शिक्षा और अनुपूरण के साथ-साथ प्राग्विद्यालय (प्री-स्कूल) गतिविधियाँ उपलब्ध कराई जाती हैं।

भारत सरकार की पहलें

पिछले तीन दशकों में भारत सरकार ने अनेक नीतियों, कार्यक्रमों और कानूनों को लागू किया, जिसने भारत में विकलांगता से ग्रस्त बच्चों के लिए समावेशी शिक्षा के विकास को प्रेरित किया। इसके साथ-साथ समाज में ठोस संरचनात्मक परिवर्तन भी हो रहे थे, जिसने विकलांगताओं से ग्रस्त बच्चों की शिक्षा से संबंधित कार्यक्रमों को प्रभावित किया। इन परिवर्तनों में पिछड़ी जातियों और अनुसूचित जनजातियों के लिए सामाजिक स्वतंत्रता का विस्तार, समान शैक्षिक और नियोजन अवसरों के माध्यम से समाज में महिलाओं की हैसियत में वृद्धि, शामिल थे। भारत में विकलांगता से ग्रस्त छोटे बच्चों के लिए शैक्षिक अवसरों पर गहरा प्रभाव डालने वाली भारत सरकार की कुछ पहलों में निम्नलिखित शामिल हैं:

समेकित बाल विकास सेवा योजना (1975)

भारत सरकार ने 2 अक्टूबर, 1975 को समेकित बाल विकास सेवा योजना की शुरुआत की। इसे देश में 33 सामुदायिक विकास खंडों में बहुत छोटे स्तर पर प्रारंभ किया गया। यह अभी भी प्रचालन में है और इसे भारत में शून्य से छह वर्ष की आयु के बीच के लगभग सात करोड़ साठ लाख बच्चों को सेवा प्रदान करने वाली दुनिया के सबसे बड़े जनसंपर्क कार्यक्रम के तौर पर विस्तृत कर दिया गया है (एमओडब्ल्यू सी डी, 2012बी)। आईसीडीएस योजना के लक्ष्य निम्नानुसार हैं:

1. 0–6 वर्ष की आयु समूह के बच्चों के पोषण और स्वास्थ्य स्तर में सुधार
2. बच्चे के समुचित मनोवैज्ञानिक, शारीरिक और सामाजिक विकास के आधार की स्थापना
3. मृत्यु दर, रुग्णता, कुपोषण और विद्यालय छोड़ने की घटनाओं में कमी
4. बाल विकास को बढ़ावा देने के लिए विभिन्न विभागों के बीच नीति और अनुपालन का प्रभावी समन्वयन
5. समुचित पोषण और स्वास्थ्य शिक्षा के माध्यम से माताओं की क्षमता को बेहतर बनाना, ताकि वह बच्चे के सामान्य स्वास्थ्य और पोषण आवश्यकताओं की देखभाल कर सके

राष्ट्रीय शिक्षा नीति (1986)

राष्ट्रीय शिक्षा नीति (एनपीई), 1986 विकलांगता से ग्रस्त छात्रों के लिए समेकित शिक्षा को बढ़ावा देने के लिए भारत सरकार की एक अन्य प्रमुख पहल थी। इसने ईसीसीई को मानव विकास के लिए महत्त्वपूर्ण मापदंड और प्राथमिक शिक्षा के लिए प्रोत्साहन और सहयोग कार्यक्रम माना।

इसने खेल-आधारित ईसीसीई की आवश्यकता पर जोर डाला। यह नीति विशेष आवश्यकता वाले बच्चों को सामान्य समुदाय के समान सहभागी के रूप में समेकित करने के लिए विशिष्ट चरणों को रेखांकित करती है। एनपीई (1986) के मुख्य लक्ष्यों में से एक समावेशी शिक्षण संस्थापनाओं में कार्य करने के लिए प्राथमिक विद्यालय शिक्षकों के लिए शिक्षण प्रशिक्षण कार्यक्रमों में सुधार करना था। एनपीई ने स्वीकार किया कि, नियमित विद्यालय के शिक्षकों को पेशेवर प्रगति के अवसर प्रदान करने के बाद ही नियमित विद्यालयों में विशेष आवश्यकता वाले छात्रों का नामांकन अर्थपूर्ण हो सकता है। परिणामस्वरूप, केंद्र सरकार के सहयोग से 1987 में शिक्षकों की पेशेवर प्रगति के एक कार्यक्रम की शुरुआत की गई। 1986–1999 की अवधि के दौरान देश भर में 17 लाख 60 हजार शिक्षकों के लिए एक जन-उन्मुखीकरण कार्यक्रम आयोजित किया गया।

कार्य योजना (1992)

भारत में समावेशी शिक्षा कार्यक्रमों को और भी सशक्त करने के लिए एनपीई (1986) की समीक्षा की गई। समावेशी शिक्षा कार्यक्रमों के अनुपालन हेतु कार्य योजना (1992) विकसित की गई। नियमित विद्यालयों में विकलांगता से ग्रस्त बच्चों की आवश्यकताओं को पूरा करने के लिए इसने शिक्षकों के कौशल में वृद्धि हेतु सेवा-पूर्व और सेवा के दौरान शिक्षा प्रदान करने के लिए जिला शिक्षा एवं प्रशिक्षण संस्थानों (डीआईईटी) के स्थापना की परिकल्पना की। कार्य योजना की अन्य प्रस्तावित पहलों में निम्नलिखित बातें शामिल थी:

1. विकलांग बच्चों की समेकित शिक्षा (आईईडीसी) योजना लागू होने वाले परियोजना क्षेत्र में सभी नियमित विद्यालय शिक्षकों, प्रधानाचार्यों और शिक्षा प्रशासकों का प्रशिक्षण।
2. इंदिरा गाँधी राष्ट्रीय मुक्त विश्वविद्यालय (इग्नू) और राष्ट्रीय शैक्षिक अनुसंधान और प्रशिक्षण परिषद् (एनसीईआरटी) द्वारा विशेष शिक्षा में क्रेडिट पाठ्यक्रमों को प्रारंभ करने का प्रस्ताव।

विकलांगता अधिनियम (1995)

वर्ष 1995 में भारत सरकार ने विकलांगता अधिनियम (समान अवसर, अधिकारों की रक्षा और पूर्ण सहभागिता) कानून पारित किया। यह अधिनियम भारत में विकलांगता से ग्रस्त बच्चों की शिक्षा के क्षेत्र में मील का पत्थर था। इसने नियमित विद्यालयों में विकलांगता से ग्रस्त बच्चों की शिक्षा के कानून को रेखांकित किया। इसने नियमित विद्यालयों में विकलांगता से ग्रस्त बच्चों को शिक्षा की सुविधा प्रदान करने के लिए भेदभाव की समाप्ति के साथ-साथ शारीरिक एवं मनोवैज्ञानिक अवरोधों को हटाने की गारंटी दी।

सर्व शिक्षा अभियान (2002)

6 से 14 वर्ष की आयु के बच्चों के लिए निःशुल्क और अनिवार्य शिक्षा प्रदान करते हुए एक समयबद्ध तरीके से आरंभिक शिक्षा के सार्वभौमीकरण (यूईई) के लिए सर्व शिक्षा अभियान (*एसएसए*) भारत सरकार का प्रमुख कार्यक्रम है। *एसएसए* का बालिका शिक्षा और विशेष आवश्यकता वाले बच्चों पर विशेष ध्यान है।

समावेशी शिक्षा के लिए *एसएसए* के तहत के हस्तक्षेप (इंटरवेंशन) में पहचान, कार्यात्मक एवं औपचारिक मूल्यांकन, समुचित शैक्षिक नियोजन, व्यक्तिगत शैक्षिक योजना (आईईपी) की तैयारी, सहायता एवं उपकरणों की व्यवस्था, शिक्षक प्रशिक्षण, संसाधन सहायता, वास्तुशिल्प डिजाइन में मौजूद अवरोधों को दूर करना, शोध, निगरानी एवं मूल्यांकन तथा विशेष आवश्यकता वाली बालिकाओं पर विशेष ध्यान, शामिल है। *एसएसए* सुनिश्चित करता है कि, विकलांगता के प्रकार, श्रेणी और कोटि पर बिना कोई विचार किए विशेष आवश्यकता वाले हर बच्चे को अर्थपूर्ण और गुणवत्तापूर्ण शिक्षा प्राप्त हो। अतएव, *एसएसए* ने शून्य अस्वीकरण की नीति को अंगीकृत किया है। हालांकि *एसएसए* का ध्यान ईसीई पर सीधा केंद्रित नहीं है, परंतु, यह विकलांगता से ग्रस्त बच्चों सहित सभी बच्चों हेतु प्रावधानों के संबंध में सरकार के लहजे को तय करता है। परिणामस्वरूप, ईसीई के लिए देश के 254,179 विद्यालयों में पूर्व-प्राथमिक स्कंध स्थापित हुए हैं।

बच्चों के निःशुल्क और अनिवार्य शिक्षा का अधिकार अधिनियम (2010)

एक अप्रैल 2010 से प्रभावी यह अधिनियम, अनुच्छेद 11 में ईसीई के संबंध में चर्चा करता है, जो कहता है कि:

> आरंभिक शिक्षा के लिए तीन वर्ष से ज्यादा आयु वाले बच्चों को तैयार करने और छह वर्ष होने तक सभी बच्चों को आरंभिक बाल्यावस्था देखभाल और शिक्षा प्रदान करने की दृष्टि से प्रतिबद्ध सरकार, ऐसे बच्चों के लिए निःशुल्क प्राग्विद्यालयी (प्री-स्कूल) शिक्षा प्रदान करने हेतु आवश्यक इंतजाम कर सकती है।

मसौदा राष्ट्रीय बाल्यावस्था देखभाल एवं शिक्षा नीति (2012)

जैसा कि इस अध्याय के पहले परिच्छेद खंड में वर्णित किया गया है, ईसीई भारत में छोटे बच्चों की शिक्षा और देखभाल के लिए अपने प्रकार की पहली विस्तृत मसौदा नीति है। मसौदा ईसीई नीति,

गर्भाधान से छह वर्ष तक के सभी बच्चों के सतत एवं समग्र विकास विकास के लिए समेकित सेवाएं उपलब्ध कराने के प्रति भारत सरकार की प्रतिबद्धता की पुनःपुष्टि करती है। यह नीति हर भारतीय बच्चे के लिए आरंभिक शिक्षा पर ध्यान केंद्रित करते हुए एक ठोस आधार सुनिश्चित करने का मार्ग निर्धारित करती है (एमओडब्ल्यूसीडी, 2012ए, पृ2)।

समावेशी शिक्षा पर शिक्षकों का दृष्टिकोण

शिक्षक समावेशी शिक्षा कार्यक्रमों की सफलता को प्रभावित करने वाले संभवतः सबसे महत्त्वपूर्ण कारक हैं। विकलांगता से ग्रस्त बच्चों के समावेशन के प्रति उनका सकारात्मक दृष्टिकोण, इन कार्यक्रमों के सफल अनुपालन के लिए निर्णायक है। आरंभिक बाल्यावस्था संस्थापनाओं में समावेशन पर शिक्षकों के दृष्टिकोण के परीक्षण से यह स्पष्ट होता है कि, अनेक आरंभिक बाल्यावस्था शिक्षा प्रदाताओं का विशेष आवश्यकता वाले छोटे बच्चों के समावेशन के संबंध में सकारात्मक दृष्टिकोण है (लेदरमैन, 2007; मुल्वहिल, शीयरर एवं वैन हॉर्न, 2002)। प्राग्विद्यालय, प्राथमिक विद्यालय और माध्यमिक विद्यालय में सामान्य शिक्षा के अधिकतर शिक्षक यह मानते हैं कि, समावेशन विकलांगता से ग्रस्त या सामान्य बच्चों को लाभ प्रदान करते हैं। उनके पास विकलांगता से ग्रस्त बच्चों को शिक्षा प्रदान करने के लिए बहुत कम अनुभव होने की खुद के द्वारा सूचना देने के बावजूद शिक्षकों से समावेशन का समर्थन करने की संभावना है, विशेषकर यदि शिक्षण प्रणाली में बेहद कम बदलाव की आवश्यकता हो, तो इसकी संभावना बढ़ जाती है (स्क्रग्गस एवं मास्टोपियेरी, 1996)। कक्षा में विकलांगता से ग्रस्त बच्चे को शामिल करने की शिक्षकों की अभिलाषा में विकलांगता की प्रकृति भी महत्त्वपूर्ण है। साहित्यिक अध्ययन से यह पता चलता है कि, शिक्षक गंभीर विकलांगता से ग्रस्त बच्चों या शिक्षकों की अधिकाधिक संलग्नता चाहने वाले बच्चों की तुलना में अपेक्षाकृत कम विकलांगता से ग्रस्त बच्चों या अपने समकक्षों की शिक्षा को बाधित न करने वाले बच्चों (अर्थात, अपर्याप्त संचार कौशल या डाउन सिंड्रोम से ग्रस्त) को अपनी कक्षाओं में शामिल करने के ज्यादा इच्छुक प्रतीत होते हैं।

विशेष आवश्यकता वाले छोटे बच्चों के समावेशन प्रति ईसीई शिक्षकों का दृष्टिकोण मुख्यतः सकारात्मक रहा है, परंतु शिक्षकों ने अनेक चिंताओं को भी प्रकट किया है। ये चिंताएँ मुख्यतः उनकी विशेष तैयारी एवं सेवाकालीन प्रशिक्षण की उपलब्धता के अभाव से संबंधित हैं (ब्रिकर, 2000)। आरंभिक बाल्यावस्था शिक्षकों को सेवाओं में वैयक्तिक लक्ष्यों की शिक्षा तथा वैयक्तिक अनुदेशों एवं प्रगति के संबंध में प्रशिक्षण देने की आवश्यकता है। ये शिक्षक अतिरिक्त प्रशिक्षण प्राप्त करने पर वर्धित आत्मविश्वास का प्रदर्शन करते हैं, जो उनकी कक्षाओं में सकरात्मक परिणामों की ओर ले जाता है। जिन शिक्षकों को अतिरिक्त प्रशिक्षण प्राप्त हुआ था, उन्होंने कम आवश्यकताओं की सूचना दी और समावेशन के अवरोधों को महसूस किया (मूल्विहिल एवं अन्य, 2002; विल्लिंस, 2011)। अतः यह निष्कर्ष निकाला जा सकता है कि शिक्षक के पास जितना अधिक प्रशिक्षित होगा, वह विकलांगता से ग्रस्त बच्चे को शामिल करने में कार्यक्रम उतना ही सफल होगा।

समावेशी शिक्षा के लिए नियमित विद्यालय शिक्षकों की सक्षमता

प्रभावी समावेशन कार्यक्रमों को लागू करने के लिए विद्यालय के नवीनीकरण पर लक्षित मौजूदा सुधार, नियमित विद्यालय शिक्षकों के समक्ष उल्लेखनीय चुनौतियाँ प्रस्तुत करते हैं। इन प्रयासों की सफलता मुख्यतः अलग-अलग क्षमता वाले छात्रों की शैक्षिक एवं सामाजिक आवश्यकताओं को पूरा करने के प्रति इन शिक्षकों की संवेदनशीलता और इच्छा पर निर्भर करती है। अब इन शिक्षकों को अतिरिक्त कौशल एवं दक्षता की आवश्यकता है, जिनका प्रयोग आमतौर पर नियमित कक्षाओं में नहीं किया जाता है। द *ओपन फाइल ऑन इंक्लूसिव एजुकेशन* (यूनेस्को, 2001), समावेशी पाठ्यक्रमों के दृष्टिकोण से स्थानीय स्तर पर पाठ्यक्रम के विकास में नियमित शिक्षकों की संलग्नता, कक्षा की गतिविधियों के जटिल प्रक्षेत्र का प्रबंधन, छात्रों को सीखने और पारंपरिक विषय सीमाओं से बाहर कार्य करते समय सहयोग प्रदान करना और सांस्कृतिक रूप से संवेदनशील तरीकों से कार्य करना, जैसी कई आवश्यकताओं का सुझाव देता है। अनेक लेखक (कोचर एवं वेस्ट, 1996; मास्ट्रोपियेरी एवं स्क्रग्स, 2010) तर्क देते हैं कि, अब इन शिक्षकों से विशेष शिक्षकों द्वारा निभायी जाने वाली लगभग सभी भूमिकाओं के निर्वाहन की आशा की जाती है। परंतु, अंतर यह है कि उन्हें विशेष शिक्षकों की तरह सघन प्रशिक्षण नहीं प्राप्त हुआ है। यह अध्याय उन अतिरिक्त क्षमताओं पर रोशनी डालेगा, जिन्हें समावेशी कक्षाओं में सफल होने के लिए नियमित विद्यालय के शिक्षकों को अपने खजाने में रखने की ज़रूरत है।

मास्ट्रोपियेरी एवं स्क्रग्स (2010) के अनुसार, नियमित विद्यालयों के शिक्षकों को विकलांगता से ग्रस्त छात्रों की शिक्षण शैलियों और प्रेरणादायी परिपाटियों के सबंध में ज्ञान रखने की आवश्यकता होती है। विकलांगता से ग्रस्त छात्रों के साथ कार्य करने के दौरान उन्हें सहायता के उपलब्ध स्रोतों एवं सहयोग प्रणालियों की स्पष्ट समझ भी होनी चाहिए। उन्हें सूचना को इस प्रकार प्रस्तुत करना चाहिए, जो छात्रों को आसानी से समझने में सक्षम बनाती हो। वॉन एवं बॉस (2012) ने अनेक रणनीतियों की सलाह दी है, जिनकी नियमित विद्यालय के शिक्षकों के द्वारा नियमित कक्षा के वातावरण में विकलांगता से ग्रस्त छात्रों के समायोजन के लिए आवश्यकता होती है। इसमें समकक्ष शिक्षण, सहयोगपूर्ण शिक्षण, प्रवीणतापूर्ण शिक्षण और अनुप्रयुक्त व्यवहार विश्लेषण शामिल हैं। इस रचना में यह भी बताया गया है कि, नियमित कक्षा में विकलांग छात्रों के बेहतर शैक्षिक परिणामों के लिए नियमित कक्षाओं के शिक्षकों को विभेदित अनुदेश (टॉम्लींसन, 2003), गतिविधि आधारित अध्ययन (कृष्णास्वामी एवं शंकर, 2003), व्यक्तिगतकृत तथा अनुकूलक निर्देश (जंगीरा, सिंह एवं यादव, 1995) तथा संस्कृति-विशिष्ट शिक्षणशास्त्र एवं सांस्कृतिक रूप से संवेदनशील शिक्षण (वाल्मीकि, 2003) जैसी शिक्षण रणनीतियों के उपयोग की आवश्यकता होती है।

द काउंसिल फॉर एक्सेप्शनल चिल्ड्रन (सीईसी, 2010) ने विशेष शिक्षा में पेशेवर वृत्ति में प्रवेश के लिए आवश्यक न्यूनतम अनिवार्य शिक्षा एवं कौशलों के सामान्य आधार को विकसित किया और इसकी पुष्टि की। उनमें शामिल थे: (a) विशेष शिक्षा के दार्शनिक, ऐतिहासिक एवं वैधानिक आधार; (b) शिक्षार्थियों की विशेषताएँ; (c) आकलन, निदान एवं मूल्यांकन; (d) निर्देशात्मक

विषय-वस्तु एवं वृत्ति; (e) शैक्षिक वातावरण हेतु योजना निर्माण एवं प्रबंधन; (f) छात्रों के व्यवहार एवं सामाजिक संपर्क कौशल का प्रबंधन; (g) संप्रेषण एवं सहयोगपूर्ण भागीदारी, तथा (h) पेशेवर दक्षता एवं नैतिक वृत्ति। हालांकि, ये सभी कौशल नियमित कक्षा के शिक्षकों के लिए अनिवार्य नहीं हो सकते हैं, इसके बावजूद यदि उनसे विशेष आवश्यकता वाले बच्चों के साथ काम करने की आशा की जाती है, तो उनमें इन क्षमताओं में एक निश्चित स्तर की प्रवीणता आवश्यक होती है। इस अध्याय में चिह्नित अनेक क्षमताओं में से कुछ का परीक्षण जमीनी स्तर पर किया गया है और असमान शिक्षण आवश्यकता वाले छात्रों का प्रभावी ढंग से मार्गदर्शन करने की संभाव्य विधियों के तौर पर इसका इनका पक्षसमर्थन भी किया गया है। बड़े पैमाने पर प्रयुक्त अनेक विधियों में से कुछ इस प्रकार है: पूरी कक्षा में सहपाठियों द्वारा अनुशिक्षण (स्टीफेंसन एवं वार्विक, 2002), सहयोगी शिक्षा (जेंकिंस, एंटिल, वायेन एवं वाडसे, 2003), आत्म-प्रबंधन कौशल (साइंडर एवं बांबरा, 1997), विभेदित निर्देश (टॉम्लींसन, 2003) एवं सहायक तकनीक का उपयोग। प्रभावी निर्देश प्रदान करने एवं विविधतापूर्ण कक्षा के समुचित प्रबंधन के लिए विद्यालय के शिक्षकों को उन कौशलों में विशेष रूप से प्रवीण होने की आवश्यकता है।

इन अनिवार्य क्षमताओं को निम्नांकित सात श्रेणियों में वर्गीकृत किया गया है। हम समावेशी शिक्षा में उनकी प्रासंगिकता के संबंध में संक्षेप में चर्चा करेंगे। उसके बाद उन क्षमताओं पर साहित्य की संक्षिप्त समीक्षा की जाएगी। इन सात मूल क्षमताओं में शामिल हैं:

1. पेशेवर ज्ञान
2. कक्षा प्रबंधन
3. सहयोग
4. आकलन एवं मूल्यांकन
5. निर्देशात्मक तकनीक
6. वैयक्तिक एवं अनुकूलनीय शिक्षण
7. सहायक तकनीक

पेशेवर ज्ञान

समावेशी ईसीई के परिप्रेक्ष्य में पेशेवर ज्ञान में शामिल हैं: (a) विशेष शिक्षा में उपयोग होने वाली मूलभूत शब्दावली एवं अवधारणाएँ; (b) अक्षम बनाने वाली परिस्थितियाँ; (c) समावेशी शिक्षा का औचित्य एवं इतिहास; (d) समावेशी शिक्षा, विशेषकर आरंभिक बाल्यावस्था से संबंधित नीतियाँ, कार्यक्रम एवं कानून; (f) अभिभावकों, छात्रों, शिक्षकों एवं अन्य पेशेवरों के अधिकार, भूमिकाएँ एवं उत्तरदायित्व, तथा (g) वैयक्तिक परिवार सेवाएँ योजना (आईएफएसपी) से संबंधित प्रक्रियाएँ एवं प्रविधियाँ।

मोघरेबन एवं ब्रूंस (2009) बताते हैं कि, विकलांगता के संबंध में शिक्षक का ज्ञान एवं विकासोन्मुख समुचित कौशल, प्राग्विद्यालय में समावेशी कार्यक्रमों की सफलता का महत्त्वपूर्ण घटक है। शर्मा (2002) ने एक सर्वेक्षण में इस बात का उल्लेख किया कि, अक्षम छात्रों की आवश्यकताओं को पूरा करने के लिए भारतीय शिक्षकों को विकलांगता के प्रकार, पाठ्यक्रम अनुकूलन, शैक्षिक निहितार्थ एवं कौशल तथा रणनीतियों के ज्ञान की आवश्यकता है। दास (2001) ने दिल्ली में 223 नियमित विद्यालय शिक्षकों के सर्वेक्षण के पश्चात सूचना दी कि, 'विशेष शिक्षा का पेशेवर ज्ञान' अन्य दस क्षमताओं की सूची में दूसरे स्थान पर है, साथ ही मुख्यधारा की कक्षाओं में विकलांगता से ग्रस्त बच्चों को सफलतापूर्वक शामिल करने के लिए शिक्षकों के प्रशिक्षण की नितांत आवश्यकता है।

कक्षा प्रबंधन

समावेशी शिक्षा के लिए कक्षा प्रबंधन में: (a) विशेष शैक्षिक आवश्यकता वाले व्यक्तियों हेतु मूलभूत कक्षा प्रबंधन सिद्धांत, विधियाँ एवं तकनीकें; (b) पढ़ाने एवं पढ़ने का प्रभावी प्रबंधन करने के लिए शोध-आधारित सर्वश्रेष्ठ वृत्ति; (c) सामग्रियों की व्यवस्था; (d) मदद एवं सहायता सेवाओं के संगठन, तथा (e) कक्षा में सकारात्मक वातावरण का निर्माण शामिल हैं।

नियमित विद्यालयों के शिक्षकों के लिए कक्षाओं में विविधता, विभिन्न प्रकार की प्रबंधन चुनौतियों को प्रस्तुत करती हैं। समावेशी प्राग्विद्यालयों में चुनौतीपूर्ण व्यवहारों का प्रबंधन, शिक्षकों के लिए एक बड़ी चिंता है (कार्टर, नॉर्मन एवं ट्रेडवेल, 2011)। उदाहरण के लिए, विशेष आवश्यकता वाले छात्र, ख़ास तौर पर जिनमें भावनात्मक एवं व्यवहारगत विकार (ईबीडी) तथा स्वलीनता विस्तार विकार (एएसडी) की पहचान हुई है, इन शिक्षकों के समक्ष विशिष्ट व्यवहारगत चुनौतियाँ पेश कर सकते हैं। वांग, हार्टेल एवं वालबर्ग (1993) ने, प्रभावी कक्षा प्रबंधन को पाठ्यक्रम डिजाइन, कक्षा अनुदेश, छात्रों की जनसांख्यिकी, घरेलू सहायता एवं विद्यालय नीति से ज्यादा विद्यालयी शिक्षण हेतु लाभप्रद माना है। कार्यक्रम-व्यापी सकारात्मक व्यवहार सहयोग (पीडब्ल्यूपीबीएस) एक मॉडल है, जो आरंभिक बाल्यावस्था समावेशी संस्थापनाओं (कार्टर एवं अन्य, 2011) में सकारात्मक व्यवहार को बढ़ावा देने और चुनौतीपूर्ण व्यवहारों को कम करने में प्रभावी है। कार्टर एवं नॉर्मन (2010) ने पाया कि, सकारात्मक व्यवहार सहयोग (पीबीएस) सलाह ने प्राग्विद्यालयों में जाने वालों की अकादमिक संलग्नता को बढ़ा दिया और प्राग्विद्यालयों में पीबीएस के अनुपालन की दर को बढ़ा दिया।

सहयोग

सहयोग एक परस्पर संवादात्मक प्रक्रिया है, जो विविध विशेषज्ञता वाले लोगों को परस्पर रूप से परिभाषित समस्याओं के सृजनात्मक हल को प्राप्त करने में सक्षम बनाती है। आरंभिक बाल्यावस्था कक्षाओं में हमेशा बढ़ते रहने वाली विविधता ने नियमित कक्षा के शिक्षकों, विशेष शिक्षा के

शिक्षकों, अभिभावकों, शिक्षक-सहायकों तथा वाणी एवं भाषा चिकित्सकों, फिजियोथेरेपिस्ट और पेशेवर चिकित्सकों, जैसे संबंधित सेवा प्रदाताओं के साथ कार्य करना अनिवार्य कर देती है। इन शिक्षा प्रदाताओं के द्वारा अलगाव में इन समस्याओं पर काम करने की तुलना में उनकी साझा की गई विशेषज्ञता, समस्याओं का साझा स्वामित्व कार्यक्रमों के सफल होने की संभावना को ज्यादा कर देते हैं।

नियमित विद्यालयों के शिक्षक विकलांगता से ग्रस्त छात्रों को प्रभावी निर्देश प्रदान करने के लिए निम्नलिखित सहयोगात्मक रणनीतियों का उपयोग कर सकते हैं: समकक्ष सहयोग, सह-शिक्षण एवं शिक्षकों के सहयोग हेतु समूह का गठन। समकक्ष सहयोग में कक्षा की समस्याओं को सुलझाने के लिए शिक्षकों के युग्म का साथ काम करना शामिल है। फ्रेंड एवं कुक (2010) ने सह-शिक्षण को 'एक स्थान पर छात्रों के विविध या मिश्रित समूह को अलग-अलग निर्देश देने वाले दो या ज्यादा पेशेवरों' के रूप में परिभाषित किया है (पृ 109)। यह प्रत्येक शिक्षक की क्षमता का उपयोग करने का प्रभावी तरीका है। न केवल विकलांगता से ग्रस्त बच्चों, बल्कि सभी बच्चों की अकादमिक उपलब्धि में सुधार करने में सह-शिक्षा के लाभों को प्रदर्शित करने वाले शोध विपुल मात्रा में उपलब्ध हैं (फ्रेंड एवं कुक)। शिक्षक सहायता दलों को सहायक दलों, देखभाल सेवा (इंटरवेंशन) सहायता दलों या योजना दलों के नाम से भी जाना जाता है। इस रणनीति में शिक्षकों का एक समूह, कक्षा में किसी शिक्षक द्वारा सामना की जा रही समस्याओं पर विचार-मंथन करता है।

स्वलीनता से ग्रस्त बच्चों के लिए सफल आरंभिक बाल्यावस्था विशेष शिक्षा (ईसीएसई) कार्यक्रम के पाँच प्रमुख घटकों में से एक के रूप में शिक्षकों एवं अन्य सेवा प्रदाताओं के बीच सहयोग के महत्त्व पर बल दिया जाता है (स्वार्ट्ज, सनंडल, मैकब्राइड एवं बॉलवेयर, 2004)। वेस्ले (2004) का कथन है कि, विकलांगता से ग्रस्त बच्चों के संबंध में समान दृष्टिकोण साझा करना आरंभिक बाल्यावस्था समावेशी संस्थापना में सलाहप्रदाता एवं शिक्षक के बीच सहयोग के प्रमुख घटकों में से एक है।

आकलन एवं मूल्यांकन

अनेक लेखकों (मैकलॉफ्लिन एवं लेविस, 2001) के अनुसार, विकलांगता से ग्रस्त बच्चों की विशिष्ट आवश्यकताओं की पहचान के लिए नियमित विद्यालयों के शिक्षकों को आकलन में सक्षमता प्रदर्शित करने की आवश्यकता होती है। शिक्षकों को न केवल विकलांगता से ग्रस्त बच्चों के शिक्षण एवं पृष्ठभूमि की सूचना एकत्रित करने जैसे मूलभूत कौशलों के प्रयोग की आवश्यकता होती है, बल्कि मानकीकृत मापन उपकरणों के चयन, प्रचालन, अंक प्रदान एवं विवेचना जैसे उच्चतर विशिष्ट कौशलों को भी प्रदर्शित करने की आवश्यकता होती है (उपरोक्त)। फ्रेंड एवं बर्सक (1999) ने सलाह दी कि, विकलांगता से ग्रस्त बच्चों के लिए छह निर्देशात्मक एवं नियोजन निर्णयों का उपयोग नियमित विद्यालयों के शिक्षक कर सकते हैं। इनमें अनुवीक्षण, निदान, कार्यक्रम नियोजन, निर्देशात्मक मूल्यांकन एवं कार्यक्रम मूल्यांकन शामिल हैं।

मूल्यांकन रिपोर्ट यह प्रदर्शित करती है कि, शिक्षण प्रभावी रहा है या नहीं। यह उन समावेशी शिक्षण कार्यक्रमों को सत्यापित करने में सहायता करती है, जिन्हें जारी रखना चाहिए एवं उन

समस्याओं की सटीक पहचान करती है, जिसमें सुधार की आवश्यकता है। वांग, एंडरसन एवं ब्राम (1985) ने सलाह दी कि, समावेशी कार्यक्रमों में अपनी सफलता का मूल्यांकन करते समय नियमित विद्यालयों के शिक्षकों को छात्र के प्रदर्शन के तीन पहलुओं: प्रदर्शन, व्यवहार एवं प्रक्रिया, के मूल्यांकन में सक्षम होना चाहिए। प्रदर्शन का आकलन, विषय-वस्तु में छात्रों की उपलब्धियों से संबद्ध है। व्यवहारगत आकलन में विद्यार्थियों की आत्म-अवधारणा एवं अपने शिक्षकों तथा सक्षम समकक्षों के संबंध में उनके नज़रिए से संबद्ध है। प्रक्रियात्मक आकलन में छात्रों का अपने शिक्षकों एवं समकक्षों के साथ परस्पर संवादों के तरीके का मूल्यांकन किया जाता है।

नियमित विद्यालय के शिक्षकों को विकलांगता से ग्रस्त छात्रों के शिक्षण निर्गमों को प्राप्त करने की विविध मूल्यांकन विधियों का ज्ञान रखने की आवश्यकता होती है। उन्हें प्रदर्शन आधारित आकलनों, पोर्टफोलियो एवं पाठ्यक्रम-आधारित मूल्यांकनों (सीबीए) में सक्षमता प्रदर्शित करने की आवश्यकता होती है। प्रदर्शन-आधारित मूल्यांकन शिक्षकों को छात्रों की समझ एवं कुशलता का मूल्यांकन करने की अनुमति देते हैं। इस प्रकार के मूल्यांकन छात्र की अपनी समझ एवं कार्यक्षमता पर प्रतिक्रिया देने, एक उत्पाद का निर्माण करने या उसे प्रदर्शित करने की अनुमति देते हैं। फ्रेंड एवं बर्सक (1999) तर्क देते हैं कि, इन मूल्यांकनों से छात्रों की समझ के संबंध में ज्यादा अवगत होने की संभावना होती है, क्योंकि वे छात्रों को सिर्फ याद करने या पहचानने के स्थान पर उनसे ज्ञान एवं कौशलों का उपयोग करने के लिए कहते हैं। पोर्टफोलियो मूल्यांकन जैसे वैकल्पिक मूल्यांकन भी विकलांगता से ग्रस्त छात्रों के मूल्यांकन के प्रभावी तरीके हैं। पोर्टफोलियो समय के साथ शैक्षिक प्रक्रिया को आत्मसात करने के अलावा छात्रों की कला या दृश्य क्षमता की तरह अन्य गैर-पारंपरिक क्षमता एवं प्रतिभा के मूल्यांकन को भी संभव बनाता है। सीबीए शिक्षकों को शिक्षण कार्यों की ज़िम्मेदारियों के संबंध में भी सूचना प्रदान करता है और उन्हें एक शिक्षण कार्यक्रम की विषयवस्तु तथा गति निर्धारित करने की अनुमति देता है। सीबीए, समावेशी माहौल वाले प्राग्विद्यालय (प्री-स्कूल) के बच्चों में समस्या की पहचान करने तथा कार्यात्मक लक्ष्यों एवं कार्यक्रम के मूल्यांकन को निर्धारित करने में भी ज्यादा प्रभावी है (मैसी एवं हॉय्ट-गोंजल्स, 2007)। नियमित कार्यक्रम–आधारित मूल्यांकन तथा खेल-आधारित मूल्यांकन, आरंभिक बाल्यावस्था समावेशी संस्थापनाओं में बेहतर अंतर्दृष्टि प्रदान करते हैं एवं मानकीकृत मूल्यांकन को पूरा करते हैं (चैंबरलिन, बुकानन एवं वर्सीमैक, 2007)। दास (2001) ने सूचना दी कि, अपनी कक्षाओं विकलांगता से ग्रस्त बच्चों के सफलतापूर्वक समावेशन के लिए 10 अन्य सक्षमताओं में 'मूल्यांकन' के संबंध में दिल्ली के नियमित विद्यालय के शिक्षकों ने प्रशिक्षण की अवश्यकता के सर्वोच्च स्तर को अभिव्यक्त किया।

निर्देशात्मक तकनीक

अपनी कक्षाओं में विविध शिक्षार्थियों के होने पर आरंभिक बाल्यावस्था शिक्षकों को अनुदेशात्मक कौशलों में विशेष रूप से दक्ष होने की जरूरत होती है। इस प्रकार के कौशल का उपयोग, विशेष आवश्यकता वाले छोटे बच्चों को दैनिक आधार पर समुचित निर्देशात्मक देने के लिए किया

जाता है। नियमित कक्षा के शिक्षकों द्वारा विशेष रूप से सक्षम होने वाली निर्देशात्मक तकनीकों में हैं: अंतर्निहित निर्देश, विभेदित निर्देश तथा गतिविधि आधारित एवं अनुभवात्मक शिक्षण। इनमें से प्रत्येक का जमीनी स्तर पर परीक्षण किया जा चुका है और इनके प्रभावशीलता की पुष्टि की गई है। विशेष आवश्यकता वाले छात्रों पर क्षेत्र-परीक्षित अन्य तकनीकों में शामिल हैं, प्रतिक्रिया पत्रक, निर्देशित टिप्पणियाँ, त्रुटि सुधार एवं समयबद्ध परीक्षण।

अंतःस्थापित निर्देश

आमतौर पर, विकलांगता से ग्रस्त बच्चों के लिए निर्देश एवं देखभाल सेवाओं का प्रयोग, शिक्षक द्वारा काल्पनिक वातावरण प्रत्येक बच्चे के साथ व्यक्तिगत तौर पर किया जाता है। यह विधि कौशल उपार्जन के लिए प्रभावी है, लेकिन संस्थापनाओं के बीच सामान्य अवयवों तथा समय के साथ रखरखाव का अभाव हो जाता है। कौशलों पर सफल दक्षता के लिए सामान्यीकरण तथा रखरखाव के महत्त्वपूर्ण घटक के साथ-साथ अंतर्निहित निर्देश भी एक संभावित विकल्प के रूप में उभरा है। संडल, हेम्मेटर, स्मिथ एवं मैकलियन (2005) ने अंतर्निहित निर्देश को कक्षा में जारी, स्वाभाविक रूप से होने वाली गतिविधियों, दैनिक कार्यक्रमों एवं पारगमनों के परिप्रेक्ष्य में बच्चे के आईईपी उद्देश्यों के शिक्षण के लिए डिजाइन की अनुदेशी प्रक्रियाओं को लागू किए जाने के समय एवं गतिविधियों के रूप में परिभाषित किया है। आरंभिक बाल्यावस्था संस्थापनाओं में अंतर्निहित निर्देशों के प्रभावों का मूल्यांकन करने वाले साहित्य की व्यापक समीक्षा ने खुलासा किया कि, अंतर्निहित निर्देश ने न केवल सीखे गए कौशलों के बेहतर सामान्यीकरण एवं रखरखाव में सहायता की, बल्कि इसे विभिन्न विकासात्मक चरणों में विभिन्न कौशलों के शिक्षण में भी उपयोगी पाया गया (राकाप एवं पार्लाक-राकाप, 2011)। अंतर्निहित अनुदेश को सभी संस्थापनाओं में एवं मध्याह्न भोजन के समय, बाहरी खेल के समय, समूह में बैठने के समय जैसे समय में लागू किया जा सकता है (काडर्वेक, 2009)। मैसी एवं ब्रिकर (2007) के द्वारा किए गए एक अध्ययन में दैनिक कार्यक्रमों (समूह में बैठने के समय) में सामाजिक कौशलों के प्रशिक्षणों को अंतर्निहित कर विकलांगता से ग्रस्त प्राग्विद्यालय (प्री-स्कूल) के बच्चों को सामाजिक कौशलों के शिक्षण में उपयोगी पाया गया है। इस अध्ययन के परिणामों ने खुलासा किया कि, विकलांगता से ग्रस्त बच्चों की सामाजिक सक्षमताओं में सुधार हुआ है।

विभेदित निर्देश

अतीत में नियमित कक्षाओं के शिक्षक, छात्रों के कौशल स्तर में विविधता पर कार्य करने के लिए सक्षमता समूहीकरण का उपयोग करते थे। गामोरन (1992) ने सक्षमता समूहीकरण पर शोध की समीक्षा की और निष्कर्ष निकाला कि, ऐसे शैक्षिक वृत्ति निम्न उपलब्धियों को स्थायी

बना देते हैं और उच्च एवं निम्न उपलब्धि वाले छात्रों के बीच के अंतराल को विस्तृत कर देते हैं। इन मुश्किलों को दूर करने एवं विकलांगता से ग्रस्त छात्रों को सफलतापूर्वक समाहित करने के लिए नियमित विद्यालय के छात्रों को विभेदित निर्देश की आवश्यकता होती है। इस तकनीक में शिक्षकों को प्रत्येक छात्र की आवश्यकताओं पर विचार करते हुए, सभी छात्रों को एक मुख्य पाठ पढ़ाने की ज़रूरत होती है। यह एक निर्देशात्मक तरीका है, जो नियमित कक्षा के शिक्षक को एक पाठ में सभी छात्रों के लिए योजना बनाने की अनुमति प्रदान करती है। इस तरह यह शिक्षक को व्यक्तिगत लक्ष्यों को कक्षा की विषय-वस्तु और निर्देशात्मक रणनीतियों में जोड़ने की अनुमति प्रदान करते हुए पृथक कार्यक्रमों की जरूरत को कम कर देती है (टॉम्लींसन, 2003)। इस प्रकार शिक्षणार्थियों का एक विविध समूह एक निर्देशात्मक गतिविधि को साझा करता है, जिसमें समान पाठ्यक्रम में व्यक्तिगत रूप से समुचित शैक्षिक निर्गम प्राप्त होते हैं। विभेदित निर्देशात्मक छात्रों को मानव विविधता के वातावरण में एक-दूसरे से सीखने की अनुमति देता है। ऐसी कक्षाओं में, व्यक्तिगत अंतर अपवाद न हो कर सामान्य हैं। ईसीएसई के परिप्रेक्ष्य में विभेदित निर्देश में न केवल शैक्षिक अवसरों की व्यापक विविधता शामिल हैं, बल्कि इसमें मूल्यांकन विकल्पों की एक विविधता भी शामिल है (काडेरवेक, 2009)। इस तकनीक को नियमित विद्यालयों के शिक्षकों ने अच्छे से अंगीकृत किया है, जिनका मानना है कि अनेक पाठों को तैयार करने की तुलना में यह ज्यादा आसान है और कक्षा निर्देशों में व्यक्तिगतकरण के बावजूद ज्यादा सुसंगति है। जंगीरा एवं अन्य (1995) के शोध ने, भारत में नियमित विद्यालय शिक्षकों ने 'बहु-वर्ग शिक्षण' में प्रशिक्षण आवश्यकता को इंगित किया है।

गतिविधि आधारित एवं अनुभवात्मक शिक्षण

ब्रिकर एवं क्रिप (1992) के अनुसार, गतिविधि-आधारित निर्देश (एबीआई) का उपयोग आरंभिक बाल्यावस्था समावेशी संस्थापना में विशेष आवश्यकता वाले बच्चों की ज़रूरत को पूरा करने वाले प्रभावी माध्यम के तौर पर किया जाता है। गतिविधि आधारित एवं अनुभवात्मक शिक्षण ईसीई के मुख्य आकर्षण हैं, और यह समावेशी प्राग्विद्यालय (प्री-स्कूल) की कक्षाओं में इसके प्रभाव को और भी ज्यादा विशिष्ट रूप से विस्तृत कर देता है। निष्क्रियतापूर्वक या अलगाव में निर्देशों को प्रस्तुत करने तथा शिक्षण के लिए व्याख्यान के प्रारूप का उपयोग करने वाली कक्षाओं में अनेक छात्र प्रभावी तरीके से नहीं सीख पाते हैं, और न ही ज्ञान को बरकरार रख कर उसका उपयोग कर पाते हैं। अतः, ऐसी शिक्षण विधियाँ नियमित शैक्षिक कक्षाओं में शामिल किए गए विकलांगता से ग्रस्त छात्रों के लिए विशेषरूप से मुश्किल हैं। इन छात्रों को शिक्षकों से निर्देशों को ऐसे प्रस्तुत किए जाने की आवश्यकता होती है, जो गतिविधि-आधारित हो और छात्रों को उनके व्यक्तिगत अनुभवों से सीखने की अनुमति देते हों। विशेषकर आरंभिक बाल्यावस्था संस्थापनाओं में, गतिविधि आधारित एवं अनुभवात्मक शिक्षण के उपयोग से छात्र वातावरण में अन्वेषण, संचार, अंतःक्रिया करने और सामग्रियों की जोड़तोड़ करने में संलग्न हो जाते हैं। चूंकि यह वास्तविक जीवन की गतिविधियों और

सामग्रियों का उपयोग करती है, इसलिए कौशल का सामान्यीकरण एवं हस्तांतरण संभव हो जाता है। व्यवहारिक एवं क्रियाशील अंतःक्रियात्मक निर्देशात्मक तरीके इंद्रियों को प्रतिक्रिया सिखाते हैं और विकलांगताओं से ग्रस्त छात्रों के लिए सीखना आसान कर देते हैं। ऐसा सक्रिय शिक्षण विद्यार्थियों के मनोयोग को बढ़ावा देता है, कार्य के प्रति व्यवहार को बेहतर बनाता है और नकारात्मक व्यवहार के मामलों को घटाता है। फ्राइडबर्ग एवं ड्रिस्कॉल (1992) ने पाया कि, जो छात्र सक्रिय रूप से शामिल थे और पाठों में संलग्न थे, उन्होंने 'शैक्षिक तौर पर निष्क्रिय' छात्रों से ज्यादा बेहतर एवं तीव्र गति से सीखने में सफलता पाई। सैडलर (2009) वर्णन करते हैं कि, अक्षमताओं से ग्रस्त या रहित प्राग्विद्यालय के छात्र, गतिविधि आधारित एवं अनुभवात्मक शिक्षण के माध्यम से किस प्रकार गिनती करना सीखते हैं।

वैयक्तिक एवं अनुकूलनीय शिक्षण

वैयक्तिक एवं अनुकूलनीय शिक्षण एक ऐसा शैक्षिक उपागम है, जो छात्र की पृष्ठभूमि से संबंधित जानकारी, शिक्षण शैलियों, प्रेरण तथा व्यक्तिगत अभिरुचियों के अनुरूप विविधता की पहचान करता है, अनुमान लगाता है और कार्यक्रम बनाता है। विकलांगता से ग्रस्त एक बच्चे की विशिष्ट आवश्यकता के अनुरूप वैयक्तिक या एक शैक्षिक कार्यक्रम का सृजन, विशेष शिक्षा की विशिष्टता है। इसी वजह से विशेष शिक्षा, नियमित शिक्षा से भिन्न है। हालांकि, यदि ईसीई शिक्षकों को अपनी कक्षाओं में असाधारण बच्चों सहित सभी छात्रों को सेवा प्रदान करनी हो, तो इसके लिए उनसे शिक्षण की एक सुस्थापित प्रणाली की आवश्यकता होती है। वैयक्तिक एवं अनुकूलनीय शिक्षण ईसीई के प्राकृतिक पहलू हैं और इनसे प्राग्विद्यालय (प्री-स्कूल) स्तर पर विशेष आवश्यकता वाले बच्चों की ज़रूरतें पूरी होती हैं (हॉलिंग्सवर्थ, बून एवं क्रैइस, 2009)।

ग्लासर (1977) ने विकलांगता से ग्रस्त छात्रों के अनुकूलनीय शिक्षण हेतु एक अवधारणात्मक रूपरेखा तैयार की। उन्होंने अनुकूलनीय शिक्षण की परिकल्पना, किसी छात्र के लिए पिछले पाठ की असफलता के मूल्यांकन-आधारित निर्णय के पश्चात समुचित शिक्षण कार्रवाई के चयन एवं अनुपालन की प्रक्रिया के रूप में की थी। अतएव, इस प्रकार के अनुकूलन में शिक्षकों द्वारा शिक्षण सामग्रियों, सत्रीय कार्यों, परीक्षा की प्रक्रियाओं, ग्रेड देने के मापदंड तथा प्रस्तुति शैलियों, जैसी वैकल्पिक शिक्षण पद्धति में परिवर्तन की जरूरत होती है। नियमित कक्षाओं के शिक्षक परिवेशी, शारीरिक, सामाजिक तथा मनोवैज्ञानिक परिस्थितियों के एक व्यापक परास का उपयोग कर प्रत्येक विद्यार्थी के लिए शैक्षिक कार्यक्रम को विकसित करते हैं तथा शिक्षण शैलियों में विविधता को भी समाहित कर सकते हैं। उदाहरण के लिए, सामग्रियों में आवश्यक सामंजन (यथा, अनिवार्य विषय-वस्तु एवं अलग-अलग अनुक्रम को विशिष्ट रूप से दर्शाना, सत्रीय कार्यों की लंबाई में कमी, सत्रीय कार्य की प्रस्तुति के स्वरूप में परिवर्तन, जैसे कि, दृश्य प्रस्तुति, श्रव्य प्रस्तुति, आदि) तथा शैक्षिक सहायताएँ (अर्थात, कहानी की शुरुआत एवं इसके विभिन्न चरणों की दृश्य जाँचसूचियाँ, आदि) वैयक्तिक शिक्षण के भाग हैं।

सहायक तकनीक

विशेष आवश्यकता वाले छात्रों के लिए तकनीक में नवीनतम उन्नति ने इन छात्रों द्वारा एक नियमित शैक्षिक वातावरण में अनेक ऐसे कार्यों को संपन्न करना संभव बना दिया है, जो पहले संभव नहीं था। इनमें आईपैडों, कुर्जवैल 3000, रीड एंड राइट गोल्ड तथा अन्य संचार उपकरणों का उपयोग शामिल है। अतएव, यह अनिवार्य है कि नियमित कक्षाओं के शिक्षकों के पास ऐसे उपकरणों और सॉफ्टवेयर अनुप्रयोगों की न्यूनतम जानकारी एवं समझ होनी चाहिए। सीईसी के उप-अनुभाग के तौर पर आरंभिक बाल्यावस्था विभाग (डीईसी), छोटे बच्चों के लिए सहायक तकनीकों के उपयोग की सशक्त अनुशंसा करता है और उस पर बल देता है। अनुसंधान यह दर्शाते हैं कि, बच्चे अपने आरंभिक वर्षों में सहायक तकनीक का उपयोग करने में सक्षम हैं। वृत्तिकों को सहायक तकनीक के अनुपालन के लिए अतिरिक्त प्रशिक्षण की आवश्यकता होती है, जो आरंभिक बाल्यावस्था समावेशन के कुछ अवरोधों को दूर कर सकते हैं (केरामिडास एवं कॉलिंस, 2009)। हालांकि, विभिन्न कारकों के चलते आरंभिक बाल्यावस्था संस्थापनाओं में सहायक तकनीक का सीमित प्रयोग होता है (कैंपबेल, मिलबोर्न, डुगान एवं विल्कॉक्स, 2006)। मूर एवं विल्कॉक्स (2006) ने पाया कि, शुरुआती चरण में देखभाल सेवा प्रदान करने वाले अनुभवी वृत्तिक सहायक तकनीकों के उपयोग में कम अनुभववाले वृत्तिकों की तुलना में ज्यादा सहज थे।

अब तक इस अध्याय में चर्चा किए गए 'पारंपरिक' ज्ञान और कौशल प्रक्षेत्रों के अतिरिक्त, नियमित विद्यालय के शिक्षकों से अब उभर रही अनेक सक्षमताओं में बेहतर प्रदर्शन करने की आशा की जाती है। ये 'नई' सक्षमताएँ सामाजिक गतिशीलता से प्राप्त होती हैं, जो प्राग्विद्यालय पाठ्यक्रम को प्रभावित कर रही हैं। उभर रही सक्षमताओं में नैतिक एवं पेशेवर मानकों (सीईसी, 2010) और अल्पसंख्यक नस्लीय पृष्ठभूमियों से आने वाले विकलांग छात्रों की सांस्कृतिक पृष्ठभूमि के प्रति संवेदनशीलता को बनाए रखना शामिल है (मिशेल 2000)।

निष्कर्ष

इस अध्याय में चर्चा की गई अनुकरणीय एवं आशाजनक वृत्ति एक ऐसी संरचना का निर्माण करती है, जिसके आधार पर भारत में समावेशी शिक्षा के लक्ष्यों को साकार किया जा सकता है। ये वृत्ति उन अनिवार्य सक्षमताओं को भी निर्मित करते हैं, जिनकी समावेशी शिक्षा के सफल अनुपालन के लिए नियमित विद्यालय के शिक्षकों को आवश्यकता होती है। इसमें भारत में समावेशी शिक्षा कार्यक्रमों की सफलता की सर्वश्रेष्ठ संभावना प्रदान करने वाले ज्ञान, कौशल एवं सक्षमताओं का अंगीकरण, विकास और अनुपालन शामिल है। इन वृत्तियों में भारत में विकलांगता से ग्रस्त बच्चों की विशिष्ट शिक्षा और मनोवैज्ञानिक आवश्यकताओं पर प्रतिक्रिया करने वाली शिक्षा की एकीकृत प्रणाली के सृजन की भी संभावना है (दास, गिचुरू एवं सिंह, 2013)। आरंभिक

बाल्यावस्था स्तर पर समावेशन प्रक्रिया का प्रारंभ, विद्यालय के बाद के वर्षों में समावेशन की चुनौतियों को आसान करने में सहायता करेगा। विकलांगता से ग्रस्त बच्चों के जल्दी समावेशन से परवर्ती लागत में कमी आने की संभावना है। विकलांगता से ग्रस्त बच्चों के लिए समावेशी संस्थापनाओं में समयपूर्व देखभाल की तुलना में अनुसूचित संस्थापनाओं में समयपूर्व देखभाल पर हुए शोध अच्छी तरह से प्रलेखित हैं। विशेषकर आरंभिक संस्थापनाओं में शिक्षकों की सक्षमता और नियमित शिक्षकों की तत्परता, समावेशन की सफलता के मुख्य कारकों में से एक हैं। सभी हितधारकों, विशेषकर जिन पर ईसीई शिक्षकों को प्रशिक्षित करने एवं उन्हें तैयार करने की जिम्मेदारी है, को इन क्षमताओं को अपने पूर्व-सेवा एवं सेवाकालीन प्रशिक्षण कार्यक्रमों में शामिल करने की जरूरत है। कार्यबल में पहले से ही शामिल ईसीई शिक्षकों को पेशेवर विकास के लिए पर्याप्त अवसर प्रदान किए जाने चाहिए। इस संबंध में 'एक-बार' के सेमिनार या कार्यशाला यथोचित प्रतीत नहीं होती है। बल्कि, इन शिक्षकों को पेशेवर तौर पर निरंतर विकसित होने के अवसर उपलब्ध कराए जाने चाहिए। डेविड एवं कुयिनी (2012) इस बात पर बल देते हैं कि, भारत में शिक्षक की 'एक-बार की' लघु-अवधि कार्यक्रमों की जगह पर सेवाकालीन कार्यक्रमों से लाभान्वित हुए हैं, जो 'दीर्घकालीन व्यवस्थित कर्मचारी विकास योजना' का एक भाग है। इसके अतिरिक्त, इन कौशलों में भारतीय शिक्षकों की स्व-कुशलता, वर्तमान कौशल स्तर एवं प्रशिक्षण की आवश्यकता के संदर्भ में शोध किया जाना चाहिए, क्योंकि इस जानकारी से प्रशिक्षकों को प्रशिक्षण के क्षेत्रों की प्राथमिकता निर्धारित करने के साथ-साथ अल्पकालीन एवं दीर्घकालिक लक्ष्यों की योजना बनाने में मदद मिलेगी।

संदर्भ

Bricker, D. (2000). Inclusion: How the scene has changed. *Topics in Early Childhood Special Education, 20*(1), 14–19.

Bricker, D. & Cripe, J. J. (1992). *An activity-based approach to early intervention.* Baltimore, Maryland: Paul Brookes.

Campbell, P. H., Milbourne, S., Dugan, L. M. & Wilcox, M. J. (2006). A review of evidence on practices for teaching young children to use assistive technology devices. *Topics in Early Childhood Special Education, 26*(1), 3–13.

Carter, D. & Norman, R. (2010). Class-wide positive behavior support in preschool: Improving teacher implementation through consultation. *Early Childhood Education Journal, 38*(4), 279–288. doi:10.1007/s10643-010-0409-x

Carter, D., Norman, R. & Tredwell, C. (2011). Program-wide positive behavior support in preschool: Lessons for getting started. *Early Childhood Education Journal, 38*(5), 349–355. doi:10.1007/s10643-010-0406-0

Chamberlin, S. A., Buchanan, M. & Vercimak, D. (2007). Serving twice-exceptional preschoolers: Blending gifted education and early childhood special education practices in assessment and program planning. *Journal for the Education of the Gifted, 30*(3), 372–394.

Chief Commissioner of Persons with Disabilities. (2007). *Disability in India*. New Delhi: Ministry of Social Justice and Empowerment.

Council for Exceptional Children (CEC). (2010). *Core competencies for special educators*. Reston, Virginia: CEC.

Das, A. K. (2001). *Perceived training needs of regular primary and secondary school teachers to implement inclusive education programs in Delhi, India* (Unpublished doctoral dissertation). University of Melbourne, Australia.

Das, A. K., Gichuru, M. & Singh, A. (2013). Implementing inclusive education in Delhi, India: Regular school teachers' preferences for professional development delivery modes. *Professional Development in Education, 39*(5), 698–711. doi:10.1080/19415257.2012.747979

David, R. & Kuyini, A. B. (2012). Social inclusion: Teachers as facilitators in peer acceptance of students with disabilities in regular classrooms in Tamil Nadu, India. *International Journal of Special Education, 27*(2), 1–12.

Freiburg, H. & Driscoll, A. (1992). *Universal teaching strategies*. Boston, Massachusetts: Allyn & Bacon.

Friend, M. & Bursuck, W. D. (1999). *Including students with special needs: A practical guide for classroom teachers* (2nd ed.). Boston, Massachusetts: Allyn & Bacon.

Friend, M. & Cook, L. (2010). *Interactions: Collaboration skills for school professionals* (6th ed.). Upper Saddle River, New Jersey: Pearson.

Gamoran, A. (1992). Is ability grouping equitable? *Educational Leadership, 50*, 11–17.

Glaser, R. (1977). *Adaptive education: Individual diversity and learning*. New York: Holt, Rinehart & Winston.

Government of India. (1995). *Persons with Disabilities (Equal Opportunities, Protection of Rights, and Full Participation) Act, 1995*. New Delhi: Government of India.

Hollingsworth, H. L., Boone, H. & Crais, E. R. (2009). Individualized inclusion plans at work in early childhood classrooms. *Young Exceptional Children, 13*(1), 19–35. doi:10.1177/1096250609347259

Jangira, N. K., Singh, A. & Yadav, S. K. (1995). Teacher policy, training needs and perceived status of teachers. *Indian Educational Review, 30*(1), 113–122.

Jenkins, J. R., Antil, L. R., Wayne, S. K. & Vadasy, P. F. (2003). How cooperative learning works for special education and remedial studies. *Exceptional Children, 69*(3), 279–292.

Kaderavek, J. N. (2009). Perspectives from the field of early childhood special education. *Language, Speech & Hearing Services in Schools, 40*(4), 403–405. doi:10.1044/0161-1461(2008/08-0019)

Keramidas, C. & Collins, B. C. (2009). Assistive technology use with the birth to three population: A rural perspective. *Rural Special Education Quarterly, 28*(1), 38–48.

Kochhar, C. A. & West, L. L. (1996). *Handbook for successful inclusion.* Gaithersburg, Maryland: Aspen.

Krisnaswamy, K. & Shankar, J. (2003). Integration and Inclusion—How are they different? Paper presented at the National Seminar on Inclusive Education Practices in Schools, NCERT, Delhi.

Leatherman, J. (2007). 'I just see all children as children': Teachers' perceptions about inclusion. *The Quarterly Report, 12*(4), 594–611.

Macy, M. & Hoyt-Gonzales, K. (2007). A linked system approach to early childhood special education eligibility assessment. *Teaching Exceptional Children, 39*(3), 40–44.

Macy, M. G. & Bricker, D. D. (2007). Embedding individualized social goals into routine activities in inclusive early childhood classrooms. *Early Child Development & Care, 177*(2), 107–120. doi:10.1080/03004430500337265

Mastropieri, M. A. & Scruggs, T. E. (2010). *The inclusive classroom: Strategies for effective instruction* (4th ed.). Upper Saddle River, New Jersey: Prentice-Hall.

McLoughlin, J. A. & Lewis, R. B. (2001). *Assessing students with special needs* (5th ed.). Upper Saddle River, New Jersey: Merrill/Prentice-Hall.

Ministry of Women and Child Development (MoWCD). (2012a). *Draft national early childhood care and education (ECCE) policy*. New Delhi: Government of India.

———. (2012b). *Integrated Child Development Services (ICDS) scheme.* Retrieved from http://wcd.nic.in/ (accessed 16 December 2012).

Mitchell, D. (2000, December). Criteria of effective teaching in inclusive classrooms. Paper presented at the Annual Conference of New Zealand Association for Research in Education, Hamilton, New Zealand.

Mogharreban, C. & Bruns, D. (2009). Moving to inclusive pre-kindergarten classrooms: Lessons from the field. *Early Childhood Education Journal, 36*(5), 407–414. doi:10.1007/s10643-008-0301-0

Moore, H. W. & Wilcox, M. J. (2006). Characteristics of early intervention practitioners and their confidence in the use of assistive technology. *Topics in Early Childhood Special Education, 26*(1), 15–23.

Mulvihill, B., Shearer, M. & Van Horn, M. (2002). Training, experience and childcare providers' perceptions of inclusion. *Early Childhood Research Quarterly, 17*, 197–215.

Rakap, S. & Parlak-Rakap, A. (2011). Effectiveness of embedded instruction in early childhood special education: A literature review. *European Early Childhood Education Research Journal, 19*(1), 79–96. doi:10.1080/1350293X.2011.548946

Sadler, F. H. (2009). Help! They still don't understand counting. *Teaching Exceptional Children Plus, 6*(1), 1–12.

Sandall, S., Hemmeter, M. L., Smith, B. J. & McLean, M. E. (2005). *DEC recommended practices: A comprehensive guide*. Longmont, Colarado: Sopris West.

Schwartz, I. S., Sandall, S. R., McBride, B. J. & Boulware, G. (2004). Project DATA (developmentally appropriate treatment for Autism): An inclusive school-based approach to educating young children with autism. *Topics in Early Childhood Special Education, 24*(3), 156–168.

Scruggs, T. E. & Mastropieri, M. A. (1996). Teacher perception of mainstreaming/inclusion. *Exceptional Children, 63*(1), 59–74.

Sharma, K. (2002). Attitudinal changes—Breaking the psycho-social barriers. *Journal of Indian Education, 27*(4), 85–89.

Snyder, M. & Bambara, L. (1997). Teaching secondary students with learning disabilities to self-manage classroom survival skills. *Journal of Learning Disabilities, 30*, 534–543.

Stephenson, P. & Warwick, P. (2002). Peer tutoring in the primary science classroom. *Investigating: Australian Primary & Junior Science Journal, 17*, 11–14.

Tomlinson, C. (2003). *Fulfilling the promise of the differentiated classroom: Strategies and tools for responsive teaching*. Alexandria, Virginia: Association for Supervision and Curriculum.

United Nations Educational Scientific and Cultural Organisation (UNESCO). (2000). *The United Nations Millennium Development Goals*. Paris: UNESCO.

———. (2001). *Open file on inclusive education: Support materials for managers and administrators*. Paris: UNESCO.

Valmiki, A. (2003). Towards culturally inclusive education: Preparing culturally responsible teachers to engage in culturally specific pedagogy. Paper presented at the National Seminar on Inclusive Education Practices in School, NCERT, Delhi.

Vaughn, S. & Bos, C. (2012). *Strategies for teaching students with learning and behavior problems* (8th ed.). Upper Saddle River, New Jersey: Pearson.

Villines, M. (2011). *Early childhood inclusion: Teacher perception of supports needed to fully include children with special needs* (Unpublished doctoral dissertation). Portland State University, Oregon.

Wang, M. C., Anderson, K. A. & Bram, P. J. (1985). *Toward an empirical database on mainstreaming: A research synthesis of program implementation and effects*. Pittsburgh, Pennsylvania: Learning Research and Development Center, University of Pittsburgh.

Wang, M. C., Hartel, G. D. & Walberg, H. J. (1993). Toward a knowledge base for school learning. *Review of Educational Research, 63*, 249–294.

Wesley, P. W. (2002). Early intervention consultants in the classroom: Simple steps for building strong collaboration. *Young Children, 57*(4), 30–34.

निष्कर्ष

सोफिया दिमित्रियादी

सामना की जाने वाली हर परिस्थिति को बदला नहीं जा सकता,
लेकिन कुछ भी नहीं बदला जा सकता है, जब तक इसका सामना न किया जाए

जेम्स बाल्डविन
लेखक

विविधता सभी महादेशों में सभी लोगों में पाई जाने वाले बहु-पहचान का प्रतिबिंबण होती है। शिक्षा में विविधता का अर्थ एक शैक्षिक वातावरण का सृजन है, जो इसके कार्यक्रमों में संवेदनशील और न्यायसंगत तरीके से यथासंभव अधिक-से-अधिक व्यष्टित्व के समवेशन को सक्षम करता है। विविधता का मूल्यांकन करना तथा आरंभिक वर्षों की शिक्षा में समावेशन को प्रोत्साहित करना अत्यंत महत्त्वपूर्ण है; इस अवधि के दौरान छोटे बच्चे स्वयं के अलावा दूसरों के प्रति विचारों का निर्माण करते हैं, जो अंततः भविष्य के नागरिकों के रूप में उनके नजरिए को तय करेंगे।

इस पुस्तक में आरंभिक वर्षों की शिक्षा में समावेशन पर सिद्धांत एवं वृत्ति, दोनों के व्यापक परिप्रेक्ष्य में विचार किया गया है। पिछले दशकों में शिक्षा में समानता, विविधता और समावेशन पर बहुत कुछ लिखा गया है और इसकी पुष्टि करने के लिए अनेक शोध-पत्रों एवं पाठ्यपुस्तकों को देखा जा सकता है। हालांकि ज्यादा समावेशी शैक्षिक प्रणाली की खोज आज भी जारी है, इसके बावजूद कोई भी यह कह सकता है कि, मौजूदा समय समावेशी शैक्षिक माहौल के निर्माण के लिए पूर्णतः उपयुक्त है।

प्रस्तुत संपादित संस्करण ने आरंभिक वर्षों की शिक्षा पर स्पष्ट रूप से बल देते हुए विविधता एवं समावेशन के मामलों की एक बेहतर समझ के लिए कुछ नए दृष्टिकोणों को हमारे समक्ष प्रस्तुत किया है। हम विश्वास करते हैं कि, इस पुस्तक का निर्माण करने वाले अध्यायों के असमांगी संग्रह ने पाठकों को बहु-अकादमिक एवं कार्य पृष्ठभूमियों के व्यक्तियों के शोध-कार्यों और वृत्तियों से व्युत्पन्न ज्ञान को प्राप्त करने का अवसर प्रदान किया है। और भी ज्यादा महत्वपूर्ण यह तथ्य है कि, सभी अध्याय दुनिया के विभिन्न कोनों के दर्शनों, सिद्धांतों, मामलों और वृत्तियों को निश्चयात्मक रूप से प्रतिबिंबित करते हैं, इसका मूल्यांकन इस उद्यम की मौलिकता के रूप में किया गया है।

हम जानते हैं कि सभी चीजों को बदलना संभव नहीं है; वहीं दूसरी तरफ, हम यह भी जानते हैं कि इस प्रकार का कोई भी बदलाव रातों-रात नहीं हो सकता है। इस संपादित संस्करण में संलग्न व्यक्तियों के संयुक्त प्रयास का परिणाम, आरंभिक वर्षों की समावेशी शिक्षा में परिवर्तनीय अथवा संशोधनीय वस्तुओं का सामना करने के एक गंभीर तथा विचारपूर्ण प्रयास के तौर पर सामने आया है। जैसा कि हम महसूस और आशा करते हैं कि, यह पुस्तक भविष्य की बेहतर नागरिकता के लिए सामाजिक निर्माण में थोड़ा योगदान कर सकती है।

संपादिका एवं योगदानकर्ताओं का परिचय

सोफिया दिमित्रियादी हल विश्वविद्यालय, ब्रिटेन से शिक्षा में स्नातकोत्तर करने के पश्चात, वर्ष 1999 से डिपार्टमेंट ऑफ अर्ली चाइल्डहुड एजुकेशन, एथेंस यूनिवर्सिटी ऑफ़ एप्लाइड साइंसेस, (पूर्वनाम टेक्नोलॉजिकल एजुकेशनल इंस्टिट्यूट ऑफ एथेंस) में अर्ली ईयर्स एजुकेशन विषय की व्याख्याता रही हैं। उन्होंने आरंभिक वर्षों की शिक्षा प्रदान करने वाले विद्यालयों में शिक्षिका के रूप में भी कार्य किया है। सोफिया ने विभिन्न शोध परियोजनाओं पर कार्य किया है, जो अनुक्रमित अंतर्राष्ट्रीय पत्रिकाओं में प्रकाशित हुई हैं और उन्होंने अपने शोध निष्कर्षों को सम्मेलनों में भी प्रस्तुत किया है। उन्होंने *Μαθαίνω τον κόσμο παίζοντας: Από τη γέννηση έως τριών ετών (लर्निंग थ्रू प्ले: फ्रॉम बर्थ टू ऐज 3)* का भी संपादन किया है।

योगदानकर्ता

ग्यूल्शिन आल्प्योजि का जन्म इस्तांबुल में हुआ। वे बॉसफोरस विश्वविद्यालय में शिक्षा विभाग में प्रोफेसर के रूप में कार्य कर रही हैं। उन्होंने तुर्की के अमेरिकन महाविद्यालय से स्नातक की उपाधि प्राप्त की है। उन्होंने न्यूयार्क विश्वविद्यालय से शिक्षा में स्नातकोत्तर और मनो-भाषाविज्ञान में पीएच. डी की उपाधि प्राप्त की है। उन्होंने शिक्षक और निदेशक के रूप में तथा दो नर्सरी विद्यालयों की संस्थापना में, दो अलग-अलग देशों में प्राग्विद्यालय (प्री-स्कूल) के छात्रों के साथ कार्य किया है। आल्प्योजि अकादमिक पुस्तकें लिखती हैं और पाठ्यक्रम कार्यक्रमों को डिजाइन करती हैं। वह बच्चों के लिए भी लिखती हैं और 30 पुस्तकों को प्रकाशित किया है और उनकी एक सीडी भी है, जहाँ वे बच्चों को अपनी खुद की कहानियाँ सुनाती हैं।

मौसमी भौमिक पिछले 15 वर्षों से एनआईएमएच मॉडल स्पेशल एजुकेशन सेंटर, नई दिल्ली में कार्य कर रही हैं। उन्होंने नेशनल इंस्टिट्यूट फॉर द मेंटली हैंडिकैप्ड (एनआईएमएच) से मेंटल रिटार्डेशन विषय में स्नातक की उपाधि प्राप्त करने के बाद, कुरुक्षेत्र विश्वविद्यालय से शिक्षा में स्नातकोत्तर तथा रामकृष्ण मिशन विवेकानंद विश्वविद्यालय से विशेष शिक्षा (दृश्य बाध्यता एवं मानसिक मंदता) में स्नातकोत्तर उपाधि अर्जित की है। उन्होंने इंदिरा गाँधी मुक्त विश्वविद्यालय (इग्नू), नई दिल्ली से विशेष शिक्षा (श्रवण बाध्यता) में स्नातकोत्तर पेशेवर प्रमाणपत्र प्राप्त किया है। उनकी उपलब्धियों में महात्मा ज्योतिबा फुले रोहिलखंड विश्वविद्यालय से पीएच.डी भी शामिल है। उन्होंने अनेक

पत्रिकाओं और पुस्तकों में शोध पत्र तथा प्रकरणों को प्रकाशित किया है। उनके योगदान के लिए उन्हें लॉयंस क्लब, नई दिल्ली से सर्वश्रेष्ठ शिक्षक का पुरस्कार प्राप्त हुआ है।

अजय दास केंटकी के मुर्रे राज्य विश्वविद्यालय में विशेष शिक्षा में स्नातकोत्तर एवं स्नातक छात्रों को पढ़ाते हैं। उनके पास ऑस्ट्रेलिया, जापान, भारत और अमेरिका में विकलांगता से ग्रस्त छात्रों, अभिभावकों और कक्षा के शिक्षकों के साथ कार्य करने का व्यापक अनुभव है। उनकी शोध अभिरुचियों में विकासशील देशों में समावेशन, अध्यापक शिक्षण और विशेष शिक्षा शामिल है।

डोरोथी आर. हॉवी वर्तमान में ऑकलैंड विश्वविद्यालय के मनोविज्ञान विभाग में कार्यरत हैं और न्यूजीलैंड की निवासी हैं। उन्होंने न्यूजीलैंड तथा ब्रिटेन, दोनों देशों में समावेशन और विचारों के अध्यापन एवं शोध का कार्य किया है। वर्ष 2011 में ब्रिटेन में *टीचिंग स्टूडेंट्स थिंकिंग स्किल्स एंड स्ट्रेटीजिज: ए रूपरेखा फॉर कॉग्निटिव एजुकेशन इन इंक्लूसिव सेटिंग्स* नामक पुस्तक प्रकाशित की। उन्होंने फ्यूरस्टिन के *थियोरी ऑफ मेडियेटेड लर्निंग एक्सपीरियेंस* पर कई वर्षों तक कार्य किया है और उनका अध्याय अंतर्राष्ट्रीय स्तर पर आरंभिक बाल्यावस्था मध्यस्थता, विशेषकर प्रोफेसर पनीना क्लेन एवं सहयोगियों द्वारा किए गए मध्यस्थता में इस सिद्धांत के उपयोग की चर्चा करता है।

अन्नामारिया जेरोम-राजा (एडडी) फ्लोरिडा मेमोरियल विश्वविद्यालय, मियामी में असाधारण छात्र शिक्षा की सहायक प्रोफेसर हैं। उनके अनुभवों में क्लिनिक एवं कक्षा स्तरों में आरंभिक देखभाल (इंटरवेंशन) से लेकर माध्यमिक-पश्चात तक मानसिक मंदता, स्वलीनता, एवं मानसिक पक्षाघात वाले बच्चों के साथ कार्य करना शामिल है। जेरोम-राजा की शोध अभिरुचियों में आरंभिक बाल्यावस्था विशेष शिक्षा, कंप्यूटर-सहायता वाले निर्देश, प्रमाण-आधारित निर्देशात्मक रणनीतियाँ, समावेशन तथा विशेष शिक्षा में समावेशन एवं कर्मियों को तैयार करना शामिल हैं।

मैरी वांगेची कामुन्यू मसाई मारा विश्वविद्यालय में कला तथा सामाजिक विज्ञान विद्यालय में व्याख्याता हैं। अभी वे एगर्टन विश्वविद्यालय में भाषाशास्त्र में पीएच.डी कर रही हैं। उन्हें मोई विश्वविद्यालय, एल्डोरेट, केन्या से भाषाशास्त्र में एम.फिल (2001) तथा अंग्रेजी एवं साहित्य में बी.एड. (कला) की उपाधियाँ प्राप्त हैं। उनके पास 16 वर्ष का शिक्षण अनुभव है। वह आरंभिक बाल्यावस्था विकास (ईसीडी), भाषा शिक्षा एवं भाषाशास्त्र में विशेषज्ञता रखती हैं। वह ऑल थर्ड वर्ल्ड स्टडीज (एटीडबल्यूएस), केन्या इंस्टिट्यूट ऑफ मैनेजमेंट (केआईएम) तथा ग्लोबल एजुकेशन रिसर्च एसोसिएशन (जीईआरए) की सदस्य हैं। उन्होंने विभिन्न अंतर्राष्ट्रीय पत्रिकाओं में 10 से ज्यादा शोधपत्र प्रकाशित किए हैं और 20 से ज्यादा अंतर्राष्ट्रीय सम्मेलनों में भागीदारी की है।

हयाल कोक्शल एक शिक्षक प्रशिक्षिका, शोधकर्ता और लेखिका हैं। कोक्शल 1990 के दशक से शिक्षा में पूर्ण गुणवत्ता (टीक्यूई) को बढ़ावा दे रही हैं। वह 2003 से 'वर्ल्ड कॉन्सिल फॉर टोटल क्वालिटी एंड एक्सेलेंस इन एजुकेशन (डबल्यूसीटीक्यूईई) ऑफ इंडिया में तुर्की की महानिदेशिका

हैं। उन्होंने 14 पुस्तकें लिखी हैं। उन्होंने माइक्रोसॉफ्ट तुर्की के 'इनोवेटिव टीचर्स' कार्यक्रम का स्थानीयकरण एवं समन्वयन किया। कोक्शल बोआज़ीची विश्वविद्यालय में शिक्षा विभाग में 'इट्रोडक्शन टू दी टीचिंग प्रोफेशन', 'इनोवेटिव टीचिंग', 'नॉन-वायलेंस इन एजुकेशन' तथा 'कॉन्फ्लिक्ट रिजॉल्यूशन' जैसे कुछ वैकल्पिक एवं अनिवार्य शिक्षण आधारभूत पाठ्यक्रमों को आयोजित कर रही हैं।

यूशारिया मैक्कार्थी मैरी इम्मैक्यूलेट महाविद्यालय, लिमरिक, आयरलैंड में विशेष शिक्षा में वरिष्ठ व्याख्याता तथा इसकी पाठ्यक्रम विकास इकाई में निदेशिका हैं। उनके प्रकाशनों में शामिल हैं *पासपोर्ट- पैरेंट्स एंड स्टूडेंट्स स्पेशलाइज्ड प्रोग्राम ऑफ रीडिंग टूगेदर (2001), व्हाट डिफेरेंस?- वर्किंग इफ्फेक्टिवली विद चिल्ड्रन हू हैव स्पेशल एजुकेशनल नीड्स इन अर्ली इयर्स सेटिंग्स* (2007, उना क्विंगली एवं मैरी मोलोनी के साथ) और वे *STRANDS- स्ट्रैटिजीज फॉर टीचर्स टू रेस्पॉन्ड एक्टिवली टू द नीड्स ऑफ प्यूपील्स विद डाउन सिंड्रोम* (डोहर्टी, यू., डालू, पी., एगान, एम. कोअडी, एम., हॉलैंड, एम., लॉन्ग, एस. केलेहर, डी., मैककार्थी, ई. तथा ओ' सुलिवान, एस. [2011])

अमिताव मिश्रा, बीएमआर (मानसिक मंदता विषय में स्नातक उपाधि) (स्वर्णपदक), एमए (मनोविज्ञान), एमएसईडी, पीएचडी, इग्नू, नई दिल्ली में प्रोफेसर के रूप में विशेष शिक्षा में शिक्षकों के प्रशिक्षण में संलग्न हैं। उनके पास सेवा-पूर्व तथा सेवा-कालीन शिक्षक प्रशिक्षणों तथा अंतः विकलांगता परिस्थितियों को संलग्न करने वाले समावेशी कक्षाओं में अनुदेशीय रणनीतियों के साथ प्रयोग करने का 23 वर्ष का अनुभव है। 40 विद्वत प्रकाशनों के साथ वह *जर्नल ऑफ नेशनल कंवेशन ऑफ एजुकेटर्स ऑफ द डीफ* के संपादक हैं। उन्हें विशेष ओलिंपिक द्वारा *'यूनिस श्रिवर केनेडी अवार्ड'*, भारतीय माध्यमिक शिक्षा परिषद् से 'डेरोजियो अवार्ड' तथा विकलांगता से ग्रस्त व्यक्तियों की सेवा के लिए राज्यपाल से उत्कृष्टता पुरस्कार से पुरस्कृत किया गया है।

मैरी मोलोनी मैरी इम्मैक्यूलेट महाविद्यालय, लिमरिक, आयरलैंड में आरंभिक बाल्यावस्था की व्याख्याता हैं। उनका पीएचडी शोध, जिसके लिए उन्हें मैरी इमैक्यूलेट महाविद्यालय डॉक्टरल पुरस्कार, 2009 प्राप्त हुआ था, आयरलैंड में प्राग्विद्यालय (प्री-स्कूल) तथा प्राथमिक परिप्रेक्ष्यों में राष्ट्रीय एवं अंतर्राष्ट्रीय आरंभिक शैक्षिक नीतियों के प्रभाव का परीक्षण करता है। उनकी रचनाएँ *आइरिश एजुकेशनल स्टडीज, द युरोपियन अर्ली चाइल्डहुड रिसर्च जर्नल, एनजेड रिसर्च इन अर्ली चाइल्डहुड एजुकेशन जर्नल* तथा 3–13 *शिक्षा* में प्रकाशित हुई हैं। वह वर्तमान में आयरलैंड में विद्यालय हेतु तैयार होने के संबंध में एक राष्ट्रव्यापी अध्ययन करने के लिएआइरिश शोध परिषद के द्वारा वित्तपोषित मैरी इम्मैकुलेट महाविद्यालय तथा डबलिन इंस्टिट्यूट ऑफ टेक्नोलॉजी की सदस्यता वाले एक शोध दल की सदस्य हैं।

ज़ॉन-बैप्टीस्ट क्यूलिएन कॉग्निशन एंड लर्निंग ट्रैक विषय में मिन्नेसोटा विश्वविद्यालय में शैक्षिक मनोविज्ञान के शोध छात्र हैं। उन्होंने आरंभिक शिक्षा तथा के-12 बहु-सांस्कृतिक संस्थापनाओं में

शारीरिक शिक्षा, लैटिन एवं फ्रांसीसी में शिक्षक के रूप में फ्रांस और अमेरिका दोनों जगह कार्य किया है। उनकी मुख्य शोध अभिरुचियाँ हैं सक्रिय सोच, शिक्षण तथा संज्ञान, द्वितीय भाषा आत्मसातीकरण, द्विभाषीकरण, बहु-संस्कृतिवाद और कक्षा में सृजनात्मकता।

वेरॉनिका आर. क्यूलिएन वंचित पृष्ठभूमियों से आए छात्रों के बीच महाविद्यालय के लिए जल्दी तैयार होने को बढ़ावा देने के लिए प्रारंभ किए गए विद्यालय-पश्चात कार्यक्रम 'द मेटामॉर्फोसिस प्रोजेक्ट®' की संस्थापिका हैं। उन्हें स्पीच कम्युनिकेशन में स्नातक और इंटरकल्चरल रिलेशंस संबंधों में स्नातकोत्तर उपाधि प्राप्त है। वह समुदाय संलग्नता समन्वयक के रूप में मिनेपोलिस पार्क एवं मनोरंजन बोर्ड में कार्यरत हैं। उनका वर्तमान कार्य उच्च-स्तर के कार्यक्रमों एवं सेवाओं में परिणामित होने वाले सहयोगात्मक प्रभाव के लिए व्यापक सामुदायिक संलग्नता रणनीतियों का समन्वयन तथा नेतृत्व करने पर केंद्रित है। उनकी शोध अभिरुचियाँ संस्कृति, शिक्षण तथा भाषा एवं शिक्षा एवं अंगीकरण से जुड़ने के कारण प्रवासन मामले हैं।

सुषमा शर्मा भारत में कुरुक्षेत्र विश्वविद्यालय में विशेष शिक्षा की प्रोफेसर हैं। वह कुरुक्षेत्र विश्वविद्यालय, भारत में विशेष शिक्षा विभाग की अध्यक्षा और शिक्षा संकाय की संकायाध्यक्षा भी रही हैं। उनकी शोध-अभिरुचियों में समावेशी वृत्ति, विकलांगता से ग्रसित व्यक्तियों के प्रति समाज और शिक्षकों के नजरिए, विकलांगता से ग्रसित छात्रों के बीच बचाव से लेकर पुनर्वासन, प्रोक्रास्टीनेशन और कॉन्शियनचिसनेस तक विकलांगता से संबंधित जागरूकता का सृजन है।

गैब्रिएला एम. थेइस विस्कॉन्सिन सुपीरियर विश्वविद्यालय, अमेरिका में सहायक छात्र सेवाएँ विशेषज्ञा के रूप में कार्य करती हैं। इस पद पर वह शिक्षा में सफलता को बाधित करने वाले मुद्दों पर बहु-सांस्कृतिक पृष्ठभूमियों से आए छात्रों की सहायता एवं समर्थन के साथ-साथ बहु-सांस्कृतिक छात्रों को संस्थान से जोड़े रखने और स्नातक कराने के लिए कार्यक्रमों को विकसित एवं लागू करने के लिए कार्य करती हैं। थेइस शैक्षिक नेतृत्व में स्नातकोत्तर, कंप्यूटर विज्ञान में स्नातक एवं भाषा (स्पैनिश) में कला स्नातक हैं। विद्यालय-पश्चात कार्यक्रम 'द मेटामॉर्फोसिस प्रोजेक्ट®' को लागू करना उनकी उपलब्धियों में से एक हैं।

एग्नेस एन. टॉथ इंस्टिट्यूट ऑफ एजुकेशन एंड साइकोलॉजी, पश्चिम हंगरी विश्वविद्यालय में एसोसिएट प्रोफेसर हैं। उन्हें विशेष शिक्षा में 15 वर्षों और शिक्षक प्रशिक्षण में 20 वर्षों का अनुभव है। उनकी पीएचडी उपाधि विशेष आवश्यकता वाले छात्रों की समावेशी शिक्षा से संबंधित है, लेकिन वह शिक्षकों की शिक्षा एवं प्रशिक्षण पर भी कार्य करती हैं। वह डॉक्टरेट स्कूल ऑफ यूनिवर्सिटी ऑफ सालेर्नो (यूएनआईएसए, इटली), एडिटोरियल बोर्ड ऑफ अल्फ्रेडो गाइड (नेपल्स, इटली), पब्लिक बॉडी ऑफ हंगेरियन साइंटिफिक एकेडमी, एडिटोरियल एडवाइजरी बोर्ड ऑफ रिसर्च जर्नल ऑफ मनोहारी देवी कानोई गर्ल्स कॉलेज (एमडीकेजी, भारत) एवं एसोसिएशन ऑफ हंगरी पब्लिक एजुकेशन एक्सपर्ट्स जैसे अनेक पेशेवर निकायों की सदस्या हैं।